L'intégralité de votre livre* accessible en ligne

avec une simple connexion Internet !

OFFERT LIVRE EN LIGNE

+ Des outils utiles et intuitifs :

- sommaire interactif
- surlignage en couleurs
- notes personnelles et marque-page.

Pour ACTIVER votre livre en ligne

- Rendez-vous sur www.nathan.fr/livre-en-ligne .
- Créez un compte **Nathan** en suivant les indications en ligne.
- Cliquez sur « Activer un livre », saisissez votre clé d'activation personnelle puis le mot du livre qui vous sera demandé.

Votre clé d'activation personnelle :

DBBXDZ-2QN-B24G

W0418298

Pour toute CONNEXION ULTÉRIEURE

Connectez-vous sur www.nathan.fr/livre-en-ligne avec votre identifiant **Nathan**.

IMPORTANT

Votre clé d'activation est unique et personnelle : une fois utilisée, elle ne sera plus valide. Elle offre un accès de 24 mois à compter de la date d'activation. Elle est réservée à un seul utilisateur et ne peut être partagée.

Configuration minimale requise : Internet Explorer 8, Mozilla Firefox 3.4, Chrome, Safari, Opera toutes versions.

Retrouvez les conditions générales d'utilisation sur www.nathan.fr/livre-en-ligne.

*Service disponible à partir du 19 juin 2025.

Nathan

Les grandes mutations du monde de 1913 à nos jours : 978-2-09-505170-9

Les GRANDES MUTATIONS DU MONDE

de 1913 à NOS JOURS

Ouvrage dirigé par Éric Godeau

Nicolas Balaresque
Agrégé d'histoire, professeur en classe préparatoire
ECG au lycée Henri-IV (Paris)

Noël Bonhomme
Agrégé et docteur en histoire, professeur au collège
Mathias Grunewald de Guebwiller (Haut Rhin)

Ismaël Ferhat
Agrégé et docteur en histoire, maître de
conférences, université de Picardie Jules Verne

Éric Godeau
Agrégé et docteur en histoire, professeur en CPGE
au lycée Hélène Boucher (Paris)

Matthieu Osmont
Agrégé et docteur en histoire

Jean-Yves Piboubès
Agrégé et docteur en histoire, professeur en classe
préparatoire ECG au lycée Hélène Boucher (Paris)

Nathan

Dans la même collection
La Mondialisation contemporaine – Rapports de force et enjeux
Ouvrage coordonné par Nicolas Balaresque
Auteurs : Delphine Acloque, Aurélien Delpirou, Judicaëlle Dietrich, Hadrien Dubucs, Jean-Yves Piboubès, Cécile Picardat

Dans la collection *Prépas commerciales*
Majorez vos entretiens
Olivier Jaoui

Dans la collection *Guide*
Nouvelle Histoire du monde contemporain – De la fin du XIXe siècle à nos jours
Sous la direction de Jean-Yves Piboubès
Préface de Bertrand Badie
Auteurs : Nicolas Balaresque, Juliette Benelli, Mathias Burgé, Julie Delamard, Léo Cayeux, Virgile Cirifice, Éric Godeau, Mathilde Harel, Stephanie Leu, Philippe Lacombe, Thomas Maineult

Ressources numériques
Pour accéder à vos ressources numériques vous pouvez :
– soit flasher les QR Codes avec votre téléphone ;
– soit utiliser l'URL de type « liennathan » que vous trouverez à côté de chaque QR Code.

Édition : Noé Pérez-Núñez
Création de la maquette intérieure : Dany Mourain
Mise en page : Valérie de Swetschin
Direction artistique et création de la couverture : Clémentine Largant
Cartographie : Légendes cartographie
Fabrication : Alexy Jeanjon

75702 Paris Cedex 13
contact@nathan.fr
ISBN : 978-2-09-505170-9 • Code éditeur 125789

Ce livre est imprimé sur du papier issu de forêts gérées durablement.

Sommaire

Avant-propos

Apparue dans le champ académique il y a un peu plus d'un siècle, tombée en disgrâce après 1945, longtemps moribonde, **la géopolitique est aujourd'hui l'objet d'un intérêt renouvelé**. Le prouvent son ancrage institutionnel grandissant, le succès de magazines dont elle est l'objet (*Hérodote, Diplomatie, Carto*...) ou la multiplication des usages du terme dans le langage courant – géopolitique de l'énergie, géopolitique de l'espace, des pandémies, de la faim, des religions ou de l'eau, géopolitique de la guerre froide. Son apparition dans les programmes des enseignements secondaire et supérieur est le signe de la dynamique à l'œuvre. Comme l'économie, la sociologie, la science politique, l'histoire ou la géographie, **la géopolitique, qui a l'ambition de devenir une véritable discipline, propose des clés pour expliquer le monde qui nous entoure**. Ce qui la singularise tient en sa volonté d'articuler les notions de territoire et de pouvoir, et d'apporter un éclairage sur les relations entre les États, de comprendre les enjeux des conflictualités passées ou présentes. **La géopolitique accorde une place très importante à l'étude des conflits et des guerres, aux jeux de pouvoir, aux rapports de force entre les acteurs et aux tentatives d'établissement de la paix.** La période 1913-2025, marquée notamment par deux guerres mondiales, par la décolonisation, la guerre froide et le risque nucléaire, par la recomposition des puissances à l'échelle du monde, l'accélération de la mondialisation et la multiplication de tentatives pour instaurer un « ordre mondial », lui offre un terrain d'étude privilégié.

Le présent manuel a l'ambition de proposer une étude à la fois rigoureuse et accessible de cette riche période. Il est divisé en trois parties : « Panorama géopolitique du monde de 1913 à la fin de la guerre froide », « Le monde depuis les années 1990 : entre ruptures et recompositions géopolitiques » et « L'économie mondiale d'un siècle à l'autre ». Chacune de ces parties est introduite par une double page qui offre un **cadre conceptuel et notionnel facilitant la compréhension de la période**. En plus d'un cours solide s'appuyant sur une chronologie, des cartes et des documents de diverses natures, les treize chapitres proposent une mise au point sur les notions, les textes fondateurs et les principaux débats concernant les phénomènes étudiés. Nous proposons aussi **des liens vers des ressources textuelles ou numériques** qui permettront au lecteur qui le souhaite d'approfondir ses connaissances et d'affiner sa compréhension des grandes mutations du monde depuis plus d'un siècle.

Éric Godeau

Partie 1

Géopolitique et relations internationales

A. GÉOPOLITIQUE ET RELATIONS INTERNATIONALES AU DÉBUT DU XXe SIÈCLE

Au début du XXe siècle, le géographe allemand Friedrich Ratzel et le britannique Halford J. Mackinder analysent et théorisent les rivalités de pouvoirs à l'échelle des continents. Ratzel invente la notion d'espace vital (*Lebensraum*), qui relie les groupes humains aux unités spatiales dans lesquelles ils se déploient (un concept détourné plus tard par le régime nazi). **Véritable pionnier de la géopolitique, Mackinder** théorise la notion de *Heartland* dans un article publié en 1904. Selon lui, pour dominer le monde, il faut tenir la plaine s'étendant de l'Europe centrale à la Sibérie occidentale, dite «*Heartland*». Il appuie sa thèse sur une série d'exemples historiques, en particulier celui de l'Empire mongol. Les travaux de Ratzel et Mackinder, fortement empreints de déterminisme et de darwinisme social, trouvent un écho important dans l'opinion publique de leur temps.

Il faudra attendre les années 1920 pour que la «géopolitique» et les «relations internationales» apparaissent sous ces dénominations dans le champ académique. Les premiers départements d'études internationales se développent ainsi dans les universités britanniques et américaines après la Première Guerre mondiale. La première université consacrée entièrement aux relations internationales est fondée à Genève en 1927. Cette institution avait pour but initial de former les futurs fonctionnaires de la Société des Nations. La géopolitique se développe en Allemagne grâce à l'influence d'un géographe, ancien général, Karl Haushofer. Celui-ci fonde en 1924 la première «revue de géopolitique» qui accueille les articles de géographes allemands, mais aussi hongrois, autrichiens, polonais, roumains et même soviétiques, la plupart insatisfaits des frontières qui ont été imposées à leur État après 1918. La géopolitique prend son essor dans les années 1930 au fur et à mesure des entreprises hitlériennes, au point d'y être assimilée. Si bien que la notion même de «géopolitique» sort de la Seconde Guerre mondiale durablement discréditée.

Les relations internationales connaissent pourtant un développement considérable après 1945. D'abord enseignées dans les facultés de droit et de science politique, elles prennent une part de plus en plus importante dans l'enseignement de l'histoire, de la sociologie ou encore de l'économie.

B. LES RELATIONS INTERNATIONALES : UN CHAMP D'ÉTUDE TRÈS LARGE AUJOURD'HUI

Les «relations internationales» sont aujourd'hui davantage un objet d'étude qu'une discipline unifiée. Selon l'historien français Robert Frank, «les relations internationales sont l'ensemble des rapports que les êtres et les groupes humains nouent entre eux à travers les frontières[1]». Les approches varient toutefois considérablement selon les chercheurs qui s'y intéressent.

En science politique, les «théories des relations internationales» font florès après 1945. Inspirée par le philosophe anglais du XVIIe siècle Thomas Hobbes, qui décrit l'état de nature comme une guerre de chacun contre chacun, la théorie réaliste calque cette vision de

1. Robert Frank (dir.), *Pour l'histoire des relations internationales*, Paris, PUF, 2012.

l'homme sur les États. Pour les **réalistes** (Hans Morgenthau, Raymond Aron), la guerre est parfois inévitable car la distribution et l'utilisation de la puissance sont le facteur principal des relations interétatiques. Mais pour les **libéraux** (Robert Keohane, Joseph Nye), le recours à la force n'est pas une fatalité. Postulant une interdépendance entre les États, ils insistent sur le rôle formateur des normes, de la coopération et des institutions internationales. Enfin, pour les **constructivistes** (Nicholas Onuf, Alexander Wendt), la réalité est intersubjective, c'est-à-dire qu'elle dépend du sens que lui donnent les acteurs. Autrement dit, ce sont les perceptions plus que des considérations objectives qui guident le comportement des États et constituent le ressort essentiel de la géopolitique.
La « sociologie des relations internationales » favorise, quant à elle, une démarche empirique. Elle appréhende les faits « internationaux » comme des faits sociaux, selon Guillaume Devin[2]. Elle étudie les relations internationales par le bas, en partant de l'analyse des faits et des actions concrets. Les sociologues cherchent cependant, à l'instar des politistes, à établir des « règles », voire des théories à partir des exemples qu'ils étudient. Ce n'est pas le cas des **historiens des relations internationales, qui étudient le passé sans avoir l'ambition d'établir de théories. Selon Robert Frank, « les travaux [des historiens] les conduisent naturellement à conclure que la complexité de la réalité et la singularité de l'événement rendent impossibles la reproduction d'une chaîne causale et la formulation de lois** ». Toutefois, les historiens s'appuient également sur les concepts élaborés par les sociologues et les politistes. Il existe donc un dialogue entre les spécialistes des « relations internationales » de tous bords.

C. UN REGAIN D'INTÉRÊT RÉCENT POUR LA GÉOPOLITIQUE

Une école de géopolitique naît en France à la fin des années 1970 sur des bases différentes de la géopolitique allemande des années 1920. Cette nouvelle géopolitique s'incarne dans la revue *Hérodote*, fondée en 1976. Son directeur, le géographe **Yves Lacoste, publie la même année *La Géographie, ça sert, d'abord, à faire la guerre*. Dans cet essai virulent, il critique la « géographie des professeurs », conservatrice et dominante en France, qui ignore, selon lui, la dimension politique de la géographie comme « savoir stratégique » et « instrument de pouvoir ».** La géopolitique connaît un succès croissant dans le contexte post-guerre froide, alors que les grandes lignes de fracture idéologiques s'estompent. Elle s'intéresse aux rapports de puissance entre différents acteurs sur un territoire et aux conflits que cela génère. La définition des acteurs concernés est large (individus, entreprises, groupes armés, États, ONG, OIG) et les formes de conflit sont plurielles (conflit ouvert ou fermé, de forte intensité ou non, symétrique ou asymétrique). **La géopolitique invite à étudier ces conflits dans leur profondeur historique, implique également de les analyser à différentes échelles** et d'utiliser pour cela des cartes.
La place prise récemment par la géopolitique en France – notamment dans les programmes scolaires – est un sujet de débat. Le politiste Bertrand Badie considère ainsi que l'on fait fausse route en analysant les relations internationales à travers une grille de lecture géopolitique[3]. Selon lui, la pandémie mondiale de Covid-19 démontre au contraire la place nouvelle prise par les interactions sociales à l'échelle globale. Selon Badie, « l'arène internationale ne se limite plus à une simple juxtaposition d'États mais elle est sous l'emprise d'un tissu social qui conditionne de plus en plus l'action des dirigeants ». L'analyse des phénomènes sociaux transnationaux serait donc une grille de lecture plus pertinente pour comprendre le monde de demain.

2. Guillaume Devin, *Sociologie des relations internationales*, Paris, La Découverte, 2018.
3. Bertrand Badie, *Inter-socialités. Le monde n'est plus géopolitique*, Paris, CNRS Éditions, 2020.

1 LE MONDE EN 1913

Prolongement et couronnement du XIXe siècle, le monde de 1913 est traversé par de fortes tensions et marqué de puissantes forces de recomposition. Si l'Europe occidentale exerce toujours une domination multiforme sur le monde – financière, économique, diplomatique, militaire ou culturelle –, de nouvelles puissances menacent son hégémonie, en premier lieu les États-Unis et le Japon. La fin du XIXe siècle et le début du XXe siècle sont marqués par une accélération de la mondialisation, en lien avec le progrès des transports et l'élan de la seconde industrialisation, et par une compétition exacerbée entre les puissances qui désirent se constituer un empire colonial. Ces mutations contribuent à redéfinir les rapports de force entre les grands États. Le contexte de rivalité est nourri par des nationalismes belliqueux et la soif d'expansion ou d'hégémonie de plusieurs grands États (États-Unis, Japon, Allemagne, Grande-Bretagne, France, Russie…). Né lors des traités de Westphalie en 1648 et consolidé par celui de Vienne en 1815, l'ordre international, qui reposait sur la notion d'équilibre des puissances, est fragilisé au début du XXe siècle. De crises diplomatiques en guerres mal résolues, l'Europe et le monde basculent en 1914 dans un conflit d'abord européen, mais qui, à la mesure des enjeux de l'époque, devient une guerre mondiale.

Comment la première mondialisation, impériale et industrielle, redéfinit-elle les relations entre les puissances au tournant du XXe siècle ?

Notions principales

Libéralisme économique : doctrine selon laquelle le bon fonctionnement de l'économie requiert nécessairement une grande liberté d'action pour les divers agents présents sur le marché. Cela implique la levée de toutes les entraves et une faible intervention de l'État en économie.
Mondialisation : ensemble des processus (socio-économiques, culturels, technologiques) contribuant à accroître et à intensifier les flux (de personnes, de marchandises, de capitaux, d'informations), facilitant la mise en relation des sociétés du monde entier et provoquant des recompositions territoriales.
Nationalisme/sentiment nationaliste : le nationalisme est le principe politique selon lequel unité politique et unité nationale doivent se recouvrer. Le sentiment nationaliste est le sentiment de colère que suscite la violation de ce principe ou le sentiment de satisfaction que procure sa réalisation.

CHRONOLOGIE

1882 : Formation de la Triplice entre l'Allemagne, l'Autriche-Hongrie et l'Italie
1892 : Alliance militaire franco-russe
1898 : Crise de Fachoda entre la France et l a Grande-Bretagne. Annexion de Porto Rico et occupation de Cuba par les États-Unis
1899 : Doctrine dite « de la porte ouverte » concernant le marché chinois
1904 : Entente cordiale entre la France et le Royaume-Uni. Génocide des Héréros et des Namas en Namibie
1905 : Défaite de la Russie au terme d'une guerre contre le Japon. Établissement d'un protectorat japonais sur la Corée
1906 : Conférence d'Algésiras mettant un terme au conflit franco-allemand sur le Maroc
1907 : Formation de la Triple-Entente (France, Russie, Grande-Bretagne). Convention anglo-russe sur leurs zones d'influence en Asie centrale
1911 : Seconde crise marocaine entre la France et l'Allemagne
1912-1913 : Guerres balkaniques
1913 : Nouvelles lois militaires en Allemagne et en France
1914 : 28 juin : assassinat de François-Ferdinand à Sarajevo. Août : début de la Première Guerre mondiale

I. Industrialisation, croissance* et recomposition des puissances

A. INDUSTRIALISATION ET CROISSANCE AU TOURNANT DU XXe SIÈCLE

1. La forte croissance du PIB mondial

Le PIB mondial croit de 2,11 % en moyenne entre 1870 et 1913, un niveau jamais atteint auparavant [→ DOCUMENT 1]. Si la tendance générale est à la hausse, les disparités régionales sont importantes, certaines aires ayant entamé précocement le processus d'industrialisation (l'Europe occidentale) tandis que d'autres l'entament plus tardivement, de manière affirmée (les États-Unis, l'Europe de l'Est et l'Amérique latine) ou plus lentement (les pays d'Asie ou d'Afrique). Les pays anciennement industrialisés, comme le Royaume-Uni, voient leur croissance ralentir au tournant du XXe siècle, tandis que les pays venus plus tard dans le processus d'industrialisation, comme l'Allemagne, les États-Unis ou le Japon, connaissent de fortes croissances. Entre 1870 et 1913, le taux de croissance moyen annuel est ainsi de 1,90 % au Royaume-Uni, contre 2,44 % au Japon, 2,83 % en Allemagne et 3,94 % aux États-Unis.

Document 1. Taux de croissance du PIB mondial de 1870 à 1913 (en %)

Europe occidentale	2,10
Europe de l'Est	2,31
Pays d'immigration européenne (dont États-Unis)	3,92
Pays d'Amérique latine	3,48
Pays d'Asie	0,94
Pays d'Afrique	1,40
Total monde	**2,11**

Source : Angus Maddison, *L'Économie mondiale. Une perspective millénaire*, OCDE, 2001.

2. Un nouveau cycle d'innovation

Le cycle d'innovation qui porte cette croissance repose sur l'électricité, le pétrole, la chimie, le perfectionnement des industries mécaniques et l'essor de l'automobile. **Découvertes scientifiques et progrès techniques sont alors étroitement liés ;** le phénomène n'est certes pas nouveau, mais il s'accélère au tournant du XXe siècle, en lien avec l'essor des investissements privés ou publics et la diffusion des brevets. En 1910, les États-Unis déposent 64 408 brevets, l'Allemagne 45 209, le Royaume-Uni 28 598 et la France 15 596, autant de marques du dynamisme industriel alors à l'œuvre. L'élévation générale du niveau d'instruction, la multiplication des écoles d'ingénieurs et des revues scientifiques, le rapprochement entre

DÉFINITION

Croissance économique : augmentation, calculée d'une année sur l'autre, de la richesse produite par un pays ou un groupe de pays (le PIB est l'indicateur de mesure de la croissance).

les entreprises et les universités ou encore l'apparition des laboratoires industriels créent un terreau favorable à une telle dynamique. Culture scientifique et culture entrepreneuriale se rapprochent, tandis que la recherche d'une plus grande efficacité et la quête permanente de gains de productivité constituent d'importants leviers au système industriel capitaliste triomphant. Au tournant du xxe siècle, les domaines de l'extraction minière et de la construction connaissent une forte croissance, l'acier remplace le fer comme production motrice de la sidérurgie. Les industries textiles continuent de se mécaniser et de se moderniser, en lien avec l'usage des colorants chimiques, l'invention de la soie artificielle (dite aussi viscose) ou encore l'essor de la vente par correspondance. La croissance des industries automobiles est spectaculaire après 1900. Dans ce domaine, les États-Unis font déjà figure de champions : leur production passe ainsi de 143 092 véhicules en 1907 à 1 259 740 en 1913. **Les activités industrielles ne sont pas les seules à profiter des innovations ou des perfectionnements en matière scientifique et technique : l'agriculture se mécanise** avec des machines utilisant encore largement la traction animale (moissonneuses, faucheuses-lieuses), tandis que les premiers tracteurs pénètrent dans les campagnes les plus développées. Les industries chimiques fournissent les engrais qui contribuent à augmenter les productions et la productivité. Dans de nombreux pays, biologistes et chimistes expérimentent l'apport des engrais azotés ou phosphatés sur les rendements. En Allemagne, par exemple, les rendements en blés augmentent de près de 60 % entre 1870 et 1910. **Les gains de productivité sont importants également dans le domaine des transports** : les routes goudronnées et bitumées ainsi que les voies de chemin de fer couvrent l'Europe ou les États-Unis et partent à la conquête de l'Afrique et de l'Asie. Le réseau mondial des chemins de fer passe ainsi de 617 300 km en 1890 à 1 105 500 km en 1913.

3. La société de consommation

En Europe et en Amérique du Nord, l'élévation rapide du pouvoir d'achat stimule la consommation. Une véritable révolution se joue en matière commerciale au tournant du xxe siècle : encouragées par la diffusion du salariat et la multiplication des monnaies fiduciaires (les billets de banque), des populations plus nombreuses au niveau de vie qui s'élève consomment davantage que par le passé. Partout, les modes de vie autarciques tendent à disparaître et les communautés rurales, en s'ouvrant et en se modernisant, se mettent à consommer. Selon un cercle vertueux, la consommation, soutenue par les « réclames » dans la presse ou par voie d'affiche, stimule à son tour la production. **La consommation de loisirs est une autre nouveauté de cette époque.** Filles de l'industrie chimique, les pellicules photographiques donnent naissance au cinéma, un loisir rapidement diffusé dans les populations urbaines. La démocratisation du sport est aussi un phénomène caractéristique de la période : football et cyclisme sont alors particulièrement prisés en Europe. À la veille de la Première Guerre mondiale, l'automobile et l'aviation sont des symboles d'une société de consommation qui ne touche pas encore les masses, mais fait déjà rêver le plus grand nombre.

B. LA HIÉRARCHIE DES PUISSANCES

1. L'avance européenne

La croissance provoque un enrichissement général des populations [→ DOCUMENT 2]. Si le PIB par habitant est partout en hausse entre 1870 et 1913, les disparités entre les continents ou les pays restent importantes. En Asie (hors Japon) et en Afrique colonisée, le niveau d'industrialisation est très faible, si bien que le PIB par habitant progresse à un rythme lent, contrairement à ce qui se produit dans les pays plus industrialisés. En Amérique latine,

■ **Document 2. PIB/habitant de quelques pays en 1870 et 1913 (en dollars 1990)**

	1870	1913
Europe		
Royaume-Uni	3 191	4 921
France	1 876	3 485
Allemagne	1 821	3 648
Italie	1 499	2 564
Russie	943	1 488
Amérique		
États-Unis	2 445	5 301
Canada	1 695	4 447
Argentine	1 311	3 797
Asie		
Japon	737	1 387
Inde	533	673
Indonésie	654	907
Afrique		
Égypte	–	732
Afrique du Sud	–	1 602

Source : Angus Maddison, *L'Économie mondiale. Une perspective millénaire*, OCDE, 2001.

l'industrialisation se fait dans l'ombre du géant étasunien, un encombrant voisin qui déploie ses stratégies économiques et financières sur un espace qu'il considère comme son arrière-cour, en application de la doctrine Monroe formulée par le président des États-Unis en 1823. **Au début du XXe siècle, le continent européen, industrialisé précocement, fort d'une population nombreuse au niveau de vie qui s'élève, doté d'une importante capacité à innover et s'appuyant sur ses empires coloniaux d'Asie ou d'Afrique, est bien le premier pôle industriel et commercial de la planète ; il est aussi le créancier* du monde.**

2. La hiérarchie des puissances européennes

En 1913, le Royaume-Uni est toujours la première puissance commerciale et financière du monde, mais il a perdu son *leadership* dans la plupart des productions industrielles, sans que l'on puisse pour autant parler de déclin. **L'Allemagne**, qui a entamé son processus d'industrialisation dans les années 1870, **est devenue la première puissance industrielle d'Europe à la veille de la Première Guerre mondiale**. Ses performances résultent de plusieurs facteurs, au premier rang desquels il faut placer le boom démographique (la population allemande est passée de 41 à 68 millions d'habitants entre 1871 et 1914), la diversité

DÉFINITION

Créancier : État ou institution auprès de qui les autres États s'endettent.

et l'abondance des gisements de charbon, de fer, de potasse ou de zinc dans des régions motrices comme la Ruhr, la Silésie, la Sarre et la Lorraine ; il faut également mettre en exergue la qualité du système de formation des ingénieurs et des techniciens allemands. **La France poursuit à un rythme modéré son processus d'industrialisation.** Le pays présente quelques caractéristiques fortes : l'existence d'un capitalisme familial, une très grande diversité des activités industrielles avec des secteurs de pointe comme l'aviation ou l'automobile. Les performances des industries du luxe sont une autre spécificité française ; le maroquinier Louis Vuitton jouit déjà d'une immense renommée lorsqu'en 1913, Coco Chanel ouvre son premier magasin à Paris. De nouvelles régions s'industrialisent en Europe de l'Est et du Sud, dans des pays qui restent cependant marqués par le poids de l'agriculture dans leur économie. En Russie, c'est en attirant des capitaux et en faisant appel aux entrepreneurs étrangers que le régime tsariste enclenche son processus d'industrialisation. L'Oural et l'Ukraine, riches de ressources du sous-sol, sont les régions les plus industrialisées ; certaines villes comme Saint-Pétersbourg ou Moscou apparaissent comme des îlots au milieu de déserts industriels.

3. La montée en puissance des économies étasunienne et japonaise

Les États-Unis voient leurs performances faire un véritable bond en avant entre 1870 et 1913 (+ 2 243 % par exemple pour la production de charbon étasunienne). **À la veille de la Première Guerre mondiale, les États-Unis sont le premier producteur mondial de charbon et de fer, le premier consommateur de coton, et ils possèdent le plus grand réseau de chemin de fer.** Le pays des *self-made-men* (Carnegie, Rockefeller) étonne par sa facilité à mobiliser d'importants capitaux, sa faculté à recruter une main-d'œuvre aux effectifs galopants, sa capacité à maîtriser et à mettre en valeur son immense territoire. Les Expositions universelles de Chicago (1892-1893), Saint-Louis (1904) et San Francisco (1915) affichent les ambitions de cette jeune nation. L'industrialisation de l'Asie est timide, à l'exception du **Japon, qui se modernise à marche forcée sous l'ère Meiji (1868-1912)**. Le processus économique y est lié à un véritable changement civilisationnel, impliquant des réformes politiques, monétaires, culturelles et éducatives. Le PIB du Japon passe ainsi de 26,6 milliards de dollars en 1874 à 52 milliards en 1900 et à 69,5 milliards en 1914. **Comme la Russie, le Japon a importé une bonne partie de ses capitaux pour financer le décollage de son activité industrielle.** L'action volontariste de l'État, qui a encouragé les initiatives, légiféré, attiré les capitaux étrangers, a été déterminante dans le processus d'industrialisation. Tokyo, qui mise sur la sidérurgie et les chantiers navals, est déjà le premier pôle industriel du pays, devant la région d'Osaka, spécialisée dans le textile. Les ambitions impériales et la recherche de l'hégémonie régionale encouragent et soutiennent la croissance du pays.

II. La mondialisation et ses effets

A. LA MONDIALISATION S'ACCÉLÈRE

1. Les flux de marchandises et de matières premières

La mondialisation de la fin du XIXe siècle et du début du XXe se caractérise par une circulation accélérée des marchandises, des productions agricoles et des matières premières, dans un monde de moins en moins cloisonné. Si ce sont d'abord les marchés intérieurs qui créent des conditions favorables à l'essor commercial, **un vaste marché mondial se met en**

place à la fin du XIXe siècle. Le volume du commerce mondial est multiplié par 25 entre 1815 et 1914. Les biens d'équipement – outils, machines –, les productions agricoles de toutes sortes – blé de Russie, des États-Unis ou des pays du Danube, sucre des Antilles, arachides d'Afrique, caoutchouc de Ceylan, d'Indonésie ou de Malaisie – ainsi que les minerais et les énergies fossiles – pétrole et gaz de Russie, des États-Unis ou du Moyen-Orient – font également l'objet d'échanges fournis. **Les entreprises multinationales sont des acteurs majeurs du capitalisme international qui se déploie alors.** Les firmes américaines Singer et General Electric, les entreprises allemandes Siemens et Bayer, les françaises Michelin et Saint-Gobain, la suisse Nestlé ou encore les groupes japonais Okaya ou Mitsubishi déploient des stratégies à l'échelle internationale, créent des filiales et parfois délocalisent une part de leurs productions pour contourner les tarifs douaniers et investir de nouveaux marchés. En 1913, selon les estimations, 3 à 6 % de la part de la production mondiale seraient réalisés par des implantations extérieures.

2. La division internationale du travail

L'une des caractéristiques du marché mondial qui se constitue à la fin du XIXe siècle est la convergence des prix. Sur les deux rives de l'Atlantique, les cours des matières premières et des denrées alimentaires ont tendance à se rapprocher. Si le prix du blé était, par exemple, 57,6 % plus élevé à Liverpool qu'à Chicago en 1870, l'écart n'était plus que de 15,6 % en 1913. Une convergence des salaires est aussi à l'œuvre ; les écarts se réduisent entre pays européens mais aussi à l'échelle du monde, entre pays riches et pays pauvres. Les migrations de masse expliquent en partie cette convergence dans la mesure où elles contribuent à l'augmentation des salaires dans les zones de départ abandonnées par les travailleurs, tandis que dans les zones d'accueil, la concurrence de main-d'œuvre fait baisser les salaires. **La convergence des prix et des salaires est liée à la division internationale du travail et à la spécialisation économique de pays ou de régions.** En vertu de la loi des avantages comparatifs*, certains pays sont contraints de renoncer à des productions qui sont trop chères ou trop peu concurrentielles. C'est ainsi que l'agriculture anglaise disparaît au XIXe siècle, tout comme les industries textiles traditionnelles indienne ou chinoise. L'Amérique latine, le Bassin caribéen, l'Asie et surtout l'Afrique sont largement dépendants des productions manufacturées européennes et étasuniennes. En raison de la faiblesse de leur tissu productif et de l'abondance de leurs matières premières, certaines régions y sont très spécialisées, notamment dans les cultures d'exportations (sucre dans le Bassin caribéen, café du Brésil…). Hérités de l'histoire de la colonisation des XVIIe et XVIIIe siècles, ces phénomènes de spécialisation et de dépendance d'économies déséquilibrées se renforcent au XIXe, d'autant que les cours mondiaux des matières premières fixés en Europe ou aux États-Unis sont soumis aux spéculations financières.

3. La mondialisation financière

Le stock des investissements directs à l'étranger (IDE) passe de 9,6 milliards de dollars à 27 milliards entre 1870 et 1900, pour se porter à 47,5 milliards en 1913. **Avec 90 % des investissements, les Européens pèsent très lourd, la Grande-Bretagne seule représentant plus de 40 % du stock d'IDE en 1913.** Des États endettés (dans le cas de

DÉFINITION

Loi des avantages comparatifs : théorie économique énoncée par l'économiste britannique David Ricardo dans *Des principes de l'économie politique et de l'impôt*, en 1817. Elle établit qu'un pays a intérêt à se spécialiser dans la production du bien dans lequel son avantage par rapport aux autres pays est le plus important et à importer les produits pour lesquels il n'est pas compétitif.

l'Empire ottoman) ou bien voulant financer leur développement économique (dans le cas de l'Empire russe) lancent de grands emprunts internationaux. **Dans le monde entier, des banques de dépôt et des banques d'affaires se spécialisent dans le placement de ces emprunts auprès d'un actionnariat en plein essor.** Ainsi naît un marché financier mondial, dont les capitales sont Paris, New York et bien sûr Londres. La livre sterling, indexée sur l'or, s'impose comme monnaie internationale et Londres conforte son rang de première place financière. Détenteurs de 60 % de l'or monnayé dans le monde, les Européens sont les « banquiers » du monde, à la fois premiers investisseurs et premiers créanciers. Ils ont la mainmise sur les échanges internationaux et de nombreux États s'endettent auprès d'eux, se plaçant dans des situations de dépendance économique et politique. C'est le cas de la Chine, du Mexique, de la Grèce ou de l'Égypte, par exemple. Au tournant du XXe siècle, les empires coloniaux d'Asie ou d'Afrique absorbent une part grandissante des exportations européennes de capitaux. Plus largement, les pays « neufs » d'immigration européenne et les États riches en ressources sont les premiers récepteurs des IDE émis à la veille de la Première Guerre mondiale [→ DOCUMENT 3].

Document 3. Les principaux pays bénéficiaires des IDE en 1913 (en millions de dollars courants)

Canada	3 850
Argentine	3 136
Inde	2 100
Brésil	1 932
Australie	1 800
Mexique	1 700
Afrique du Sud	1 650
Chine	1 600

Source : Angus Maddison, *L'Économie mondiale. Une perspective millénaire*, OCDE, 2001.

B. LA CIRCULATION ACCÉLÉRÉE DES HOMMES ET DES INFORMATIONS

1. La révolution des transports

L'unification des marchés mondiaux est permise par une contraction de l'espace et du temps liée à la révolution des transports. L'essor et l'amélioration des réseaux routiers, le creusement de grands tunnels (dans les Alpes, le Saint-Gothard est ouvert en 1882, le Simplon en 1906) permettent le désenclavement de certaines régions et la mise en relation de territoires jusque-là mal reliés les uns aux autres. La densification des réseaux de chemin de fer favorise également la circulation des biens et des personnes. Entre 1880 et 1913, le réseau ferré allemand passe de 19 000 à 63 000 km, tandis que celui des États-Unis passe de 57 000 à 235 000 km. L'ouverture de lignes transcontinentales aux États-Unis et au Canada (respectivement en 1869 et en 1885) permet d'unifier ces deux États en reliant les côtes atlantique et pacifique ; le Transsibérien, mis en circulation en 1891, est aussi le moyen pour la Russie d'étendre sa mainmise sur un vaste espace continental. Les chemins de fer se déploient aussi dans l'Afrique coloniale ou en Asie : les premières lignes sont ainsi ouvertes en Inde en 1857, en Indonésie en 1864, au Japon en 1872, en Chine en 1875, en Birmanie en 1877 ou encore en Corée en 1900. Les transports maritimes bénéficient d'avancées technologiques considérables : les coques en fer, les hélices et les moteurs à vapeur remplacent progressivement les navires en bois et à voile. Entre 1880 et 1913, le tonnage des navires marchands britanniques passe de 5,7 à 12,1 millions de tonnes, celui des navires américains de 4,2 à 7,9 millions de tonnes. **De nouvelles routes maritimes apparaissent avec le creusement des grands canaux – Suez en 1869, Corinthe en 1893, Kiel en 1895, Panama en 1914 – qui raccourcissent les temps de trajet. Les gains de temps obtenus provoquent logiquement une baisse du coût des transports, qui à son tour encourage les échanges.** Par exemple, le coût du transport du charbon entre Nagasaki et Shanghai diminue de 76 % entre 1880 et 1910, favorisant le commerce entre le Japon et la Chine.

2. Le temps des grandes migrations

La période comprise entre la fin du XIXe et le début du XXe siècle est marquée par des migrations internationales de grande ampleur, qui se distinguent de celles des siècles précédents de plusieurs manières [→ DOCUMENT 4]. D'une part, la plupart de ces migrations sont voulues et motivées par des raisons économiques, même s'il existe quelques migrations politiques (à l'image des populations fuyant les guerres balkaniques en 1912 et en 1913). D'autre part, les directions qu'empruntent ces migrations sont variées. **Si les migrations intereuropéennes restent nombreuses** – la France accueille des centaines de milliers de Belges, d'Italiens, d'Allemands ou de Suisses –, **la nouveauté de la période réside dans l'intensification des flux migratoires transatlantiques**. Ainsi, parmi les 55 millions d'Européens qui quittent le continent entre 1820 et 1920, 33 millions se rendent aux États-Unis et 4,5 millions

Document 4. Les migrations internationales pour quelques pays, 1870-1913 (en milliers de personnes*)

	1870-1913
France	890
Royaume-Uni	– 6 415
Italie	– 4 459
Allemagne	– 2 598
Autres	– 1 414
Total des pays d'Europe de l'Ouest	**– 13 996**
Nouvelle-Zélande	290
Canada	861
Australie	885
États-Unis	15 820
Total des pays d'immigration européenne	**17 856**

Source : Angus Maddison, *L'Économie mondiale. Une perspective millénaire*, OCDE, 2001.

* Un signe négatif signale des sorties.

au Canada. L'Amérique latine, l'Océanie et l'Afrique accueillent 16 millions d'Européens. Certains pays connaissent de véritables saignées démographiques, tandis que d'autres voient leur population croître, leur société et leur économie changer à mesure qu'ils absorbent ces flux migratoires [→ DOCUMENT 4]. Ellis Island, ouverte en 1892, par laquelle transitent tous les candidats à l'immigration, reste un symbole fort de l'apogée de l'immigration aux États-Unis, un pays où affluèrent 10 millions de personnes entre 1900 et 1913.

Les migrations ne sont pas un phénomène exclusivement européen : durant la période 1820-1920, **12 millions de Chinois et 30 millions d'Indiens migrent également, vers les grandes plantations d'Asie du Sud-Est ou vers les îles à sucre des Antilles, de la Réunion ou de l'île Maurice. Les mouvements de population à l'intérieur des empires coloniaux viennent complexifier les schémas migratoires de la mondialisation de la fin du XIXe siècle.** Si la Grande-Bretagne favorise la libre circulation des personnes à l'intérieur de son empire, les Japonais, en fonction de leurs besoins, tour à tour encouragent ou au contraire freinent les flux migratoires dirigés vers la Corée, la Mandchourie ou Taïwan. Hollandais et Français, pour leur part, mettent au point des procédures très strictes de contrôle de ces flux. Les migrations internationales ne sont pas toutes définitives, loin de là : on estime que le taux de retour des migrants au XIXe siècle avoisine 40 %, ce qui est bien le signe de la difficile adaptation des migrants aux pays d'accueil. Le phénomène est aussi étroitement lié aux évolutions du marché du travail, les retours étant particulièrement nombreux lorsque celui-ci se rétracte.

Pour aller plus loin

Le site du musée de l'Histoire de l'immigration fourmille d'informations et de données sur ce phénomène planétaire au XIXe siècle
liennathan.fr/ci6q65

3. Du télégraphe au téléphone

Comme les marchandises, les capitaux et les hommes, les informations circulent toujours plus vite. Mis au point au milieu du XIXe siècle, le télégraphe voit son usage exploser dans la seconde moitié du siècle, à mesure que des milliers de kilomètres de câbles couvrent les terres, le fond des mers et des océans. **Le réseau télégraphique mondial passe d'une longueur de 240 000 kilomètres en 1860 à 1,9 million de km en 1900.** Lors des guerres de conquête coloniale, les avancées de troupes s'accompagnent presque systématiquement de la pose de fils télégraphiques. La Chine, pourtant réputée rétive au changement, adopte aussi le télégraphe ; une école télégraphique est même fondée à Tianjin, près de Pékin, en 1880. En 1911, les Britanniques possèdent plus de 60 % du réseau mondial de câbles, ainsi que le plus grand nombre de navires câbliers, rendant les autres nations dépendantes de leur technologie. **Cette mise en réseau du monde contribue aussi à marginaliser certains espaces délaissés par le chemin de fer ou le télégraphe.** Déjà difficiles à franchir, le Sahara ou la forêt amazonienne deviennent alors des marges du monde, des obstacles contournés par les principaux flux internationaux. Entre les années 1880 et 1910, les savants Heinrich Hertz, Édouard Branly et Guglielmo Marconi mettent au point la télégraphie sans fil (TSF), dont les premiers usages restent scientifiques. En 1876, les premiers brevets du téléphone sont déposés par Alexander Graham Bell et Elisha Gray, et en 1891, s'ouvre la première ligne internationale, entre Paris et Londres. C'est toutefois la Première Guerre mondiale qui entraîne l'essor considérable de ces techniques qui rapprochent les hommes et les territoires, favorisant également la conduite de la guerre.

C. GÉOPOLITIQUE DE LA MONDIALISATION

1. Libéralisme*, protectionnisme* et concurrence internationale

Avec la Grande-Bretagne comme fer de lance, le libéralisme pèse dans les relations internationales tout le long du XIXe siècle. Conclu en 1860, le traité de commerce franco-britannique ouvre une ère qui voit la plupart des pays d'Europe de l'Ouest, entraînés ou séduits par le modèle britannique, adopter le libre-échange. **Mais si l'Europe abaisse ses barrières douanières, les autres régions du monde restent largement protectionnistes : les États-Unis sont, à ce titre, le pays le plus protectionniste de la période 1875-1913** [→ DOCUMENT 5]. Les *lobbies* industriels, soucieux de protéger une industrie s'épanouissant au sein d'un vaste marché intérieur, imposent une protection face à la concurrence des productions européennes. Les dominions britanniques, Australie et Canada en tête, protègent également leurs industries naissantes en érigeant des barrières douanières dissuasives. Se développant à l'ombre du géant étasunien, beaucoup de pays d'Amérique latine font de même.

Document 5. Taux moyen de prélèvements douaniers sur les produits manufacturiers dans quelques pays (en pourcentage de la valeur) 1875-1913

	1875	1913
Allemagne	4-6	13
France	12-15	20
Italie	8-10	18
Royaume-Uni	0	0
Russie	15-20	84
Japon	5	30
États-Unis	40-50	44

P. Bairoch, *Victoires et déboires. Histoire économique et sociale du monde du XVIe siècle à nos jours*, tome II, Paris, Gallimard, 1996.

L'intensification de la concurrence internationale mais surtout les effets de la Grande Dépression*, qui dure de 1873 à 1896, conduisent à un durcissement des politiques douanières à la fin du XIXe siècle. De 1879 à 1914, à l'exception des Pays-Bas ou de la Grande-Bretagne, toujours championne du libre-échange, les pays d'Europe occidentale reviennent au protectionnisme. C'est l'Allemagne qui ouvre la voie en 1879, avec un nouveau tarif visant à protéger ses productions agricoles ainsi que les grands propriétaires terriens, puissants soutiens au régime de Bismarck. En France, le célèbre tarif Méline de 1892 a pour but de protéger l'agri-

DÉFINITIONS

Libéralisme économique : doctrine qui a triomphé au XIXe siècle selon laquelle les États doivent intervenir le moins possible dans l'économie pour laisser les agents (entreprises, particuliers) interagir en fonction des lois de l'offre et de la demande.

Protectionnisme : ensemble des mesures mises en place pour protéger une économie nationale de la concurrence étrangère (mesures douanières, fiscales ou normatives).

Dépression économique : phénomène de longue durée qui suit la crise et se caractérise par le ralentissement de la croissance, la baisse des profits et le maintien du chômage à un niveau élevé.

culture française, alors en difficulté. La Grande-Bretagne s'insurge contre l'érection de telles barrières douanières, jugées politiquement dangereuses : **le protectionnisme allemand est vu comme la manifestation d'un nationalisme belliqueux**.

2. L'Europe et les États-Unis, moteurs de la mondialisation

Au début du XXe siècle, l'Europe occidentale est la première zone commerciale du monde, les échanges intra-européens représentant à eux seuls 40 % du commerce mondial. Les Européens sont aussi les premiers émetteurs et récepteurs de flux commerciaux intercontinentaux ; ils sont bien au cœur de la mondialisation. Avec une capacité productive sans égale, une flotte qui pèse un tiers du commerce mondial, une monnaie réglant la plupart des échanges de marchandises et forte de son immense empire, **la Grande-Bretagne est la première puissance mondiale, le moteur de la mondialisation**. Elle a complété son empire colonial par un empire dit « informel* » constitué de pays qui appartiennent à sa sphère d'influence économique et diplomatique : l'Amérique latine, la Chine ou l'Empire ottoman en font partie. **À la veille de la Première Guerre mondiale, cette supériorité est contestée par les États-Unis, qui disposent déjà de la deuxième flotte commerciale mondiale en 1913, et par l'Allemagne**, dont la vitesse de développement et l'insertion accélérée dans les réseaux internationaux frappent les contemporains. Le mythe du commis voyageur allemand, parcourant le monde pour y vendre les productions d'un pays en plein boom industriel, est récurrent dans la littérature économique française et anglaise au tournant du XXe siècle. La germanophobie qui se manifeste à cette occasion nourrit la compétition entre les nations européennes et accroît les tensions.

3. La mondialisation en Asie et au reste du monde

Dans la seconde moitié du XIXe siècle, au terme de plusieurs guerres, les puissances occidentales forcent la Chine à ouvrir ses ports au commerce international. **Mais c'est le Japon de l'ère Meiji, aux ambitions impérialistes, qui est le fer de lance de la mondialisation asiatique.** L'insertion croissante du Japon et de la Chine dans les réseaux de la mondialisation alimente le fantasme du « péril jaune ». En 1901, l'économiste français Edmond Théry déclare redouter « la brusque concurrence, anormale et illimitée, d'un immense pays nouveau ».

L'Amérique latine et l'Afrique exportent des matières premières, essentiellement en direction de l'Europe, et en retour, importent des produits manufacturés. La faiblesse de leurs marchés intérieurs et leur dépendance économique en font des acteurs secondaires de la mondialisation [→ DOCUMENT 6].

DÉFINITION

Empire informel : forgée dans les années 1950 par les historiens John Gallagher et Ronald Robinson, la notion d'empire informel désigne une domination qui ne repose pas sur l'appropriation formelle d'un territoire, comme dans le cas d'une colonie classique, mais qui relève avant tout d'une logique économique et financière.

■ **Document 6. Part des régions dans la valeur des exportations mondiales (1870-1913) en %**

	1870	1913
Europe de l'Ouest *dont Grande-Bretagne* *Allemagne* *France*	64,4 *22* *12* *6*	60,2 *17* *16* *5*
Pays d'immigration européenne (*dont États-Unis)*	7,5 *(4)*	12,9 *(8)*
Europe de l'Est et Russie	4,2	4,1
Amérique latine	5,4	5,1
Asie	13,9	10,8
Afrique	4,6	6,9
Total monde	**100**	**100**

Source : Angus Maddison, *L'Économie mondiale. Une perspective millénaire*, OCDE, 2001.

III. Un système international en crise

A. LE TEMPS DES NATIONALISMES ET LA CRISE DU CONCERT EUROPÉEN

Les grandes constructions impériales, qu'elles soient anciennes (Empire chinois, Empire russe, Empire ottoman, Empire austro-hongrois) ou qu'il s'agisse des espaces coloniaux, constituent la forme d'organisation politique dominante dans le monde du début du XXe siècle. Elles sont cependant remises en question par l'essor des logiques nationales.

1. L'affrontement des nationalismes en Europe

Le modèle de l'État-nation*, qui s'affirme comme une aspiration forte dans l'Europe du XIXe siècle, nourrit les tensions. Le sentiment national peut agir comme une force de regroupement d'un peuple jusqu'alors morcelé entre plusieurs entités étatiques : c'est le cas pour l'Italie et l'Allemagne qui, au terme d'un processus complexe, achèvent leur unité nationale en 1871. Dans d'autres cas, le nationalisme agit, au contraire, comme une force de séparation. L'empire des Habsbourg est à ce titre exemplaire : il se compose d'une mosaïque de groupes ethnolinguistiques et se trouve dépourvu de véritable unité culturelle ou religieuse. Dans cet empire « tour de Babel », la conscience nationale autrichienne ne parvient pas à transcender les consciences nationales allemande, bohème, morave ou encore transylvaine, ces dernières se développant intensément à partir du milieu du XIXe siècle, avec un premier point culminant en 1848 (le « Printemps des peuples »). Malgré la constitution de la « double monarchie » à la fois autrichienne et hongroise (1867), les nationalismes

DÉFINITION

État-nation : communauté politique qui repose sur l'identification entre un peuple, un État et un territoire. Elle se fonde sur la conscience de caractéristiques communes et sur la volonté de vivre ensemble. L'État-nation est une construction historique qui se développe en Europe à partir de la Révolution française à mesure que s'affirme l'idée de souveraineté du peuple.

continuent à miner le pouvoir des Habsbourg: Tchèques, Slovaques, Yougoslaves et Italiens demandent non seulement une représentation politique, mais aussi la reconnaissance de leur spécificité linguistique, religieuse et culturelle. Dès le milieu du XIXe siècle, la France et la Grande-Bretagne s'empressent de soutenir les mouvements nationalistes susceptibles d'affaiblir l'empire, qui parvient cependant à préserver sa cohésion en s'appuyant sur le prestige de la dynastie des Habsbourg et de l'Église catholique, sur une grande armée et une bureaucratie efficace. **L'Empire ottoman peine, lui aussi, à contenir les forces centrifuges qui, dès les années 1870, menacent sa cohésion et son existence même**: soulèvement des Serbes et des Monténégrins en 1875, insurrection bulgare en 1876… La menace de dislocation est d'autant plus grande que les puissances extérieures soutiennent ou encouragent le mouvement, à l'instar de la Russie, qui s'allie à la Roumanie, à la Serbie et au Monténégro pour mener et remporter une guerre contre l'Empire ottoman en 1877 et 1878. En juin et juillet 1878, le traité de Berlin soustrait à l'Empire ottoman le Monténégro, la Serbie et la Roumanie, devenus indépendants, confère une autonome accrue à une partie de la Bulgarie tandis que les Austro-Hongrois obtiennent la gestion des vilayets* de Bosnie et d'Herzégovine.

Enfin, au sein des grands États européens, le sentiment national dérive vers un nationalisme de puissance qui aspire à l'expansion. En Allemagne, il se cristallise autour du thème du pangermanisme* et de l'hostilité ouverte envers les Slaves de Russie et des Balkans. La croissance démographique de l'empire, sa foudroyante réussite industrielle et ses ambitions hégémoniques ouvertement affichées inquiètent les autres puissances européennes. La France, vieil État-nation, est également saisie par l'essor d'un nationalisme belliqueux à la fin du XIXe siècle. Les Français préparent leur revanche sur l'Allemagne afin de récupérer les «provinces perdues» lors de la guerre de 1870 (l'Alsace et la Moselle).

2. La crise du concert européen

Ayant mis fin à la guerre de Trente Ans (1618-1648), **les traités de Westphalie** avaient posé les bases du concert des nations* européennes: **la paix résultait d'un accord trouvé entre les belligérants, qui se montraient soucieux de respecter la souveraineté des États et l'inviolabilité des frontières**. La diplomatie, d'abord, et la guerre en cas d'échec devaient maintenir l'équilibre des puissances ainsi constitué. Des négociations bilatérales et, en cas de nécessité, de grandes conférences internationales avaient pour ambition de décourager les agressions, de maintenir la paix et surtout d'éviter l'émergence d'un État hégémonique. Le congrès de Vienne, qui clôt en 1815 l'épisode napoléonien, reconduit les acquis d'une diplomatie qui a fait ses preuves. Cet ordre viennois, garanti par l'équilibre entre les cinq grandes puissances que sont l'Autriche, la Russie, la Prusse, la Grande-Bretagne et la France, se montre efficace dans la mesure où aucune grande guerre n'oppose ces États au cours du XIXe siècle. **Mais à partir de 1870, l'ordre viennois est remis en cause sous le coup des rivalités industrielles et impériales, en lien avec l'essor des nationalismes.**
Œuvre du chancelier Bismarck (1862-1890), l'unité allemande marque, en 1871, une étape décisive dans ce processus, car elle modifie en profondeur l'ordre européen. Forte de sa crois-

DÉFINITIONS

Vilayet: subdivision administrative au sein de l'Empire ottoman.

Pangermanisme: idéologie qui vise à rassembler toutes les populations de langue allemande au sein du Reich.

Concert des nations: le mot «concert» vient de «concertation» et renvoie au fait de se mettre d'accord, de trouver un terrain d'entente. L'expression «concert des nations» désigne le système d'équilibre des puissances qui marque l'Europe de 1815 à 1914.

sance démographique et de son spectaculaire essor économique, l'Allemagne devient la puissance hégémonique du continent. Afin de consolider la prééminence allemande et d'isoler la France dont il craint la volonté de revanche, Bismarck multiplie les alliances permanentes entre les puissances : en 1879, il contracte une alliance militaire avec l'Autriche-Hongrie (la Duplice), que rejoint l'Italie **en 1882 pour former la Triplice ou Triple-Alliance**. En 1881, il signe une alliance entre les trois empereurs d'Allemagne, de Russie et d'Autriche-Hongrie. Autant d'initiatives contraires à l'esprit de Vienne, qui encourageait le dialogue et la concertation. L'avènement d'un nouvel empereur en Allemagne, **Guillaume II (1888-1918), change de nouveau la donne géopolitique. Le souverain allemand rompt avec la Russie en 1890. La France en profite alors pour signer une alliance militaire avec le géant russe**, État conservateur et, à bien des égards, archaïque, mais première puissance démographique d'Europe avec 120 millions d'habitants. Elle place ainsi le Reich en difficulté puisque, en cas de guerre, il devrait combattre sur deux fronts simultanément, à l'Est et à l'Ouest. En 1902, la France obtient, par un traité secret, la neutralité de l'Italie en cas de guerre déclenchée par l'Allemagne. **En 1904, elle conclut l'Entente cordiale avec les Britanniques, au terme d'une série d'accords bilatéraux qui inaugurent un rapprochement durable entre les deux puissances. L'accord colonial de 1907 entre les Russes et les Britanniques achève de constituer la Triple-Entente. L'Europe est désormais coupée en deux alliances antagonistes** [→ CARTE 1].

Carte 1. L'Europe des alliances en 1913

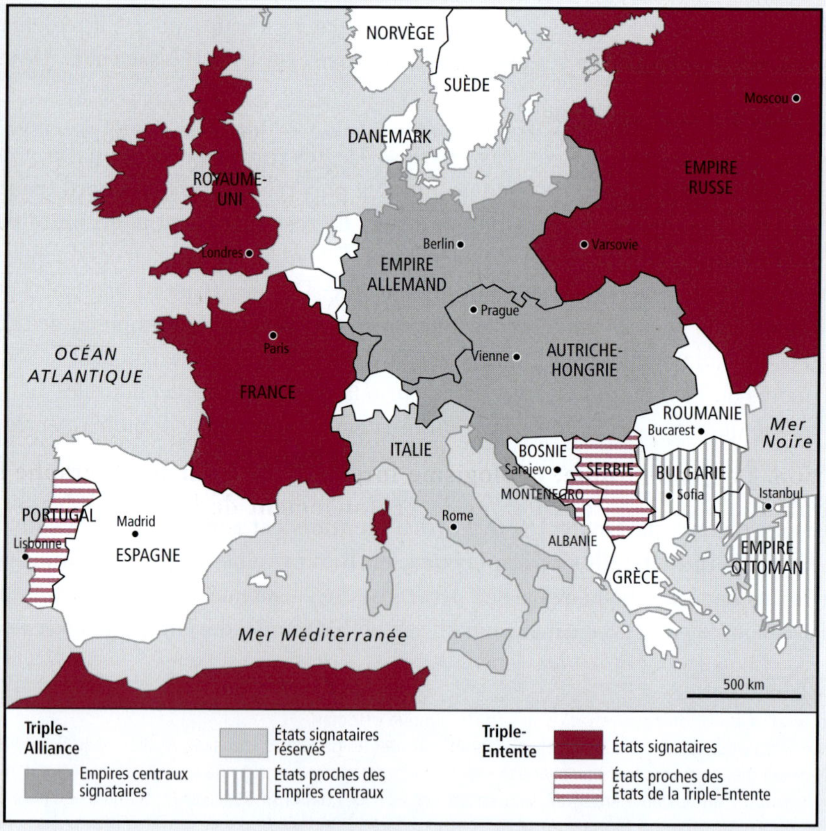

B. LA COMPÉTITION IMPÉRIALE AMPLIFIE LES RIVALITÉS NATIONALES

Ces rivalités européennes sont amplifiées et en quelque sorte décloisonnées par la poussée de l'impérialisme* qui se produit au même moment.

1. Nationalisme d'expansion et naissance de la géopolitique

Dans un contexte de mondialisation des rivalités industrielles et impériales, les grands États mettent en œuvre un nationalisme d'expansion qui prend diverses formes. Anglais, Français et Japonais se lancent dans une colonisation effrénée. Le pangermanisme veut édifier une *Mitteleuropa** allemande avant que la *Weltpolitik* (politique mondiale) engagée par Guillaume II n'appelle les Allemands à développer leur influence à l'échelle du monde. Quant à la Russie, elle veut s'étendre en direction des détroits turcs et en Mandchourie. **La mondialisation des rivalités géopolitiques provoque un essor spectaculaire des flottes allemande, italienne, japonaise et surtout étasunienne.** Sous la présidence de Roosevelt, les États-Unis se dotent de la deuxième flotte navale du monde. Ancien secrétaire adjoint de la Marine, Roosevelt est fortement influencé par les travaux d'Alfred Thayer Mahan (1840-1914), directeur de l'École de guerre navale et auteur du best-seller *The Influence of Sea Power Upon History. 1660-1783* (1890). Véritable promoteur du *Sea Power*, Mahan y défend la thèse de la supériorité des puissances maritimes sur les puissances continentales et encourage donc les États-Unis à dépasser le cadre continental, jugé trop étroit, pour assumer leur rôle de puissance internationale. Autre fondateur de l'école anglo-saxonne de *Geopolitics*, Halford Mackinder (1861-1947) est rendu célèbre par sa conférence « Le pivot géographique de l'histoire » (1904), dans laquelle il avance les concepts d'« île-monde » (qui correspondrait à l'Eurasie) et de « pivot continental » (le *Heartland*, qui se confondrait avec la Russie), deux espaces dont le contrôle serait au cœur des compétitions entre les grandes puissances. Les travaux de Mahan et de Mackinder rencontrent de l'écho en Europe, où se développent, au même moment, diverses conceptions vitalistes de l'État. **Friedrich Ratzel (1844-1904) transpose les travaux de Darwin dans le champ politique et fonde la géographie politique allemande.** Dans *Politische Geographie* (1897), il établit que la puissance d'un État est en grande partie déterminée par son milieu, sa situation (ouverture ou enclavement), son voisinage. Nationaliste, membre de la Ligue pangermaniste, il conçoit ses travaux comme un outil au service de grandeur du Reich. **C'est lui qui élabore le concept de *Lebensraum**, développé ensuite par le militaire et diplomate allemand Karl Haushofer (1869-1946). Celui-ci conçoit également la géographie politique comme un art de gouverner, une praxéologie – c'est-à-dire une science pour l'action. La géopolitique, néologisme forgé en 1899 par le géographe suédois Rudolf Kjellén, apparaît comme le prolongement de la géographie politique allemande.** Elle prétendra constituer une véritable discipline en 1916, avec l'ouvrage de Kjellén *L'État comme forme de vie*.

DÉFINITIONS

Impérialisme : politique d'un État qui a l'ambition de placer des territoires et des populations sous sa dépendance politique et/ou économique.

***Mitteleuropa* (« Europe du milieu ») :** cette notion est apparue en Allemagne en 1915 pour désigner un espace géographique aux contours fluctuants, se situant dans la partie centrale de l'Europe, au sein duquel l'Allemagne devrait exercer son influence.

***Lebensraum* (« espace vital ») :** théorie selon laquelle tout grand peuple doit disposer d'un territoire suffisamment vaste pour lui fournir toutes les ressources dont il a besoin pour s'épanouir.

2. La poussée impérialiste

L'expansion européenne dans le monde connaît un nouvel élan à partir des décennies 1870 et 1880. C'est le temps de la « course aux colonies », du *Scramble for Africa* (la « ruée » vers l'Afrique). Ce nouvel élan ne concerne pas les Empires espagnol, hollandais ou portugais, ni même l'Empire ottoman, très affaibli, mais la Grande-Bretagne et la France ainsi que quelques nouveaux venus comme l'Allemagne, la Belgique ou l'Italie. Deux puissances extra-européennes, les États-Unis et le Japon, entrent également dans le jeu. Au début du XXe siècle, l'Empire britannique couvre 22 millions de km², le russe 21 millions et l'empire colonial français plus de 10 millions (contre 900 000 en 1870). **Soucieuse de rivaliser avec la France et la Grande-Bretagne, l'Allemagne de Guillaume II entre tardivement, mais de manière déterminée, dans la « course aux colonies », avec pour cibles la région des Grands Lacs (Rwanda, Burundi), le Cameroun, le Togo, la Namibie ou le Maroc.** L'Allemagne met aussi la main sur quelques possessions insulaires dans le Pacifique (les îles Marianne, Marshall et Carolines). Désireuse de renouer avec une histoire impériale glorieuse, l'Italie occupe l'Érythrée avant d'y fonder une colonie en 1890, mais échoue au terme de plusieurs années de guerre face à l'Empire éthiopien (qui est également dans une dynamique d'expansion). **Concernant la Russie, l'expansion est liée à la volonté de mettre en place des États-tampons et d'accéder aux détroits reliant la mer Noire à la Méditerranée, qui lui offriraient une précieuse ouverture maritime.** Tout le long du XIXe siècle, de vives tensions diplomatiques opposent la Grande-Bretagne à la Russie dans le cadre du « Grand Jeu », qui a pour objet le contrôle de l'Asie centrale. C'est dans ce contexte que le khanat* de Boukhara et celui de Khiva, deux États également convoités par les Britanniques, deviennent protectorats russes en 1873. Longtemps rivales, les deux puissances finissent par se rapprocher pour mieux contrer les ambitions de l'Allemagne dans la région : en 1907, une convention anglo-russe délimite leurs zones d'influence en Afghanistan, en Perse et au Tibet.

Les pays d'Amérique latine sont dominés selon la logique de l'empire informel. Fragilisés par des crises politiques et sociales internes, dépendants des cours mondiaux des matières premières et agricoles, fortement endettés, ces États voient leur dépendance financière vis-à-vis de la Grande-Bretagne et des États-Unis se renforcer au tournant du XXe siècle. L'impérialisme des États-Unis est essentiellement tourné vers l'Amérique latine et le Bassin caribéen, considérés comme une arrière-cour ou une chasse gardée. En 1898, par exemple, les États-Unis annexent Porto Rico et occupent militairement Cuba. Sous les présidences de Theodore Roosevelt (1901-1909) puis de William H. Taft (1909-1913), ils conjuguent la politique dite « du *Big Stick* » (« gros bâton »), qui se traduit par de nombreuses interventions dans la politique intérieure des États voisins, et la « *dollar diplomacy* ». **En 1903, les États-Unis soustraient la jeune république de Panama à la tutelle colombienne, s'assurant ainsi le contrôle de l'isthme où ils entreprennent de creuser un canal transocéanique, un enjeu stratégique majeur à l'échelle du monde.** Les États-Unis sont, par ailleurs, soucieux de contenir les ambitions des Européens dans la région : en 1905, prenant l'Allemagne de vitesse, ils imposent à l'État surendetté de Saint-Domingue une réorganisation financière et mettent la main sur sa politique douanière. Des intérêts économiques et politiques se mêlent également pour justifier des interventions au Nicaragua (1909, 1912) ou au Mexique (1914). Dans le Pacifique, les États-Unis occupent Hawaï et s'emparent de

DÉFINITION

Khanat : petit royaume (turc, mongol ou ouzbek) dirigé par un khan.

■ **Carte 2. La géopolitique mondiale en 1913**

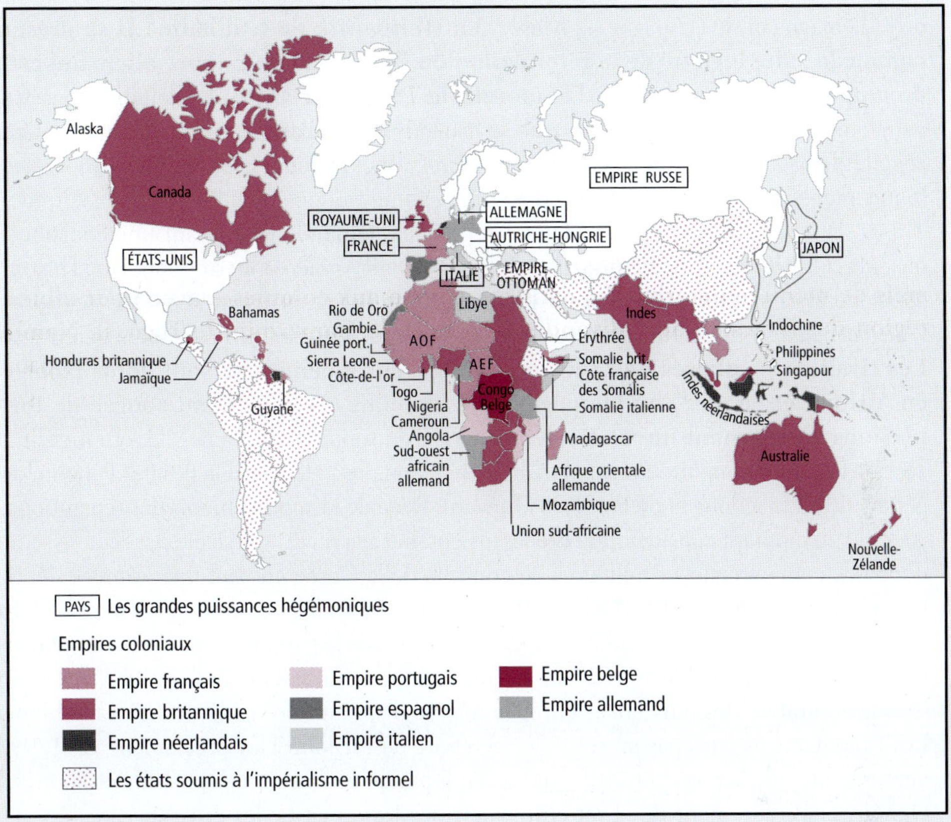

possessions espagnoles comme Guam et les Philippines. En définitive, en 1914, 90 % des espaces de l'Afrique et 56 % de l'Asie sont colonisés, la plupart des îles du Pacifique aussi, tandis que les États-Unis ont étendu leur influence sur une bonne partie de l'Amérique latine. **Une telle dynamique exacerbe les rivalités et augmente les risques d'affrontement.**

3. La multiplication des tensions coloniales

L'hégémonie britannique, qui repose sur le contrôle des routes maritimes, la domination de la livre et de l'industrie britannique, et s'appuie sur l'existence d'un immense empire, aiguise les rivalités. **La Grande-Bretagne et la France sont aux prises lors de la bataille de Fachoda en 1898 :** au Sud-Soudan, les troupes anglaises de lord Kitchener dominent celles du capitaine Marchand et les forcent à se retirer d'une zone convoitée par les deux puissances. **À une époque où l'on croit fermement à l'existence de « caractères nationaux », le thème de la « Perfide Albion* » fait les choux gras de la presse à grand tirage française, tandis que les Britanniques fustigent le chauvinisme et le**

DÉFINITION

« Perfide Albion » : expression populaire couramment utilisée en France pour dénigrer l'Angleterre. « Albion » vient d'*Alba*, le terme utilisé par les Romains pour désigner l'Angleterre – le latin « *alba* » (« blanc ») renvoyait à la blancheur des côtes calcaires du sud de l'île.

militarisme français qui menaceraient la paix en Europe. La France est également en compétition avec la Belgique dans le centre de l'Afrique et s'emploie à contrer les ambitions de l'Allemagne et de l'Espagne au Maroc. **La *Weltpolitik* de Guillaume II se présente comme la suite logique de la refondation du Reich. « D'un Empire allemand est né un empire mondial » déclare l'empereur le 18 janvier 1896.** Exploitation massive et peuplement sont les deux objectifs que se fixe le Reich en Afrique, persuadé que, par cette voie, l'Allemagne augmentera sa puissance. En Chine, la concession de Qingdao, créée de toutes pièces en 1897, a l'ambition d'être un « Hong Kong germanique », selon Alfred von Tirpitz, l'un des créateurs de la Marine impériale allemande. Apportant une contribution majeure à l'abondante littérature sur les causes de la Première Guerre mondiale, l'historien allemand Fritz Fischer présentait en 1961, dans son livre très discuté *Les Buts de guerre de l'Allemagne impériale*, cette « quête de puissance mondiale » comme un élément déterminant. **Les rivalités séculaires entre les puissances européennes se sont donc exportées en Afrique et en Asie, où l'impérialisme japonais est également source de fortes tensions au tournant du XXe siècle.** Au terme du traité de Shimonoseki, qui met fin, en 1895, à la guerre remportée contre la Chine, le Japon prend le contrôle des îles Penghu, de la péninsule du Liaodong et de Formose (Taïwan), exige de l'Empire chinois des réparations de guerre d'un montant considérable. Processus entamé à la fin du XIXe siècle par l'établissement d'accords commerciaux et militaires, le contrôle de la Corée connaît une avancée décisive lorsqu'un protectorat y est établi en 1905, qui aboutit à l'annexion complète en 1910. L'État chinois, en grande difficulté, subit aussi des agressions de la part des puissances européennes. C'est le temps du *break-up of China*, la « mise en pièces » de la Chine, qui ouvre ses ports sous la contrainte des puissances européennes se disputant des parts du « gâteau chinois ». Les États-Unis ne sont pas en reste, le secrétaire d'État John Hay proclamant, en 1899, la doctrine dite « de la porte ouverte », qui revendique un égal accès des puissances au marché chinois. L'effondrement de l'État chinois aiguise les appétits des puissances extérieures, qui ne tardent pas à entrer en conflit à propos du partage des zones d'influence. À l'orée du XXe siècle, le Japon et la Russie se disputent ainsi l'influence sur la Mandchourie et sur la

ZOOM ▶ Les violences coloniales, laboratoire expérimental de la Première Guerre mondiale

L'expédition française au Tonkin au début des années 1880 ou la guerre des Boers menée par les Anglais en Afrique du Sud entre 1899 et 1902 sont des épisodes paroxystiques des violences coloniales. Les Européens, qui se complaisent à dénoncer la brutalité et la « bestialité » des peuples d'Asie ou d'Afrique, déploient envers elles des violences inédites, d'autant plus grandes qu'elles sont liées à une barbarisation ou même à une animalisation de l'adversaire. L'appellation « guerre » est pourtant récusée dans la plupart des cas : les Allemands en Namibie en 1904 (où le général Lotar von Trotha appelle ouvertement à l'extermination des Héréros) comme les Français à Madagascar en 1894 et 1895 mènent des opérations de « police » et de « retour à l'ordre », châtient les indigènes agressifs, traîtres ou rebelles. En lien avec l'industrialisation et les progrès de l'armement, les combats deviennent plus violents, la possibilité de détruire l'adversaire plus accessible. Dans la lignée des travaux fondateurs d'Hannah Arendt (*L'Impérialisme. Les Origines du totalitarisme*, 1951), certains auteurs avancent même l'idée selon laquelle les guerres coloniales constitueraient la matrice des violences du XXe siècle, un laboratoire expérimental de la guerre totale et de la guerre d'extermination. C'est la thèse, controversée, d'Olivier Le Cour Grandmaison dans *Coloniser. Exterminer. Sur la guerre et l'État colonial* (2005). Le premier génocide du XXe siècle se produit dans la colonie allemande de Namibie à partir de 1904, lorsque les Héréros et les Namas sont massacrés et enfermés dans des camps de concentration. Les guerres coloniales sont aussi perçues comme un champ d'expérimentation de la Première Guerre mondiale dans la mesure où elles révèlent l'importance du contrôle de la presse ou bien le rôle crucial de la logistique et des structures sanitaires pour mener à bien un conflit armé de grande ampleur.

Corée. Après avoir signé une alliance avec le Royaume-Uni en 1902, les Japonais prennent l'initiative de la guerre en 1904 et défont l'armée du tsar (bataille de Moukden, 1905) avant de couler la flotte russe lors de la bataille de Tsushima, en 1905.

C. VERS LA GUERRE (1905-1914)

Il faut récuser en histoire toute approche déterministe qui consisterait à présenter les événements en fonction de leur issue, et donc se garder de la tentation de lire les relations internationales des années 1905 à 1914 comme conduisant inéluctablement à la guerre. Constatons simplement que la compétition accrue entre les nations, à toutes les échelles, la multiplication des incidents non résolus et des guerres perturbent l'équilibre des puissances, déjà fragilisé. Au Maroc en 1905-1906 et à nouveau en 1911-1912, dans les Balkans en 1912 et 1913, les grandes puissances européennes s'affrontent directement ou indirectement dans des conflits qui renforcent le jeu des alliances, accélèrent la course aux armements et compromettent la paix.

Pour aller plus loin

Un article de l'historien Nicolas Offenstadt sur les causes de la guerre dans le cadre d'une exposition tenue à la BNF en 2014, intitulée « La guerre 14-18 »
liennathan.fr/25jke2

1. Les crises marocaines

Soucieuse d'accroître son influence en Méditerranée, en difficulté au moment où s'opère le rapprochement entre Français, Anglais et Russes, l'Allemagne lance une offensive diplomatique en 1905, afin de tester la solidité des alliances françaises. Le ministre français des Affaires étrangères Théophile Delcassé est alors à la manœuvre pour transformer le sultanat du Maroc en un protectorat. Guillaume II, dans son discours de Tanger du 31 mars 1905, défend l'existence d'un Maroc libre et indépendant. **Au terme d'un bras de fer diplomatique, la conférence d'Algésiras, en 1906, conforte les ambitions françaises.** Mais la France doit s'engager à mettre en œuvre le principe de la « porte ouverte », permettant la libre compétition économique entre les puissances désirant déployer leurs activités au Maroc. **La crise diplomatique a renforcé la solidarité entre la France, l'Angleterre et la Russie ; les États-Unis du président Roosevelt se sont même posés en arbitres des tensions européennes.** En 1911, Guillaume II relance une offensive, avec un degré d'intensité plus élevé car une canonnière de la marine de guerre est envoyée en rade d'Agadir. L'enjeu pour les Allemands est cette fois de dénoncer les violations par la France de l'accord de 1906, afin d'obtenir en compensation des territoires dans le bassin du Congo. Une stratégie qui porte ses fruits : si le traité de Berlin (novembre 1911) est une étape décisive vers la mise en place du protectorat français sur le Maroc, la France a cédé à l'Allemagne plus de 270 000 km^2 en Afrique équatoriale qui formeront le Cameroun allemand.

2. Les guerres balkaniques

En 1908, les vilayets de Bosnie et d'Herzégovine sont au cœur d'un bras de fer diplomatique entre l'Autriche-Hongrie et l'Empire ottoman. Les Habsbourg, qui les administrent depuis 1878 pour le compte de l'Empire ottoman, les annexent formellement. Un camouflet pour la Russie qui, vaincue en Asie par le Japon en 1905, a tourné ses ambitions vers la région. Le 5 octobre 1908, jour de l'annonce de l'annexion, Ferdinand Ier, prince de Bulgarie, se dégage de sa situation de vassalité vis-à-vis de l'Empire ottoman et proclame l'indépendance de son royaume, contrariant les ambitions italiennes dans la région. Dans un contexte de flambée du nationalisme – la Grèce, la Serbie, la Roumanie et la Bulgarie sont frappées par une série d'attentats –, les tensions grandissent entre 1908 et 1912. Depuis le coup d'État de 1903 à Belgrade, un axe Russie-Serbie s'est dessiné contre l'Autriche-Hongrie. Les deux États orthodoxes sont aussi décidés à faire reculer l'Empire ottoman dans les Balkans. Ils mettent à profit la défaite ottomane en Libye face à l'Italie en 1912 pour déclencher **la première guerre balkanique. Entre le 1er octobre et le 3 décembre 1912, elle oppose la Serbie, la Bulgarie et la Grèce, soutenues par la Russie, à l'Empire ottoman**. Au terme de cette guerre, les Turcs, facilement vaincus, abandonnent pratiquement tous leurs territoires européens. **La seconde guerre balkanique (29 juin-10 août 1913) naît de tensions grandissantes entre les vainqueurs de la première guerre, qui se disputent les décombres européens de l'Empire ottoman.** Elle oppose la Bulgarie à la Serbie, soutenue par la Roumanie, la Grèce et la Turquie. Vaincue, la Bulgarie est exclue du partage de la Macédoine, divisée entre Serbes au nord et Grecs au sud. Ces deux guerres, dans la mesure où elles traduisent la volonté des Russes de contrôler les Balkans, ne peuvent qu'inquiéter l'Autriche-Hongrie, que le nationalisme serbe menace également. Désirant limiter les ambitions des Serbes qui rêvent d'un débouché sur l'Adriatique, l'empire obtient la création de l'Albanie en 1913. L'hostilité grandit entre Serbes et Austro-Hongrois.

Une des conséquences majeures de ces guerres est de faire progresser en Allemagne l'idée selon laquelle l'affrontement avec la France et la Russie est inévitable. **Le Reich se sent en difficulté, encerclé par la France, la Grande-Bretagne et la Russie, trois puissances qui se sont rapprochées. Ce sentiment d'encerclement devient, en Allemagne, « une véritable psychose[1] ».** En outre, son seul allié sûr, l'Autriche-Hongrie, est affaibli.

ZOOM ▶ Le débat sur les causes de la Première Guerre mondiale

Dès l'entrée en guerre, la recherche des causes de la Première Guerre mondiale est devenue un problème historique car aucun pays ne voulait en assumer la responsabilité. Le débat, relancé à plusieurs moments au cours du XXe siècle, a ressurgi à l'occasion du centenaire de la Première Guerre mondiale en 2014, sans aboutir à un consensus entre les historiens.

Le premier enjeu de ce débat est de peser la responsabilité respective des différentes grandes puissances dans l'engrenage qui a mené au conflit. Le rôle de l'Allemagne est au cœur des discussions. Des historiens, comme Christopher Clark (*Les Somnambules*, 2014), ont tendance à minorer la responsabilité du Reich pour mettre en évidence celle de la Serbie et de la Russie. Une majorité d'historiens persistent cependant à considérer que l'Allemagne a eu un rôle décisif par la politique agressive qu'elle menait depuis les années 1890 et par ses décisions de juillet 1914.

Un deuxième enjeu est de savoir si la guerre était inéluctable. Issue des travaux des historiens français Pierre Renouvin et Jean-Baptiste Duroselle, la thèse longtemps dominante a été que des « forces profondes » (montée du nationalisme, systèmes d'alliances, rivalités impérialistes, évolutions économiques) auraient engagé les États européens dans une compétition fatale dès 1905. Les historiens considèrent aujourd'hui que la compétition de puissance n'était pas insurmontable, que les rivalités coloniales n'expliquent pas la guerre car les plus importantes opposaient les puissances de la Triple-Entente entre elles, que le nationalisme n'était pas prégnant dans les opinions européennes. Ils réévaluent l'importance de l'attentat de Sarajevo pour comprendre ce qui a empêché les mécanismes du concert des nations de fonctionner à l'été 1914. Si les dirigeants européens ont choisi la guerre à ce moment, c'est qu'ils étaient persuadés qu'il fallait en passer par là pour rénover un système européen à bout de souffle et le faire évoluer à leur avantage. Même s'ils étaient prévenus des effets meurtriers des nouvelles armes, ils pensaient que la guerre serait courte et ils accordaient la plus grande confiance dans les offensives élaborées par leurs états-majors.

1. Jean-Jacques Becker, *La Grande Guerre*, Paris, PUF, 2004.

En 1912, le chef d'état-major allemand, Moltke le Jeune, en tire la conclusion qu'il faut prendre les devants avant que l'effort militaire russe n'assure une supériorité trop grande à l'Entente et ne rende impossible l'application du plan de guerre allemand. Les dirigeants allemands établissent alors deux lois militaires (1912 et 1913) qui portent les effectifs militaires à 820 000 hommes en 1914. La France répond par la loi de 1913 qui rétablit le service militaire de trois ans afin de constituer une armée d'active de 750 000 hommes. En 1914, la Russie annonce un grand programme d'armement qui doit arriver à son terme en 1917. Pourtant, jusqu'à l'été 1914, les dirigeants européens ont encore la volonté d'empêcher la guerre. En France, les élections générales d'avril-mai 1914 donnent la victoire aux radicaux et aux socialistes, qui sont pacifistes.

3. La crise de l'été 1914 et l'entrée dans la guerre

Le 28 juin 1914, l'héritier de l'empire d'Autriche François-Ferdinand et son épouse, en visite officielle dans la capitale de la Bosnie-Herzégovine, Sarajevo, sont assassinés par des nationa-

Le regard d'un historien

Pierre Renouvin et les origines de la Grande Guerre

L'historien Pierre Renouvin (1893-1974), ancien combattant gravement blessé au Chemin des Dames, donne, en 1922 et 1923, un cours à la Sorbonne intitulé « Les origines immédiates de la guerre ». Publié en 1925, l'ouvrage étudie les responsabilités dans le déclenchement du conflit, une question sensible et même polémique à une époque marquée par des tensions grandissantes entre la France et l'Allemagne (la querelle des réparations aboutit à l'occupation de la Ruhr). Dépouillant les archives allemandes et russes, Renouvin porte son attention sur les semaines séparant l'attentat de Sarajevo et la déclaration de guerre. S'il ne dédouane pas l'Allemagne et l'Autriche-Hongrie de leurs responsabilités, il refuse d'en faire les seules responsables du grand embrasement. Les deux puissances centrales n'ont pas voulu la guerre, et ont même su se montrer prudentes lorsqu'elles redoutaient que l'Angleterre n'entre aux côtés de la Russie dans un conflit européen. L'historien insiste sur le rôle des initiatives individuelles, celles des diplomates européens et des généraux allemands. Par la suite, Renouvin entreprend d'étudier les causes plus profondes, plus lointaines de la guerre. Devenu le grand spécialiste français des relations internationales, il publie en 1964, avec son jeune collègue Jean-Baptiste Duroselle, une *Introduction à l'histoire des relations internationales*. Revenant rapidement sur les origines de la guerre, il mobilise des explications qui ne relèvent plus simplement du domaine diplomatique ou militaire, mais renvoient également à des considérations d'ordre social et culturel, psychologique, à des « forces profondes » : « Les heurts répétés et les menaces de conflit ont eu pour résultat d'accoutumer les peuples européens à envisager l'éventualité de la guerre que certains hommes politiques déclaraient inévitable. [...] Mais ce nationalisme, c'est le gouvernement qui s'est appliqué à le renforcer par l'enseignement et par la propagande, parce qu'il voyait dans cet état de la psychologie collective une condition indispensable au succès de sa politique extérieure. L'élan des sentiments collectifs n'a été qu'un support de l'action politique. »

La démarche consistant à croiser étude du temps long et du temps court, à enrichir l'approche historique en puisant dans diverses disciplines (démographie, économie, psychologie...), à articuler actions individuelles et élans collectifs, ouvre la voie à un siècle d'historiographie inscrite dans la lignée des travaux de Pierre Renouvin. Ses héritiers écartent tous l'idée d'une responsabilité unilatérale pour expliquer un phénomène aussi complexe qu'une guerre mondiale.

listes serbes. Intervenant après de longs mois de calme en Europe, cet assassinat met le feu aux poudres et provoque le grand embrasement. Pour garder son rang, **l'Autriche entend réagir en manifestant plus de fermeté que lors des deux guerres balkaniques, où elle et son allié bulgare ont trop souvent perdu la face. Le 5 juillet 1914, l'Allemagne lui apporte son soutien, signe qu'elle prend le risque d'une guerre européenne**. Vienne décide donc d'adresser à la Serbie un ultimatum inacceptable, dont le refus marquerait l'entrée en guerre. Même si la Serbie cède sur pratiquement tous les points à l'ultimatum du 23 juillet, l'Autriche-Hongrie refuse de se contenter d'une victoire diplomatique et, manifestement désireuse de régler son compte à la Serbie, lui déclare la guerre le 28 juillet. **Par le jeu des alliances, un engrenage conduit en quelques jours à la guerre :** la Russie, au secours du « petit frère serbe », mobilise le 29 juillet. Cette décision provoque une flambée patriotique et belliqueuse en Allemagne, qui déclare la guerre à la Russie le 1er août. Le lendemain, en application des accords qui la lient à la Russie, la France décrète à son tour la mobilisation générale. Le 3 août, l'Allemagne déclare la guerre à la France et envahit la Belgique, au mépris du respect de la neutralité belge. **Conformément au plan Schlieffen, l'Allemagne prévoit d'écraser la France en quelques semaines avant de se tourner contre la Russie. Jusque-là en position de conciliatrice, la Grande-Bretagne se résout à déclarer la guerre à l'Allemagne après que celle-ci a envahi la Belgique.** En quelques semaines, la crise balkanique s'est transformée en conflit généralisé ; seule l'Italie est restée neutre. **Selon l'historien Jean-Jacques Becker, « aucun des moyens qui auraient permis d'éviter la guerre n'a alors fonctionné ».** Comme d'autres historiens, il insiste sur le rôle des militaires dans le déclenchement de la guerre, en particulier celui de généraux comme von Moltke, chef d'état-major allemand, ou celui du général autrichien Conrad von Hötzendorf. « L'élément commun aux quatre grands pays concernés fut sans aucun doute l'action de leurs états-majors. Dans les derniers jours de la crise, leur pression fut telle qu'il était difficile aux gouvernements civils d'y résister. »

Dans le chapitre inaugural de son roman autobiographique ***Le Monde d'hier. Souvenirs d'un Européen*, publié en 1942, Stephan Zweig** évoque la période qui précéda la Première Guerre mondiale comme « le monde de la sécurité ». Se penchant à la fois sur son passé et sur celui de l'Empire austro-hongrois où il a grandi, le grand écrivain allemand écrit : « Quant aux rechutes de la barbarie telles que les guerres entre peuples européens, on y croyait aussi peu qu'aux sorcières et aux fantômes ; nos pères étaient pétris d'une confiance persistante dans le pouvoir de la tolérance et de l'esprit de conciliation qu'ils voyaient comme une obligation à laquelle tout le monde serait tenu de souscrire. [...] Aujourd'hui que le gros orage l'a fracassé depuis longtemps, nous savons définitivement que ce monde de la sécurité fut un château de rêve. » Le « gros orage » évoqué par Zweig éclata à l'été 1914, et changea de manière irréversible la géopolitique mondiale.

2 TABLEAU GÉOPOLITIQUE DU MONDE EN 1939

En 1939, le second conflit mondial a déjà commencé depuis deux ans en Chine. En Europe, les grandes puissances se préparent à un combat qui est devenu inéluctable depuis l'occupation de la Bohême-Moravie par les troupes nazies en mars 1939 et qui éclate le 1er septembre lorsque la Wehrmacht pénètre en Pologne. Comment expliquer qu'à peine vingt ans après la Grande Guerre, le monde plonge de nouveau dans la guerre ? Les politiques nazies et japonaises en sont les responsables directes. Elles radicalisent les logiques de l'impérialisme de la fin du XIXe siècle dans une lutte pour le pouvoir global entre les États qui disposent d'un empire et ceux qui veulent en acquérir un par la conquête militaire. L'enjeu est le contrôle de deux espaces géopolitiques caractérisés par un vide de puissance : l'Europe de l'Est et la Chine. Mais les démocraties occidentales portent aussi leur part de responsabilités dans le déclenchement de la guerre car elles ont été incapables de construire un ordre international stable après la Première Guerre mondiale. Puis, dans les années 1930, affaiblies par les difficultés économiques, elles ont renoncé à le défendre face aux menées japonaises et allemandes.

En quoi la compétition entre les projets impériaux des grandes puissances conduit-elle à la Seconde Guerre mondiale ?

Notions principales

Communisme : mode d'organisation politique, économique et sociale établi en URSS qui s'inspire de la pensée de Karl Marx et de Lénine. Il est fondé sur la propriété collective des moyens de production et l'instauration d'une société sans classes sous l'autorité d'un parti unique.
Fascisme : doctrine révolutionnaire, érigée en système politique en Italie, qui entend créer une communauté nationale grâce à la toute-puissance de l'État (intervention de l'État dans l'économie, appareil répressif, culte du chef) et par l'exaltation du nationalisme.
Idéologie : ensemble d'idées, de croyances, de doctrines qui forment un système cohérent et prescriptif d'interprétation du monde.
Sécurité collective : système de relations internationales reposant sur le principe d'interdiction du recours à la force, garanti par la collaboration entre les États au sein d'organisations internationales.
Totalitarisme : système politique dans lequel l'État, au nom d'une idéologie et en s'appuyant sur un parti unique, la propagande et la terreur, a l'ambition d'exercer une emprise totale sur la société et les individus. Le terme est employé pour caractériser les régimes fasciste, nazi et soviétique.

CHRONOLOGIE

1919 : Traité de Versailles
1920 : Établissement de la Société des Nations (SDN)
1924 : Plan Dawes à propos des dettes de guerre de l'Allemagne
1925 : Accords de Locarno visant à assurer la sécurité collective en Europe
1929 : Krach boursier à New York
1931 : Prise de contrôle de la Mandchourie par le Japon
1933 : Hitler nommé chancelier. Départ de l'Allemagne de la SDN
1934 : Entrée de l'URSS dans la SDN. Traité de neutralité entre l'Allemagne et la Pologne
1935 : Début de la conquête de l'Éthiopie par l'Italie
1936 : Remilitarisation de la Rhénanie. Début de la guerre d'Espagne. Axe Rome-Berlin
1937 : Invasion de la Chine par l'armée japonaise
1938 : Anschluss. Accords de Munich
1939 : Pacte germano-soviétique. Invasion de la Pologne par l'armée allemande

I. Un ordre mondial fragile

Le nouvel ordre mondial défini en 1919 et 1920 se révèle instable, car il instaure un système déséquilibré au bénéfice des vainqueurs. Apparaissant comme injuste aux yeux d'un grand nombre d'États, le système international est également miné par la division entre les puissances dominantes.

A. LA DOMINATION DES PUISSANCES OCCIDENTALES

1. Les vainqueurs imposent leur ordre

Le nouvel ordre international issu de la Première Guerre mondiale est dicté, lors de la conférence de Paris en 1919-1920, par les trois grands vainqueurs de la Première Guerre mondiale : les États-Unis, la France et le Royaume-Uni. Ils suivent ainsi la tradition diplomatique qui veut qu'un concert de quelques grandes puissances décide du sort du monde. L'objectif principal est d'empêcher le rétablissement de la puissance allemande. **Par cinq traités signés entre 1919 et 1920, de dures conditions de paix sont imposées aux vaincus qui, contrairement au Congrès de Vienne de 1815, ne sont pas conviés aux négociations.**

Le nouvel ordre repose sur plusieurs principes inspirés des Quatorze Points énoncés en janvier 1918 par le président des États-Unis Thomas Woodrow Wilson. Le droit à l'auto-détermination doit guider le nouveau dessin des frontières européennes afin de donner satisfaction aux peuples sans États ; en conséquence, de nouveaux pays surgissent sur la carte de l'Europe. **La fin de la Première Guerre mondiale consacre la fin des empires et le triomphe de l'État-nation**, puisque disparaissent en quelques années l'Empire allemand, l'Empire austro-hongrois, l'Empire ottoman, alors que l'empire des tsars se métamorphose en URSS. Le président américain impose aussi sa conception libérale ou idéaliste des relations internationales en insistant sur le rôle que doivent jouer le libre-échange et l'extension de la démocratie dans la stabilisation du continent européen. Le traité de Versailles, signé le 28 juin 1919, entérine la création de la Société des Nations (SDN), la première organisation internationale globale fondée sur le principe de la sécurité collective.

2. Des vainqueurs renforcés

L'ordre international qui se met en place ne repose pas sur l'équilibre de la puissance. Les vainqueurs disposent en effet d'une nette supériorité dans tous les domaines. Le traité de Versailles, imposé à l'Allemagne, fait de l'armée française la seule grande force militaire sur le continent. Débarrassée de la flotte allemande qui se saborde en 1919, la Royal Navy demeure la première marine mondiale. **En 1922, le traité de Washington fait de la marine américaine son égale. La domination des vainqueurs repose également sur leur écrasante supériorité économique.** Dans les années 1920, la Grande-Bretagne, la France et les États-Unis représentent environ environ un tiers de l'économie mondiale (plus de la moitié en comptant les colonies françaises et britanniques), 60 % de la production industrielle, un tiers du commerce et 85 % des investissements à l'étranger. Les traités de paix ont permis à la France et à la Grande-Bretagne d'agrandir encore leurs possessions outre-mer. Au terme de la guerre, la France et le Royaume-Uni se partagent les colonies allemandes en Afrique ; la conférence de San Remo, en 1920, leur attribue par ailleurs des mandats pour administrer les anciens territoires arabes de l'Empire ottoman. La Première Guerre mondiale a démontré le rôle décisif des empires pour remporter un conflit mondial, la mobilisation des immenses ressources en matières premières et le recrutement de troupes coloniales ayant largement contribué à la victoire des Alliés. La marine s'est révélée un instrument indispensable pour maintenir le lien avec les possessions coloniales et organiser un blocus autour des puissances continentales.

Cependant, la guerre a déstabilisé l'équilibre entre les vainqueurs. Si l'Europe reste le cœur de la géopolitique mondiale et si la France comme le Royaume-Uni demeurent des puissances mondiales, **un basculement géopolitique s'est opéré en faveur des États-Unis. Ceux-ci sont en effet les grands vainqueurs du conflit: leur économie s'est accrue de 20%, ils sont devenus les créanciers* du monde et talonnent les Britanniques comme premier investisseur mondial.** Le dollar s'impose comme la nouvelle monnaie internationale à côté de la livre sterling. Les dirigeants anglais et japonais, comme les leaders bolcheviks ou Adolf Hitler, qui entame alors sa carrière politique, voient tous dans les États-Unis la principale puissance mondiale.

Carte 1. L'Europe au lendemain de la Première Guerre mondiale

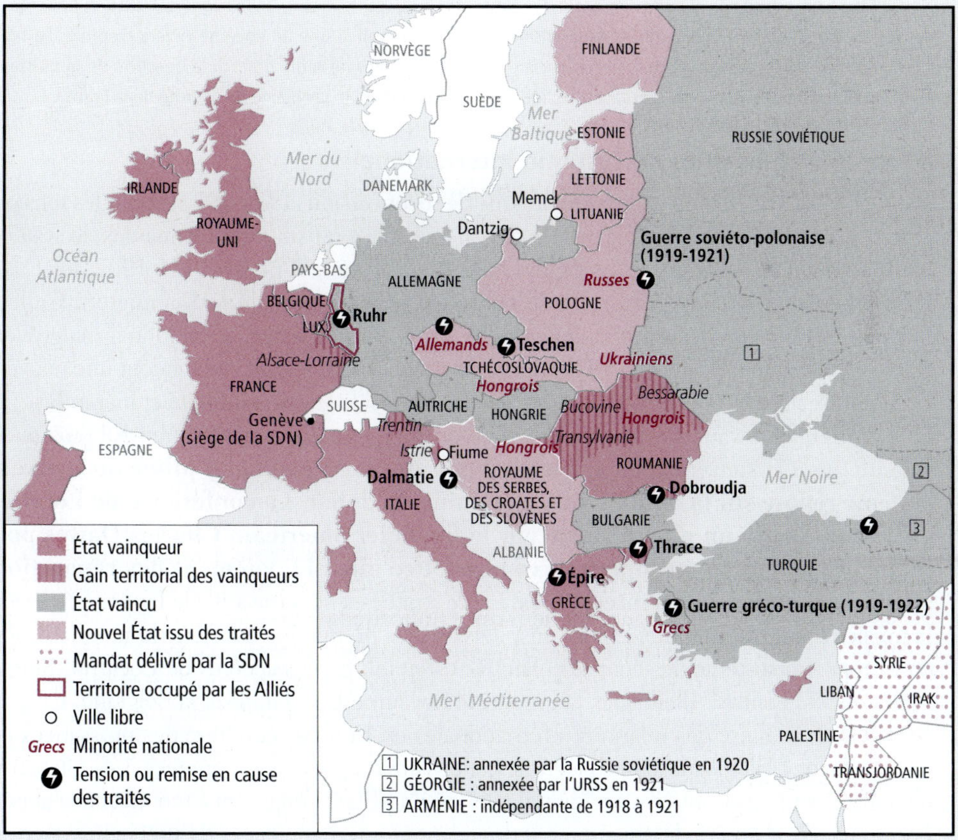

DÉFINITION

État créancier: État auprès duquel les autres États s'endettent.

ZOOM Le traité de Versailles, un « armistice de vingt ans » ?

Le traité de Versailles a longtemps été dénoncé comme un traité inique qui aurait constitué la principale cause de la Seconde Guerre mondiale. Les historiens ont repris les critiques formulées dès 1919 par l'économiste britannique John Maynard Keynes dans *Les Conséquences économiques de la paix*, selon qui l'application du traité empêcherait le rétablissement économique de l'Europe en imposant de trop lourdes réparations à l'Allemagne. Quant au maréchal Foch, il annonçait à la même date que le traité n'était qu'un « armistice de vingt ans », c'est-à-dire une pause entre deux guerres. Reprenant cette vision, l'historiographe a déploré l'intransigeance française incarnée par Clemenceau, qui aurait interdit la réconciliation entre les belligérants.

À partir des années 1970, une appréciation plus nuancée du traité de Versailles s'impose : les historiens insistent sur le fait que les dirigeants occidentaux auraient fait ce qu'ils pouvaient face à l'immensité de la tâche consistant à rebâtir un nouveau système international après le traumatisme de la guerre, dans un contexte de crise politique et sociale en Europe. La position intransigeante de la France s'expliquerait par le fait qu'il aurait été inconcevable aux yeux de l'opinion nationale, après les pertes subies pendant la guerre, de laisser à l'Allemagne sa puissance intacte. *A contrario* de la critique de Keynes, il apparaît que l'Allemagne avait les moyens de payer les réparations, son appareil industriel ayant été épargné par la guerre. Enfin, comme l'affirme Georges-Henri Soutou : « Versailles autorise une "politique d'exécution" stricte, comme celle que Paris a suivie jusqu'en 1924, ou une politique plus conciliante, celle qui triompha à Locarno en 1925[1]. » Le traité de Versailles ne mène donc pas mécaniquement à la guerre. Toutefois, les vainqueurs ont manqué de vision géopolitique en refusant d'adopter le principe de l'équilibre des puissances. La nouvelle carte de l'Europe laisse en effet une Allemagne plus forte démographiquement et économiquement que la France. À l'est, naissent des États trop faibles pour résister à leurs deux puissants voisins, l'Allemagne et l'URSS, et pour former avec la France une alliance de revers crédible. Le traité de Versailles ne règle donc ni la question de la puissance allemande ni le problème de sécurité de la France.

3. La fragile stabilisation du système international

Malmené par une violente crise économique de reconversion (1920-1921) et par les tensions entre l'Allemagne et la France à propos du paiement des réparations allemandes, le système international est stabilisé par les États-Unis et le Royaume-Uni. En 1921-1922, les États-Unis organisent leur première grande conférence internationale à Washington. Celle-ci illustre l'implication des Américains dans la gestion du système international malgré leur refus de participer à la SDN en 1920. Plusieurs traités y sont signés, qui fondent une nouvelle architecture de sécurité en Asie. Le tonnage des flottes de guerre est limité et hiérarchisé, les États-Unis et le Royaume-Uni disposant du plus fort quota. Un accord entre neuf puissances garantit aussi la souveraineté et l'intégrité de la Chine. **Le second pilier du nouveau système repose sur la diplomatie américaine du dollar. La conférence de Londres, en 1924, adopte un plan élaboré par le financier américain Charles Dawes pour relancer l'économie européenne et permettre ainsi le paiement des réparations allemandes et des dettes interalliées.** Cette stratégie concerne aussi le Japon, qui devient le troisième emprunteur aux États-Unis, devenus les premiers créanciers du monde. Enfin, en Europe, un système de sécurité collective est établi par les accords de Locarno (Suisse) signés en 1925 entre l'Allemagne, la France, le Royaume-Uni, l'Italie et la Belgique. Il repose sur la vision anglaise des relations internationales en Europe : équilibre des puissances par intégration de l'Allemagne à un concert de nations arbitré par les Britanniques. Les Allemands reconnaissent leurs frontières occidentales et les cinq États s'engagent à renoncer à la guerre. Locarno ouvre une période d'apaisement des relations internationales en Europe, marquée par l'entrée de l'Allemagne à la SDN en 1926 ou la signature en 1928 du pacte Briand-Kellogg, par lequel quinze pays mettent la guerre « hors la loi ».

1. Georges-Henri Soutou, *La Grande Illusion. Quand la France perdait la paix, 1914-1920*, Paris, Tallandier, 2015.

B. UN SYSTÈME CONTESTÉ

1. La rancœur des vaincus

Vaincue, confrontée à de fortes turbulences politiques entre la fin de l'année 1918 et 1923, l'Allemagne n'est plus considérée comme une grande puissance. Le traité de Versailles lui impose des conditions très dures qui limitent sa souveraineté : elle perd 15 % de son territoire, la rive gauche du Rhin est occupée par les troupes françaises. L'armée allemande est réduite à 100 000 hommes, il lui est interdit de posséder du matériel lourd et elle ne peut stationner à la frontière française. Enfin, les vainqueurs réclament à l'Allemagne, en compensation des dégâts matériels occasionnés par la guerre, des réparations qui sont fixées, en 1921, à 132 milliards de marks-or. **Le traité est vécu comme un *diktat* et une humiliation par l'opinion allemande. L'obsession des gouvernements allemands est donc de revenir sur les conditions qu'il impose.** Ces derniers s'engagent d'abord dans une politique de résistance : en 1922, ils prennent prétexte de la crise économique pour cesser de payer les réparations. La même année, ils signent avec les Soviétiques le traité de Rapallo, qui établit des relations commerciales et une coopération militaire entre les deux pays. À partir de 1924, le ministre des Affaires étrangères, Gustav Stresemann, change de stratégie et se rapproche de la France et du Royaume-Uni pour obtenir une révision du traité par la conciliation. Un même rejet des traités anime l'Autriche et la Hongrie, réduits au statut de petits États. L'Empire ottoman est une autre victime des décisions prises à Paris. Le traité de Sèvres impose aux Turcs de sévères amputations territoriales en Asie mineure et au Moyen-Orient, que Mustafa Kemal, le commandant de l'armée turque, refuse de reconnaître. Au terme d'une guerre qui l'oppose aux Grecs entre 1920 et 1922, la Turquie obtient un agrandissement de son territoire par le traité de Lausanne en 1923.

2. Des vainqueurs mécontents

En Italie, pourtant l'un des vainqueurs de la guerre, les traités de paix laissent le sentiment d'une victoire volée ou « mutilée », selon l'expression de Gabriele d'Annunzio. Le pays n'a pas obtenu les territoires sur la côte dalmate (les terres *irrédentes*) que les Alliés lui avaient promis à Londres en 1915 pour récompense de son entrée en guerre à leurs côtés. Les élites politiques libérales qui gouvernent le pays en sont discréditées auprès de leur opinion publique. Elles doivent, au même moment, affronter un vaste mouvement révolutionnaire en partie mené par les communistes (occupation des terres, grèves dans les industries du Nord). Pour sortir de la crise, les élites finissent par s'en remettre à Benito Mussolini, un ancien socialiste qui a basculé dans le nationalisme à l'occasion de la guerre et qui a créé, en 1921, le Parti national fasciste. Mettant à profit la faiblesse du pouvoir, Mussolini marche sur Rome le 28 octobre 1922 avec quelques milliers de ses partisans. Le roi Victor-Emmanuel III cède et le nomme Premier ministre. Même s'il rêve de constituer un Empire italien en Méditerranée, le nouveau dirigeant italien est conscient de la faiblesse économique et militaire de son pays, et doit composer avec les autres forces politiques. Malgré des coups de force qu'il tente en Adriatique, il s'en tient à une stratégie prudente qui le pousse, en 1924, à négocier avec la Yougoslavie concernant Fiume (Rijeka aujourd'hui), une ville peuplée d'Italiens dans une région majoritairement croate. **En 1925, en signant les accords de Locarno, Mussolini obtient que l'Italie soit intégrée au concert des puissances dominantes en Europe.**

La Première Guerre mondiale a renforcé le statut du Japon, qui est devenu une grande puissance à part entière. Invité à la Conférence de la paix, membre permanent du Conseil de la SDN, le Japon obtient le contrôle du Shandong, territoire du nord-est de la Chine qui était jusque-là une possession allemande. Cependant, les Occidentaux rejettent la proposition japonaise d'une reconnaissance officielle du principe de l'égalité des races*. La conférence de Washington en 1921-1922 limite ensuite les ambitions japonaises : la flotte japonaise est réduite à 3/5e du tonnage des flottes américaines et britanniques ; les Anglais renoncent au traité d'alliance signé avec l'archipel nippon en 1902 ; le Japon doit aussi restituer la province du Shandong à la Chine. **Le Japon ressort de la conférence avec le sentiment que les puissances anglo-saxonnes continuent de le traiter comme une puissance secondaire.**

3. Les contestations de l'impérialisme européen

Les contestations montent au sein des États soumis à l'impérialisme européen. L'agitation s'y nourrit de la revendication du principe d'autodétermination défendu par Wilson, qui suscite d'immenses espoirs aussi bien au Moyen-Orient qu'en Asie. Or, les dispositions des traités de paix trahissent ces espérances. En Chine, le refus de supprimer les traités inégaux* provoque le mouvement du 4 mai 1919, un mouvement nationaliste dirigé contre les Japonais. Au Moyen-Orient, les nouvelles frontières de 1920 suscitent la colère des Arabes, car l'État que leur avaient promis les Britanniques en 1915 ne voit pas le jour. Les mandats occidentaux sont imposés par la force en Syrie et en Irak en 1920. L'agitation anticoloniale est aussi attisée par l'influence du communisme, Moscou se rapprochant des pouvoirs nationalistes de Mustafa Kemal en Turquie, de Reza Pahlavi en Perse et du Guomindang en Chine. **Les puissances coloniales se trouvent aussi confrontées à des contestations au sein leurs empires, dès 1919.** Le mouvement nationaliste égyptien se lève à cette date et obtient l'indépendance en 1922. Après plusieurs années de lutte, l'Irlande se sépare du Royaume-Uni en 1922. En Inde, Gandhi mène le mouvement de désobéissance civile entre 1919 et 1920. Les Français doivent faire face à la révolte de la population syrienne en 1925 et participent, aux côtés des Espagnols, à l'écrasement de l'insurrection de la région marocaine du Rif en 1925-1926.

4. L'absence de *leadership*

Si l'ordre mondial de 1919 ne parvient pas à durer, c'est qu'il est mal défendu par les puissances qui l'ont édifié. Les États-Unis suivent en effet une politique ambiguë : alors que Wilson avait voulu faire de son pays l'organisateur de la paix, la non-ratification du traité de Versailles et du pacte de la SDN par le Sénat américain, en 1920, marque le refus d'assumer le *leadership* mondial. Les Américains entravent en outre le relèvement de l'économie européenne en pratiquant une politique protectionniste et en réclamant le remboursement, par les Français et les Britanniques, des dettes contractées pendant la guerre. **Ces décisions ne sont pourtant pas les signes d'une politique étrangère isolationniste : si les États-Unis répugnent à trop intervenir dans les affaires européennes, c'est pour ne pas se retrouver entraînés dans un nouveau conflit.** La diplomatie américaine, attachée à la souveraineté nationale, ne veut pas non plus être entravée par les obligations imposées par une organisation internationale comme la SDN. Cependant, cela n'implique pas que les États-Unis renoncent à une politique mondiale. Au contraire, ils souhaitent remplacer le

DÉFINITIONS

Principe de l'égalité des races : lors de la conférence préparatoire à la création de la SDN, le Japon propose d'inscrire le « principe de l'égalité des races » dans les statuts de la future organisation en réaction aux théories de l'inégalité des races qui avaient servi, au XIXe siècle, à justifier la colonisation européenne.

Traités inégaux : ensemble des traités (plusieurs dizaines) imposés à la Chine par les puissances colonisatrices à partir de 1842 (au terme de la première guerre de l'opium). Ces traités permettent l'installation d'enclaves territoriales étrangères (les concessions) et une liberté totale du commerce pour les puissances occidentales.

Royaume-Uni comme première puissance économique, en utilisant la diplomatie du dollar et en promouvant les principes du libéralisme. Ils poursuivent également une diplomatie active en Asie et se présentent comme les défenseurs du désarmement et de la paix dans le monde. La politique du Royaume-Uni contribue également à affaiblir l'ordre international. Les Britanniques apparaissent comme les grands vainqueurs du conflit. Le Premier ministre David Lloyd George joue un rôle central dans les traités de paix ; il veut épargner l'Allemagne au nom du principe de l'équilibre européen et du relèvement de l'économie européenne (dont le moteur reste l'Allemagne). **En outre, les Anglais se méfient d'une hégémonie française sur l'Europe continentale et critiquent l'intransigeance des Français dans la stricte application des clauses de Versailles.** Au lieu d'avoir rapproché les deux pays, la victoire ouvre une période de tensions et de méfiance dans leurs relations. Enfin, la France sort affaiblie d'un conflit dont elle est pourtant considérée comme le grand vainqueur. Les pertes humaines et les destructions ont fragilise le pays par rapport à l'Allemagne, dont elle craint la volonté de revanche. La garantie du soutien anglo-saxon en cas de nouvelle guerre contre son voisin germanique, obtenue en 1919, disparaît en 1920, lorsque le Sénat américain refuse de ratifier le traité de Versailles. Pour assurer sa sécurité, la France ne peut plus compter sur la Russie, qui a basculé dans le communisme. La France signe bien un traité d'alliance avec la Pologne en 1921 et avec la Tchécoslovaquie en 1924, mais ces pays disposent de capacités militaires limitées. Enfin, sa politique d'application stricte du traité de Versailles échoue en 1924 et la France doit accepter la conception plus conciliante des Anglo-Saxons.

C. UN SYSTÈME INTERNATIONAL HÉTÉROGÈNE

De nouvelles idéologies, le communisme et le fascisme, qui proposent des alternatives radicales à la démocratie libérale, sapent la stabilité de l'ordre établi en 1919. Elles transforment l'ordre international en un système hétérogène dans lequel les grandes puissances ne partagent pas de vision commune.

1. La peur du communisme

La révolution d'octobre 1917 modifie en profondeur l'équilibre international. Les Bolcheviks* constituent en effet une menace directe pour les gouvernements européens car, dans des sociétés ébranlées par la guerre, le communisme suscite un immense enthousiasme. Surtout, les Bolcheviks conçoivent leur révolution comme mondiale. En 1919, Lénine suscite la fondation de la IIIe Internationale, le Komintern, une structure chargée de favoriser la création de partis communistes partout dans le monde et de coordonner leur action. Il veut exploiter l'instabilité politique qui suit la fin des combats dans les États vaincus : une insurrection communiste a lieu à Berlin en janvier 1919, une « république des conseils » prend le pouvoir à Budapest en mars 1919 et à Munich en avril 1919. Bien que ces mouvements soient vite réprimés, ils alimentent une grande peur au sein des élites, qui voient dans le communisme le principal danger pour l'Europe. De ce fait, les puissances occidentales mènent une politique dite « du cordon sanitaire », qui entend empêcher la « contagion » communiste en Europe, en soutenant militairement les adversaires des Bolcheviks dans la guerre civile russe. Les Français aident aussi les Polonais en guerre avec les Bolcheviks en 1920 et 1921.

DÉFINITION

Bolcheviks : (en russe, « majoritaires ») groupe de révolutionnaires qui prend le pouvoir au terme de la révolution d'octobre 1917. En 1918, le Parti bolchevique de Lénine est renommé « Parti communiste ».

L'endiguement du communisme devient l'une des motivations du système d'alliance occidental avec les pays d'Europe centrale, et la peur du communisme explique le soutien des élites à l'établissement de régimes autoritaires en Hongrie en 1919 et en Italie en 1922. La révolution mondiale en échec, l'URSS se retrouve isolée. En 1921, Lénine décide donc de changer de stratégie internationale et de coexister pacifiquement avec les pays capitalistes. Il suit alors une double stratégie d'intégration et de contestation du système international. D'un côté, l'URSS est reconnue par l'Italie, le Royaume-Uni et la France en 1924. D'un autre côté, elle signe avec l'Allemagne le traité de Rapallo (avril 1922), qui remet en cause l'ordre versaillais.

Pour aller plus loin

- À voir, un film documentaire sur la Révolution russe de 1917
liennathan.fr/7us39r

2. Une démocratisation illusoire

Le président américain Wilson pensait que la diffusion de la démocratie en Europe serait un facteur de paix. L'évolution politique de l'Europe semble, dans un premier temps, lui donner raison. Des régimes démocratiques naissent en effet en Allemagne, avec la République de Weimar proclamée en 1919, en Autriche, en Hongrie, en Pologne ou en Tchécoslovaquie. Mais ce moment démocratique est de courte durée. **Un tournant autoritaire commence dès 1919 en réaction à la vague révolutionnaire communiste. En 1919, en Hongrie, à la suite de l'écrasement de la commune de Budapest, l'amiral Horthy s'empare du pouvoir. En 1923, en Espagne, le général Primo de Rivera établit une dictature au terme d'un coup d'État.** En Pologne, le général Piłsudski met fin au parlementarisme en 1926. Tous ces régimes défendent des idées conservatrices et s'appuient sur les élites traditionnelles. Ce n'est pas le cas de l'Italie de Mussolini : le fascisme se différencie en effet des dictatures de la droite réactionnaire par son ambition révolutionnaire. Il prétend régénérer en profondeur la société et les individus autour des nouvelles valeurs issues de la révolution industrielle et de la guerre. Profondément hostile aux idées universalistes, aussi bien libérales que communistes, le fascisme exalte la communauté nationale, au sein de laquelle tous les individus doivent se fondre. Dans cette entreprise, l'État entend imposer un contrôle total sur la société. Reprenant les analyses du darwinisme social qui présentent les relations internationales comme une lutte pour l'existence entre les États, Mussolini pense que la renaissance nationale italienne passe par la guerre et la constitution d'un empire.

II. Les effets déstabilisateurs de la crise de 1929

A. LA FRAGMENTATION DE L'ÉCONOMIE MONDIALE

La crise qui s'ouvre en 1929 et se mue en une dépression économique provoque la fragmentation de l'économie mondiale en blocs économiques qui prétendent à une certaine autonomie. Elle rend encore plus manifeste le contraste entre les États qui contrôlent un empire et ceux qui n'en possèdent pas.

1. L'échec de la coopération internationale

À partir de 1931, date de l'effondrement des systèmes financiers autrichien et allemand, la crise fait éclater les formes de coopération établies entre 1924 et 1929. Elle pose d'abord le problème des dettes intergouvernementales. L'effondrement de l'économie allemande rend inapplicable le plan Young, établi en 1929 pour rééchelonner le remboursement des réparations. Une conférence se réunit à Lausanne en juin 1932 pour trouver une solution. Les Alliés y renoncent aux réparations allemandes. En revanche, les Américains demeurent inflexibles sur le paiement des dettes interalliées. Cependant, la France refuse de continuer à les rembourser et les autres pays débiteurs suivent son exemple l'année suivante. **Ainsi, les États ont cessé de remplir leurs engagements internationaux. L'absence de coopération culmine lors de la conférence de Londres en 1933, qui réunit 66 pays dans le but d'empêcher les politiques protectionnistes et la guerre des monnaies.** La conférence échoue, principalement du fait des États-Unis qui veulent favoriser leur redressement interne en dévaluant le dollar.

2. La fragmentation de l'économie mondiale

Face aux effets perturbateurs de la crise, les États choisissent de protéger leur économie nationale. Trois ans après le krach boursier, 21 pays ont déjà relevé leurs barrières douanières. En 1932, le Royaume-Uni renonce à la politique de libre-échange choisie en 1846 en annonçant l'établissement d'une préférence impériale pour les États du Commonwealth, et se replie ainsi sur son empire colonial. Dans les années 1930, la part de l'empire s'élève à 49 % des exportations et 39 % des importations, contre 42 % et 28 % avant 1929. La France suit l'exemple anglais : l'empire représente 30 % des investissements, 33 % des exportations et 27 % des importations françaises, contre 20 % et 12 % avant la crise. Le système monétaire international, qui s'était péniblement relevé de la guerre, est lui aussi emporté par l'effondrement économique. **En septembre 1931, les Britanniques abandonnent l'étalon-or. La fin de la convertibilité de la livre et la dévaluation* qui s'ensuit précipitent la formation de blocs monétaires autonomes autour de la devise de la puissance dominante :** un bloc sterling réunit le Commonwealth, la Scandinavie et le Portugal ; un bloc franc se forme autour de la France, réunissant l'Italie, la Suisse, la Belgique, les Pays-Bas et la Pologne ; un bloc dollar se constitue en Amérique.

3. La tentation de l'autarcie*

Souhaitant rompre avec l'économie mondiale, les États fascistes tentent de mettre sur pied des économies autarciques. Pour s'extraire de la crise, Hitler considère ainsi que l'Allemagne n'a rien à attendre d'une politique d'exportation dynamique. Sur le modèle de l'économie de guerre, l'État allemand prend le contrôle des échanges avec l'extérieur : contrôle des changes, suspension des remboursements et des sorties de capitaux, hausse des protections douanières, répartition des importations de matières premières. Avec les pays voisins, Hjalmar Schacht, le ministre des Finances, utilise des accords de *clearing* qui établissent un troc international : l'importation d'un produit d'un pays est liée à l'exportation

DÉFINITIONS

Dévaluation : dans un système de changes fixes, décision politique visant à diminuer volontairement la valeur de la monnaie par rapport aux autres devises ou à l'or. Le but principal de l'opération consiste à favoriser les exportations et à freiner les importations, ce qui doit permettre de relancer l'économie.

Autarcie : choix économique d'un État qui vise l'autosuffisance et limite autant que possible son commerce extérieur.

d'un produit allemand d'une valeur équivalente. Mais sans empire colonial, l'Allemagne ne dispose pas des matières premières suffisantes pour faire tourner son économie à plein régime et soutenir l'effort d'armement. Pour surmonter ces obstacles, elle tente de former une zone économique d'influence avec ses voisins, signe des accords avec les pays d'Europe centrale, les transformant en satellites économiques du Reich. Également tenté par l'autarcie, le Japon entreprend de réduire ses échanges avec les États-Unis et réoriente son commerce vers l'Asie de l'Est. Cependant, de telles politiques se révèlent insuffisantes. L'expansion par l'armement, qui, à terme, doit déboucher sur la guerre, paraît alors la seule solution pour rendre l'autarcie viable.

4. Le « Grand Tournant » en URSS

En 1929, Staline, qui a écarté ses rivaux à la tête du Parti communiste, lance l'URSS dans le « Grand Tournant », une politique d'industrialisation à marche forcée reposant sur la planification et sur la collectivisation de tous les moyens de production. **Cette politique de transformation rapide de l'URSS en une puissance industrielle répond tout autant à des considérations internes qu'à des préoccupations extérieures.** Depuis 1927, la direction soviétique est de nouveau hantée par la menace de la guerre : les communistes sont réprimés par les nationalistes en Chine et les relations se dégradent avec la France, le Royaume-Uni, l'Italie ou encore avec ses voisins aux frontières ouest. Staline pense qu'un conflit avec les puissances capitalistes est redevenu inévitable. Or, l'URSS, unique État communiste, est isolée dans le système international, et son économie est faible. Pour éviter de disparaître sous les coups des forces capitalistes, le pays doit renforcer au plus vite ses capacités industrielles et militaires. Sur le modèle de l'économie de guerre, toutes les ressources et toutes les énergies sont mobilisées dans une forme militarisée de socialisme.

B. LES PROGRÈS DU NAZISME ET DU FASCISME

1. L'arrivée au pouvoir de Hitler

Le 30 janvier 1933, le président allemand Paul Von Hindenburg appelle Adolf Hitler à la chancellerie. Le nouveau chef du gouvernement s'attelle d'abord à renforcer son pouvoir : il obtient les pleins pouvoirs dès le 23 mars 1933, en profitant de l'incendie du Reichstag du 27 février 1933. Très vite, ce sont les objectifs extérieurs qui deviennent prioritaires. Hitler a précisé sa vision des relations internationales dans *Mein Kampf*, paru en 1925, et dans *Le Second Livre*, un ouvrage rédigé en 1928-1929 qu'il renonce à publier. Hitler reprend les idées pangermanistes en réclamant le rattachement de toutes les minorités allemandes au Reich. Mais s'inspirant des théories géopolitiques allemandes nées à la fin du XIXe siècle et tirant les leçons de la Première Guerre mondiale, il radicalise l'impérialisme allemand par sa conception raciale du Reich, son obsession antisémite et le rôle central qu'il accorde à la conquête par la guerre d'un « espace vital » (*Lebensraum*). **Selon Hitler, l'Allemagne doit devenir une puissance mondiale à l'égal des États-Unis et de l'Empire britannique. Pour atteindre cet objectif, il faut imposer la domination allemande à l'Europe et surtout constituer un « espace vital » allemand.** La population allemande est jugée à l'étroit dans un territoire trop petit qui, de ce fait, ne fournit pas les ressources suffisantes à l'économie nationale. Dans une géopolitique qui favorise les États géants, il est impératif que l'Allemagne se dote d'une taille critique pour être capable de rivaliser avec les puissances anglo-saxonnes. L'originalité de la politique nazie tient au fait que Hitler exclut de former cet « espace vital » outre-mer. Au nom de la supériorité de la « race allemande » sur les « races inférieures » slaves, il pense conquérir les régions de l'ouest de l'URSS. Ce qui permettrait en même temps de détruire le régime stalinien, dont l'idéologie est incompatible avec le nazisme et que Hitler présente comme un instrument d'un complot juif mondial.

2. La remise en cause du traité de Versailles

Si les grandes lignes de la politique nazie sont claires et ne varient pas, en revanche, leur mise en œuvre se fait de manière pragmatique en s'adaptant aux contraintes économiques et aux circonstances. En 1933, la priorité immédiate de Hitler est de dégager l'Allemagne des contraintes du traité de Versailles afin de réarmer le pays et de recouvrer sa pleine souveraineté. Pour cela, il faut ménager les autres grandes puissances européennes afin de ne pas compromettre le relèvement de l'Allemagne. **Hitler se présente donc comme le défenseur de la paix face à une France obsédée par l'application du traité de Versailles. Il dénonce l'iniquité du traitement réservé à l'Allemagne, qui justifie son retrait de la SDN le 19 octobre 1933.** Hitler s'attache en même temps à affaiblir les alliances françaises en Europe. En janvier 1934, il détache la Pologne du système français en signant un traité de neutralité. Il pense même pouvoir s'entendre avec le Royaume-Uni. Lorsqu'en juin 1935, il signe avec Londres un accord naval, il propose aux Britanniques un partage du monde : le maintien de la domination coloniale britannique contre une hégémonie allemande en Europe continentale. Mais les dirigeants anglais refusent. La politique de réarmement allemande, déjà entamée sous la République de Weimar, s'accélère. L'économie est réorganisée pour pouvoir augmenter la production d'armes. En mars 1935, en violation du traité de Versailles, le Führer rétablit le service militaire, annonce la transformation de la Reichswehr en Wehrmacht, dotée de 500 000 hommes, et dévoile un programme aérien de grande ampleur.

3. Le moment mussolinien

La dépression économique des années 1930 paraît donner corps au rêve mussolinien d'une Europe fasciste : durement frappés par les difficultés économiques, de nouveaux pays basculent dans le camp des régimes autoritaires. Au Portugal, António de Oliveira Salazar, ministre des Finances, devient en 1932 Premier ministre et fonde l'année suivante l'Estado Novo, un régime autoritaire corporatiste. Un modèle assez similaire est suivi en Autriche par Engelbert Dollfuss de 1933 à 1934. Au milieu des années 1930, l'autoritarisme domine donc nettement l'Europe. La démocratie libérale n'est plus présente que dans une minorité d'États du nord-ouest de l'Europe. Elle paraît moribonde en comparaison du dynamisme des grands États totalitaires. Mussolini saisit l'occasion de l'arrivée de Hitler pour jouer un rôle d'arbitre dans la diplomatie européenne entre les démocraties occidentales, avec lesquelles il désire garder de bonnes relations, et l'Allemagne nazie, proche par son idéologie mais dont les ambitions internationales l'inquiètent. En octobre 1932, il propose un Pacte à Quatre au Royaume-Uni, à la France et à l'Allemagne, un directoire de grandes puissances qui gérerait les affaires européennes. Signé le 7 juin 1933, le pacte ne résiste pas à la sortie de l'Allemagne de la SDN en octobre de la même année. **À la suite de l'annonce du rétablissement du service militaire en Allemagne en 1935, Mussolini lance le Front de Stresa* avec la France et la Grande-Bretagne pour défendre les accords de**

DÉFINITION

Front de Stresa : alliance conclue entre l'Italie, la France et la Grande-Bretagne, au terme de la conférence de Stresa (avril 1935). Les trois États réaffirment leur solidarité face aux ambitions allemandes et confirment le traité de Locarno.

Locarno. L'évolution géopolitique pousse aussi Mussolini à s'engager dans la réalisation de son projet impérial en Méditerranée et en Afrique (occupation de l'Éthiopie à partir d'octobre 1935).

4. Le basculement de la politique japonaise

La crise économique au Japon donne une nouvelle audience aux idées nationalistes défendues par les militaires et par les *zaibatsu*, les puissants conglomérats industriels. **Les hérauts de la grandeur du Japon veulent reprendre la politique d'expansion vers la Chine que les Occidentaux ont entravée par le traité de Washington (traité signé en 1922 et renouvelé à Londres en 1930).** Les Japonais aspirent à l'instauration en Asie orientale d'un ordre fondé sur les valeurs asiatiques et non plus occidentales. La Mandchourie, région chinoise riche en matières premières, est au cœur de ce projet géopolitique. Sa conquête permettrait à la fois de surmonter la crise économique et d'organiser l'économie autarcique nécessaire à la victoire dans une guerre que les dirigeants japonais, viscéralement anticommunistes, pensent mener contre l'URSS. Or, depuis plusieurs années, les intérêts nippons en Mandchourie semblent menacés. Les nationalistes chinois de Tchang Kaï-chek ont entamé, en 1926, la reconquête du nord de la Chine afin de réunifier le pays, tandis que les Soviétiques y ont mené une guerre contre les Chinois en 1929.

Le 18 septembre 1931, sans en avertir Tokyo, et prétextant un incident qu'elle a elle-même provoqué, l'armée japonaise occupe toute la Mandchourie, région transformée en 1932 en un protectorat nommé le Mandchoukouo. Puis Tokyo grignote petit à petit la partie nord de la Chine (annexion de la province du Jehol en 1933), tandis que son armée bombarde Shanghai en mai 1932 à la suite d'un attentat antijaponais. Cette politique d'agression japonaise suscite plusieurs condamnations de la SDN mais n'entraîne pas de sanctions, aucune des grandes puissances ne souhaitant risquer une action militaire contre le Japon. Celui-ci quitte la SDN en 1933, fustigeant le refus des Occidentaux de reconnaître les justes intérêts du pays et d'accepter que, comme eux, il se constitue un empire colonial. Puis le Japon s'affranchit des limitations de tonnage de sa flotte en 1935. Le traité de Washington a vécu, tout comme la sécurité collective.

C. DES DÉMOCRATIES AFFAIBLIES

1. Le retrait américain

Les États-Unis, face à la crise économique qui s'est muée en une longue dépression, opèrent des choix qui affaiblissent leur influence internationale [→ CH. 10]. Comme les autres nations, ils se replient sur leur économie nationale. Arrivé au pouvoir en 1933, Franklin Delano Roosevelt accorde ainsi à la réussite de sa politique du *New Deal* une priorité absolue alors que la profondeur de la crise menace le modèle américain. Dans le même temps, **le système international construit par les Américains s'effondre : la conférence sur le désarmement lancée en 1932 s'achève sur un constat d'échec en 1934 et le Japon se lance dans une politique expansionniste**. La politique d'éloignement des États-Unis culmine avec le vote des lois de neutralité à la suite de l'invasion de l'Éthiopie par l'Italie. En 1935, une première loi interdit la vente d'armes à un pays en guerre, puis les prêts sont à leur tour concernés en 1936. En 1937, la loi *Cash and Carry* oblige les pays étrangers qui souhaitent acheter des armements aux États-Unis à les payer immédiatement et à en assurer eux-mêmes le transport.

2. Les crises françaises

La France ne ressent les effets de la crise économique qu'à partir de la fin de l'année 1931. Les difficultés entraînent alors une profonde crise politique en accentuant l'instabilité parlementaire de la IIIe République. Les mouvements d'extrême droite, comme les ligues*, se développent et se lancent dans une contestation violente du régime, qui culmine le 6 février 1934. Aux problèmes internes s'ajoutent les nouvelles tensions internationales. L'arrivée au pouvoir de Hitler, sa politique de réarmement et d'affaiblissement de l'influence française en Europe inquiètent Paris. Mais à cause des troubles intérieurs, la politique étrangère passe au second plan. Après avoir été considérée comme la première puissance européenne, la France se retrouve sur la défensive. En 1934, le ministre des Affaires étrangères Louis Barthou entame un rapprochement avec l'URSS et l'Italie pour entraver les ambitions nazies. Il est assassiné en octobre 1934 et son successeur, Pierre Laval, poursuit cette politique.
La France signe des accords avec Rome en janvier 1935 et rejoint le Front de Stresa en juin 1935. En mai 1935, elle établit un accord d'assistance mutuelle avec l'URSS. Cependant, le contenu de ces accords reste flou et ceux-ci ne constituent en rien une alliance solide autour de la France. En outre, Laval se révèle complaisant face à l'Allemagne lors du référendum qui rattache la Sarre au Reich (janvier 1935), puis face à l'Italie qui envahit l'Éthiopie.

3. Le Royaume-Uni, le choix de l'apaisement

La France affaiblie, c'est le Royaume-Uni qui dicte la politique étrangère des démocraties en Europe dans les années 1930. Après avoir subi le choc de la crise, le pays a amorcé son redressement dès l'été 1932 sous l'effet de la dévaluation de la livre et de la politique protectionniste. Les dirigeants britanniques considèrent toutefois que le Royaume-Uni ne dispose pas des moyens financiers suffisants pour mener une politique étrangère ambitieuse. Le poids de la gestion de l'empire les obsède. En outre, Londres, qui a une vision mondiale des enjeux, voit monter les périls dans toutes les grandes régions stratégiques à ses yeux: l'Allemagne nazie menace la stabilité de l'Europe, l'Italie celle de la Méditerranée, le Japon celle de la Chine et l'URSS celle des Indes et de l'Extrême-Orient.
Face à la dégradation du climat international, les Britanniques choisissent la politique dite « d'apaisement » : ils pensent pouvoir sauvegarder la paix en donnant satisfaction aux demandes des États contestataires, et suivent une stratégie d'équilibre entre la France et l'Allemagne. L'opinion britannique reste résolument pacifiste, tout comme une grande partie de la classe politique, qui estime qu'une nouvelle guerre signifierait la fin de la puissance anglaise. Aucun effort de réarmement n'est donc entrepris avant 1935 et, à cette date, c'est une stratégie essentiellement défensive fondée sur le développement de l'aviation et de la flotte qui est définie.

DÉFINITION

Ligues: organisations de l'extrême droite nationaliste, hostiles à la République, particulièrement puissantes dans les années 1930 (la Ligue d'Action française et les Croix-de-Feu sont parmi les plus importantes).

III. L'activation de logiques impérialistes

Au milieu des années 1930, l'ordre anglo-saxon s'efface et laisse place à l'impérialisme agressif du Japon, de l'Allemagne et de l'Italie, conduisant à la guerre.

A. LA SECONDE GUERRE MONDIALE DÉBUTE EN ASIE

1. Le Japon envahit la Chine

En 1936, le Japon infléchit sa politique étrangère, ce qui provoque une aggravation des tensions internationales. La signature, en octobre 1936, du pacte anti-Komintern entre l'Allemagne et le Japon inquiète l'URSS, qui encourage le rapprochement entre les nationalistes et les communistes chinois. Tchang Kaï-chek, le *leader* des nationalistes, multiplie les déclarations martiales contre les Japonais. **À Tokyo, un gouvernement sous l'influence des militaires, dirigé par le prince Konoe, est formé en juillet 1937 avec l'ambition d'étendre les conquêtes pour trouver les matières premières nécessaires à la puissance japonaise.** La guerre, que les deux camps recherchent, ne tarde pas à éclater à la suite d'une escarmouche entre les armées chinoise et japonaise le 7 juillet 1937. Plus moderne et mieux commandée, l'armée japonaise conquiert la partie nord de la Chine autour de Pékin, s'empare de Shanghai et entre à Nankin, la capitale des nationalistes chinois, en décembre 1937. Elle s'y livre, pendant plusieurs semaines, à des viols systématiques et à des massacres qui font entre 150 000 et 200 000 morts. Mais Tchang Kaï-chek, réfugié à Chongqing, dans le centre-sud du pays, refuse de capituler et s'engage, avec l'aide des communistes, dans une guerre totale contre l'occupant nippon. Malgré ses conquêtes, le Japon se retrouve donc embourbé en Chine. En outre, l'attitude jusque-là complaisante des États-Unis et de la Grande-Bretagne change : en 1938, Washington et Londres décident d'aider le régime nationaliste chinois. Toutefois, les deux puissances hésitent à prendre des mesures plus drastiques afin de ne pas pousser les Japonais à la guerre.

2. L'engrenage vers la guerre mondiale

Au lieu de modérer ses ambitions, la guerre en Chine pousse le Japon dans une politique de fuite en avant. **En 1938, le gouvernement nippon se donne comme projet de construire en Asie de l'Est un nouvel ordre qui ferait du Japon une vraie grande puissance, montrerait la supériorité des valeurs et de la « race » japonaises, et émanciperait la région de la tutelle occidentale.** Pour remplir ces objectifs, deux stratégies s'affrontent au sein de l'état-major japonais. L'armée défend la poursuite de la conquête de la Chine et l'expansion vers le nord au détriment de l'URSS. Cependant, cette entreprise est contrariée lorsque, en septembre 1939, les Soviétiques infligent un cinglant revers militaire à l'armée japonaise à Nomonhan, au nord-ouest de la Mandchourie. Le pacte germano-soviétique d'août 1939 laisse le Japon isolé face à l'URSS alors que monte l'hostilité des Anglo-Saxons. La stratégie soutenue par la marine prend alors l'ascendant auprès des dirigeants nippons. Les amiraux préconisent une extension vers le sud dans la quête de matières premières, en particulier du pétrole des Indes néerlandaises. À la tête d'un vaste espace économiquement autarcique, le Japon serait capable de mener la guerre contre les États-Unis et la Grande-Bretagne. En février 1939, les Japonais s'emparent de l'île d'Hainan, au sud de la Chine, et menacent ainsi directement l'Asie du Sud-Est. En réaction, les États-Unis refusent, en juillet 1939, de renouveler le traité de commerce signé en 1911 avec le Japon. Cependant, ce n'est que lorsque les Japonais, profitant de la défaite de la France et des Pays-Bas en juin 1940, décident d'accélérer leur progression vers le sud, que le conflit devient inévitable avec Washington.

■ **Carte 2. L'expansion japonaise dans les années 1930**

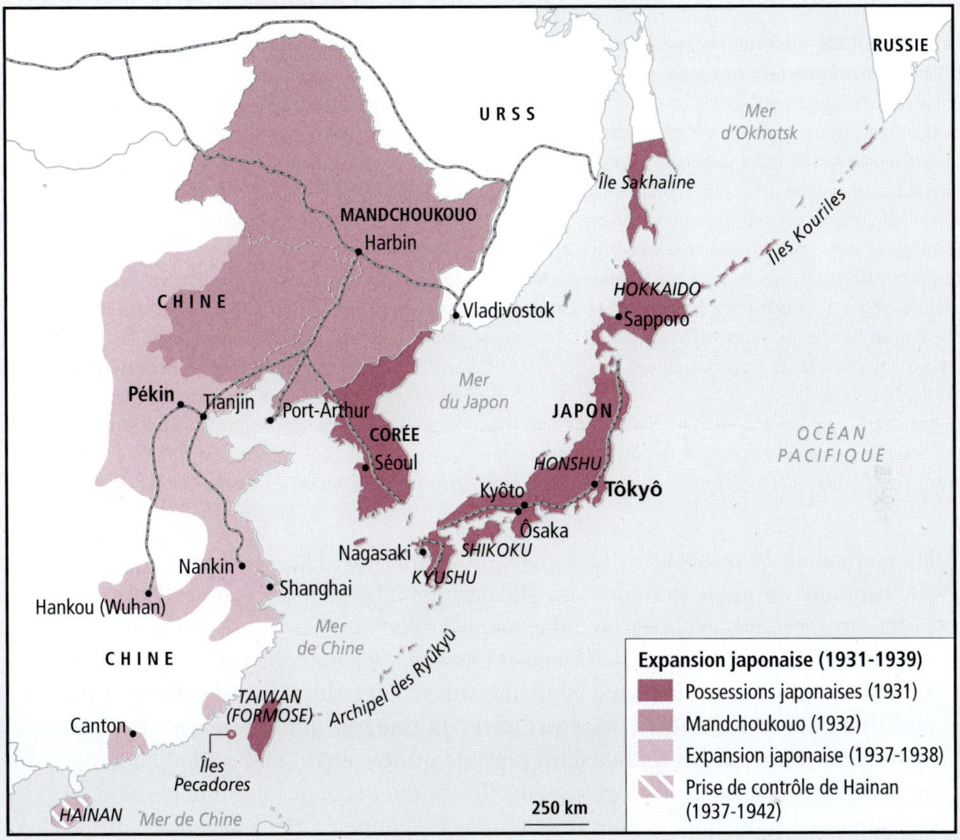

B. HITLER, MAÎTRE DU JEU EN EUROPE

1. Le réalignement de la politique européenne, 1935-1936

La conquête de l'Éthiopie entreprise par Mussolini en octobre 1935 provoque un réalignement des puissances en Europe. Après la signature du Front de Stresa le 15 avril 1935, le Duce pense avoir l'accord des Britanniques et des Français. Mais ces derniers s'opposent à l'intervention italienne, qui est condamnée par la SDN. Toutefois, l'organisation ne prononce que de légères sanctions contre Rome. Mussolini, jusqu'alors soucieux de poursuivre sa politique d'équilibre entre les démocraties occidentales et l'Allemagne, se rapproche de Hitler. La faiblesse de la réaction des Occidentaux à l'égard de l'Italie incite ce dernier à prendre des risques : le 7 mars 1936, il décide la remilitarisation de la Rhénanie. Les Français se contentent de protestations verbales en réaction à un événement qui marque la mort des traités de Versailles et de Locarno. **Le rapprochement entre l'Allemagne et l'Italie se précise avec le déclenchement de la guerre d'Espagne le 17 juillet 1936.** Les deux puissances fascistes décident en effet d'apporter leur soutien militaire aux forces nationalistes. Côté italien, l'intervention obéit à la poursuite d'une grande politique en Méditerranée. Côté allemand, la décision répond à la peur de voir s'installer un régime communiste au sud de l'Europe, qui pourrait aussi entraîner la France. Le conflit espagnol soude ainsi les deux puissances belliqueuses, qui officialisent leur entente par la formation de ce que Musso-

ZOOM ▶ La guerre d'Espagne, laboratoire de la Seconde Guerre mondiale

Le 17 juillet 1936, prétextant la menace d'une révolution communiste, des généraux espagnols lancent un coup d'État militaire contre la jeune République espagnole, établie en 1931 et gouvernée, depuis le début de l'année 1936, par un gouvernement de Front populaire réunissant plusieurs formations de gauche. Le général Franco se rallie au mouvement et s'impose comme *leader*. Dans un premier temps, le putsch échoue : les nationalistes s'emparent du sud et de l'ouest du pays tandis que les républicains résistent à Madrid, dans les régions industrielles du Nord et en Catalogne. Mieux organisés, mieux équipés et moins divisés, les nationalistes conquièrent toute l'Espagne durant une guerre civile qui dure trois ans.

La guerre d'Espagne prend, dès son origine, une signification internationale. Elle devient le terrain d'affrontement entre des grandes idéologies et le miroir des équilibres géopolitiques. Par anticommunisme, l'Italie et l'Allemagne apportent une aide militaire décisive aux nationalistes. Plus de 80 000 soldats des deux pays combattent en Espagne. En face, les républicains sont soutenus par Moscou, qui envoie des armes et des conseillers militaires, et par les volontaires des brigades internationales. La guerre illustre aussi la passivité des Occidentaux : le Royaume-Uni, craignant davantage le communisme que le fascisme, refuse de s'impliquer aux côtés de Madrid, tandis que la France du Front populaire, après avoir hésité, se rallie à la position britannique. La guerre d'Espagne annonce également les violences de la Seconde Guerre mondiale, avec des bombardements comme celui du village de Guernica, le 26 avril 1937, par l'aviation allemande (événement immortalisé par Picasso) et les massacres de civils, qui font plus de 200 000 victimes, presque autant que les morts au combat (autour de 250 000).

lini nomme, le 1er novembre 1936, « l'Axe Rome-Berlin ». Dans l'esprit de Hitler, la guerre d'Espagne n'est que le prélude à un gigantesque affrontement avec l'URSS. La menace soviétique devient une obsession qui explique la signature, le 25 novembre 1936, du pacte anti-Komintern avec le Japon. L'Europe et l'Asie se fragmentent ainsi en blocs idéologiques. **En Allemagne, cette menace légitime aussi l'accélération du programme de la mobilisation économique pour préparer la guerre, décidée en avril 1936 par le « Mémorandum sur les tâches d'un plan de quatre ans ».** Hitler, plutôt que suivre l'avis de Schacht, le ministre des Finances du Reich, qui voudrait faire une pause dans l'effort d'armement, impose que l'économie soit prête à la guerre en 1940. Il confie la réalisation de ce plan à Hermann Goering.

2. Le choix de la guerre

À partir de novembre 1937, Hitler multiplie les initiatives pour déclencher une guerre qui doit lui permettre de dominer le continent et de constituer son « espace vital ». L'alliance avec Rome est renforcée par l'intégration de l'Italie au pacte anti-Komintern (6 novembre 1937). Hitler ne croit plus désormais à la possibilité d'un accord avec les Britanniques, qui n'accepteront jamais l'ordre nazi en Europe. En outre, l'antagonisme entre les États-Unis et l'Allemagne monte : le 5 octobre 1937, dans son discours dit de la quarantaine, Roosevelt déclare qu'il faut isoler les États qui menacent la sécurité internationale, au premier rang desquels se trouve le Reich. La perspective d'une guerre avec les puissances occidentales, qu'il espérait éviter, se précise. **Le 5 novembre 1937, le Führer expose ses vues aux hauts responsables militaires : il leur annonce que la guerre sera déclenchée en 1943 et que l'« espace vital » devra être conquis entre 1943 et 1945.** Mais avant d'attaquer l'Ouest, il faut renforcer les positions allemandes en Europe centrale en s'emparant de l'Autriche et en éliminant la menace de la Tchécoslovaquie, pays allié de la France. Hitler profite d'abord du référendum organisé par le gouvernement autrichien sur la question de l'indépendance pour réaliser l'Anschluss, soit le rattachement de l'Autriche au Reich, le 13 mars 1938. Il s'attaque ensuite à la Tchécoslovaquie : en avril 1938, il réclame que Prague accorde l'autonomie à la minorité allemande des Sudètes, qui représente 3 millions de personnes. Les 20 et 21 mai 1938, une grave crise oppose les deux États : réagissant à

■ **Carte 3. La marche à la guerre en Europe, 1936-1939**

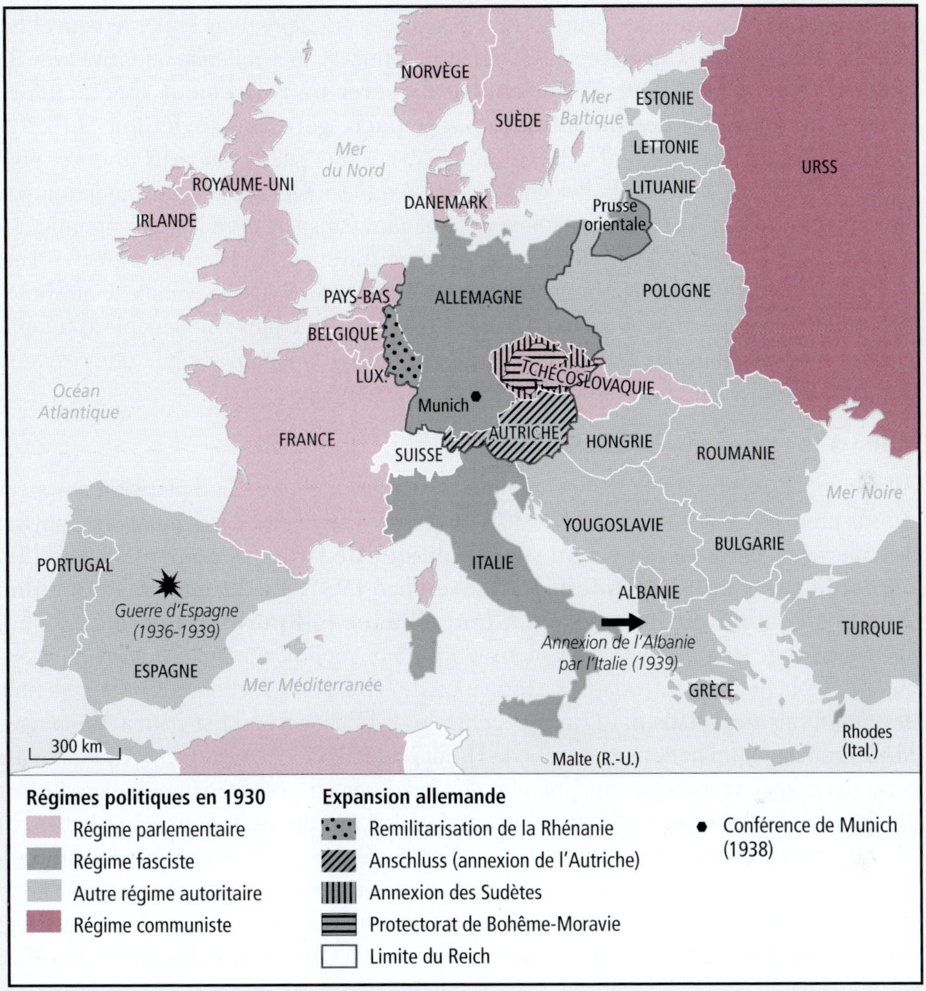

des mouvements de troupes allemandes, les Tchécoslovaques mobilisent leur armée, obligeant Hitler à reculer. Furieux, ce dernier se décide alors à détruire l'État tchécoslovaque. En septembre 1938, il exige le rattachement de la région des Sudètes à l'Allemagne. Après plusieurs jours de tension, une conférence à quatre, organisée les 29 et 30 septembre, scelle le sort de la Tchécoslovaquie : la France et le Royaume-Uni cèdent, par les accords de Munich, au chantage de Hitler, pensant alors éviter la guerre en Europe.

3. L'année 1939

Cette victoire diplomatique ne satisfait pas Hitler, qui souhaite le démantèlement de la Tchécoslovaquie et est déçu par l'attitude pacifiste de l'opinion allemande et de la hiérarchie militaire. **Les accords de Munich, au lieu de l'arrêter, le poussent donc à aller encore plus loin et renforcent sa volonté de déclencher la guerre. En mars 1939, il obtient la disparition de la Tchécoslovaquie lorsque les troupes allemandes entrent en Bohême-Moravie, transformée en protectorat.** Hitler tente alors d'entraîner la Pologne dans une guerre contre l'URSS, tout en réclamant le rattachement de Dantzig à l'Allemagne. Mais en avril, les Polonais refusent les propositions nazies et obtiennent des Français et des Anglais une garantie de sécurité. La Pologne devient alors pour Hitler le nouvel État à détruire. Assuré du soutien italien par la signature d'une alliance militaire offensive avec Rome (Pacte d'acier, 22 mai 1939), **Hitler choisit d'opérer un revirement spectaculaire et obtient la neutralité des Soviétiques par le pacte germano-soviétique du 23 août 1939**. En se rapprochant de l'URSS, il espère éviter une guerre sur deux fronts et pouvoir régler rapidement le sort de la Pologne. Persuadé que les Occidentaux ne viendront pas au secours de Varsovie, il engage les troupes allemandes dans la guerre le 1er septembre 1939. Ainsi, depuis novembre 1937, le Führer n'a cessé d'avancer la date de l'entrée en guerre, convaincu que le conflit avec les Français et les Britanniques était inévitable. Confronté aux difficultés du réarmement allemand, il pense qu'il faut agir le plus vite possible avant que les programmes militaires des Occidentaux ne soient suffisamment avancés et que ces derniers puissent mobiliser les immenses ressources de leurs empires.

4. L'Italie à la remorque de l'Allemagne

Alors que Mussolini s'était affirmé comme un acteur majeur de la diplomatie européenne dans la première moitié des années 1930, il se trouve marginalisé par la montée en puissance de l'Allemagne nazie. **L'alignement sur la politique de Hitler se poursuit quand l'Italie rejoint le pacte anti-Komintern le 7 novembre 1937. Le 22 mai 1939, il culmine avec la signature du Pacte d'acier, une alliance militaire offensive.** Les affinités idéologiques ne sont pas les seules motivations de ce rapprochement : Mussolini espère en obtenir des bénéfices territoriaux. La formation de l'Axe a en effet conduit à une redéfinition des ambitions impérialistes : l'Europe centrale et l'Europe de l'Est pour l'Allemagne, la Méditerranée pour l'Italie. Les succès de Hitler en 1938 et 1939 poussent Mussolini à agir, contre la France et le Royaume-Uni, afin de constituer un « espace vital » italien. Le 7 avril 1939, il décide d'annexer l'Albanie, qui était depuis 1926 un quasi-protectorat italien. Mais Mussolini n'a pas les moyens de sa politique. Son économie, dont les capacités de production sont très inférieures à celles des trois grands États européens, est mise à mal par la crise. De plus, l'armée italienne est mal équipée et mal commandée. En mars 1937, les troupes italiennes sont défaites par les républicains espagnols à Guadalajara. En septembre 1939, à son grand dépit, Mussolini doit céder au roi et à son état-major, et renoncer à entrer en guerre aux côtés de l'Allemagne. Ainsi prisonnier de sa rhétorique belliqueuse et jaloux des succès de Hitler, le Duce conduit une politique qui contrevient aux intérêts de l'Italie.

C. L'IMPUISSANCE DES DÉMOCRATIES

1. La politique de l'apaisement ou l'aveuglement des démocraties

Les Britanniques et les Français continuent leur politique d'apaisement face aux menées de Hitler. Ils ne réagissent à la remilitarisation de la Rhénanie puis à l'Anschluss que par des déclarations sans conséquences. **L'apogée de cette politique de renoncement est atteint lors de la conférence de Munich en septembre 1938.** Édouard Daladier, président du Conseil français, et Arthur Neville Chamberlain, Premier ministre britannique, y trahissent leur allié tchécoslovaque, car ils pensent sauver la paix. Cette décision est demeurée comme le symbole de l'aveuglement des dirigeants occidentaux. Elle s'explique par la mauvaise compréhension des objectifs de Hitler. Les Britanniques ne voient en lui qu'un continuateur du pangermanisme souhaitant réunir toutes les minorités allemandes au Reich, ce qu'ils trouvent légitime. Certains dirigeants anglais le considèrent toujours comme un bouclier contre le communisme. Ils ne comprennent pas que ses buts sont beaucoup plus radicaux. L'apaisement tient aussi des divisions entre les Occidentaux. Les Français, plus lucides vis-à-vis de Berlin, ne se sentent pas soutenus par les Britanniques qui sont, de leur côté, persuadés du déclin de leur voisin d'outre-Manche et doutent de ses capacités militaires. Quant aux États-Unis, si Roosevelt infléchit sa politique à partir de 1937 en dénonçant le danger de l'idéologie nazie, il suit une ligne très prudente qui tient compte de la profonde hostilité de l'opinion américaine à toute intervention dans un conflit européen. En 1939, le pays reste donc neutre.

Enfin, les démocraties se sont enfermées dans l'idée qu'elles sont trop affaiblies pour s'opposer à l'Allemagne ou au Japon. Même si elles ont lancé des plans de réarmement, à l'instar du gouvernement du Front populaire en 1936, leurs états-majors sont convaincus, à tort, de la supériorité de l'armée allemande. Les dirigeants sont, en outre, inquiets de la vulnérabilité de leurs empires. Ils veulent aussi éviter à tout prix la guerre à cause du pacifisme dominant dans leurs opinions nationales. En conséquence, ils s'interdisent d'utiliser la menace militaire pour faire plier Hitler et s'enferment dans l'impuissance, sous-estimant les capacités de leurs États.

Le regard d'un homme politique

Winston Churchill et les accords de Munich

Winston Churchill, député conservateur, dénonce la signature des accords de Munich dans ce discours très célèbre qui est un réquisitoire contre la politique d'apaisement du Premier ministre Arthur Neville Chamberlain. Mais la position de fermeté qu'il réclame face à Hitler est alors très minoritaire et il est lui-même très isolé dans les rangs des conservateurs. Une formule fréquemment attribuée à W. Churchill, mais dont la véracité n'est pas attestée, résume cette position : « Le gouvernement avait le choix entre la guerre et le déshonneur ; il a choisi le déshonneur et il aura la guerre. »

Texte à l'appui

Discours du 5 octobre 1938
liennathan.fr/v978ed

2. Un jugement trop sévère ?

À la décharge des partisans de l'apaisement, il était impossible d'imaginer en 1938 les horreurs qui seront commises pendant la Seconde Guerre mondiale, d'autant plus que Hitler n'avait pas non plus, à cette période, une idée très claire de ce que serait sa politique en temps de guerre. Il aurait été aussi difficile aux dirigeants d'Europe occidentale de justifier, aux yeux d'une opinion pacifiste, une guerre préventive en 1936 pour réagir à la remilitarisation de la Rhénanie. Et en 1938, il est peu probable qu'une opération militaire ait pu sauver la Tchécoslovaquie. En revanche, en 1939, les gouvernements occidentaux ont pu entrer en guerre avec le soutien de leur population, car Hitler avait démontré qu'on ne pouvait plus s'entendre avec lui.

En outre, les démocraties n'ont pas non plus été si faibles qu'il n'y paraît. Elles ont réarmé dès 1936. Puis en 1939, une fois convaincues qu'elles ne pouvaient avoir confiance en Hitler, elles ont accepté la perspective de la guerre avec une certaine résolution qui a surpris le Führer, persuadé qu'elles n'entreraient pas en guerre pour la Pologne.

Le regard d'un historien

Pierre Grosser à propos des accords de Munich

Dans *Traiter avec le diable ? Les vrais enjeux de la diplomatie au XXIe siècle*, paru en 2013, l'historien français Pierre Grosser, spécialiste des relations internationales, analyse les décisions de la France et du Royaume-Uni à Munich. Il rappelle que l'historien doit sortir des jugements moraux portés *a posteriori* pour se remettre dans le contexte dans lequel ont été prises les décisions.

Texte à l'appui

- Un article de l'historien Georges-Henri Soutou sur les accords de Munich

liennathan.fr/x75t9u

3. L'impossible rapprochement avec l'URSS

L'erreur des Occidentaux a également été de ne pas miser sur un rapprochement avec les Soviétiques. Pourtant, à partir de 1933, Staline, inquiet de l'arrivée au pouvoir de Hitler, change de stratégie internationale et se rapproche des démocraties. En 1934, il invite les partis communistes des pays d'Europe de l'Ouest à s'allier aux autres partis de gauche en constituant des fronts populaires. L'URSS intègre la SDN en septembre 1934 et signe une convention militaire avec Paris en 1935. Mais Staline constate vite le manque d'empressement des Occidentaux, surtout des conservateurs britanniques farouchement anticommunistes. Une méfiance réciproque, conséquence de l'opposition idéologique, persiste de part et d'autre. Le *leader* soviétique ne tarde pas à constater qu'il ne peut compter sur la France et le Royaume-Uni, qui le laissent seul pour aider les républicains espagnols, puis abandonnent la Tchécoslovaquie à son sort en 1938. En 1939, quand Hitler se retourne contre la Pologne, l'URSS est courtisée à la fois par l'Allemagne et par les Occidentaux. La priorité de Staline est encore de repousser la guerre : son armée, désorganisée par les purges de 1938, ne lui paraît pas prête. Il pense aussi pouvoir tirer des avantages d'un conflit entre l'Allemagne et les démocraties occidentales, qui affaiblirait les deux camps. Débarrassé de la menace japonaise par la victoire de l'Armée rouge en Mandchourie, **Staline finit par choisir de se rapprocher de Hitler en signant, le 23 août 1939, le pacte germano-soviétique, qui lui procure un répit et des gains territoriaux en Pologne. Ce coup de tonnerre, qui voit les deux régimes totalitaires antagonistes devenir alliés, s'explique aussi par la maladresse des démocraties, incapables de dépasser leur préjugé anticommuniste pour convaincre Staline de les rejoindre**.

3 TABLEAU GÉOPOLITIQUE DU MONDE EN 1945

La Seconde Guerre mondiale rebat les cartes de la géopolitique mondiale. L'affirmation de l'URSS et des États-Unis était déjà en germe avant 1939 en raison de leur poids démographique et de leur puissance économique. Mais c'est la guerre qui transforme ces États en véritables superpuissances, codécideurs du système international après 1945. Les deux Grands contribuent de manière décisive à la victoire contre l'Allemagne et le Japon. Ils sont ensuite les garants d'un nouvel ordre international symbolisé par la nouvelle organisation des Nations unies. Des tensions surgissent toutefois rapidement entre l'URSS et les États-Unis, dont les visions du monde diffèrent profondément. Les puissances européennes sortent, quant à elles, durablement affaiblies du conflit. La Grande-Bretagne, troisième grand vainqueur de la guerre, est certes présente lors des conférences de Yalta et de Potsdam, mais elle n'est pas en mesure de s'opposer seule aux projets de Staline en Europe. La France, malgré les ambitions du général de Gaulle, ne joue qu'un rôle secondaire dans le règlement du conflit. En Asie orientale, la disparition du Japon comme puissance hégémonique laisse le champ libre aux États-Unis. Elle favorise aussi le retour au premier plan de la Chine et de l'URSS dans la région, présageant des tensions à venir. Dans le reste du monde, l'affaiblissement des puissances européennes donne un élan puissant aux volontés d'émancipation des peuples colonisés.

En quoi la fin de la Seconde Guerre mondiale représente-t-elle un tournant dans la géopolitique mondiale ?

Notions principales

Crime contre l'humanité: incrimination créée en 1945 dans le statut du Tribunal militaire de Nuremberg, destiné à juger les principaux responsables nazis. Cette notion est une catégorie complexe dont la définition a évolué depuis 1945. Elle concerne des actes inhumains au service d'un plan criminel visant à attaquer de façon massive ou systématique une population civile.

Ère nucléaire ou âge atomique: expressions qui renvoient à la rupture fondamentale introduite par l'invention de l'arme nucléaire et son utilisation à Hiroshima et Nagasaki en août 1945. L'énormité des destructions provoquées par la bombe atomique fait prendre conscience des risques d'un conflit ouvert entre les puissances possédant la bombe. L'arme nucléaire rend une guerre totale improbable mais elle n'interdit pas les conflits limités.

CHRONOLOGIE

1944: 6 juin: Débarquement des Alliés en Normandie
Juillet: Accords de Bretton Woods créant le Fonds monétaire international (FMI)
1945: Février: conférence de Yalta entre Churchill, Roosevelt et Staline
8 mai: Capitulation de l'Allemagne
Juin: Adoption de la Charte des Nations unies à l'issue de la conférence de San Francisco
Juillet-début août: Conférence de Potsdam entre Churchill (puis Attlee), Truman et Staline
6 et 9 août: Bombardements atomiques d'Hiroshima et de Nagasaki
8 août 1945: Entrée en guerre de l'URSS contre le Japon
2 septembre: Capitulation du Japon
1946: 5 mars: Discours de Churchill à Fulton dénonçant le « rideau de fer »
Octobre: Verdict du procès de Nuremberg

Carte 1. Le monde en 1945

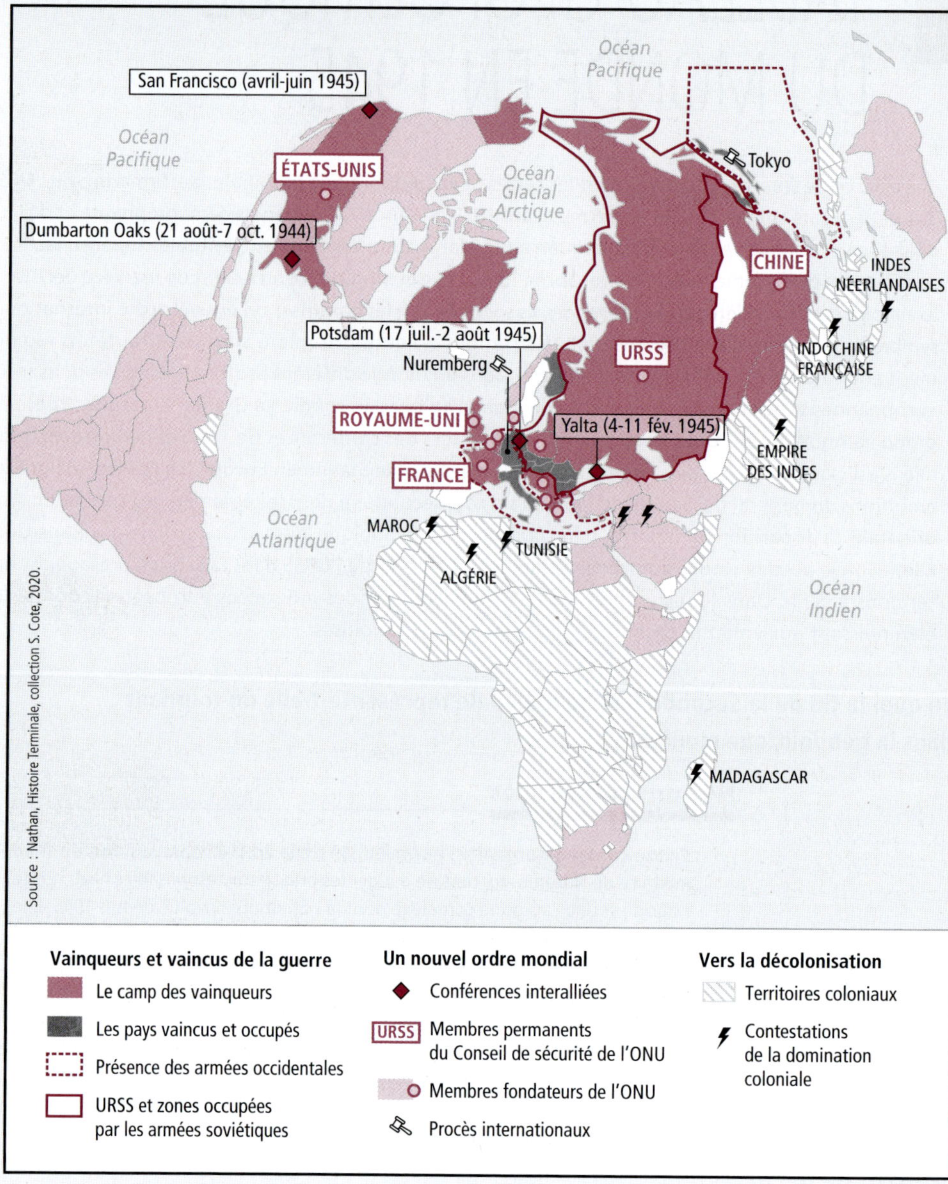

I. De nouveaux rapports de force en Europe et en Asie à la fin de la guerre

Durant l'été 1944, les Soviétiques, comme les Anglais et les Américains, espèrent remporter la victoire sur l'Allemagne avant la fin de l'année. Mais il faut encore plusieurs mois de combats difficiles pour obtenir la capitulation allemande, le 8 mai 1945. En Asie, les Alliés n'imaginent pas pouvoir en terminer avec le Japon avant 1946, mais ce dernier capitule finalement quatre mois après l'Allemagne, sous la double pression de l'arme nucléaire américaine et de l'entrée en guerre de l'URSS. À l'été 1945, une nouvelle carte de l'Europe et de l'Asie se met en place, qui tient compte d'abord des territoires occupés par le Reich et des rapports de force entre les vainqueurs de la guerre.

A. L'URSS EN POSITION DE FORCE EN EUROPE

1. La victoire contre l'Allemagne nazie

Après le débarquement allié en Normandie le 6 juin 1944, Paris est libéré en août, comme la majorité du territoire français. La victoire contre l'Allemagne est toutefois retardée par la contre-attaque allemande dans les Ardennes durant l'hiver 1944-1945. En février 1945, les Alliés occidentaux sont encore sur la rive gauche du Rhin, tandis que les armées allemandes occupent toujours le nord de l'Italie. Seule l'Armée rouge progresse à l'est, libérant Varsovie et Budapest, ce qui met Staline en position de force lors de la conférence de Yalta, qui s'ouvre le 4 février. En mars, les forces anglo-saxonnes passent le Rhin en masse. Les premières troupes américaines atteignent l'Elbe le 11 avril. Eisenhower, le chef d'état-major général des forces armées des États-Unis, ne fait toutefois pas de Berlin son objectif premier. Il oriente ses troupes vers le centre et le sud de l'Allemagne. Staline, quant à lui, ne peut imaginer que les Alliés entrent à Berlin avant l'Armée rouge : **l'Union soviétique doit apparaître à tous comme le vrai vainqueur de la guerre. La bataille de Berlin, lancée le 16 avril 1945 par les Soviétiques, s'achève le 2 mai 1945 au prix de lourdes pertes humaines dans les deux camps et de destructions matérielles considérables.** Adolf Hitler se donne la mort le 30 avril, quelques jours avant la capitulation sans conditions de l'Allemagne. Celle-ci est signée par le Haut Commandement des forces armées allemandes une première fois à Reims le 7 mai (auprès des Alliés occidentaux) et une seconde fois à Berlin le 8 mai 1945 (auprès de toutes les nations belligérantes).

2. Moscou redessine les frontières en Europe de l'Est

L'Armée rouge défait seule l'armée allemande à l'est en 1944 et en 1945. Les victoires militaires soviétiques donnent toute latitude à Staline pour redessiner les frontières en Europe centrale et orientale. Avec le consentement des Alliés, les Soviétiques annexent la Pologne orientale, la Bessarabie et la Bucovine du Nord, des territoires déjà occupés par l'URSS en 1940 en vertu des clauses secrètes du pacte germano-soviétique. En revanche, les Alliés occidentaux ne reconnaissent pas l'annexion par l'URSS des pays Baltes. Les Soviétiques rattachent également à leur territoire le nord de la Prusse orientale et la ville de Königsberg – créant l'*oblast* (l'unité administrative) de Kaliningrad. La Pologne récupère quant à elle des territoires jusqu'alors allemands : la Poméranie, la Silésie et le sud de la Prusse orientale. **La nouvelle frontière germano-polonaise longe désormais le fleuve Oder et la rivière Neisse.**

Ces modifications de frontières entraînent des déplacements massifs de population en Europe centrale et orientale en 1945 et 1946 [→ CARTE 2]. On estime ainsi le nombre des Allemands déplacés à environ 12 millions, principalement depuis l'actuelle Pologne et depuis la région des Sudètes en Tchécoslovaquie. Ces évacuations se font, dans un premier temps, de manière spontanée, du fait des populations fuyant devant l'avancée de l'Armée rouge. Puis les expulsions sont organisées systématiquement après les accords de Potsdam (août 1945)pour éviter toute revendication territoriale future de l'Allemagne sur ses voisins orientaux. Les recompositions territoriales en Europe de l'Est entraînent également le trans-

Carte 2. L'Europe au sortir de la Seconde Guerre mondiale

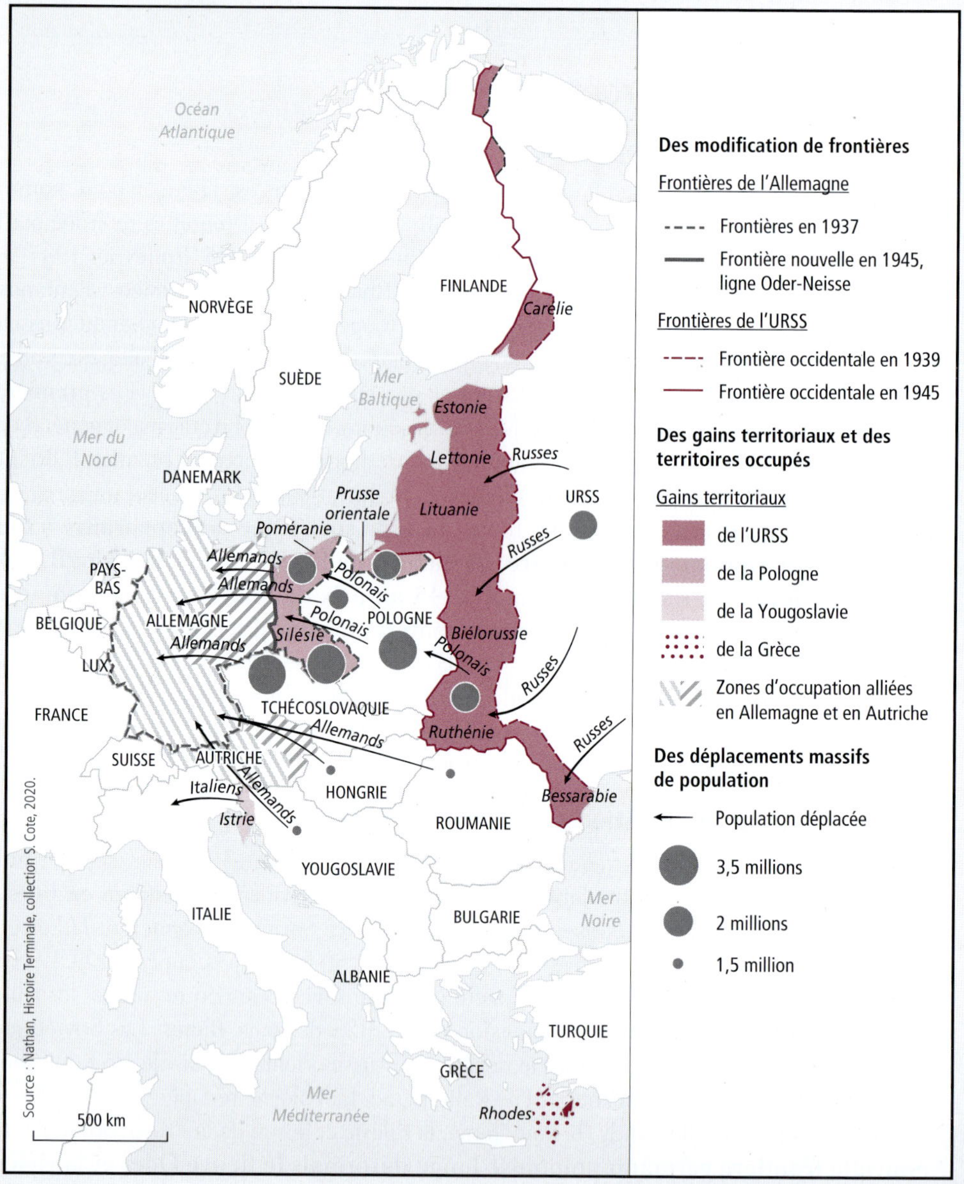

fert de près de 2 millions de Polonais d'URSS vers la Pologne dans ses nouvelles frontières de 1945. Enfin, plusieurs millions de citoyens soviétiques sont déplacés dans les nouveaux territoires annexés par l'URSS.

3. Des rapports de force militaires qui se traduisent sur le plan politique

Les divisions politiques de l'Europe de l'après-guerre trouvent leur origine dans les positions des armées des vainqueurs lorsque les forces allemandes capitulent. **Les derniers combats en Europe ont ainsi pris une forte connotation géopolitique. Ils ont déterminé l'avenir de nombreux pays d'Europe.** En Europe de l'Est, occupée par l'Armée rouge, les autorités soviétiques appuient les partis communistes locaux dans leurs tentatives pour prendre le pouvoir ou pour entrer au gouvernement. En Roumanie, un régime communiste est installé dès mars 1945. En Bulgarie, la monarchie se maintient officiellement jusqu'en 1946, mais le Parti communiste détient la réalité du pouvoir dès 1945. En Pologne, le gouvernement, en exil à Londres, ne parvient pas à s'imposer face au « Comité de Lublin » installé par l'Armée rouge dès 1944. Beneš et le gouvernement tchécoslovaque, également en exil à Londres, reviennent à Prague dans un train soviétique en avril 1945, après la libération du pays par l'Armée rouge. Le Parti communiste entre alors au gouvernement, représenté par son président, Klement Gottwald (le futur instigateur du « coup de Prague » en 1948). En Hongrie, la « tactique du salami* » permet au Parti communiste, très minoritaire en 1945, de s'imposer aux postes clés entre 1946 et 1948. L'Autriche est d'abord occupée par les Soviétiques. Les troupes anglo-américaines n'arrivent à Vienne qu'en septembre 1945. Une occupation quadripartite s'ensuit jusqu'en 1955. **L'Europe de l'Ouest et la Scandinavie, libérées par les Anglo-Saxons, vont connaître un sort différent des territoires occupés par l'Armée rouge.** En effet, des démocraties libérales y renaissent, au sein desquelles l'influence des partis communistes est fonction de leur rôle dans la résistance à l'occupation nazie. Elle est particulièrement forte en France, où le PCF devient le premier parti en nombre d'électeurs aux élections municipales d'avril-mai puis aux élections constituantes d'octobre 1945.

B. LES ÉTATS-UNIS, NOUVELLE PUISSANCE DOMINANTE EN ASIE ORIENTALE

1. Une guerre qui dure

Les combats sont particulièrement meurtriers dans la guerre du Pacifique au début de l'année 1945. La bataille pour Manille, du 3 février au 3 mars, est le théâtre des combats urbains les plus intenses et destructeurs de toute la guerre du Pacifique. La bataille d'Iwo Jima, qui a également lieu aux mois de février et mars 1945, vise à faire sauter un verrou stratégique, étape indispensable avant tout débarquement sur l'archipel nippon. Le coût humain est très élevé pour la reprise d'une île minuscule : environ 7 000 soldats américains sont tués sur 30 000 hommes engagés. La bataille d'Okinawa est un prélude aux opérations envisagées sur les îles principales de l'archipel japonais. 60 000 *marines* débarquent à Okinawa en avril 1945 ; la conquête de l'île ne s'achève qu'à la fin du mois de juin, au prix de nombreuses pertes. Plus de 110 000 soldats japonais sont tués et près de 150 000 civils ; on compte près de 12 000 soldats tués et 36 000 blessés parmi les forces américaines. La

DÉFINITION

« Tactique du salami » : expression inventée par le chef du Parti communiste hongrois après la guerre, Mátyás Rákosi. Elle consiste dans l'élimination progressive des pouvoirs hostiles au communisme (Église, autres partis, presse libre...), « tranche après tranche, jusqu'à ce qu'il ne reste plus rien ».

capitulation du Japon n'est toujours pas en vue au printemps 1945. Défaits à Iwo Jima et à Okinawa, aux Philippines et en Birmanie, sans alliés après la capitulation de l'Allemagne, sans flotte et bientôt sans aviation, les Japonais ne sont toujours pas prêts à céder. Ils disposent encore de troupes considérables en Asie du Sud-Est et en Chine. Devant la détermination des combattants réguliers et des kamikazes, les Anglo-Américains réalisent le coût en vies humaines d'un assaut général sur le Japon lui-même. Les bombardements stratégiques des Américains sur les villes japonaises – qui visent à détruire le potentiel industriel du Japon et à affaiblir le moral de la population – se multiplient au printemps 1945. Toutefois, le gouvernement nippon ne plie pas et prépare au contraire la population à une résistance suicidaire.

2. L'entrée dans l'ère nucléaire et la capitulation du Japon

Le projet Manhattan, visant à doter les États-Unis de l'arme nucléaire, a démarré en septembre 1942. Truman est informé, dès sa prise de fonction en avril 1945, que l'arme atomique sera prête à l'emploi le 1er août. Des cibles sont sélectionnées : Hiroshima et Nagasaki, deux villes jusque-là épargnées par les bombardements stratégiques (un choix qui permettra de rendre indiscutables les effets de la nouvelle arme). La première explosion nucléaire de l'histoire a lieu, à titre d'essai, le 16 juillet 1945 dans le désert du Nouveau-Mexique. **L'emploi de la nouvelle arme contre une puissance ennemie est décidé par Truman pour favoriser une victoire américaine décisive et rapide contre le Japon et pour renforcer la position des États-Unis face à l'URSS.** À Hiroshima, le 6 août 1945, 60 000 à 80 000 personnes trouvent la mort instantanément. Au moins autant sont blessées, brûlées ou irradiées. Tous les immeubles sont rasés. Le 9 août 1945, à Nagasaki, 40 000 personnes trouvent la mort et au moins autant sont blessées. Si le choc psychologique provoqué par ces explosions est important, rares sont alors les condamnations publiques, comme celle que signe Albert Camus dans l'éditorial de la revue *Combat*, le 8 août 1945.

Le deuxième choc qui fait céder le Japon est l'offensive de l'URSS en Mandchourie, une région de Chine occupée par les Japonais. Au soir du 8 août, Staline rend publique la déclaration de guerre au Japon. Quelques heures plus tard, 1,5 million de soldats de l'Armée rouge, appuyés par 3 900 avions, 5 500 chars et 26 000 canons, déferlent sur la Mandchourie. Les Soviétiques envahissent rapidement la Mandchourie et la Mongolie intérieure. Le 16 août, le général commandant la 4e armée japonaise en Mandchourie reçoit l'ordre de l'empereur de cesser le feu. L'URSS vient de remporter une victoire éclatante.

L'offensive soviétique et le deuxième bombardement atomique sur Nagasaki, le 9 août, entraînent la reddition rapide du Japon. Deux rescrits (actes écrits), les 15 et 17 août – dont

Le regard d'un écrivain et philosophe

Albert Camus et la bombe atomique

Albert Camus (1913-1960) est, en 1945, rédacteur en chef de *Combat*, journal né dans la Résistance et devenu l'un des grands organes de presse français de l'après-guerre. Camus est aussi un écrivain reconnu, notamment après la publication, en 1942, de *L'Étranger*. Son éditorial du 8 août 1945 est un modèle d'article engagé, à contre-courant de l'opinion publique de son temps.

Texte à l'appui

A. Camus, éditorial de *Combat*, du 8 août 1945
liennathan.fr/28e9ss

le premier, radiodiffusé, est lu par l'empereur lui-même –, affirment la détermination de ce dernier à faire la paix. L'acte de capitulation du Japon est signé le 2 septembre 1945 sur le cuirassé américain Missouri, ancré en rade de Tokyo.

3. Un nouvel ordre en Asie-Pacifique dominé par les États-Unis

L'URSS remporte une guerre éclair contre le Japon en août 1945. Après avoir envahi la Mandchourie, elle pousse son avantage, en septembre 1945, en Corée et sur Port-Arthur (ville portuaire chinoise que la Russie avait perdue en 1905). Après sa défaite humiliante contre le Japon en 1905, l'URSS est de nouveau une grande puissance asiatique. Toutefois, ce sont les États-Unis qui deviennent, en 1945, la puissance majeure en Asie-Pacifique. Ils occupent le Japon et, dans l'après-guerre, réforment profondément le pays. Rejetant le plan allié qui prévoyait une division et une administration du pays comparables à celle de l'Allemagne ou de la Corée, le président Truman confie la supervision de l'occupation de tout le Japon au général MacArthur, pour qui l'URSS a d'ores et déjà succédé à l'Allemagne hitlérienne comme menace internationale principale. Par ailleurs, en vertu d'un accord négocié avec l'URSS, des soldats américains débarquent en Corée en septembre 1945. Ils prennent le contrôle de la péninsule au sud du 38e parallèle. **La défaite du Japon modifie profondément les équilibres établis depuis le début du XXe siècle en Asie orientale.** Avec la capitulation du Japon, prend fin en effet la guerre que le gouvernement nippon a déclenchée dès 1931 contre la Chine, avec l'invasion de la Mandchourie. Pour la première fois de son histoire, l'archipel nippon perd totalement son indépendance. Il restera occupé jusqu'en avril 1952 par l'armée américaine. Quant à la Chine, elle accède, à l'issue du conflit, au rang de puissance internationale. La conférence du Caire, qui réunit en novembre 1943 Tchang Kaï-chek, Roosevelt et Churchill, marque le retour de la Chine au premier plan sur la scène internationale. **La Chine devient l'un des cinq pays à recevoir, en 1945 à San**

■ **Carte 3. L'Asie orientale au sortir de la Seconde Guerre mondiale**

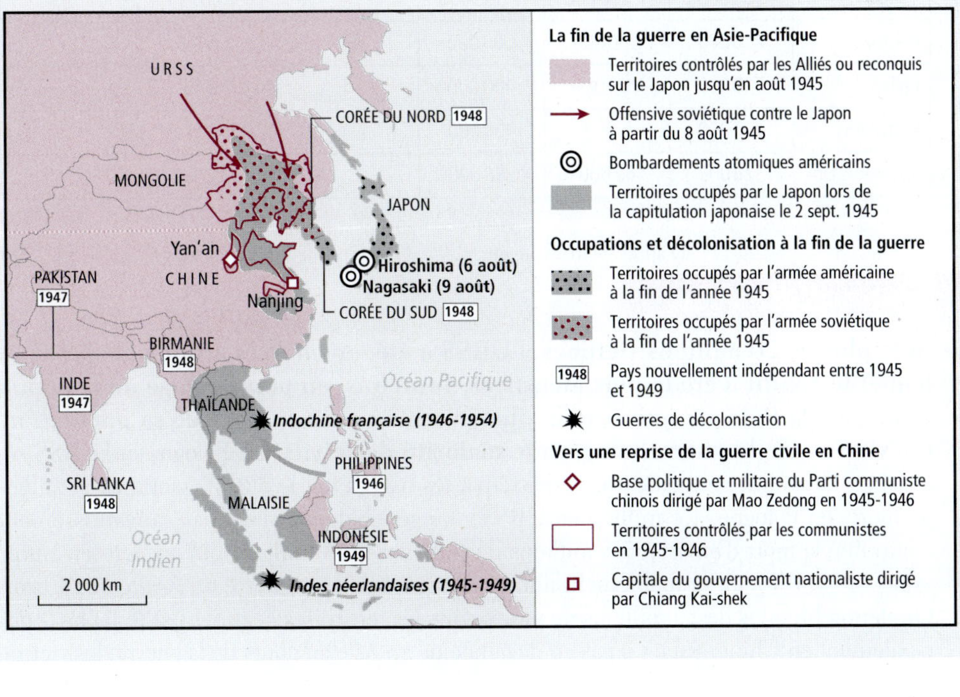

Francisco, un siège permanent au Conseil de Sécurité de l'ONU. Mais le pouvoir du gouvernement de Nankin dirigé par Tchang Kaï-chek, reconnu par la communauté internationale, est fragile. Il est contesté par le Parti communiste chinois dirigé par Mao Zedong, dont la base politique et militaire est située dans la Chine de l'intérieur, dans la province du Shaanxi. La guerre civile chinoise, interrompue par l'occupation japonaise et la Seconde Guerre mondiale, recommence dès la capitulation japonaise.

C. LE BILAN HUMAIN ET MATÉRIEL DE LA GUERRE

1. Un désastre humain

Le bilan humain de la Seconde Guerre mondiale est difficile à chiffrer, en particulier pour l'URSS et la Chine – les deux pays qui ont incontestablement connu le plus grand nombre de victimes. **On estime qu'environ 60 millions de personnes ont trouvé la mort dans les pays en guerre, le nombre des victimes civiles dépassant probablement celui des soldats tués** [→ DOCUMENT 1].

■ Document 1. Estimations des pertes humaines durant la Seconde Guerre mondiale

Pays	Pertes militaires	Pertes civiles	Pertes totales	En % par rapport à la population totale d'avant-guerre
URSS	13 600 000	7 500 000	21 100 000	10,0 %
Chine	Entre 6 000 000 et 20 000 000			–
Allemagne	4 000 000	3 000 000	7 000 000	12,0 %
Pologne	120 000	5 300 000	5 420 000*	15,0 %
Japon	2 700 000	300 000	3 000 000	4,0 %
Yougoslavie	300 000	1 200 000	1 500 000	10,0 %
France	250 000	350 000	600 000	1,5 %
Italie	300 000	100 000	400 000	1,0 %
États-Unis	400 000	-	400 000	0,2 %
Royaume-Uni	326 000	62 000	388 000	0,8 %

* Dont 3 millions de Juifs

D'après Marc Nouschi, *Bilan de la Seconde Guerre mondiale*, Le Seuil, 1996.

Avec plus de 20 millions victimes, l'URSS a été, en chiffres absolus, le pays pour lequel le conflit a été le plus meurtrier. Toutefois, en pourcentage de la population, c'est la Pologne qui a été la plus touchée : environ 15 % de sa population a été victime de la guerre, en grande majorité des civils. La Pologne et l'URSS sont aussi les pays où le génocide juif perpétré par les nazis a fait le plus de victimes (3 millions de morts en Pologne, 1,1 million en URSS). Le génocide juif, la *Shoah* (anéantissement), a entraîné la mort d'environ 5,5 millions de Juifs sur les 8 millions qui vivaient en Europe avant 1939. Il y a eu probablement autant de victimes de la guerre en Asie qu'en Europe. On dénombre plus de 20 millions de morts dans les territoires occupés par le Japon – principalement en Chine. S'il n'y a pas eu de génocide en Asie au cours de la guerre, les victimes civiles de l'occupation japonaise sont nombreuses (massacres de Nankin de décembre 1937 à février 1938). Les violences exercées par les soldats contre les populations ont été justifiées par le haut commandement japonais dans le cadre de la politique dite « des Trois Tout », ou « *Sankô Sakusen* » : « Tue tout, brûle tout, pille tout ». Cette politique visant à réduire la guérilla communiste en Chine du Nord a été mise en œuvre systématiquement par l'armée japonaise à partir de 1942.

ZOOM ▶ Les conflits mémoriels à propos des violences de masse perpétrées par le Japon

Les violences de masse perpétrées par le Japon dans les territoires occupés de Chine ou de Corée sont aujourd'hui au cœur de conflits mémoriels entre les pays concernés. Pour la Chine, l'épisode le plus traumatisant a eu lieu lors de la prise de Nankin en décembre 1937. Après s'être emparés de la ville, les Japonais se sont livrés à des atrocités sur la population civile, exécutant près de 300000 personnes et violant un grand nombre de femmes. Les hauts responsables de l'armée japonaise impliqués dans ce massacre ont été condamnés après la guerre. Il existe cependant un courant révisionniste au Japon qui tend à nier le massacre ou à minimiser le nombre de victimes. Un autre conflit mémoriel concerne un crime de guerre jamais reconnu par Tokyo, celui des « cobayes humains » de l'unité 731 en Mandchourie, des prisonniers sur lesquels l'armée nippone a expérimenté des armes bactériologiques. Par ailleurs, le scandale des esclaves sexuelles envenime régulièrement les relations entre le Japon et la Corée du Sud : entre 200000 et 400000 femmes, en majorité coréennes, ont été contraintes de se prostituer pour les soldats japonais pendant la guerre. La dénégation des souffrances vécues par ces femmes se retrouve au Japon dans la façon dont elles sont nommées (elles sont désignées par un euphémisme signifiant « femmes de réconfort »). L'histoire de ces violences de masse est aujourd'hui mal connue au Japon. La mémoire de la guerre y est centrée sur les bombardements d'Hiroshima et de Nagasaki. En outre, une partie importante de l'opinion publique considère le Japon comme un pays victime de la guerre. Les partis nationalistes instrumentalisent la mémoire de la guerre, à l'image du Premier ministre Shinzo Abe, qui s'est recueilli, en 2013, au sanctuaire Yasukuni à Tokyo, où sont vénérées les âmes d'environ 2,5 millions de Japonais tués pendant la guerre, dont plusieurs dizaines de criminels de guerre[1].

2. Un lourd bilan matériel

Les destructions matérielles liées à la guerre sont lourdes, aussi bien en Asie qu'en Europe. De nombreuses villes ainsi que des infrastructures de transport et des usines ont subi des dégâts considérables en raison de l'ampleur des bombardements. En Asie, les Japonais sont les premiers à effectuer des bombardements stratégiques massifs, notamment sur Nankin et Canton en 1937. Les destructions matérielles les plus importantes dans la région sont toutefois dues aux bombardements américains, qui entraînent la destruction de la majorité des grandes villes japonaises en 1945. **En Europe, le bombardement de Dresde par l'aviation britannique, dans la nuit du 13 au 14 février 1945, fait à lui seul environ 35000 victimes.** La ville a été réduite en cendres. En France, on estime qu'environ 300000 bâtiments d'habitation ont été entièrement détruits en 1944 et 1945 par les bombardements anglo-saxons. Les villes de Brest, Caen, Le Havre, Lorient, Saint-Nazaire, Cherbourg, Évreux, Saint-Malo ou Rouen ont été détruites en partie ou en totalité. **Les destructions les plus importantes ont eu lieu en Europe orientale et en URSS en raison de la politique de la terre brûlée des armées nazies dans leur retraite.** Le taux de destruction des biens matériels en URSS est particulièrement élevé (25 %). L'URSS est ainsi un « vainqueur défait », selon l'expression de l'historien Mark Harrison, tant les effets du choc démographique et économique de la guerre ont été très longs à rattraper.

1. Pour approfondir ces questions, on pourra se rapporter au livre de Jean-Louis Margolin, *Violences et crimes du Japon en guerre. 1937-1945*, Hachette Littératures (2009).

3. Un traumatisme profond

Les traumatismes liés à la guerre sont nombreux et durables, tant chez les vainqueurs de la guerre que chez les vaincus, en particulier en raison des crimes commis sur les populations civiles durant les occupations allemande en URSS et japonaise en Chine. En Europe, la prise de conscience par l'opinion publique de l'horreur des crimes commis est rendue possible par la libération des camps de concentration nazis à la fin de la guerre. Le 27 janvier 1945, l'Armée rouge libère ainsi environ 7 000 survivants des camps d'Auschwitz-Birkenau, où ont été assassinées plus d'un million de personnes entre 1942 et 1945 (90 % des victimes étaient juives). Les images des camps libérés sont largement diffusées et permettent aux Alliés de dénoncer les atrocités commises par leur adversaire. Elles sont également utilisées comme preuves lors du procès des responsables nazis ouvert à Nuremberg en novembre 1945 où, pour la première fois, un tribunal juge au nom de la conscience humaine. **Ce procès introduit la notion de crime contre l'humanité, défini alors comme « l'assassinat, l'extermination, la réduction en esclavage, la déportation, et tout autre acte inhumain commis contre toutes populations civiles [...] ou bien les persécutions pour des motifs politiques, raciaux, ou religieux [...] »**. Sur les vingt-quatre hauts dignitaires allemands inculpés du procès de Nuremberg, douze sont condamnés à mort en octobre 1946. Le droit international sort ainsi modifié et renforcé de la guerre. Les principaux criminels de guerre japonais sont également traduits en justice à Tokyo de 1946 à 1948. Vingt-huit prévenus sont accusés de crimes contre la paix, crimes de guerre et crimes contre l'humanité. Le Tribunal militaire international de Tokyo rend son verdict le 12 novembre 1948 en prononçant sept condamnations à mort – dont celle du général et ancien Premier ministre Hideki Tojo – et seize peines de réclusion à perpétuité.

Pour aller plus loin

Le site du Mémorial de la Shoah propose de nombreuses ressources sur la Shoah et les autres génocides du XXe siècle.
liennathan.fr/83fr5n

II. Un nouvel ordre mondial dominé par les deux Grands

Le monde n'entre pas immédiatement dans la guerre froide au sortir de la Seconde Guerre mondiale. L'idée d'une rupture radicale de la « Grande Alliance » (terme utilisé à partir de 1942 pour désigner les nations unies dans la guerre contre l'Axe) semble même impossible en 1945. Cette alliance apparaît, au contraire, comme le ciment d'un nouvel ordre mondial symbolisé par la naissance de l'Organisation des Nations unies, qui réunit initialement les pays vainqueurs de la guerre.

A. DEUX GRANDS, DEUX VISIONS DIVERGENTES POUR L'APRÈS-GUERRE

Les États-Unis et l'URSS disposent chacun d'atouts spécifiques en 1945 pour s'affirmer comme les deux grands vainqueurs de la guerre. Mais les deux superpuissances ont des visions différentes du nouvel ordre international qui se met en place.

1. Le projet soviétique: entre géopolitique et idéologie

Staline a, dès 1941, une lecture d'abord géopolitique du conflit, centrée sur l'Europe. Son objectif premier est de récupérer les territoires russes perdus lors du traité de Brest-Litovsk (1918) et de conforter son statut de vainqueur de la guerre en participant au Conseil de sécurité de l'ONU. Il souhaite ensuite établir un glacis défensif autour de l'URSS, qu'il juge indispensable face à la potentielle résurgence d'une menace allemande. C'est ce qui explique les changements de frontières en Europe de l'Est voulus par l'URSS en 1945. Dans un objectif sécuritaire, Staline veut également développer le potentiel industriel et militaire soviétique pour assurer sa sécurité, d'où l'importance de la question des réparations pour l'URSS dans les négociations de l'après-guerre. L'URSS a également des ambitions idéologiques. Staline attend l'effondrement économique de l'Occident et l'inévitable conflit entre puissances impérialistes (notamment la Grande-Bretagne et les États-Unis). **La diffusion du communisme à l'échelle internationale, et en premier lieu en Europe, reste l'objectif de long terme de la politique soviétique.** L'URSS a des cartes en mains en 1945 pour atteindre de tels objectifs. Au moment de la capitulation allemande, les troupes soviétiques occupent une grande partie de l'Europe centrale et orientale. L'URSS sait également capitaliser ses souffrances, ses millions de morts lors de la «Grande guerre patriotique»: en effet, le lourd tribut payé est source de prestige à l'extérieur. L'Armée rouge est par ailleurs la plus grande armée du monde, ce qui permet de compenser la non-possession initiale de l'arme nucléaire en 1945. Enfin, le communisme est une arme idéologique redoutable en 1945. **Les partis communistes se présentent partout comme les partis de la Résistance.** Le communisme se montre alors aux populations européennes, asiatiques et africaines comme le principal rempart contre le fascisme ou le colonialisme.

2. Le projet américain: un monde ouvert et «*safe for democracy*»

Les États-Unis sortent renforcés de la guerre. Ils ont eu un nombre relativement faible de soldats tués en comparaison des autres belligérants (417 000) et quasiment aucune victime civile. L'économie américaine est en outre fortifiée: les commandes de guerre ont en effet suscité le retour de la prospérité et le dollar est devenu la monnaie de référence au niveau international.

À l'image de la guerre qu'ils ont menée entre décembre 1941 et 1945, les États-Unis développent une vision planétaire de la géopolitique. Dès 1941, l'idée prend racine à Washington d'une convergence d'intérêt entre sécurité nationale et sécurité internationale (idée héritée de la vision de Woodrow Wilson au début du XXe siècle). Elle est présente dans la Charte de l'Atlantique signée par Churchill et Roosevelt le 14 août 1941. C'est elle qui motivera la création de l'ONU en 1945. S'y ajoute la conviction que la prospérité du monde et celle des États-Unis se confondent – d'où la mise en place du système de Bretton Woods en 1944 et les efforts américains pour relever les économies européennes et asiatiques dévastées par la guerre. À la vision régionale, autarcique et défensive de Staline, semble donc répondre la lecture mondiale, libérale et capitaliste des États-Unis. Pour mettre en œuvre leurs objectifs, ceux-ci ont de nombreux atouts. **Ils disposent d'une puissance militaire considérable et du monopole de l'arme nucléaire en 1945. Mais l'arme majeure des États-Unis est d'abord économique.** Forts de la première capacité productive mondiale, ils détiennent également 75 % du stock d'or de la planète. La démocratie américaine peut toutefois constituer un obstacle à la réalisation des objectifs des dirigeants américains. À l'été 1945, la majorité des électeurs américains souhaitent en effet un retrait rapide des troupes américaines d'Europe et d'Asie.

Le regard d'un professeur de science politique

Philippe Golub sur les États-Unis en 1945

Philippe Golub est professeur de science politique et de relations internationales à l'Université américaine de Paris et un collaborateur régulier du mensuel *Le Monde diplomatique*. Il est l'auteur notamment de l'ouvrage *Une autre histoire de la puissance américaine*, publié au Seuil en 2011. Il défend la thèse selon laquelle les États-Unis sont, en 1945, la nation la plus puissante du monde, confirmant la déclaration du 9 août 1945 du président Truman : « Nous sommes sortis de cette guerre la nation la plus puissante du monde, la plus puissante peut-être de toute l'histoire. »[2]

3. Des puissances européennes reléguées au second rang

Les anciennes puissances européennes, qu'elles fassent partie du camp des vainqueurs (comme le Royaume-Uni et la France) ou des vaincus (Italie et Allemagne), sont reléguées au deuxième rang en 1945. **C'est une rupture majeure dans l'ordre international qu'elles dominaient depuis les « Grandes Découvertes » et la constitution des premiers empires coloniaux au XVIe siècle.** En 1945, la Grande-Bretagne, sortie épuisée du conflit, n'est pas de taille à tenir tête à Washington et à Moscou. Churchill craint surtout un retrait américain d'Europe. En octobre 1944, il négocie à Moscou, avec Staline, le fameux « accord des pourcentages » répartissant les zones d'influence réciproques des Britanniques et des Soviétiques en Europe orientale. Les Britanniques obtiennent la non-interférence des Soviétiques dans les affaires grecques ainsi qu'un partage d'influence en Yougoslavie et, dans une moindre mesure, en Bulgarie. La concession principale de Churchill porte sur la Hongrie, qui rentre entièrement dans la sphère d'influence soviétique. Il ne s'agit pas réellement d'un partage de l'Europe orientale et centrale puisque les accords négociés se limitent aux Balkans et à la Hongrie. Pour faire face aux exigences soviétiques en Europe, Churchill soutient la participation de la France, représentée par de Gaulle, à la table des vainqueurs. La France ne participe certes pas aux conférences de Yalta et de Potsdam, mais elle est présente lors de la signature de l'acte de capitulation allemande le 8 mai 1945. Elle se voit accorder, lors de la conférence de San Francisco, un siège permanent au Conseil de sécurité de la future Organisation des Nations unies, à l'égal de l'URSS, des États-Unis, du Royaume-Uni et de la Chine. Elle participe par ailleurs à l'occupation de l'Allemagne et de l'Autriche dans le cadre de l'administration quadripartite de ces territoires après la guerre. Toutefois, l'objectif du général de Gaulle en 1945, consistant à démembrer l'Allemagne, ne sera pas atteint. Paris n'a alors aucun moyen de pression sur les deux Grands et sur le Royaume-Uni pour imposer cette politique.

B. DE YALTA À POTSDAM : L'ESPRIT DE LA GRANDE ALLIANCE PERDURE

1. La conférence de Yalta (4-11 février 1945)

La conférence de Yalta réunit, en février 1945, Churchill, Staline et Roosevelt. Les alliés occidentaux sont demandeurs de cette rencontre au sommet, qui se tient en Crimée, en territoire soviétique. C'est Staline qui a les cartes en main à Yalta, à un moment où l'URSS est en position de force en Europe. Roosevelt fait de nombreuses concessions à Staline pour obtenir l'entrée de l'URSS en guerre contre le Japon.

2. À lire également : Philip Golub, « Les États-Unis au sortir de la Seconde Guerre mondiale », dans Bertrand Badie et Dominique Vidal (dir.), *Fin du leadership américain ? L'état du monde 2020*, La Découverte, Paris, 2019, p. 41-48.

Roosevelt peut être satisfait de la conférence, car Staline a accepté d'avancer sur l'organisation des futures Nations unies, un projet soutenu par les États-Unis depuis la Charte de l'Atlantique en août 1941. À Yalta, Staline confirme en effet la participation de l'URSS à la future ONU au prix faible de l'octroi de deux sièges à l'Assemblée générale pour l'Ukraine et la Biélorussie. Il s'engage aussi à une entrée en guerre de l'URSS contre le Japon trois mois après la fin de la guerre en Europe. Les dirigeants soviétiques se réjouissent également des résultats de la conférence. Les trois Grands décident que l'Allemagne vaincue sera occupée par les armées des trois puissances. Les frontières de la Pologne doivent être déplacées vers l'ouest, mais leur tracé exact n'est pas encore décidé. Le pays devra être administré par un gouvernement d'unité nationale, dont la composition reste volontairement floue. Yalta a été violemment critiquée par deux grands absents : la France et la Chine. Elle est également devenue pour les Polonais le symbole de la « trahison » de leur pays par les Occidentaux. Le gouvernement polonais, en exil à Londres, a en effet été tenu à l'écart des tractations entre les Anglo-Saxons et les Soviétiques concernant le sort des frontières de la Pologne.

Pour aller plus loin

Photographie de Staline, Churchill et Roosevelt à Yalta en février 1945
liennathan.fr/5f9f3z

2. La conférence de Potsdam (17 juillet-2 août 1945)

Le rapport de force n'est pas le même à Potsdam qu'à Yalta, dans la mesure où les États-Unis ont fait exploser la première bombe atomique, à titre expérimental, à Alamogordo, au Nouveau-Mexique, le 16 juillet 1945. Staline reste toutefois très ferme sur ses positions face au niveau président américain Harry S. Truman. Il impose un profond remaniement de la carte politique de l'Europe orientale. C'est le territoire de la Pologne qui subit le plus de modifications. Les Occidentaux acceptent provisoirement la ligne Oder-Neisse, jusqu'à la conclusion d'un traité de paix. Mais les Soviétiques vont tout faire, dans les mois suivants, pour pérenniser cette situation – en déplaçant les populations polonaises et allemandes. Les trois principaux vainqueurs de la guerre se mettent d'accord sur l'occupation de l'Allemagne en quatre zones. Les principaux objectifs de l'occupation sont définis : la démilitarisation, les réparations, la dénazification et la démocratisation de l'Allemagne. **Dans le cadre de la dénazification, les occupants décident de juger ensemble les principaux criminels de guerre nazis ; le procès de Nuremberg s'ouvre en novembre 1945.** La tutelle commune sur l'Allemagne suppose une entente sur la politique d'occupation à mener dans chaque zone. Dans les faits, il y aura des différences sensibles dans l'administration de chaque puissance occupante entre 1945 et 1949. Les réquisitions au titre des réparations seront ainsi nettement plus nombreuses dans les zones soviétique et française que dans les zones américaine et britannique.

C. UN NOUVEL ORDRE MONDIAL NAÎT À BRETTON WOODS ET À SAN FRANCISCO

1. Bretton Woods et le nouvel ordre économique mondial

Signés dans le New Hampshire, aux États-Unis, le 22 juillet 1944, les accords de Bretton Woods mettent en place un nouveau système monétaire international dans lequel le dollar devient la seule monnaie convertible en or à un taux fixe. **Le Fonds monétaire international (FMI) et la Banque internationale pour la reconstruction et le développe-**

ment (BIRD) sont créés en 1944 et ont leur siège à Washington. Ces institutions sont destinées à garantir la prospérité et l'équilibre monétaire afin d'éviter le retour aux désordres économiques des années 1930 [→ CHAPITRE 10]. Dans le système de Bretton Woods, chaque pays signataire définit la valeur de sa monnaie en or ou en dollars, et s'engage à maintenir le cours de sa monnaie en veillant à l'équilibre de sa balance des paiements. L'objectif général est de maintenir des taux de change stables, favorables au commerce international. Le FMI doit permettre de fournir des liquidités aux pays en difficulté pour éviter de nouvelles dévaluations. Dans ce nouvel ordre économique mondial, tous les États sont censés devenir partenaires et donc solidaires [→ DOCUMENT 2].

■ Document 2. Le fonctionnement du système de Bretton Woods

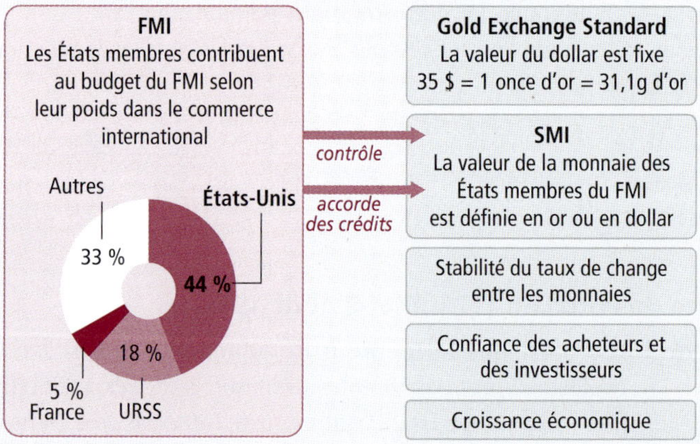

2. La création de l'ONU

L'Organisation des Nations unies (ONU) est fondée par la Charte de San Francisco, signée le 26 juin 1945 par cinquante États, dans laquelle transparaissent les préoccupations de ses créateurs. **Il s'agit de créer une organisation plus efficace que la Société des Nations (SDN) qu'elle remplace, réellement représentative et dotée de larges compétences.** Le siège de la nouvelle organisation est à New York, ce qui marque symboliquement la volonté des États-Unis de devenir les garants du nouvel ordre international. Le premier objectif de l'ONU est « le maintien de la paix et de la sécurité internationales ». Si des « menaces à la paix » sont avérées, l'ONU peut décider de sanctions économiques ou militaires. À la grande différence de la SDN, elle dispose de forces armées mises à disposition par les États membres pour faire appliquer ces sanctions. Le second objectif de l'ONU est de « réaliser la coopération internationale en résolvant les problèmes internationaux d'ordre économique, social, intellectuel ou humanitaire ». Dans ce but, des organes spécialisés sont créés, tel le Conseil économique et social, ainsi que des agences spécialisées comme l'UNRRA, l'Administration des Nations unies pour le secours et la reconstruction, dont le rôle va être essentiel dans l'aide aux personnes déplacées et la reconstruction matérielle de l'Europe entre 1945 et 1948. **La nouvelle organisation est dirigée par un directoire de cinq grandes puissances, membres permanents du Conseil de sécurité et disposant d'un droit de veto : les États-Unis, l'URSS, le Royaume-Uni, la Chine et la France. L'Assemblée générale incarne la démocratie à l'échelle internationale**, certes limitée par l'exercice du pouvoir des membres permanents [→ DOCUMENT 3].

Document 3. Le fonctionnement de l'ONU

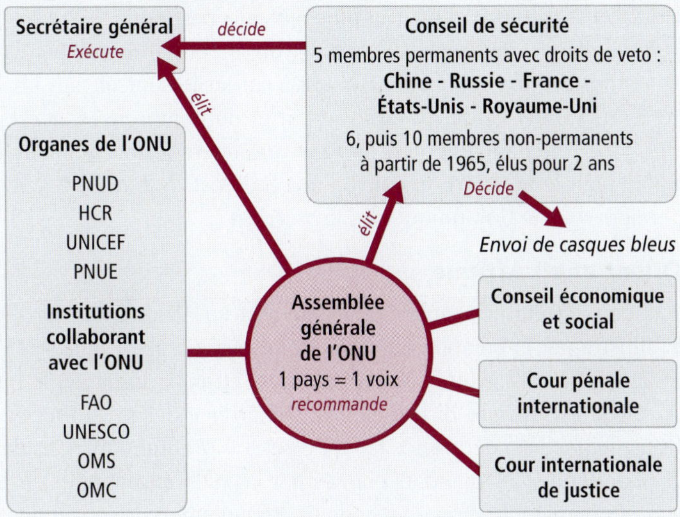

III. Un ordre international rapidement contesté

Entre la fin de l'année 1945 et le début de l'année 1947, le passage de la paix des Nations unies à la formation des blocs suit un processus non linéaire, avec des moments de tension et des périodes où l'esprit de la Grande Alliance perdure. Par ailleurs, l'ordre colonial est contesté dès les lendemains de la guerre tant en Asie qu'au Proche-Orient et en Afrique.

A. UN ORDRE COLONIAL CONTESTÉ

1. En Asie

En Asie, selon l'historien Pierre Grosser, « guerre mondiale, guerre froide et décolonisation sont largement imbriquées ». La décolonisation de l'Empire japonais est instantanée après la défaite. Neuf millions de Japonais sont rapatriés au cours des mois qui suivent la capitulation japonaise, principalement de Mandchourie, de Corée et de Taïwan. La reddition japonaise fournit également l'occasion tant attendue par les élites du Sud-Est asiatique de reprendre possession d'un destin confisqué par les puissances coloniales. Soekarno proclame ainsi l'indépendance de l'Indonésie le 17 août 1945, avant même le départ des troupes japonaises (qui occupent la colonie des Indes néerlandaises depuis mars 1942). Cette proclamation marque le début d'une guerre d'indépendance contre les Pays-Bas (assistés par les Britanniques), qui ne prendra fin qu'en décembre 1949. À Hanoï, une des villes de l'Indochine française occupée depuis mars 1945 par le Japon, Hô Chi Minh proclame l'indépendance du Vietnam le 2 septembre 1945. Les Français ne reprennent que progressivement le contrôle de l'Indochine à la fin de l'année 1945, grâce à des négociations avec le leader indépendantiste. Les relations entre Hô Chi Minh et les autorités françaises se détériorent en 1946 et finissent par aboutir à une guerre de décolonisation qui durera de décembre 1946 à juillet 1954. **Dans les Indes britanniques, la décolonisation est aussi une conséquence de la Seconde Guerre mondiale.** De l'Europe à l'Asie, en passant par l'Afrique du Nord, des troupes indiennes ont combattu sur tous les fronts sous la bannière britannique entre 1939 et 1945. Au même moment, l'attitude de « non-coopération » du parti du Congrès dirigé par Gandhi et Nehru prend un tour plus radical à partir de 1942. Leur mot d'ordre est désormais « *Quit India* » (« les Anglais dehors »), un appel à une indépendance immédiate de l'Inde. Les autorités britanniques réussissent à garder le contrôle sur l'Empire des Indes au prix d'une répression violente du mouvement et de nombreuses arrestations. Après la capitulation du Japon, le gouvernement britannique libère les participants au mouvement et établit un plan pour le transfert du pouvoir aux Indiens. Ce transfert sera effectif après le départ des derniers soldats britanniques en février 1947.

2. Au Proche-Orient et en Afrique

Le retour de la paix est marqué, au Proche-Orient et en Afrique du Nord, par le réveil du panarabisme, illustré par la création au Caire de la Ligue arabe (mars 1945) – dont les six membres fondateurs sont l'Égypte, l'Arabie saoudite, l'Irak, la Jordanie, le Liban et la Syrie. L'action de la Ligue est d'abord dirigée contre l'ingérence des puissances coloniales européennes dans la région, en l'occurrence la France et le Royaume-Uni. Ces dernières doivent se résoudre à abandonner les mandats confiés par la SDN au moment du règlement de la Première Guerre mondiale. La France reconnaît officiellement la souveraineté de la Syrie et du Liban en 1944. Ce n'est toutefois qu'à l'issue de combats armés que les dernières troupes françaises quittent la Syrie et le Liban à la fin de l'année 1945. Les Britanniques, quant à eux, quittent progressivement la région, et de manière négociée. En 1946, le royaume hachémite de Transjordanie est ainsi créé ; il conserve des liens étroits avec le Royaume-Uni. En 1947, les Britanniques soumettent la question de la Palestine mandataire à l'ONU. Lorsque Ben Gourion proclame, le 14 mai 1948, la naissance de l'État d'Israël, les derniers soldats britanniques se retirent sans qu'une solution négociée n'ait été trouvée pour l'avenir de la région.
La Seconde Guerre mondiale radicalise les revendications nationalistes en Afrique du Nord [→ CHAPITRE 5]**.** En Algérie, le « Manifeste du peuple algérien », rédigé en février 1943 par Ferhat Abbas, porte sur « la condamnation et l'abolition de la colonisation » et « l'application par tous les pays du droit des peuples à disposer d'eux-mêmes ». Au Maroc, les nationalistes du Parti de l'Istiqlal, le « Parti de l'indépendance », demandent, dans le manifeste publié en janvier 1944, « l'indépendance du Maroc dans son intégrité territoriale ». En 1944, le général de Gaulle, lors de la conférence de Brazzaville, promet une meilleure participation des peuples autochtones à la gestion de leurs propres affaires tout en excluant toute remise en cause du lien colonial et même « toute idée d'autonomie ». Les manifestations nationalistes et indépendantistes survenues le 8 mai 1945 en Algérie (à Guelma, Sétif et Kherrata) sont violemment réprimées par le pouvoir colonial. La France récuse l'idée d'indépendance dans ses colonies, qui sont considérées comme un élément indispensable à son redressement national, un atout pour tenir son rang parmi les grandes puissances mondiales.

B. LES AMBIGUÏTÉS DU NOUVEL ORDRE MONDIAL

1. L'URSS ne participe pas au système de Bretton Woods

Le 27 décembre 1945, à Washington, les accords de Bretton Woods sont officiellement signés par vingt-neuf pays. La grande absente est l'Union soviétique. C'est le premier accroc au caractère international des institutions nées au lendemain de la guerre. L'URSS n'a pas donné ses raisons, mais simplement fait savoir qu'elle ne considérait pas son adhésion comme opportune. La non-participation de l'URSS et des pays occupés par l'Armée rouge au système de Bretton Woods est une surprise aux États-Unis. **Le « Long télégramme de Kennan »**

envoyé de Moscou le 22 février 1946 cherche à expliquer les arrière-pensées de Staline [→ TEXTE À L'APPUI]. C'est le début d'une reconnaissance de l'affrontement imminent.

Texte à l'appui

Le « Long télégramme de Kennan » adressé par George F. Kennan à sa hiérarchie, il marque ses inquiétudes concernant l'expansionnisme de l'URSS.

liennathan.fr/9h3w9s

2. Le système onusien est rapidement confronté à ses limites

La crise irano-soviétique révèle, dès le début de l'année 1946, les limites du système onusien. L'Iran est occupé depuis 1941 par le Royaume-Uni et l'URSS ; les deux puissances se sont accordées sur un retrait de leurs troupes avant le début de l'année 1946. Mais si les troupes britanniques évacuent l'Iran, les Soviétiques maintiennent les leurs et suscitent des mouvements autonomistes en Azerbaïdjan et au Kurdistan. À la mi-janvier 1946, le Premier ministre iranien Ebrahim Hakimi décide de saisir le Conseil de sécurité des Nations unies. Une résolution du Conseil invite les parties concernées à régler leurs différends et à en faire rapport régulièrement. Staline reste inflexible et annonce que l'Armée rouge n'évacuera le nord de l'Iran que si le gouvernement iranien reconnaît l'autonomie de l'Azerbaïdjan. Le Conseil de sécurité temporise. Ce n'est qu'à l'été 1946 que les troupes soviétiques évacuent le nord de l'Iran sous une forte pression américaine. Le président américain Truman aurait menacé Staline de graves représailles, y compris de l'utilisation d'armes nucléaires s'il ne retirait pas ses troupes d'Iran.

3. En Europe, le quadripartisme* résiste mal à l'épreuve de la paix

Les deux premières conférences quadripartites des ministres des Affaires étrangères, à Londres en septembre 1945 et à Moscou en décembre 1945, se déroulent dans un climat d'entente. Ces conférences permettent d'avancer dans la négociation d'un accord sur les traités de paix avec les pays alliés de l'Allemagne. Ainsi, en février 1947, le traité de paix de Paris est signé entre les Alliés – principalement les États-Unis, l'URSS, le Royaume-Uni et la France – et l'Italie, la Roumanie, la Hongrie, la Bulgarie et la Finlande. **Le quadripartisme allemand et berlinois fonctionne en 1945**, à l'exemple de l'organisation du procès de Nuremberg qui se tient du 20 novembre 1945 au 1er octobre 1946. C'est toutefois là le dernier acte solidaire entre les quatre puissances occupantes de l'Allemagne. **Sur les autres aspects de l'occupation de l'Allemagne, les désaccords se multiplient et illustrent la méfiance croissante entre les alliés occidentaux et l'URSS.** Dans ces conditions, aucun accord de paix définitif sur l'Allemagne n'est obtenu.

C. LA MONTÉE DES TENSIONS ENTRE LES GRANDS DURANT L'HIVER 1945-1946

1. Les premières tensions en Asie

Les tensions sont croissantes entre nationalistes et communistes en Chine à la fin de l'année 1945. Un conflit armé éclate dans la région du Shanxi entre troupes nationalistes et troupes

DÉFINITION

Quadripartisme : après 1945, le terme renvoie à la responsabilité des États-Unis, de l'URSS, du Royaume-Uni et de la France sur l'Allemagne vaincue. Ces quatre puissances occupent l'Allemagne jusqu'en 1949 et y gardent un rôle prééminent jusqu'à l'unité allemande en 1990.

communistes dès le 10 septembre 1945, soit 24 heures après la reddition officielle des Japonais en Chine. Ces affrontements limités prennent fin sous la pression des États-Unis et de l'URSS. Les tensions restent toutefois fortes à la fin de l'année 1945. La guerre civile reprend sous forme de conflit ouvert à partir de mars 1946. Tchang Kaï-chek bénéficie alors d'un important soutien financier américain. Staline tente, dans un premier temps, d'inciter les communistes chinois à la modération, sans pour autant être en mesure de les contrôler. En Corée, suivant les accords négociés entre l'URSS et les États-Unis, les forces japonaises stationnées au nord du 38e parallèle se rendent aux Soviétiques et celles qui occupent le Sud aux Américains. Toutefois, aucune administration commune de la Corée n'est mise en place. **Dès 1946, les deux superpuissances installent en Corée des gouvernements différents dans leurs zones respectives.**

2. La montée des tensions en Europe en 1946

Le discours de Fulton, prononcé par Winston Churchill le 5 mars 1946, traduit la dégradation des relations entre les anciens alliés [→ TEXTE À L'APPUI]. Churchill y emploie des expressions fortes, qui seront reprises durant toute la guerre froide, comme le « rideau de fer » et le « monde démocratique libre », opposé au système soviétique. Il en appelle à une alliance renforcée entre Britanniques et Américains pour prévenir l'expansionnisme soviétique. Toutefois, il s'exprime en son nom propre, alors qu'il n'exerce plus de responsabilités. Et le gouvernement américain n'apporte pas son soutien officiel aux propositions de Churchill, bien qu'il partage ses inquiétudes quant à l'évolution de la relation avec l'Union soviétique. Il faudra attendre 1947 pour que Truman fasse sienne une politique d'endiguement du communisme [→ CHAPITRE 4].

Texte à l'appui

Extraits du discours de Churchill à Fulton le 5 mars 1946
liennathan.fr/48abs9

Ainsi, le monde bascule de manière progressive dans la guerre froide. La Seconde Guerre mondiale a donné naissance à un monde qui, en deux années, est devenu bipolaire.

4 GÉOPOLITIQUE DE LA GUERRE FROIDE (1947-1991)

En 1947, le journaliste américain Walter Lippmann invente l'expression « guerre froide » pour décrire la tension croissante entre les États-Unis et l'URSS. Cette expression sert depuis à qualifier la période de conflit latent entre les deux superpuissances et leurs alliés respectifs, qui s'ouvre en 1947 et prend fin avec l'effondrement du bloc soviétique et de l'URSS entre 1989 et 1991. La guerre froide est autant un conflit idéologique que militaire, soutenu par des rivalités économiques et une compétition technologique. Chacun des deux systèmes, le capitalisme et la démocratie d'un côté, le communisme de l'autre, prétend incarner l'avenir du monde et utilise la propagande pour dénigrer le camp opposé. De 1947 à 1991, la guerre froide marque une division profonde du monde ; on parle d'un « monde bipolaire » qui s'organise autour des deux principaux pôles de puissance de l'après-guerre. À la différence des guerres classiques, un affrontement direct entre les deux superpuissances est rendu improbable par l'existence de l'arme nucléaire. Cet « équilibre de la terreur » n'empêche toutefois pas des « guerres chaudes » d'éclater entre pays alliés des deux Grands, à l'instar de la guerre de Corée, qui fit plus de 2 millions de victimes. Dans ce contexte d'un monde bipolaire, les Américains se recentrent sur l'espace atlantique, ce qui n'était pas leur choix initial. Cela permet aux Européens de l'Ouest de se soustraire à la pression soviétique et de reconstruire la partie occidentale du continent, mais cela n'empêche pas une série de crises graves. À l'intérieur du bloc communiste, les opinions divergentes sont sévèrement réprimées, seule la Chine parvient à s'autonomiser par rapport à L'URSS.

Comment les logiques de la guerre froide déterminent-elles la géopolitique mondiale entre 1947 et 1991 ?

Notions principales

Monde bipolaire : monde dans lequel deux pôles de puissance majeurs, les États-Unis et l'URSS, dominent la géopolitique.
Guerre froide : conflit opposant les États-Unis à l'URSS de 1947 à 1991, marqué par l'absence d'affrontement militaire direct mais par de fortes rivalités idéologiques, politiques, économiques et technologiques. Ces quatre décennies comportent des oscillations entre moments de crises ouvertes, de « gels » ou, à l'opposé, de « dégels » ou détente.
Détente : période de relatif apaisement des tensions entre les États-Unis et l'URSS, entre 1963 et 1978.

CHRONOLOGIE

1947 : Doctrine Truman et doctrine Jdanov
1948-1949 : Blocus de Berlin-Ouest
1950-1953 : Guerre de Corée
1955-1975 : Guerre du Vietnam
1961 : Construction du mur de Berlin
1962 : Crise des missiles à Cuba
1975 : Accords d'Helsinki sur la sécurité et la coopération en Europe
1977-1987 : Crise des euromissiles
1979-1988 : Intervention soviétique en Afghanistan
1989 : Chute du mur de Berlin
1991 : Disparition de l'URSS

I. La mise en place d'un monde bipolaire à l'ère du nucléaire (1947-1962)

La bipolarisation du monde est le principal résultat de la Seconde Guerre mondiale, dont l'URSS et les États-Unis sont les grands vainqueurs. Les tensions entre les deux Grands sont croissantes à partir de 1946. Si l'affrontement idéologique apparaît au grand jour dès 1947, il faut cependant attendre 1950 et les débuts de la guerre de Corée pour que s'affirme la dimension militaire du conflit.

A. LA GUERRE FROIDE DE 1947 À 1953

1. Un affrontement idéologique qui apparaît au grand jour en 1947

Les tensions entre les puissances occidentales et l'URSS sont fortes dès 1946, comme l'illustrent le « Long télégramme » de Kennan et le discours de Churchill à Fulton [→ CHAPITRE 3]. Toutefois, il faut attendre 1947 pour que les divergences s'expriment au grand jour. **En mars 1947, le président Harry Truman présente les États-Unis comme les défenseurs du « monde libre » et propose des moyens concrets pour contenir l'expansion communiste en Europe** [→ TEXTES À L'APPUI]. Le discours de Truman s'inscrit dans un contexte précis : il doit justifier l'octroi d'une aide économique et militaire à la Grèce et à la Turquie. Pour beaucoup d'Américains, ce discours est excessivement antisoviétique. Le plan Marshall, annoncé en juin 1947, n'est d'ailleurs pas conçu initialement dans un objectif de *containment**. C'est une aide financière massive destinée à aider les pays européens à se reconstruire, visant aussi à fournir des débouchés aux produits américains. Cette proposition d'aide est faite également à l'Europe orientale et à l'URSS, mais les pays d'Europe de l'Est sont contraints par l'URSS de décliner l'offre. Un refus qui accélère à la division de l'Europe. **La rupture entre les États-Unis et l'URSS est consommée en septembre 1947, lorsque Jdanov, bras droit de Staline, dénonce « l'impérialisme américain », entraînant un durcissement des relations Est-Ouest.** Le rapport Jdanov est diffusé lors de la réunion des partis communistes européens à Szklarska Poreba, en Pologne. Celle-ci aboutit à la création du Kominform, une organisation centralisée du mouvement communiste international qui succède au Komintern (dissous en 1943 par Staline comme gage de bonne volonté vis-à-vis des puissances occidentales). L'objectif du Kominform, pour Moscou, est de contrôler étroitement l'évolution idéologique des gouvernements communistes d'Europe orientale ainsi que celle des partis communistes d'Europe de l'Ouest.

Textes à l'appui

Doctrine Truman *versus* doctrine Jdanov (1947). Énoncées par le président des États-Unis et le bras droit de Staline, ces deux doctrines cristallisent les tensions entre les deux Grands, chacun condamnant ouvertement et sans nuance le modèle politique de l'autre camp.

liennathan.fr/h2x4i6

DÉFINITION

***Containment* (« endiguement ») :** stratégie prônée notamment par le diplomate américain George Kennan dès 1946, visant à limiter l'extension de l'influence soviétique dans le monde en soutenant tous les États non communistes.

2. L'Europe, premier terrain d'affrontement entre les deux Grands

La logique des blocs* se met en place en 1948-1949 en Europe. Le « coup de Prague » en février 1948, c'est-à-dire l'élimination des opposants et la prise du pouvoir par les communistes en Tchécoslovaquie, inquiète beaucoup les Occidentaux, car il se produit dans un pays démocratique. Il ouvre les yeux à de nombreux socialistes en Europe de l'Ouest. La signature du traité de Bruxelles en mars 1948 entre les pays du Benelux, la France et le Royaume-Uni (créant l'UEO, Union de l'Europe occidentale) est une réaction au « coup de Prague » et un premier pas vers une sécurité régionale. **Le blocus de Berlin par les Soviétiques entre juin 1948 et mai 1949 est la première crise majeure de la guerre froide.** Le blocus intervient à l'issue d'une longue dégradation des relations entre l'URSS et les puissances occidentales en Allemagne. Il est décidé par Staline en réaction à l'introduction du Deutsche Mark dans les zones d'occupation des puissances occidentales. Le 24 juin 1948, les autorités soviétiques coupent le trafic terrestre entre l'Allemagne occidentale et les zones d'occupation des trois puissances occidentales à Berlin. Les États-Unis réussissent à contrer l'initiative de Staline en organisant un pont aérien qui ravitaille Berlin-Ouest. **C'est à l'issue de cette crise que naissent, en 1949, deux États allemands : la République fédérale d'Allemagne (RFA) à l'ouest, la République démocratique allemande (RDA) à l'est.** La menace soviétique grandissant, les cinq pays européens signataires du traité de Bruxelles demandent aux États-Unis leur aide. Le 11 juin 1948, la résolution du sénateur républicain Arthur Vandenberg autorise l'exécutif américain à conclure des alliances en temps de paix sans faire appel à l'approbation du Sénat, ce qui ouvre la voie à l'Alliance atlantique : le traité de l'Atlantique nord est signé à Washington le 4 avril 1949 par douze pays occidentaux. Il établit une alliance politico-militaire entre ses membres, mais ne prévoit alors ni automaticité dans le soutien à un pays membre agressé ni organisation intégrée.

La crise de Berlin accélère la « satellisation* » des pays d'Europe de l'Est dans lesquels l'Armée rouge est présente. Les gouvernements de ces pays doivent s'aligner sur les décisions prises à Moscou. Le bloc soviétique s'organise également autour d'une entente économique créée en 1949, le Comecon, qui oblige chaque pays à se spécialiser dans certaines industries. Le modèle soviétique est copié dans les nouvelles « démocraties populaires ». Celui-ci se caractérise par la toute-puissance de l'État, la collectivisation des moyens de production et un parti unique qui détient tous les pouvoirs. Derrière l'idéal d'une société sans classes se profile un système totalitaire où les libertés fondamentales ne sont pas respectées. En Europe de l'Ouest, la menace communiste incite d'anciens pays ennemis à se rapprocher. C'est le cas de la France et de la RFA, qui lancent la construction européenne en 1950 avec le plan Schuman, proposant de mettre en commun la production de charbon et d'acier français et allemands. Ce plan est à l'origine de la CECA (Communauté européenne du charbon et de l'acier) qui réunit, à partir de 1952, six États : la France, la RFA, l'Italie, la Belgique, les Pays-Bas et le Luxembourg. Ces pays partagent également un modèle politique et économique libéral qui les rapproche naturellement des États-Unis. L'anticommunisme devient ainsi le ciment du bloc occidental. **L'aide financière américaine, dans le cadre**

DÉFINITIONS

Logique des blocs : division du monde entre un bloc de l'Ouest (pro-américain, démocratique et capitaliste) et un bloc de l'Est (prosoviétique, communiste). Les blocs sont unis par des affinités idéologiques mais aussi par des alliances militaires.

Satellisation : l'expression désigne la mise sous dépendance des pays communistes d'Europe de l'Est par l'URSS. S'ils restent formellement indépendants, les pays satellites sont sous forte influence politique et économique de Moscou.

ZOOM ▶ Les origines de la guerre froide

La tendance historiographique dominante à l'ouest, selon laquelle l'expansionnisme soviétique serait seul responsable des origines et de la poursuite de la guerre froide, est nuancée ou remise en cause dans les années 1970. Selon l'historien américain Daniel Yergin, la paix issue de Yalta et de Potsdam aurait même été « saccagée » par les responsables politiques américains qui ont succédé à Roosevelt (*Shattered Peace*, 1977). La recherche sur la guerre froide connaît un renouveau dans les années 1990, en lien avec l'ouverture partielle des archives soviétiques. Selon l'historien Georges-Henri Soutou, ces archives montrent que toute entente avec l'URSS ne pouvait être que provisoire, dans la mesure où Staline n'avait pas abandonné l'ambition de Lénine d'étendre la révolution communiste au monde, à commencer par l'ouest de l'Europe (*La Guerre de Cinquante Ans. Les relations Est-Ouest, 1943-1990*, 2001). De nouveaux thèmes de recherche ont pris le pas au cours des deux dernières décennies. Ainsi, les aspects économiques et culturels du conflit sont-ils l'objet d'une attention particulière, tout comme le rôle, longtemps sous-estimé, joué par les pays d'Europe, d'Asie ou d'Afrique dans un affrontement qui ne se limite pas à la rivalité entre les deux Grands et à des enjeux européens[1].

du plan Marshall, permet également de faire avancer la coopération économique européenne à une plus grande échelle. L'OECE (Organisation européenne de coopération économique), créée en 1948 et transformée en 1961 en OCDE (Organisation de coopération et de développement économiques), compte à ses débuts seize membres. Elle contribue à accroître les échanges commerciaux en rétablissant la convertibilité des monnaies européennes entre elles et à améliorer la concertation dans de nombreux domaines, comme la mobilité de la main-d'œuvre, l'aide aux régions les moins développées ou encore l'approvisionnement en énergie.

3. La guerre froide devient chaude en Corée (1950-1953)

La bipolarisation du monde est renforcée en 1949 par la création de la République populaire de Chine. **Dans le contexte de guerre froide, Mao Zedong, vainqueur de la guerre civile entre nationalistes et communistes, décide de se tourner vers l'URSS.** Dès le 14 février 1950, il signe un traité d'alliance avec l'URSS. Parallèlement, l'antagonisme entre la Chine et l'Occident – en particulier les États-Unis – grandit, en raison du soutien américain au gouvernement nationaliste de Tchang Kaï-chek réfugié à Taïwan, également en lien avec le déclenchement de la guerre de Corée.

En juin 1950, le régime communiste de Corée du Nord attaque la Corée du Sud pro-américaine. Face à une armée nord-coréenne bien équipée par les Soviétiques, les forces du Sud accusent de lourdes pertes durant les deux premiers mois de guerre. À la mi-septembre 1950, elles se retrouvent acculées dans le sud-est de la péninsule. En l'absence de l'Union soviétique au Conseil de sécurité de l'ONU, **les États-Unis font voter en juillet une résolution leur donnant le commandement d'une force onusienne chargée de venir en aide à la Corée du Sud**. La contre-offensive des forces de l'ONU, en octobre 1950, repousse les Nord-Coréens au-delà du 38e parallèle. La République populaire de Chine entre alors en guerre aux côtés de la Corée du Nord. 1,7 million de « volontaires chinois » forcent les Sud-Coréens et les troupes de l'ONU à se replier derrière le 38e parallèle [→ CARTE]. Le front se stabilise en 1951. Les négociations reprennent et aboutissent, en juillet 1953, à l'armistice de Panmunjom, signé entre la Corée du Nord et la Chine d'un côté, et l'ONU de l'autre. L'accord restaure la frontière entre les deux Corées près du 38e parallèle et prévoit la création d'une zone démilitarisée de part et d'autre de l'ancienne ligne de front. Toutefois, la Corée

1. Pierre Grosser, *L'histoire du monde se fait en Asie. Une autre vision du XXe siècle*, Paris, Odile Jacob, 2017.

■ **Carte. La guerre de Corée (1950-1953)**

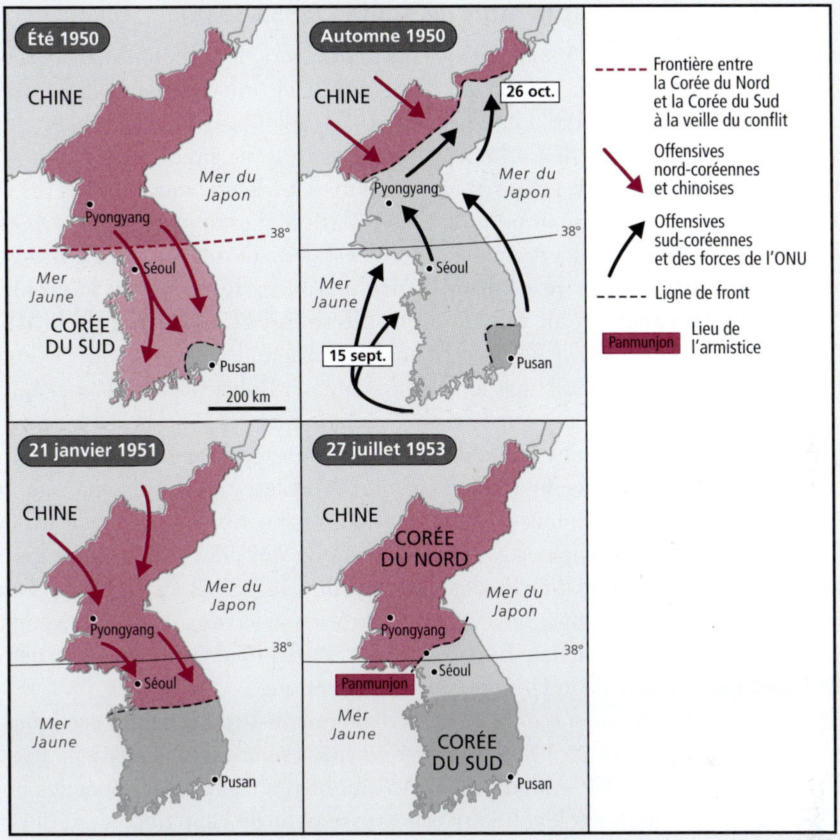

du Sud n'a jamais signé l'accord et reste techniquement en guerre avec la Corée du Nord. Aucun traité de paix n'a par ailleurs été signé. Le bilan humain de la guerre de Corée est lourd : près de 2 millions de soldats tués, principalement nord-coréens et chinois. **La guerre de Corée inscrit la guerre froide dans la durée, provoque une militarisation et une radicalisation idéologique du conflit Est-Ouest.**

Le choc provoqué par le déclenchement de la guerre de Corée conduit les pays membres de l'Alliance atlantique à décider, en décembre 1950, la création d'une organisation militaire intégrée permanente. **L'Organisation du traité de l'Atlantique nord (OTAN) substitue aux armées nationales une « force militaire intégrée » mais préservant la souveraineté des États membres.** La question du réarmement de l'Allemagne est posée par les Américains. Les Français souhaitent contrôler ce réarmement dans un cadre européen, d'où le projet de Communauté européenne de défense (CED). Un traité est signé en 1952, mais il n'est pas ratifié par l'Assemblée nationale française en 1954. La RFA entre finalement dans l'OTAN en 1955. Le chancelier allemand Konrad Adenauer lie alors le réarmement avec le rétablissement de la souveraineté de la RFA. Par ailleurs, les États-Unis mettent en place un système de sécurité durable en Asie à travers l'Organisation du traité de l'Asie du Sud-Est (OTASE), créée en 1954. Outre les États-Unis, le Royaume-Uni et la France, les pays membres de l'OTASE sont l'Australie, la Nouvelle-Zélande, le Pakistan, les Philippines et la Thaïlande.

B. LA « COEXISTENCE PACIFIQUE » À L'ÉPREUVE DES CRISES

1. Une première détente suit la mort de Staline (1953-1958)

Après la mort de Staline, le 5 mars 1953, s'ouvre une période de détente, marquée par des propositions soviétiques pour un « projet de sécurité en Europe » visant à la formation d'un gouvernement allemand unifié. Le projet est refusé par les puissances occidentales lors de la conférence quadripartite de Berlin de janvier-février 1954 (première réunion de ce type depuis 1949). Parallèlement, la répression très dure par l'Armée rouge des grèves ouvrières de Berlin, le 17 juin 1953, marque un retour en arrière par rapport aux projets esquissés visant à libéraliser la RDA. La première détente est donc toute relative. **Le bloc de l'Est renforce sa cohésion sur le plan militaire à travers le pacte de Varsovie, signé en mai 1955 en réaction au réarmement allemand et à l'entrée de la RFA dans l'OTAN.** L'URSS et sept pays d'Europe centrale et orientale sont associés : la Pologne, la RDA, la Tchécoslovaquie, la Hongrie, la Roumanie, la Bulgarie et l'Albanie. Le système militaire mis en place est basé sur le même modèle que celui de l'OTAN, avec la mise en place d'un commandement unifié des forces armées. Le processus d'aide mutuelle se déclenche quand une agression a lieu contre un des États signataires, mais aussi en cas d'attaque contre le gouvernement ou le régime d'un des membres, ou lorsque se déclenche une tentative de subversion, c'est-à-dire toute action qui pourrait remettre en cause le régime communiste ou la relation de dépendance entre l'URSS et les autres pays membres. La première intervention des forces du pacte de Varsovie a ainsi lieu en novembre 1956 pour mettre fin à l'insurrection de Budapest, une révolte populaire susceptible de remettre en cause l'appartenance de la Hongrie au bloc soviétique.

Nikita Khrouchtchev, premier secrétaire du Parti communiste de l'Union soviétique (PCUS) de septembre 1953 à octobre 1964, affirme une vision nouvelle des relations Est-Ouest à partir de 1956. Lors du XXe congrès du PCUS en février 1956, il dénonce les politiques répressives de Staline et enclenche un assouplissement de l'appareil coercitif en Union soviétique. Il définit également sa conception des relations internationales : selon lui, la menace nucléaire justifie un rapprochement entre les blocs ou tout du moins une « coexistence pacifique ». Un premier geste est fait en avril 1956 avec la dissolution du Kominform.

La crise de Suez en 1956 est l'occasion pour l'URSS et les États-Unis d'affirmer leur hégémonie dans les relations internationales. Le 26 juillet 1956, Nasser, nouveau président égyptien, nationalise la Compagnie du canal de Suez. Cette décision est refusée par la France et la Grande-Bretagne – principaux actionnaires de la compagnie et puissances longtemps hégémoniques dans la région –, qui saisissent le Conseil de sécurité de l'ONU. Avant que celui-ci n'ait pris une décision, le 29 octobre, l'armée israélienne entre en Égypte, précédant de quelques jours une intervention franco-britannique. Mais devant les pressions conjointes des États-Unis et de l'URSS, les puissances attaquantes doivent retirer leurs troupes. La crise de Suez marque un tournant pour la France et la Grande-Bretagne, qui prennent conscience de leur déclassement international vis-à-vis des deux Grands. Le Moyen-Orient échappe désormais en partie à leur influence pour devenir un enjeu de la guerre froide.

La « coexistence pacifique » reste à l'ordre du jour entre 1958 et 1962, malgré les crises. Le slogan est notamment repris par Khrouchtchev lors de son voyage aux États-Unis, en septembre 1959, première visite d'un leader soviétique en Amérique. La coexistence pacifique semble toutefois être avant tout un changement tactique : il s'agit, pour Khrouchtchev, de gagner du temps, afin de poursuivre à l'intérieur les réformes économiques et de conquérir à l'extérieur des positions dans le tiers-monde. La « coexistence pacifique » n'empêche d'ailleurs pas les affrontements indirects, par alliés interposés, comme le montrent la crise de Cuba en 1962 ou la guerre du Vietnam.

2. Bandung, Belgrade et la naissance du tiers-monde

La conférence afro-asiatique de Bandung en 1955 marque l'irruption du tiers-monde sur la scène internationale [→ CHAPITRE 5]. Vingt-neuf États y sont représentés, comptant plus de la moitié de la population mondiale. **À Bandung, les chefs d'État exigent la fin du colonialisme, mais ils ne parviennent pas à déterminer une ligne commune face aux États-Unis et à l'URSS. La conférence de Belgrade est réunie en 1961 avec le souci d'œuvrer en faveur de la paix dans un contexte de fortes tensions internationales.** Le mouvement des non-alignés y est officiellement lancé. Ses principaux leaders sont alors le Yougoslave Tito, l'Égyptien Nasser et l'Indien Nehru. Les critères d'adhésion sont, notamment: « suivre une politique d'indépendance », « soutenir les mouvements de libération nationale » ou encore « ne conclure aucune alliance bilatérale avec une grande puissance ». L'attitude des deux superpuissances face aux non-alignés oscille entre tentatives d'instrumentalisation pour l'URSS et méfiance de la part des États-Unis. Le nombre des participants aux sommets des pays non alignés ne cesse de grandir entre 1961 et 1989. Toutefois, le mouvement manque de cohérence, à l'image d'un tiers-monde dont l'unité ne va pas de soi. Un non-alignement réel est par ailleurs difficile dans un monde devenu bipolaire. Ainsi, l'Égypte de Nasser se tourne de plus en plus vers l'URSS dans les années 1960, dans le cadre du conflit qui l'oppose à Israël. D'autre part, deux puissances régionales sont absentes du mouvement: la Chine (représentée à Bandung mais pas après) et le Brésil. Malgré tout, les non-alignés ont un certain poids à l'ONU, où ils contribuent à légitimer le combat du FLN (Front de libération nationale) durant la guerre d'Algérie ou celui de l'OLP (Organisation de libération de la Palestine) une décennie plus tard.

3. La seconde crise de Berlin (1958-1961) et le retour des tensions en Europe

Les tensions reprennent à Berlin en novembre 1958 après l'ultimatum de Khrouchtchev, qui exige qu'une solution soit trouvée dans les six mois concernant le statut de Berlin. Khrouchtchev propose de faire de Berlin une zone neutre. En réalité, il souhaite incorporer Berlin-Ouest à la zone soviétique, devenue la RDA. L'enclave occidentale est, selon lui, une « tumeur cancéreuse », un îlot capitaliste au sein du bloc communiste. C'est surtout une brèche ouverte dans le « rideau de fer »: en effet, entre 1952 et 1961, 2,3 millions d'Allemands de l'Est passent à l'ouest *via* Berlin. Le problème est donc existentiel pour la RDA. La question de Berlin est au cœur de plusieurs négociations au sommet entre Américains et Soviétiques. Les Américains, soutenus par de Gaulle et Adenauer, optent pour la fermeté. La crise se prolonge. En 1961, Khrouchtchev se résout à stopper l'hémorragie démographique en interdisant tout passage entre les secteurs occidentaux et le secteur soviétique à Berlin. **Dans la nuit du 12 au 13 août 1961, commence, en plein cœur de la ville, la construction d'un mur qui devient un symbole de la guerre froide. Le « mur de la honte » est un aveu d'échec pour l'URSS.** Il règle temporairement le problème de Berlin, même si le sujet ressurgit à différentes occasions, notamment en 1962, lors de la crise des missiles à Cuba.

C. LA GUERRE FROIDE ET LA DISSUASION NUCLÉAIRE*

1. La course aux armements nucléaires

La rivalité entre les deux superpuissances les pousse à se doter d'armes de plus en plus destructrices. **Quatre ans après l'explosion de la première bombe atomique américaine, les Soviétiques réalisent leur premier essai atomique, en août 1949. Cet événement constitue un tournant dans la guerre froide, car les États-Unis ont perdu leur monopole nucléaire.** La course à l'armement conduit au développement d'armes de plus en plus puissantes, comme la bombe à hydrogène (bombe H), que les États-Unis sont les premiers à tester en novembre 1952. Les Soviétiques les suivent de près, avec une première explosion en août 1953. Au cours des années 1950, les États-Unis gardent leur avance technologique, tandis que les deux superpuissances développent leur arsenal et mettent au point différents vecteurs de l'arme nucléaire – avions bombardiers, sites de missiles balistiques au sol, sous-marins. Les doctrines d'emploi de l'arme nucléaire évoluent : du côté américain, la doctrine des « représailles massives » domine au cours des années 1950, la « riposte graduée » lui succède à partir des années 1960. Les Soviétiques ont une stratégie moins nette. Staline ne croyait pas au caractère décisif des armes nucléaires, son successeur Khrouchtchev pense que l'arme nucléaire peut éviter la confrontation et développe un concept proche des représailles massives.

2. L'adoption progressive de la logique de dissuasion

Dans les premières années, l'arme nucléaire est considérée comme une arme de super-bombardement. Le général MacArthur envisage son utilisation durant la guerre de Corée, mais le président Truman s'y refuse afin de ne pas élargir le conflit à la Chine. Par ailleurs, il craint les conséquences en termes d'image pour les États-Unis dans la région si la bombe est utilisée à nouveau cinq ans après Hiroshima et Nagasaki. La menace d'utiliser des armes nucléaires est brandie par l'URSS en 1956, lors de la crise de Suez contre les agresseurs de l'Égypte. **L'idée d'éviter la guerre par la peur de la destruction totale n'émerge que très progressivement au cours des années 1950, en lien avec l'augmentation de la capacité de destruction des armes nucléaires** (notamment lorsque l'on passe à la bombe H). La course aux armements nucléaires dans les années 1950 et 1960 ne se comprend que si l'on envisage l'hypothèse d'une guerre nucléaire prolongée. Elle s'explique par une logique de ciblage et de préparation des forces à un combat nucléaire hypothétique. Ce n'est que dans les années 1970 que l'on sort de cette logique et que le concept de dissuasion est adopté par les deux superpuissances – avec le principe de non-emploi en premier de l'arme nucléaire.

3. La crise des missiles de Cuba (1962), paroxysme de la guerre froide

L'Amérique latine entre dans la guerre froide en 1962, lors de la crise des missiles de Cuba. En 1959, la révolution cubaine a porté au pouvoir un régime qui s'est rapproché progressivement de l'URSS après avoir mesuré l'hostilité des États-Unis (la CIA soutient une tentative d'invasion militaire de Cuba par des exilés cubains en 1961). Après avoir découvert, le 14 octobre 1962, que l'URSS est en passe d'installer des fusées porteuses d'armes nucléaires à Cuba, qui permettraient d'atteindre leur territoire, les États-Unis organisent, à partir du

DÉFINITION

Dissuasion nucléaire : doctrine défensive qui se fonde sur une crainte réciproque des conséquences liées à l'emploi de l'arme nucléaire. qui aurait des conséquences catastrophiques à l'échelle du monde.

22 octobre, un blocus de l'île et exigent un retrait des fusées. L'épreuve de force diplomatique dure une semaine, mettant le monde au bord d'une guerre nucléaire. Khrouchtchev finit par céder. Il accepte de retirer les missiles soviétiques en échange de la promesse du président américain John F. Kennedy de ne pas envahir Cuba et de retirer ses missiles présents en Turquie, non loin de l'URSS. **La crise de Cuba entraîne une prise de conscience par les deux Grands de la nécessité d'établir un meilleur dialogue.** À la suite de cette crise, une liaison téléphonique directe est installée entre la Maison-Blanche et le Kremlin : le « téléphone rouge » devient un symbole de la nouvelle période de détente qui s'ouvre.

II. Réalités et illusions de la détente (1963-1978)

Les quinze années qui suivent la crise de Cuba et précèdent l'intervention soviétique en Afghanistan (1979) sont dominées par la détente. Les tentatives de la France ou de la RFA pour sortir du cadre bipolaire échouent, et c'est d'abord en Asie que la bipolarisation du monde trouve ses limites, avec l'émergence d'un troisième pôle, la Chine.

A. LE DUOPOLE* AMÉRICANO-SOVIÉTIQUE ET SES LIMITES

1. Le contrôle des armements nucléaires

La détente est l'occasion, pour les deux Grands, de réaffirmer leur rôle prééminent sur les affaires mondiales. En matière d'armement nucléaire notamment, l'URSS et les États-Unis entendent garder une avance stratégique sur les autres puissances. Peu de temps après la crise de Cuba, le 5 août 1963, un traité d'interdiction partielle des essais nucléaires est signé à Moscou par les États-Unis, le Royaume-Uni et l'Union soviétique. Le but premier du traité est de lutter contre la prolifération nucléaire en empêchant les États de procéder aux expérimentations nucléaires qui leur sont nécessaires pour mettre au point l'arme atomique. Ce traité est récusé vivement par la France et la Chine, dont les programmes nucléaires sont moins avancés que ceux des puissances signataires. **En 1968, la signature du traité sur la non-prolifération des armes nucléaires (TNP) entend empêcher l'acquisition d'armes nucléaires par d'autres États que les cinq puissances les possédant déjà à cette date** – c'est-à-dire la République populaire de Chine, les États-Unis, la France, le Royaume-Uni et l'URSS. L'AIEA (Agence internationale de l'énergie atomique), créée en 1957 sous l'égide de l'ONU, est chargée du contrôle des États signataires du TNP, soupçonnés de faire des recherches en vue de s'équiper de l'arme nucléaire. La détente américano-soviétique culmine en 1972 avec les accords bilatéraux SALT 1 (*Strategic Arms Limitation Talks*), qui fixent un plafond au niveau atteint au moment de sa conclusion pour les missiles balistiques intercontinentaux (ICBM) et les missiles balistiques lancés depuis des sous-marins. Les accords SALT 2 (signés en juin 1979, jamais ratifiés mais respectés dans la pratique) définissent un plafond de bombardiers et de lance-missiles tolérés. Ils interdisent également l'envoi d'armes nucléaires dans l'espace. Certes, de tels accords ne réduisent pas la capacité de destruction des arsenaux nucléaires américain et soviétique

DÉFINITION

Duopole : terme fréquemment utilisé durant la guerre froide pour souligner l'idée d'un partage du monde et d'une cogestion des crises par les deux superpuissances.

(de 1960 à 1980, le nombre de têtes nucléaires détenues par les deux pays passe même de 20 400 à 48 000), mais ils induisent une collaboration visant à réduire les risques d'accidents tant bilatéraux qu'à l'échelle planétaire. Les deux superpuissances dessinent également le cadre dans lequel les autres puissances sont autorisées ou non à développer leur arsenal nucléaire.

2. Des divisions au sein des blocs

Des voix s'élèvent dans chaque camp pour contester le leadership des deux superpuissances et la bipolarisation du monde. Le duopole est dénoncé tant par de Gaulle en France que par la Chine de Mao, qui prend ses distances vis-à-vis de l'URSS dès le début des années 1960 et se rapproche même des États-Unis au début des années 1970. **La rupture sino-soviétique est définitive à partir de l'été 1963.** La question des frontières entre les deux pays prend alors une place très importante, les menant quasiment à une guerre ouverte. Les incidents les plus graves éclatent en 1969 sur les fleuves Amour et Oussouri. Selon l'historien Pierre Grosser, « la Chine tripolarise le monde dans les années 1960 ». Elle provoque aussi un éclatement du tiers-monde, se rapprochant du Pakistan et entrant dans une rivalité croissante avec l'Inde. En se rapprochant de la Chine à partir de 1972, le président américain Richard Nixon cherche à mettre en place un système international multipolaire dans lequel les États-Unis seraient en position centrale. **Suite au rapprochement sino-américain, les alignements globaux de la guerre froide sont profondément transformés.**

En Europe de l'Est, les tentatives de certains pays pour mener une politique indépendante de Moscou échouent. En 1968, durant le « Printemps de Prague », le gouvernement tchécoslovaque procède à des réformes audacieuses, notamment la libéralisation de la presse. Moscou, prétextant une demande d'aide du gouvernement pragois, décide d'envoyer les armées du pacte de Varsovie pour réprimer le mouvement. **La répression du Printemps de Prague en août 1968 et l'immolation par le feu d'un étudiant, Jan Palach, abondamment relayées dans les médias, achèvent de ternir l'image de l'URSS dans le monde occidental.** Après cette intervention armée, Brejnev énonce sa doctrine de la « souveraineté limitée », aussi connue sous le nom de « doctrine Brejnev », qui officialise la subordination des membres du pacte de Varsovie à l'URSS. Malgré cela, deux pays prennent leurs distances avec l'URSS : la Roumanie de Ceaucescu, dès 1966, et l'Albanie après la répression du Printemps de Prague en 1968.

Dans le camp occidental, Charles de Gaulle, au pouvoir en France entre 1958 et 1969, met en œuvre et défend une politique d'indépendance nationale. De Gaulle est d'abord soucieux de rétablir la souveraineté de la France en matière de défense. Le programme nucléaire français doit permettre au pays de ne plus dépendre de la protection nucléaire américaine. Le premier essai d'une bombe atomique française est réalisé en février 1960, dans la région de Reggane, alors département français du Sahara. En 1963, de Gaulle rejette la proposition anglo-américaine de créer, dans le cadre de l'OTAN, une force nucléaire multilatérale composée d'éléments américains, britanniques et éventuellement français. Le programme nucléaire français doit être, selon lui, au service d'une politique d'indépendance nationale [→ TEXTE À L'APPUI].

Texte à l'appui

Lire (et voir) la conférence de presse de Charles de Gaulle du 14 janvier 1963 dans laquelle le chef de l'État réaffirme la nécessaire indépendance nationale et prend ses distances vis-à-vis des États-Unis.

liennathan.fr/j666xm

Les moyens de l'indépendance assurés, la France gaullienne entend manifester qu'elle a désormais la possibilité de conduire une politique qui ne soit pas un simple alignement sur les États-Unis. Les nombreux voyages de De Gaulle en Union soviétique et en Europe de l'Est, ainsi que la reconnaissance en 1964 de la Chine populaire, manifestent ainsi l'indépendance de la diplomatie française. De Gaulle critique ouvertement l'engagement américain au Vietnam et retire la France du commandement intégré de l'OTAN en 1966. Les bases militaires américaines en France sont évacuées en 1967 et le quartier général ainsi que le Conseil de l'OTAN sont transférés de Paris à Bruxelles. En dépit de ces gestes, la France reste un allié des États-Unis. La politique gaullienne ne remet donc pas en cause la bipolarisation du monde.

B. LA DÉTENTE ET SES ENJEUX

1. La détente concerne en priorité l'Europe

La question allemande et le problème de Berlin en particulier sont au cœur des tensions Est-Ouest jusqu'aux années 1960. En 1969, l'arrivée au pouvoir à Bonn du chancelier allemand social-démocrate Willy Brandt change la donne. Tandis qu'Adenauer estimait que la réunification serait l'aboutissement de la construction européenne et de l'ancrage définitif à l'ouest de la RFA, l'*Ostpolitik* de W. Brandt (au pouvoir jusqu'en 1974) cherche à faire progresser la question de la réunification en négociant avec le bloc de l'Est. Selon l'historien Georges-Henri Soutou, les arrière-pensées de Brandt allaient très loin : à partir d'un rapprochement avec la RDA et les pays d'Europe de l'Est, il s'agissait de bâtir un nouveau système européen de sécurité, éventuellement sans les États-Unis et reposant sur un accord germano-soviétique, dans le cadre duquel la réunification deviendrait possible. Mais les gouvernements américain, britannique et français sont inquiets des risques d'affaiblissement du bloc occidental que comporte l'*Ostpolitik*. Ils s'efforcent donc d'encadrer ce rapprochement entre les deux Allemagnes et d'obtenir des améliorations concrètes de la situation à Berlin, où ils exercent une responsabilité directe. En 1971, l'accord quadripartite sur Berlin (signé entre les quatre puissances responsables pour l'Allemagne) permet d'améliorer le quotidien des Berlinois, en garantissant la sécurité des accès entre Berlin-Ouest et la RFA, et en autorisant des passages sous conditions entre Berlin-Ouest et Berlin-Est. **Cet accord est le premier pas vers une normalisation des relations entre la RFA et la RDA. Les deux États concluent un « traité fondamental » en décembre 1972 et entrent tous les deux à l'ONU en 1973.** Le traité interallemand de 1972 facilite une certaine circulation des personnes entre les deux Allemagnes. En contrepartie, la RFA reconnaît la souveraineté de la RDA. L'idéal d'une réunification future n'est donc pas abandonné, même si, pour l'heure, il n'y a pas d'échange d'ambassadeurs entre Bonn et Berlin-Est.

L'amélioration des relations interallemandes est le prélude à une négociation à l'échelle européenne, lancée en 1972 : la Conférence sur la sécurité et la coopération en Europe (CSCE). Les États participants sont l'URSS, les États-Unis, le Canada et tous les États européens. Ces discussions s'achèvent par la signature de l'Acte final d'Helsinki, le 1er août 1975. Ce document contient des engagements conjoints couvrant trois thèmes : la sécurité en Europe, les droits de l'homme et le développement de la coopération entre les États. Il concerne notamment la reconnaissance des frontières de 1945. Il prévoit des dispositifs facilitant les échanges économiques et commerciaux entre l'Europe occidentale et l'Europe orientale. Enfin, il engage formellement les États signataires à respecter les droits de l'homme et les libertés fondamentales.

Pour aller plus loin

L'infrastructure de recherche CVCE (Centre virtuel de la connaissance sur l'Europe) de l'Université du Luxembourg donne accès à des milliers de documents et de publications sur le processus de la construction européenne et sur la guerre froide en Europe.

liennathan.fr/8nt57n

2. La compétition « pacifique » entre les deux Grands

La guerre froide est aussi une guerre de propagande. Convaincre et mobiliser pour diffuser ses idées est essentiel dès la fin des années 1940 pour les deux superpuissances. L'URSS peut s'appuyer, dans les démocraties occidentales, sur des relais efficaces (partis communistes, organes de presse). Les États-Unis disposent, de leur côté, de moyens limités pour toucher les populations vivant derrière le « rideau de fer ». Toutefois, l'enjeu de cette « conquête des cœurs et des esprits » s'élargit, à partir du milieu des années 1950, au tiers-monde. Avec la détente, la rivalité Est-Ouest se joue aussi sur des terrains « pacifiques », comme la course à l'espace ou lors des compétitions sportives internationales. Les succès sont exploités pour démontrer la supériorité d'un système politique sur l'autre.

La « course à l'espace » débute en 1957, avec l'envoi par les Soviétiques du premier satellite Spoutnik en orbite dans l'espace. Ce lancement est vécu comme un véritable « Pearl Harbor technologique » par les États-Unis. Les Soviétiques gardent une avance sur les Américains jusqu'au milieu des années 1960. Ils sont ainsi les premiers à envoyer un homme dans l'espace (Youri Gagarine en 1961). Les Américains les rattrapent et les dépassent grâce au programme spatial Apollo, lancé par Kennedy en 1961, qui permet pour la première fois à des hommes de se poser sur la Lune en 1969 (Neil Armstrong et Buzz Aldrin). De 1969 à 1972, douze Américains foulent le sol lunaire. Les Soviétiques, battus dans la course à la Lune, se recentrent alors sur des objectifs moins spectaculaires, mais essentiels pour l'avenir : de 1971 à 1986, huit stations spatiales soviétiques sont placées en orbite, qui permettent d'accumuler de l'expérience en vol et en vie durable dans l'espace. Dans les années 1970, une coopération s'instaure entre les deux Grands, à l'image de la mission Apollo-Soyouz en 1975, première mission spatiale conjointe. Le sport est un autre instrument du *soft power* dans la guerre froide. **Les compétitions sportives, en particulier les Jeux Olympiques, deviennent un lieu d'affrontement pacifique pour les superpuissances.** L'URSS triomphe ainsi en nombre de médailles aux JO de 1956 et 1960. Les États-Unis reprennent le dessus en 1964 et 1968. Ensuite, les Soviétiques terminent en tête des bilans lors de chaque édition jusqu'à la fin des années 1980. Les JO de 1980 à Moscou sont toutefois boycottés par les États-Unis (après l'invasion de l'Afghanistan par l'armée soviétique), tandis que l'URSS boycotte ceux de 1984 à Los Angeles.

C. LA MULTIPLICATION DES THÉÂTRES DE LA GUERRE FROIDE

1. La guerre du Vietnam et ses conséquences

L'engagement américain au Vietnam commence après les accords de Genève de 1954, qui mettent fin à la présence coloniale française et partagent le pays en deux : le Nord communiste et le Sud pro-américain. Dans le cadre de leur stratégie de *containment*, les États-Unis appuient, dans un premier temps, le Vietnam Sud à travers une aide matérielle et l'envoi de quelques milliers de « conseillers militaires ». En 1964, le président américain Lyndon B. Johnson prend prétexte de tirs essuyés par des destroyers américains de la part des Nord-Vietnamiens pour envoyer les GI's (surnom donné aux soldats américains).

L'engagement militaire américain passe de 185 000 soldats en 1965 à 536 000 en 1968. Malgré ces centaines de milliers de soldats, des bombardements massifs et l'usage du napalm qui font de nombreuses victimes parmi les civils vietnamiens, l'échec de l'armée américaine est patent dès 1968. À peine élu en novembre 1968, Richard Nixon annonce un retrait progressif des troupes américaines et une « vietnamisation » du conflit. Il lui faut cependant quatre ans pour réaliser ce programme. Les accords de Paris, signés le 27 janvier 1973, établissent un cessez-le-feu et prévoient le retrait total des troupes étrangères. Deux ans plus tard, en avril 1975, le Vietnam du Nord envahit le Sud et unifie le pays, peu après que les communistes se sont emparés du pouvoir au Laos et au Cambodge voisins. **La guerre du Vietnam est une défaite américaine tant sur le plan militaire que sur le plan politique et moral.** Aux États-Unis mêmes, l'opposition à la guerre est croissante à partir de 1968. Elle entraîne le pays dans une crise morale sans précédent. Les GI's étaient censés combattre au nom de la justice et de la démocratie, mais les reportages et les images montrent une autre réalité : les États-Unis soutiennent un régime corrompu et rejeté par la majorité de la population. **Désastreuse pour l'image des États-Unis à l'étranger, la guerre du Vietnam a peut-être été malgré tout, selon l'historien Pierre Grosser, une « guerre utile », dans la mesure où elle a permis de contenir l'expansion du communisme dans le reste de l'Asie du Sud-Est.** Elle n'est pas non plus une victoire du bloc communiste dans la mesure où celui-ci était divisé, la Chine et l'URSS soutenant séparément et de manière non coordonnée les Nord-Vietnamiens. La victoire du Vietnam du Nord s'apparente d'abord à celle du droit des peuples à disposer d'eux-mêmes.

2. La guerre froide en Amérique latine, en Afrique et au Moyen-Orient

Le pacte de Rio en 1947, traité d'alliance globale signé par la quasi-totalité des États américains, place l'ensemble du continent dans le camp occidental. Mais la révolution cubaine en 1959 change la donne. Après la crise des fusées de 1962, Cuba se fait le champion de l'idéologie révolutionnaire et propose un modèle prêt à s'exporter. Des mouvements révolutionnaires naissent en Colombie, au Pérou, au Chili et en Bolivie (où Ernesto Che Guevara, compagnon de Fidel Castro, trouve la mort en 1967). **La victoire à l'élection présidentielle chilienne du socialiste Salvador Allende en 1970 est un autre signe de l'affaiblissement de l'influence américaine. La CIA appuie le coup d'État fomenté en 1973 par le général Augusto Pinochet pour renverser Allende.** Cette politique, en contradiction avec les idéaux démocratiques professés par Washington, alimente un antiaméricanisme croissant en Amérique latine.

Le Moyen-Orient est une région du monde où la rivalité Est-Ouest est exacerbée par les enjeux pétroliers et stratégiques. Les compagnies pétrolières américaines y sont implantées depuis l'entre-deux-guerres, en particulier en Arabie saoudite. Washington compte également sur la Turquie, l'Iran et Israël pour freiner l'expansion communiste. L'URSS s'appuie surtout sur l'Égypte de Nasser après 1956. Elle soutient également les gouvernements nationalistes arabes et laïques qui prennent le pouvoir dans les années 1960 en Syrie puis en Irak. La guerre des Six-Jours, en 1967, victoire éclair d'Israël sur les États voisins arabes, ne laisse pas le temps à l'URSS de soutenir ses protégés. Toutefois, la résolution 242 adoptée à l'ONU après la guerre, qui prescrit l'évacuation des territoires occupés par Israël, doit beaucoup à l'influence soviétique. **Après la guerre du Kippour en 1973, l'Égypte prend ses distances avec l'URSS et se rapproche des États-Unis. Les accords de Camp David entre Israël et l'Égypte, en 1978, sont ainsi une victoire de la diplomatie américaine.**

L'Afrique devient à son tour un enjeu de la guerre froide dans les années 1970. L'URSS y prend des initiatives en profitant de l'affaiblissement américain consécutif à la guerre du Vietnam. La progression de l'influence soviétique se traduit par le resserrement des liens avec certains pays comme l'Algérie ou la Libye du colonel Mouammar Kadhafi. D'autres pays récemment décolonisés mettent en place des régimes inspirés du modèle communiste, comme la Somalie, la Guinée-Bissau ou Madagascar. L'URSS intervient enfin directement dans les guerres civiles qui succèdent à l'indépendance du Mozambique et de l'Angola en 1975. Les Soviétiques fournissent des armes et de l'argent aux guérillas communistes, tandis que Cuba leur fournit des soldats. Cette politique connaît cependant des limites. Elle coûte cher et les résultats ne sont pas toujours à la hauteur des sommes investies. Les gouvernements prosoviétiques en place sont souvent instables et contestés.

III. La fin progressive de la guerre froide (1979-1989)

L'année 1979 voit la succession de quatre événements qui, rétrospectivement, semblent annoncer la sortie de la guerre froide : la révolution khomeyniste en Iran, l'invasion de l'Afghanistan par l'URSS, le deuxième choc pétrolier et le grand tournant de la Chine initié par Deng Xiaoping avec une ouverture progressive au monde et au « socialisme de marché ».

A. LA « DEUXIÈME GUERRE FROIDE » DE 1979 À 1985

1. L'intervention soviétique en Afghanistan

En 1973, la monarchie afghane est renversée avec la complicité d'officiers soviétiques. Une République d'Afghanistan est instaurée, au sein de laquelle les communistes exercent une influence croissante. Le Parti communiste afghan organise un coup d'État en Afghanistan le 27 avril 1978 et prend le pouvoir. Le pays entre alors dans l'orbite soviétique. Des rivalités naissent toutefois en 1979 au sein du pouvoir communiste afghan, certains responsables prônant une ligne indépendante de Moscou. **L'intervention militaire de l'URSS en Afghanistan, en décembre 1979, vise donc à consolider le pouvoir des dirigeants afghans prosoviétiques. Elle répond aux objectifs de la doctrine Brejnev, qui consiste à éviter qu'un pays entré dans le camp socialiste n'en sorte.** Elle a aussi des causes géostratégiques : en étant présente en Afghanistan, l'URSS se rapproche de la zone stratégique du golfe Arabo-Persique. Cette intervention suscite de nombreuses réactions de la communauté internationale. Le président américain Jimmy Carter prend, contre Moscou, des sanctions à la fois économiques (embargo partiel sur les ventes de céréales et les équipements de haute technologie) et symboliques (*boycott* des Jeux Olympiques de Moscou de 1980). Surtout, la population afghane se rebelle contre cette ingérence soviétique. La protestation populaire est relayée par les combats menés par les moudjahidines dans tout le pays. C'est le début d'une guerre de dix ans, qui sera le « Vietnam des Soviétiques ». L'Armée rouge doit mener une guerre de guérilla à laquelle elle n'est pas préparée. Le nombre de soldats soviétiques en Afghanistan atteint son maximum en 1984, avec près de 250 000 hommes engagés. Les moudjahidines réussissent à tenir en échec les Soviétiques grâce à une aide matérielle américaine décisive. Le retrait de l'Armée rouge est progressif après l'arrivée au pouvoir de Mikhaïl Gorbatchev en 1985 (jusqu'en 1989). La guerre d'Afghanistan a joué un grand rôle dans l'affaiblissement de l'URSS, qui s'est trouvée isolée sur la scène internationale. D'autre part, le conflit en Afghanistan a provoqué des remous internes. Additionnée à la course aux armements avec les États-Unis, la guerre en Afghanistan a forcé l'URSS à des dépenses militaires considérables, qui ont contribué à la détérioration du niveau de vie des citoyens soviétiques et à la naissance d'un mécontentement généralisé. **La guerre en Afghanistan est par ailleurs la matrice de l'islamisme moderne.** Les moudjahidines* afghans sont en effet épaulés par des milliers de volontaires musulmans venus principalement du Moyen-Orient pour combattre l'envahisseur athée. Al-Qaida, l'organisation d'Oussama Ben Laden, naît dans le contexte du djihad afghan à la fin des années 1980.

2. Regain de tensions en Europe

Si l'invasion de l'Afghanistan par l'URSS en décembre 1979 marque la fin de la détente, la « deuxième guerre froide » se joue aussi en Europe. **L'Allemagne est au cœur de la crise des euromissiles, qui dure de 1979 à 1987.** L'URSS décide en effet en 1977 d'installer en Europe orientale des missiles balistiques nucléaires de moyenne portée (les SS20) qui menacent directement les pays d'Europe de l'Ouest. En réaction à l'installation des SS20 soviétiques, l'OTAN adopte le 12 décembre 1979 une « double décision » qui ouvre la possibilité à l'URSS de négocier pour le retrait de ces missiles, mais prévoit, en cas de refus, un déploiement par l'OTAN, en Europe de l'Ouest, de missiles nucléaires (Pershing II) capables d'atteindre le bloc de l'Est. La crise soulève également des enjeux politiques nationaux. En Europe de l'Ouest, une partie de l'opinion publique est hostile à l'installation des Pershing et manifeste en masse, notamment en Allemagne en 1982 et 1983. Cette crise provoque, en 1982, la chute du chancelier allemand Helmut Schmidt, dont le parti, le SPD, est divisé sur la question des euromissiles. Il est remplacé par Helmut Kohl, chancelier chrétien-démocrate favorable au déploiement des missiles américains. Finalement, en 1983, les premières fusées Pershing sont installées. **Il faudra attendre 1987 pour qu'un traité soit signé entre les États-Unis et l'URSS sur le démantèlement des forces nucléaires à portée intermédiaire (les « euromissiles »).**

La crise polonaise en 1980-1981 est une crise interne au bloc soviétique avec une dimension internationale. L'opposition au régime communiste en Pologne s'organise à partir de l'été 1980, avec la naissance du mouvement Solidarnosc (« Solidarité »), dirigé par Lech Wałesa. Cette confédération de syndicats indépendants réussit à rassembler un large mouvement social contre le pouvoir en place à travers des grèves massives. Solidarnosc bénéficie du soutien de l'Église catholique romaine, dont le pape Jean-Paul II est polonais. Le mouvement est également soutenu par les syndicats anticommunistes américains, britanniques et français. Appuyé par Moscou, le principal dirigeant de la République populaire de Pologne, Wojciech Jaruzelski, tente en vain de casser le mouvement. L'état de siège est proclamé en Pologne en décembre 1981 et le syndicat Solidarnosc « suspendu » par décret. Wałesa reste toutefois un interlocuteur du régime communiste après avoir reçu le prix Nobel de la paix en 1983.

DÉFINITION

Moudjahidine (ou moudjahid) : terme qui désigne, dans l'islam, un combattant pour la foi qui s'engage dans le djihad (« guerre sainte »). Il s'est répandu en Occident pendant la guerre d'Afghanistan (1979-1989).

3. La doctrine Reagan et le « *roll back** »

Le discours des États-Unis à l'égard de l'URSS se durcit après l'arrivée au pouvoir de Ronald Reagan en janvier 1981. Reagan est élu avec un programme très anticommuniste, affirmant le retour des États-Unis sur la scène internationale (derrière le slogan « *America is back* »). **Les États-Unis décident de fournir un appui officiel ou officieux aux mouvements de résistance et de guérillas hostiles aux gouvernements ou aux forces politiques de gauche soutenus par l'URSS en Afrique, en Asie et en Amérique latine. C'est la politique dite « du *roll back* ».** Reagan renforce ainsi l'aide matérielle américaine aux moudjahidines afghans. Il soutient les mouvements anticommunistes dans les guerres civiles en Angola et au Nicaragua. Il relance également la course aux armements avec l'URSS avec l'Initiative de défense stratégique (IDS), dite aussi « guerre des étoiles », rendue publique en mars 1983 – il s'agit d'un programme très ambitieux de bouclier spatial antimissile qui restera, dans les faits, à l'état de projet. Toutefois, cette annonce contribue à alimenter un regain des tensions avec l'URSS, qui craint une remise en cause par les Américains des accords stratégiques signés à l'époque de la détente.

B. UNE PARTIE DU MONDE SORT DE LA GUERRE FROIDE DÈS LA FIN DES ANNÉES 1970

1. L'Asie commence à sortir de la guerre froide en 1979

Annoncées dès 1978, les réformes économiques entreprises par Deng Xiaoping sonnent le réveil d'une Chine dont l'économie va croître de presque 10 % chaque année à partir de 1979, bouleversant les équilibres mondiaux. **Le dirigeant chinois est reçu aux États-Unis en janvier 1979, peu après la reconnaissance officielle de la République populaire de Chine par les États-Unis.** Il y conclut une série de contrats commerciaux. La Chine adopte le « socialisme de marché », qui est l'inverse absolu de la politique pratiquée depuis 1949. Deng Xiaoping annonce les « Quatre Modernisations » dès 1978 (lançant l'ère des réformes) et crée les quatre premières zones économiques spéciales en 1979, des espaces destinés à attirer les investisseurs étrangers. À partir de 1979, la Chine affiche une neutralité de fait dans le conflit Est-Ouest. Elle intervient d'ailleurs militairement en 1979 contre un « pays frère » communiste, le Vietnam, afin de contraindre celui-ci à quitter le Cambodge

Le regard d'un historien

Pierre Grosser et la fin de la guerre froide

Professeur agrégé d'histoire détaché à Sciences Po, Pierre Grosser est un historien de la guerre froide. Il s'intéresse également au poids des héritages historiques sur les relations internationales contemporaines. Dans *L'histoire du monde se fait en Asie. Une autre vision du xxe siècle* (2019), il propose de sortir d'une vision européo-centrée du monde au xxe siècle et insiste sur le rôle majeur de l'Asie dans les relations internationales. Selon lui, « la guerre froide a commencé en Asie, dès l'été 1945 [...] et elle commence à mourir en Asie » dès la fin des années 1970.

DÉFINITION

« *Roll back* » (« refoulement »): mise en place par l'Administration Reagan de mesures officieuses visant à contrer le communisme, notamment dans les pays récemment tombés dans l'orbite soviétique, comme l'Afghanistan, l'Angola ou le Nicaragua.

qu'il occupe. Selon Pierre Grosser, la guerre froide commence ainsi à mourir en Asie à la fin des années 1970, sous la triple impulsion de la délégitimation du communisme (en raison des horreurs du régime génocidaire des Khmers rouges), de l'implosion nationaliste du camp communiste en Asie (à l'exemple du conflit Vietnam-Chine) et de la primauté de l'économie sur l'idéologie (à l'image de la politique initiée par Deng Xiaoping).

2. De nouveaux enjeux au Moyen-Orient

Au Moyen-Orient, la révolution iranienne de 1979 fait de l'antagonisme entre sunnites et chiites* un enjeu géostratégique majeur, qui semble reléguer au second plan les logiques de la guerre froide. L'Iran cherche en effet à attirer dans son orbite les musulmans chiites de la région – notamment au Liban, où le Hezbollah, groupe islamiste chiite, est créé en 1985. L'Arabie saoudite s'affirme en réaction comme le leader du camp sunnite en soutenant le djihad en Afghanistan contre l'URSS. **La guerre Iran-Irak (1980-1988) sort également de la logique de guerre froide.** Cette guerre trouve ses origines dans un litige frontalier, les deux pays se disputant la région riche en pétrole du Chott-el-Arab (contrôlée par l'Iran en 1980). Le leader irakien Saddam Hussein lance une attaque surprise, espérant profiter de la désorganisation de l'armée iranienne avec la révolution islamique de 1979. Des puissances étrangères sont rapidement impliquées dans cette guerre, sans toutefois que la logique des blocs n'y joue un rôle. L'Irak importe ainsi des armes d'URSS, mais aussi de France et de Chine. L'Iran, très isolé dans un premier temps, bénéficie bientôt du fait qu'Israël et les États-Unis se méfient des ambitions de Saddam Hussein dans la région et tentent de l'affaiblir. En 1981, l'aviation israélienne bombarde ainsi des installations nucléaires irakiennes en construction. En 1986, l'*Irangate* éclate aux États-Unis : ce scandale politico-militaire implique de hauts responsables de l'Administration Reagan ayant organisé des livraisons d'armes à l'Iran malgré l'embargo touchant le pays depuis 1979. La guerre Iran-Irak est l'une des plus meurtrières de l'après-1945. Les deux nations en sortent exsangues sans avoir obtenu de gain territorial significatif. Près de 250 000 Irakiens, entre 600 000 et un million d'Iraniens sont morts dans les combats ou dans les bombardements.

C. VERS LA FIN DE LA GUERRE FROIDE EN EUROPE

1. Le tournant gorbatchévien à partir de 1985

Au milieu des années 1980, l'URSS est affaiblie par une profonde crise militaire, politique, économique et sociale. La guerre qu'elle mène en Afghanistan et la course aux armements avec les États-Unis lui coûtent cher, alors que son économie tourne au ralenti [→ CHAPITRE 11]. **La crise croissante de l'URSS conduit Mikhaïl Gorbatchev, premier secrétaire du Parti communiste de l'Union soviétique (PCUS) à partir de 1985, à tenter une politique audacieuse de réforme intérieure et extérieure, avec l'espoir de conserver l'essentiel d'un système communiste rénové.** C'est la « perestroïka* », lancée lors du XXVIIe congrès du PCUS en février 1986. Gorbatchev relâche aussi la tutelle sur les pays satellites d'Europe de l'Est, qu'il incite à suivre sa politique. Il définit enfin une

DÉFINITION

Chiisme : branche minoritaire de l'islam (le sunnisme étant majoritaire) regroupant environ 10 à 15 % des musulmans dans le monde. Si la plus importante se trouve en Iran, des communautés chiites vivent dans de nombreux pays du Moyen-Orient (notamment en Irak et au Liban).

« Perestroïka » (« restructuration ») : politique mise en œuvre par Mikhaïl Gorbatchev qui se traduit par une libéralisation progressive de l'économie et le développement de la transparence (« glasnost »).

nouvelle approche des relations internationales, souhaitant une véritable coopération entre les États à l'échelle de la planète et se disant favorable à un désarmement conventionnel et nucléaire. Il relance des négociations de désarmement avec les États-Unis, qui aboutissent à la signature des accords de Washington sur le démantèlement des euromissiles en 1987 et au lancement des négociations START (*Strategic Arms Reduction Treaty*) sur la réduction des missiles intercontinentaux. Gorbatchev ouvre également le dialogue avec les pays d'Europe de l'Ouest en lançant, dès 1985, l'idée d'une « maison commune européenne » conçue comme partie intégrante de la « nouvelle pensée » qu'il prône. La politique européenne de Gorbatchev reste ambiguë jusqu'en 1989 : l'accent est certes mis sur le dialogue entre les deux Europes, mais sur le plan idéologique, l'URSS n'abandonne pas l'opposition fondamentale des deux systèmes. **Il faut attendre l'été 1988 pour que soit évoquée par Gorbatchev la nécessité de « désidéologiser les relations internationales » et abandonnée la dialectique jdanovienne du « eux et nous » au profit du concept de communauté des nations.** En juillet 1989, Gorbatchev prononce devant l'Assemblée parlementaire du Conseil de l'Europe à Strasbourg un discours dans lequel il précise son idée de « maison commune européenne » et plaide pour la réduction des armes nucléaires en Europe.

2. La fin du communisme en Europe centrale et orientale en 1989

Les réformes lancées par Gorbatchev encouragent les revendications démocratiques en Europe de l'Est, conduisant, dès le printemps 1989, la Pologne et la Hongrie à organiser des élections libres qui sont marquées par la défaite des communistes. **Le gouvernement hongrois ouvre à l'été 1989 sa frontière avec l'Autriche, ce qui représente une première brèche dans le « rideau de fer » qui divisait l'Europe depuis plus de quatre décennies.** Durant l'été et l'automne 1989, la population de la RDA manifeste son hostilité au régime en fuyant par Prague et Budapest, puis en manifestant massivement dans les rues, à Leipzig d'abord puis dans toutes les grandes villes. Le dirigeant est-allemand Erich Honecker doit laisser la place à de nouveaux dirigeants réformateurs gorbatchéviens en octobre 1989. Ces derniers ouvrent leur frontière avec la RFA et abattent de fait le mur de Berlin le 9 novembre 1989, avec l'assentiment tacite de Gorbatchev, qui ne fait pas intervenir l'Armée rouge. Les nouveaux dirigeants est-allemands sont débordés par un phénomène de rejet de la population. Ayant dû promettre des élections libres, ils sont écrasés électoralement au profit des partisans de la réunification en mars 1990. **La chute du mur de Berlin devient le symbole de la fin du communisme en Europe de l'Est et de la disparition du « rideau de fer » dénoncé en 1946 par Churchill.** Les démocraties populaires d'Europe de l'Est abandonnent le communisme et entreprennent une transition démocratique à partir de l'année 1989. Dans certains pays, la transition est démocratique et pacifique, à l'image de la « révolution de velours » en Tchécoslovaquie. Dans d'autres pays, elle est plus violente, à l'image du renversement du dictateur Ceaucescu en Roumanie au terme d'un coup d'État en décembre 1989.

Pour aller plus loin

Le site du Mémorial de Caen consacre des pages à la guerre froide, en particulier à l'Allemagne de 1945 à la chute du mur de Berlin en 1989
liennathan.fr/q585sj

3. L'unité allemande et la fin de la guerre froide en Europe (1990-1991)

L'unité allemande est rapidement à l'ordre du jour après la chute du mur de Berlin. Le 28 novembre 1989, Helmut Kohl, chancelier de la RFA, présente au Bundestag un plan en dix points pour mettre fin à la division de l'Allemagne. La France et surtout le Royaume-Uni manifestent certaines réticences devant la perspective d'une réunification rapide. Kohl s'emploie à rassurer ses partenaires au début de l'année 1990 : avant la signature d'un traité de paix, il accepte notamment de reconnaître la ligne Oder-Neisse comme frontière germano-polonaise. Il réussit surtout à convaincre Gorbatchev lors de pourparlers où il promet une aide substantielle à l'économie soviétique, alors en perdition, et obtient des garanties de sécurité (le retrait progressif de l'Armée rouge d'Allemagne de l'Est). **Après avoir obtenu le consentement des autorités quadripartites lors du traité de Moscou en septembre 1990, Kohl proclame la réunification le 3 octobre 1990. L'unité allemande marque une étape importante de la fin de la guerre froide.**

L'entente entre Gorbatchev et le président américain George Bush conduit également les deux superpuissances à signer, en juillet 1991, les accords START sur la réduction de leurs arsenaux nucléaires. Par ailleurs, le 1er juillet 1991, les États membres signent à Prague un protocole mettant fin au traité de 1955 : le pacte de Varsovie est officiellement dissous. Fragilisée, l'URSS implose en 1991 avec l'indépendance successive des États baltes, puis de l'Ukraine, des États du Caucase et d'Asie centrale. Dernier leader communiste au pouvoir à Moscou, Gorbatchev démissionne de ses fonctions de président de l'URSS en décembre 1991. Boris Eltsine devient alors le premier président de la nouvelle Fédération de Russie, étape ultime d'une lente fin de la guerre froide.

5 DES DÉCOLONISATIONS AU TIERS-MONDE (1945-ANNÉES 1980)

Le 14 août 1952, l'économiste Alfred Sauvy publie un article intitulé « Trois mondes, une planète », appelé à un succès exceptionnel. Il y pointe le fait qu'un nombre croissant d'anciennes colonies d'Afrique et d'Asie, devenues indépendantes, constituent, par leurs similitudes, un ensemble de pays qu'il se propose d'appeler « tiers-monde ». La référence à la formule de l'abbé Sieyès en 1789 (le « tiers état ») est transparente : comme pour le tiers état avant la Révolution française, le tiers-monde est alors marginal par rapport aux mondes industrialisés de l'Ouest capitaliste et de l'Est communiste. De cet article d'Alfred Sauvy jusqu'aux années 1980, après lesquelles cet ensemble est perçu comme étant plus éclaté, le « tiers-monde » devient à la fois une dénomination reconnue et une donnée majeure de l'histoire internationale. Les continents africain et asiatique – s'y ajoute parfois l'Amérique du Sud – sont ainsi regroupés dans une catégorie accédant à une reconnaissance nouvelle et vue comme relativement uniforme. L'image d'un ensemble en difficulté s'impose aussi, notamment au travers d'ouvrages comme *L'Afrique noire est mal partie*, de l'agronome écologiste René Dumont (1962) : pauvreté, instabilité et défaillance des pouvoirs deviennent autant de stéréotypes accolés au tiers-monde. Au cœur d'une époque marquée par la guerre froide, cet ensemble de pays disparate joue pourtant un rôle important dans les relations internationales, à la fois comme enjeu de l'affrontement des blocs et comme acteur, en affirmant notamment sa volonté de non-alignement.

Comment caractériser l'ensemble hétérogène né de la décolonisation que désigne la formule « tiers-monde » ?

Notions principales

Décolonisation : processus par lequel une population colonisée accède à l'indépendance, constituant un État souverain et indépendant.

Non-alignement : formalisée lors de la conférence de Belgrade en 1961, l'expression désigne le refus exprimé par des pays africains et asiatiques de s'aligner sur les États-Unis ou sur l'URSS afin de trouver leur propre voie de développement.

Panafricanisme : courant politique et culturel international qui marque la volonté d'unifier le destin des personnes originaires d'Afrique noire, qu'elles y résident encore ou qu'elles se trouvent ailleurs (notamment pour les descendants d'esclaves). Popularisé par la conférence panafricaine de Manchester en 1945, le panafricanisme se traduit institutionnellement par la naissance de l'Organisation de l'unité africaine (OUA) en 1963.

Panarabisme (ou « nationalisme arabe ») : doctrine qui vise à regrouper les populations arabophones dans un même ensemble politique. Elle s'est notamment incarnée dans l'action du dirigeant égyptien Gamal Abdel Nasser (1918-1970) et de la Ligue arabe créée en 1945.

Tiers-monde : expression, popularisée par le démographe Alfred Sauvy en 1952 et largement usitée jusqu'aux années 1980, qui sert à qualifier un ensemble de pays africains et asiatiques (parfois élargi aux pays d'Amérique latine) marqués par l'expérience coloniale et impériale, une population en forte croissante et le sous-développement.

CHRONOLOGIE

1942 : Mouvement « Quit India » contre la colonisation dans les Indes britanniques
1945 : Conférence panafricaine de Manchester et création de la Ligue arabe
1947 : Indépendance et scission des Indes britanniques entre Inde et Pakistan
1955 : Sommet de Bandung en Indonésie (acte de naissance du « non-alignement »)
1958 : Début de la décolonisation de l'Afrique noire française
1960 : Naissance de l'OPEP (Organisation des pays exportateurs de pétrole)
1961 : Première conférence dite « non alignée » à Belgrade
1963 : Naissance de l'Organisation de l'unité africaine (OUA)
1973 : Premier choc pétrolier et début de la « crise de la dette » dans le tiers-monde
1975 : Décolonisation portugaise (Afrique et Asie)
Convention de Lomé entre la Communauté économique européenne et des pays dits « ACP » (Asie, Caraïbes, Pacifique)
1979 : Début de la libéralisation de l'économie chinoise
« Révolution islamique » en Iran
1985 : Concert « Live Aid » pour lutter contre la famine en Éthiopie

I. Des voies de décolonisation variées (années 1940 et 1950)

A. DES MODALITÉS DE DÉCOLONISATION DIFFÉRENCIÉES

Comme le soulignent les recherches les plus récentes, la décolonisation est un processus aussi ancien que la colonisation elle-même. En effet, des critiques, des marques de refus de l'ordre colonial et des révoltes ont existé dès la naissance des empires coloniaux, comme le notent Pierre Singaravélou, Karim Miské et Marc Ball dans *Décolonisations* (2020). Ces résistances finissent par déboucher sur des décolonisations aux modalités variées qui, en quelques années, transforment profondément la géopolitique de l'Asie et de l'Afrique [→ CARTES DE RABAT].

1. Les racines anciennes de la décolonisation

Au début du XXe siècle, les capitales des empires deviennent des lieux de formation, de contact et de militantisme pour les opposants au système colonial, qu'ils soient issus du monde ouvrier ou des élites indigènes. En 1900, se tient à Londres un premier « congrès panafricain », regroupant des intellectuels, des étudiants et des notables d'origine africaine. À Paris, durant l'entre-deux-guerres, des réseaux rassemblent des militants africains et asiatiques qui, pour certains, deviendront de futurs dirigeants du tiers-monde, au point que l'historien Michael Goebel fait de cette ville la capitale de l'anticolonialisme durant l'entre-deux-guerres[1]. Les militants anticolonialistes présents en Europe comme Messali Hadj, Hô Chi Minh ou Ladipo Solanke jouent ainsi un rôle important dans la création d'un mouvement de décolonisation avant même la Seconde Guerre mondiale. C'est par exemple à Paris qu'est fondée, en 1926, l'« Étoile nord-africaine », matrice de l'indépendantisme maghrébin, avec le soutien de certains mouvements de gauche français. Léopold Sédar Senghor, futur dirigeant du Sénégal (1960-1980), noue, durant son passage en métropole, des amitiés précieuses pour sa carrière politique, notamment avec Georges Pompidou. Les rapports avec le mouvement

1. Michael Goebel, *Paris, capitale du Tiers-monde. Comment est née la révolution anti-coloniale (1919-1939)*, Paris, La Découverte, 2017.

ouvrier, socialiste comme communiste, sont ambivalents : si la IIIe Internationale communiste (1919-1943) basée à Moscou, dénonce la colonisation, les principaux partis de gauche en Europe occidentale modèrent leurs critiques au fur et à mesure qu'ils se rapprochent du pouvoir (ainsi en France, sous le Front populaire, de 1936 à 1939).

Les empires coloniaux ont préparé différemment les élites locales à la gestion des indépendances*. Dans les Indes néerlandaises (actuelle Indonésie), dès 1916, le *Volksraad*, ou « conseil du peuple », permet l'accession aux responsabilités des élites et classes moyennes autochtones. Dans d'autres Empires, le passage de relais fut bien plus lent et compliqué à se mettre en place. L'historien Marc Michel distingue à ce titre les colonisations néerlandaise et britannique, qui firent émerger des élites locales afin de faciliter l'auto-gouvernement* des colonies, les colonisations française et belge, plus réticentes au changement, et la colonisation portugaise hostile à toute évolution[2]. Les pratiques varient également au sein d'un même empire : le degré d'autonomie de Ceylan fut, par exemple, bien plus grand que celui des colonies britanniques en Afrique. Par ailleurs, les années 1930 tendent globalement à durcir l'attachement européen à la possession d'un empire colonial, qui est vu comme une solution à la crise économique et à la contraction du commerce international [→ CHAPITRE 10]. Dans le cas italien, ceci débouche à la fois sur une impitoyable répression dans l'actuelle Libye (1929-1933), alors contrôlée par Rome, et par la conquête tout aussi brutale de l'Éthiopie (1935-1936). Cependant, l'idée selon laquelle les empires pouvaient assurer la prospérité des métropoles était en partie une illusion : comme le rappelle l'historien Paul Bairoch, les empires ne fournissaient avant la Seconde Guerre mondiale que 18 % des matières premières consommées par les pays industrialisés. De plus, largement composés de populations pauvres, les empires coloniaux représentaient des marchés limités, mais il est vrai de plus en plus captifs avec la montée du protectionnisme.

Les Empires européens constituent des enjeux stratégiques importants de la Seconde Guerre mondiale, comme le prouvent, par exemple, l'invasion japonaise des colonies asiatiques des Pays-Bas, de la Grande-Bretagne et de la France, ou encore l'occupation d'une grande partie de l'Afrique du Nord par les forces de l'Axe. Tandis que l'Empire japonais cherche à s'étendre tout en se prétendant libérateur des peuples colonisés, l'Italie fasciste projette de constituer un Empire méditerranéen. Selon l'historien Eric T. Jennings, l'Afrique fut le cœur des forces gaullistes entre 1940 et 1944, assurant à celles-ci une base matérielle indispensable à leur reconnaissance par les Alliés[3]. **La guerre contribue pourtant à affaiblir les puissances impériales : dès le mois d'août 1942, les indépendantistes indiens lancent avec Gandhi le mouvement « *Quit India* » contre les colonisateurs britanniques**, désormais trop faibles pour juguler le mouvement. Le 11 mars 1944, le parti de l'*Istiqlal* (indépendance) publie son manifeste au Maroc, appelant à la fin du protectorat et à une véritable souveraineté nationale. À la fin de la guerre, la surexploitation des territoires colonisés et les contraintes exercées sur leurs populations provoquent des mouvements de révolte durement réprimés (à Fès le 30 janvier 1944 ; à Sétif le 8 mai 1945 ; à Madagascar après l'insurrection du 29 mars 1947).

DÉFINITIONS

Indépendance : situation d'un État qui jouit de son entière souveraineté.

Auto-gouvernement : « *self-government* » en anglais ; phénomène de transfert de compétences (en matière de fiscalité, de santé ou d'éducation) des métropoles vers les empires qui favorise à terme l'autonomisation des colonies.

2. Marc Michel, *Décolonisations et émergence du tiers-monde*, Paris, Hachette, 2005.
3. Éric T. Jennings, *La France libre fut africaine*, Paris, Perrin, 2014.

Pour aller plus loin

Décolonisations, série documentaire en trois épisodes de Karim Miské et Marc Ball, Arte, 2019
liennathan.fr/8p7q5m

2. Après la Seconde Guerre mondiale, un ordre colonial entre délitement et résistance

La fin de la guerre confirme et radicalise ces demandes d'indépendance qui peuvent s'appuyer sur la Charte des Nations unies signée le 26 juin 1945, ainsi que sur l'hostilité des deux nouvelles superpuissances, l'URSS et les États-Unis. Celles-ci, pour des raisons à la fois idéologiques et stratégiques, sont favorables à la réduction des empires coloniaux européens et japonais. Du 15 au 21 octobre 1945, le 5e congrès panafricain de Manchester demande non seulement l'indépendance des colonies africaines, mais aussi celle des colonies asiatiques, et la conférence émet un message de soutien aux Indonésiens et aux Indochinois. Mais à la sortie du conflit, les puissances coloniales sont loin d'avoir renoncé à leurs empires. Affaiblies par la guerre, elles comptent au contraire sur ceux-ci pour relever leurs économies et préserver leur place dans le concert des nations. Cela se traduit par une vague de répressions menée par les puissances impériales au Sénégal (1944), en Algérie ou en Syrie (1945), en Tunisie (1947), à Madagascar ou en Indonésie (1947-1948). **Dans certains cas, la répression débouche sur de sanglants conflits. C'est le cas pour la France avec la guerre d'Indochine (1946-1954) puis la guerre d'Algérie (1954-1962), et pour les Britanniques au Kenya (1952-1960).** Ces conflits, mobilisant des méthodes dites « de contre-guérilla » – représailles collectives, tortures, exécutions extrajudiciaires, regroupements et déplacements forcés de population –, fragilisent les démocraties occidentales qui agissent en contradiction avec leurs propres valeurs, ce qui peut les exposer à des formes d'autonomisation des forces armées (coups de force des militaires français en Algérie en 1958 puis en 1961). **Sous la pression des opinions publiques internationales, les colonisateurs finissent pourtant par abandonner leurs possessions, pour des raisons tant diplomatiques que militaires.** Ces confits laissent de profondes traces et des blessures mémorielles qui tardent à s'effacer. Ainsi, il a fallu attendre 1999 pour que le conflit algérien soit qualifié par le Parlement français de « guerre » ; quant aux victimes kenyanes de la répression britannique, elles n'ont été indemnisées qu'à partir de 2013. L'indépendance ne protège pas toujours les anciennes colonies des interventions des anciennes puissances impériales : entre 1955 et 1962, la France est ainsi engagée dans la sanglante guerre du Cameroun, un pays pourtant indépendant à partir de 1960.

D'autres décolonisations se passent dans des déchirements humains liés à des conflits endogènes. Celle des Indes britanniques, en 1947, débouche sur une brutale partition entre Inde et Pakistan. Près de 14 millions de personnes fuient leur domicile pour éviter les massacres intercommunautaires, qui font des centaines de milliers de morts. Cette partition et ces déplacements massifs de population contribuent à dégrader durablement le lien entre les deux nouveaux États. Moins brutale, mais également source de tensions, la décolonisation de la Palestine britannique conduit à la naissance de l'État d'Israël en 1948 et à l'exil d'une partie des populations palestiniennes, chassées par les combats. Dans le cas portugais, le refus de toute évolution coloniale de la part de la dictature salazariste, en place jusqu'en 1974, se traduit par une absence de réformes majeures et par le pourrissement de la situation jusqu'aux révoltes angolaise (1961) et mozambicaine (1964). En Rhodésie du Sud (actuel Zimbabwe), la minorité blanche, refusant un éventuel transfert démocratique des pouvoirs vers la majorité noire, décide, en 1964, d'une indépendance unilatérale et rompt avec le Commonwealth six ans plus tard.

Certaines décolonisations sont négociées et se déroulent de manière plus sereine. De septembre 1958 à mars 1961, la Communauté des États associés regroupe les anciennes colonies françaises d'Afrique noire en voie d'indépendance. Seule la Guinée refuse d'adhérer à cette communauté, prenant son indépendance dès septembre 1958 et rejoignant l'ONU en décembre 1958. Au début des années 1960, l'essentiel des colonies africaines de la France a accédé à l'indépendance. Seuls restent les Comores (qui deviendront indépendantes en 1975) et Djibouti (indépendante en 1977). Certaines indépendances britanniques, notamment en Afrique subsaharienne, se passent de manière relativement paisible et donnent naissance à des États stables : c'est le cas de Ceylan (aujourd'hui Sri Lanka), qui instaure à son indépendance en 1948, un régime à caractère démocratique. Dans certains cas, enfin, le processus de décolonisation tourne court : l'indépendance de l'île de Zanzibar, sous domination d'une oligarchie d'origine arabe, échoue en 1963, et l'île est intégrée au Tanganyika (qui devient la Tanzanie). L'Afrique du Sud se comporte elle-même en nouvelle puissance coloniale après la Seconde Guerre mondiale, en contrôlant *de facto* la Namibie, indépendante seulement en 1989, et en soutenant le gouvernement blanc de Rhodésie du Sud (aujourd'hui Zimbabwe) jusqu'à sa chute en 1979.

Pour aller plus loin

Dossier « Décolonisation » de l'Institut national de l'audiovisuel (INA)
liennathan.fr/523vak

Ressources de l'ONU sur la décolonisation et les pays en voie de développement
liennathan.fr/6ne76z

B. UN MONDE EN PROIE À DE GRANDES DIFFICULTÉS

Une grande partie des pays anciennement colonisés se trouvent, au moment de leur indépendance, dans une situation économique difficile, comme le signale Alfred Sauvy dans son article fondateur de 1952. Néanmoins, la diversité des situations est alors déjà grande et explique en partie les différenciations ultérieures.

1. Des États impuissants, certains pays divisés

Au moment des indépendances, certaines situations se révèlent structurellement dramatiques, tant les moyens et les structures manquent pour assurer une prise en main efficace des pouvoirs transférés par les anciennes métropoles. Ainsi, le Congo belge (Zaïre, aujourd'hui République démocratique du Congo) ne comprend, à la veille de son indépendance, que 30 diplômés de l'enseignement supérieur pour 13 millions de colonisés dans un pays 80 fois plus grand que la Belgique métropolitaine. Des pans entiers des services sociaux y sont alors gérés par une Église catholique particulièrement conservatrice et paternaliste. L'essentiel des fonctions de direction, d'expertise et d'ingénierie est assumé par 100 000 Blancs, dont 80 000 Belges. L'indépendance laisse un pays désorganisé et démuni d'un point de vue politique et administratif. Au Rwanda, devenu indépendant en 1962, la colonisation belge avait longtemps favorisé la minorité tutsie, vue comme plus « évoluée » et « civilisée » que la majorité hutue – contribuant à créer et à naturaliser un fossé entre les deux communautés. La rivalité entre celles-ci ne cesse de se creuser durant les décennies

Le regard d'un économiste et démographe

Alfred Sauvy et le tiers-monde

Dans un article fondateur, l'économiste et démographe Alfred Sauvy utilise des termes qui rappellent ceux du pamphlet « Qu'est-ce que le tiers état ? » rédigé par l'abbé Sieyès et paru en janvier 1789, à la veille de la Révolution française.

Nous parlons volontiers des deux mondes en présence, de leur guerre possible, de leur coexistence, etc., oubliant trop souvent qu'il en existe un troisième, le plus important et, en somme, le premier dans la chronologie. C'est l'ensemble de ceux que l'on appelle, en style Nations Unies, les pays sous-développés. [...] Les pays sous-développés, le troisième monde, sont entrés dans une phase nouvelle : certaines techniques médicales s'introduisent assez vite pour une raison majeure : elles coûtent peu. [...] De ce fait, ces pays ont notre mortalité de 1914 et notre natalité du XVIIIe siècle. Certes, une amélioration économique en résulte : moins de mortalité de jeunes, meilleure productivité des adultes, etc. Néanmoins, on conçoit bien que cet accroissement démographique devrait être accompagné d'importants investissements pour adapter le contenu au contenant. Or ces investissements vitaux [...] se heurtent [...] au mur financier de la guerre froide. Le résultat est éloquent : le cycle millénaire de la vie et de la mort est ouvert, mais c'est un cycle de misère. [...] Peut-être, à sa vive lueur, le monde n° 1 pourrait-il, même en dehors de toute solidarité humaine, ne pas rester insensible à une poussée lente et irrésistible, humble et féroce, vers la vie. Car enfin, ce tiers-monde ignoré, exploité, méprisé comme le tiers état, veut, lui aussi, être quelque chose.

Alfred Sauvy, « Trois mondes, une planète », *France Observateur*, 14 août 1952.

Texte à l'appui

Intégralité de l'article
liennathan.fr/6gk35p

suivantes, jusqu'à la guerre civile du début des années 1990, marquée par le génocide tutsi. La Libye, théâtre d'une brutale répression fasciste en 1929-1931 qui perturbe durablement les équilibres sociaux et démographiques du territoire, puis théâtre des opérations de la « guerre du désert » durant la Seconde Guerre mondiale, accède à l'indépendance en 1951 et se trouve vite confrontée à de graves difficultés économiques, alors que les tensions éclatent entre les différentes parties de sa population.

Dans d'autres cas, la poursuite des conflits après 1945 pèse sur un tissu économique déjà fragile et amplifie les tensions politiques et sociales déjà fortes. Dans la péninsule indochinoise ou en Chine, la guerre froide suit presque immédiatement la Seconde Guerre mondiale, dont elle amplifie les effets dévastateurs. L'effondrement de l'Empire japonais aiguise les compétitions entre les anciens colonisateurs, les superpuissances et les élites locales anticoloniales. Entre 1950 et 1953, la péninsule coréenne, coupée en deux, est ravagée par un conflit particulièrement sanglant (entre 2 et 3 millions de morts estimés, notamment du fait de bombardements aériens systématiques) au sortir duquel les deux Corées sont dévastées (la ville de Pyongyang est presque totalement détruite). En Chine, après une occupation et une guerre sans merci conduites par le Japon (1931-1945), la guerre civile entre communistes et nationalistes reprend et dure jusqu'à 1949. Le Parti communiste chinois, dirigé par Mao Zedong, accède au pouvoir dans une Chine continentale appauvrie et ayant subi de lourdes pertes humaines ; Taïwan, relativement plus riche, demeure sous contrôle nationaliste, Hong Kong sous domination britannique. La péninsule indochinoise vit une succession de guerres et de guérillas de la Seconde Guerre mondiale jusqu'à la fin des maquis Khmers rouges en 1999, au Cambodge. Une campagne de bombardements américains particulièrement destructrice, avec usage d'un défoliant (« agent orange ») très toxique pour la population comme pour la faune et la flore, a lieu durant les années 1960 et 1970 au Nord-Vietnam, au Laos et au Cambodge.

2. Des atouts non négligeables

Certains pays sont dans une situation plus favorable lorsqu'ils accèdent à l'indépendance. Ainsi en est-il des Indes britanniques et de l'Égypte, où le tissu productif avait été encouragé par l'économie de guerre. C'est le cas aussi des pays pétroliers qui avaient obtenu avant la guerre des conditions favorables dans leurs échanges commerciaux avec les pays occidentaux. Le régime de Reza Chah Pahlavi en Iran ou celui d'Ibn Seoud en Arabie saoudite bénéficient du soutien de la Grande-Bretagne et des États-Unis, et de substantielles rentrées d'argent liées aux *royalties*, un système de rétributions versées par les compagnies pétrolières en contrepartie de l'exploitation des gisements. Dans le cas saoudien, le contrôle des lieux sacrés de l'islam assure aussi une manne financière liée aux pèlerinages. De même, **les pays qui bénéficient d'élites et de classes moyennes déjà nombreuses gèrent plus aisément l'indépendance. C'est notamment le cas de l'Indonésie**, où avait émergé, depuis le début du XXe siècle, une bourgeoisie petite et moyenne de fonctionnaires, de commerçants et d'entrepreneurs, qui forme, à partir de la reconnaissance de l'indépendance, en 1949, l'armature du nouveau régime. Certains pays font même figure de modèle à suivre et à copier. C'est en particulier le cas de la République de Turquie, qui a pour double caractéristique d'avoir échappé à la colonisation et d'avoir profondément occidentalisé son administration, et en partie sa société, sous la direction de Mustafa Kemal (1923-1938), dit « Atatürk » (« père des Turcs »). Le modèle kémaliste, mélange de nationalisme, de sécularisation et de développement économique volontariste, fascine une partie des élites modernisatrices du monde musulman. Le *Wafd*, parti libéral égyptien fondé en 1919, et le Néo-Destour, parti progressiste tunisien né en 1934, reprennent ce modèle en partie – même si les rapports entre la Turquie kémaliste et le monde arabe sont difficiles. Plus tard, durant les années 1960-1970, les réformes économiques, sociales et politiques des monarchies iranienne et afghane s'inspireront plus ou moins ouvertement de la Turquie de Mustafa Kemal.

III. Le tiers-monde, un acteur des relations internationales (années 1950-1970)

Dès les années 1940, s'affirme l'idée selon laquelle les pays du tiers-monde seraient liés par une certaine communauté de destin aux implications à la fois culturelles et politiques. Des années 1950 aux années 1970, les pays du tiers-monde tentent, non sans difficultés, de s'unir afin de peser dans les relations internationales.

A. FAIRE DU TIERS-MONDE UN ACTEUR UNIFIÉ

1. L'émergence d'un espace intellectuel et politique commun

Les différentes situations économiques, politiques et culturelles n'excluent pas des similitudes entre les États d'Asie et d'Afrique devenus indépendants, auxquels sont parfois associés ceux d'Amérique latine. L'idée d'un destin commun explique la formation à l'ONU, en juillet 1947, d'un groupe arabo-asiatique pour défendre l'indépendance indonésienne. Dès mars-avril 1947, une conférence asiatique à New Delhi accueille les représentants de 25 pays d'Asie. Un groupe « afro-asiatique » naît en décembre 1950 pour réagir à la guerre de Corée. Cette mobilisation ne peut se comprendre sans l'**émergence d'une pensée tiers-mondiste, c'est-à-dire hostile à la domination occidentale (qu'elle soit économique, politique ou culturelle) qui se renforce à partir de 1945**. Elle est nourrie d'intellectuels aux parcours divers. Le psychiatre français Frantz Fanon (1925-1961) est l'auteur de l'un des grands ouvrages de cette mouvance intellectuelle, *Les Damnés de la terre* (publié en 1961). Aimé Césaire (1913-2008), homme politique et écrivain français, relie combat anticolonial, défense des populations d'origine africaine, critique du sort des outremers caribéens et volonté de décoloniser jusqu'aux mentalités même. L'économiste égyptien Samir Amin (1931-2018) théorise la notion de « dépendance » des pays du tiers-monde dans les échanges internationaux. L'universitaire américano-palestinien Edward Saïd (1935-2003) pense de manière critique « l'orientalisme », c'est-à-dire la vision exotique et souvent péjorative de l'Orient, qu'il juge être une entité construite par l'Occident. Ivan Illich (1926-2002), intellectuel chrétien qui vécut au Mexique, est l'un des fondateurs de l'écologie moderne. Le prêtre péruvien Gustavo Gutiérrez Merino (né en 1928) formule la notion de « théologie de la libération », qui veut lier catholicisme, action dans les classes populaires et critique socio-économique. Ce courant est particulièrement populaire après le concile Vatican II (1962-1965). Les penseurs latino-américains, l'exemple de la révolution cubaine à partir de 1959 et la figure du révolutionnaire argentin Ernesto Che Guevara (1928-1967) ont une influence profonde sur certains mouvements et dirigeants du tiers-monde, d'autant que l'Amérique latine possède des traits qui ne sont pas sans rappeler l'expérience des anciennes colonies africaines et asiatiques : passé colonial, domination économique des États-Unis, profondes inégalités sociales et raciales.

Ces analyses se combinent à des courants idéologiques transnationaux puissants, comme le panarabisme, qui entend unifier et moderniser le monde arabe, mélangeant références religieuses, sécularisation et projet de « socialisme arabe ». Le panarabisme est porté par certains des *leaders* du Moyen-Orient, en particulier le dirigeant égyptien Gamal Abdel Nasser (1918-1970) ou par le *Baath*, parti de l'unification arabe fondé en 1947 en Syrie. Ces *leaders* se retrouvent, en 1945, au sein de la Ligue arabe. Les idées nationalistes arabes progressent fortement à partir des années 1950, notamment dans la lutte contre Israël. De même, le panafricanisme, qui souhaite rapprocher les pays africains et les débarrasser des vestiges du colonialisme, est porté par des indépendantistes comme Patrice Lumumba (Congo belge), Kwame Nkrumah (Ghana) ou Julius Nyerere (Tanzanie). Une « conférence des États indépendants d'Afrique » se réunit au Ghana le 15 avril 1958 et lance un appel à une libération totale du continent. Entre 1958 et 1963, dix conférences panafricaines conduisent à la création de l'OUA (Organisation de l'unité africaine), qui réunit 30 États lors de la conférence d'Addis-Abeba. **Une telle mobilisation se traduit par l'émergence du mouvement « non aligné », qui refuse de rejoindre l'un des camps de la guerre froide. Le premier événement concrétisant ce souhait est la conférence afro-asiatique de Bandung, en avril 1955.** Première rencontre des pays nouvellement décolonisés, celle-ci exprime à la fois l'exigence d'une décolonisation totale de l'Afrique et de l'Asie, d'une lutte contre les inégalités, et la demande de rapports plus équilibrés entre le tiers-monde naissant et les puissances occidentales et soviétiques. **Elle est suivie par la conférence de Belgrade, en septembre 1961, la première à être qualifiée de « non alignée ».** Loin de se limiter à la neutralité dans la guerre froide, le mouvement des non-alignés réclame un profond changement géopolitique et économique, afin d'effacer les traces du colonialisme. Certains lieux deviennent des points de rencontre, d'échange, d'exil pour les militants du tiers-monde. C'est notamment le cas d'Alger dans les années 1960, où se rendent Che Guevara, de futurs militants afro-américains des *Black panthers* ou encore des militants de l'ANC (*African National Congress*), parti hostile à l'apartheid en Afrique du Sud. C'est encore à Alger, le 15 novembre 1988, que les leaders de l'Organisation de libération de la Palestine (OLP) proclament la naissance d'un État palestinien. La Havane, Mexico ou New Dehli sont aussi des villes importantes pour les intellectuels et les militants tiers-mondistes.

Pour aller plus loin

Textes et archives de la conférence de Bandung (1955) numérisés par l'Université du Luxembourg
liennathan.fr/c75m5k

2. Un tiers-monde sous influence ?

Une telle volonté de critiquer la domination occidentale et le refus des logiques de la guerre froide ne font pas l'unanimité au sein du tiers-monde. Par anticommunisme, certains dirigeants – soutenus par des franges plus ou moins importantes de leurs populations – sont profondément ancrés dans le camp occidental. Ainsi, l'Arabie saoudite, la Corée du Sud, l'Iran jusqu'en 1979, le Pakistan, le Sud-Vietnam jusqu'en 1975 ou bien la Turquie constituent de solides soutiens aux États-Unis. Ces pays offrent à Washington, avec qui ils partagent la crainte du communisme, des facilités pour installer des bases militaires sur leurs territoires. Pour certains de ces pays, comme l'Iran, le Pakistan ou la Corée du Sud, proches ou frontaliers du bloc soviétique, la peur est particulièrement vive. De nombreuses forces politiques et religieuses s'alignent sur le monde occidental ; c'est le cas des courants catholiques conservateurs (particulièrement puissants en Afrique noire ou en Asie), évangéliques (qui percent en Corée du Sud à partir des années 1950) ou musulmans traditionnels (Pakistan, Moyen-Orient, Indonésie, Malaisie). En Indonésie, la vague de massacres antichinois et anticommunistes de 1965 et 1966 est en partie légitimée par la défense d'un islam conservateur et révèle une xénophobie tournée contre une diaspora* présente dans toute l'Asie du Sud-Est et très active dans les réseaux commerciaux régionaux. Dans le cas de la Corée du Sud ou du Sud-Vietnam, les chrétiens ayant fui les Nords communistes sont souvent de fervents soutiens aux pouvoirs antimarxistes. En Afrique, le régime sud-africain d'apartheid, allié indéfectible du bloc occidental, joue un rôle important dans la lutte contre l'influence du bloc de l'Est sur le continent. **Le tiers-monde devient, de ce fait, un terrain d'affrontement entre superpuissances.** Les États-Unis interviennent militairement en 1958 au Liban pour soutenir le pouvoir pro-occidental de Camille Chamoun. Le dirigeant congolais Patrice Lumumba est assassiné en 1961 par des concurrents politiques, avec l'assentiment de plusieurs services secrets occidentaux.

Par ailleurs, les anciennes puissances coloniales n'ont pas renoncé à exercer leur influence au sein de leur ancien empire, où subsistent des intérêts économiques et stratégiques majeurs. Plusieurs ouvrages dénoncent la persistance de cette domination

DÉFINITION

Diaspora : le terme désigne à la fois les communautés émigrées et les réseaux transnationaux qu'elles entretiennent, notamment, avec leurs pays d'origine.

économique, comme *Le Pillage du tiers-monde* de Pierre Jalée[4] ou *Main basse sur l'Afrique* de Jean Zeigler[5]. En 1956, Britanniques, Français et Israéliens tentent de mettre à bas le régime de Nasser et de reprendre le contrôle du canal de Suez. L'opération échoue car les deux Grands s'y opposent. En Afrique subsaharienne, la France de De Gaulle maintient ce qui est appelé de manière polémique la « Françafrique ». Celle-ci repose sur un réseau serré de dirigeants africains pro-français et pro-occidentaux, le maintien d'une forte présence militaire et la défense d'intérêts économiques au cœur d'un continent riche en ressources. Jacques Foccart (1913-1997), conseiller présidentiel pour les affaires africaines de Charles de Gaulle puis de Georges Pompidou, joue un rôle déterminant dans de telles pratiques. Cet interventionnisme survit aux changements de majorité politique, par exemple à l'alternance de 1981 avec, sous la présidence de François Mitterrand, une « cellule africaine » à l'Élysée.

B. LE TIERS-MONDE, UN ENJEU DES RELATIONS INTERNATIONALES

1. Une certaine autonomie dans la guerre froide ?

Occuper une place stratégique dans les relations internationales a pu constituer une sorte de rente pour certains pays du tiers-monde. La Corée du Sud, positionnée stratégiquement à la frontière du monde communiste, bénéficie de près de 12,6 milliards de dollars d'aide américaine, de 1,9 milliard de la part des institutions internationales et de 800 millions de la part du Japon entre 1946 et 1976. Cette aide contribue à la reconstruction du tissu productif endommagé par la guerre de Corée et au spectaculaire décollage économique du pays. En Tunisie, le dirigeant Habib Bourguiba remplace progressivement l'aide financière française par l'aide américaine. Certains pays officiellement neutralistes, comme Cuba à partir de 1959, l'Algérie à partir de 1965, ou la Libye à partir de 1969, basculent en réalité dans l'alliance avec la superpuissance soviétique, profitant d'aides techniques, militaires ou financières de la part du bloc de l'Est. **D'autres pays se rallient à l'un ou l'autre camp, retirant à chaque fois des bénéfices du changement d'alliance.** Ainsi, l'Égypte de Nasser passe, entre 1954 et 1970, d'un relatif équilibre entre superpuissances à l'alliance affirmée avec l'URSS. En sens contraire, sous sa présidence (de 1970 à 1981), Anouar el-Sadate fait basculer l'Égypte dans un rapprochement affirmé avec les États-Unis. Au Zaïre, Mobutu (1965-1997) assure d'abord l'ancrage de son pays dans le camp occidental – il fut ainsi le seul dirigeant africain à soutenir ouvertement l'Afrique du Sud à l'époque de l'apartheid – avant de se rapprocher de la Chine durant les années 1970. La Somalie de Mohamed Siad Barre (1969-1991) obtient successivement le soutien de l'URSS puis des États-Unis. D'autres pays, comme l'Inde sous la direction de Nehru (1947-1964), réussissent à obtenir à la fois le soutien des pays occidentaux – d'autant qu'une prospère diaspora indienne s'établit progressivement aussi bien en Grande-Bretagne qu'aux États-Unis – et celui du bloc de l'Est.

En outre, **certains conflits ou tensions ne sont pas réductibles à la guerre froide** : par exemple, l'opposition entre pays nationalistes arabes et pétromonarchies ne se réduit pas à un affrontement Est-Ouest, même si les protagonistes savent utiliser celui-ci. Il en va de même pour la sanglante guerre du Biafra (1967-1970), qui se déroule à l'est du Nigeria, opposant en sous-main Anglo-Saxons (favorables aux forces nigérianes) et Français (aidant les séparatistes biafrais). En sens contraire, certains conflits entre États frontaliers (Algérie et Maroc, Pakistan et Inde, Éthiopie et Somalie) sont saisis par la guerre froide, chacun des pays cherchant le soutien d'un des blocs pour défendre ses intérêts.

4. Pierre Jalée, *Le Pillage du tiers-monde*, Paris, Éditions Maspero, 1965.
5. Jean Zeigler, *Main basse sur l'Afrique*, Paris, Seuil, 1978.

2. Les voies du développement

Comme le souligne l'historien Christopher W. Dietrich[6], **la capacité d'autonomie vis-à-vis des puissances occidentales ou communistes est particulièrement forte dans le groupe des pays pétroliers du golfe Persique, d'Afrique du Nord et d'Amérique latine**. Dès les années 1950, des contacts s'établissent entre des experts, ingénieurs et personnels politiques des pays producteurs d'hydrocarbures, afin de mieux peser sur le marché mondial et surtout de gagner en autonomie par rapport aux entreprises et aux experts occidentaux. Au travers de l'OPEP (Organisation des pays exportateurs de pétrole), fondée en 1960, les élites de ces pays prennent conscience de la nécessité de faire front commun face aux grandes compagnies pétrolières occidentales. Ceci n'empêche pas des interventions occidentales parfois musclées dès lors que l'approvisionnement en hydrocarbures ou l'équilibre géopolitique de la région semblent menacés : le Premier ministre iranien Mohammad Mossadegh, soupçonné de vouloir se tourner vers le bloc soviétique, est victime, en 1953, d'un coup d'État largement orchestré par Londres et Washington. Cependant, les pays pétroliers deviennent progressivement des acteurs incontournables des relations internationales. En 1950, l'Arabie saoudite obtient le partage des bénéfices pétroliers avec les exploitants occidentaux. En 1951, l'Iran nationalise son industrie pétrolière. Une décision bientôt suivie par d'autres pays pétroliers : fondation de Petrobras en 1953 au Brésil, de la société algérienne Sonatrach en 1963 ou encore de la NOC établie en Libye en 1970. Ces sociétés, aux ressources et aux effectifs particulièrement importants, constituent pour l'État le pilier central d'une économie de type rentière, où les pouvoirs publics maintiennent la paix sociale, font progresser les niveaux de vie et de formation, développent des infrastructures coûteuses – certaines de prestige – et achètent les biens d'équipement à l'étranger. En période de fort prix des hydrocarbures, les revenus obtenus tendent à masquer les difficultés structurelles de l'économie rentière. Dans le cas algérien, les revenus pétroliers doivent permettre de pallier les effets de la nationalisation de l'agriculture, inspirée du modèle soviétique. Or, les rendements agricoles de l'Algérie, qui a pourtant massivement mécanisé les nouvelles fermes étatisées, stagnent à partir des années 1970, tandis qu'en Tunisie et au Maroc, ils augmentent fortement. Dans certains cas, comme en Arabie saoudite, la logique clientéliste favorise des élites qui captent l'essentiel des richesses. D'autres pays perpétuent des logiques d'économie rentière basées principalement sur les ressources minières, comme le Zaïre avec son cuivre. D'autres États poursuivent des pratiques agricoles héritées de la colonisation en développant des monoproductions végétales – le cacao en Côte d'Ivoire, l'arachide au Sénégal – qui les placent en situation de dépendance vis-à-vis des marchés mondiaux.

Les travaux les plus récents mettent l'accent sur l'importance des diasporas post-coloniales (caribéennes, africaines, asiatiques) dans la création et l'animation de réseaux culturels, économiques et politiques transnationaux complexes qui peuvent servir de levier au développement. Durant les années 1970, le gouvernement indien encourage les personnes dotées du statut de *non-resident Indian* (NRI) à investir leur argent au pays, allant jusqu'à créer une administration dédiée à ce sujet en 1986. Les effets sont souvent croisés entre les pays d'origine et ceux d'accueil de la diaspora. L'immigration sud-coréenne aux États-Unis contribue, par exemple, à cimenter mais aussi à modifier les rapports entre les deux pays. En 1991, les Coréens constituaient aux États-Unis la troisième communauté étrangère d'un point de vue numérique, et l'une des plus prospères, offrant à la Corée du Sud un certain relais sur le sol américain. En retour, cette diaspora a conforté

6. Christopher R. W. Dietrich, *Oil Revolution. Anticolonial Elites, Sovereign Rights, and the Economic Culture of Decolonization*, Cambridge, Cambridge University Press, 2017.

le processus d'américanisation (culturelle, sociale et religieuse) du pays d'origine. De même, les États du Maghreb furent attentifs à garder un lien fort avec les communautés émigrées en Europe, par exemple par le biais d'associations, de mosquées et d'organismes placés sous le contrôle des ambassades.

III. Le constat d'une hétérogénéité croissante (années 1970-1980)

Les années 1970-1980 sont marquées par plusieurs ruptures. Tout d'abord, la crise économique qui s'ouvre en 1973 différencie de manière décisive les pays qui connaissent un développement rapide et de ceux qui s'enfoncent dans les difficultés. Cette décennie confirme aussi le reflux des combats communs et des idéologies qui avaient tenté de structurer un tiers-monde unifié.

A. LE TOURNANT DES ANNÉES 1970

1. Certains pays continuent de se développer

Avec la brusque montée des prix des hydrocarbures en 1973, les pays producteurs de pétrole, notamment ceux de l'OPEP, se retrouvent dans une position de force inédite non seulement vis-à-vis de l'Occident, mais aussi vis-à-vis des autres pays du tiers-monde dépourvus de cette ressource. Ces derniers voient leurs balances commerciales se dégrader fortement entre 1973 et 1980, alors que celles des membres de l'OPEP connaissent des excédents sans précédent sur la même période [→ DOCUMENT 1]. Les pays pétroliers en profitent pour parfaire le contrôle de leurs richesses : entre 1972 et 1980, l'Arabie saoudite conquiert progressivement la totalité de la propriété de l'Aramco, la société qui exploite les gisements du pays. Cet enrichissement, souvent spectaculaire, offre des moyens d'influence inédits : les pétromonarchies du Golfe se lancent dans la promotion d'un islam sunnite conservateur dans le monde entier, y compris en Occident, notamment grâce à la Ligue islamique mondiale (fondée par les Saoudiens en 1962). Du côté des pays pétroliers panarabes, comme l'Algérie, l'Irak ou la Libye, les rentrées d'argent servent aussi à affirmer une place géopolitique plus importante (par le biais, notamment, d'un développement des

Document 1. Comparaison des balances courantes de trois groupes de pays (en milliards de dollars) entre 1973 et 1980

	1973	1974	1975	1976	1977	1978	1979	1980
Pays développés	19,3	– 11,6	17,9	– 0,5	– 4,1	33,4	– 9,8	– 50
Pays membres de l'Organisation des pays exportateurs de pétrole (OPEP)	6,6	67,8	35	40	31,9	50	68,4	115
Pays non développés non membres de l'OPEP	– 11,5	– 36,9	– 45,9	– 32,9	– 28,6	– 35,8	– 52,8	– 70

Source : Christopher R.W. Dietrich, *Oil Revolution. Anticolonial Elites, Sovereign Rights, and the Economic Culture of Decolonization*, Cambridge, Cambridge University Press, 2017.

forces armées), tout en permettant de continuer à mener une expérience économique socialisante (essor des grandes industries, réformes agraires).

Les pays pétroliers ne sont pas les seuls à connaître un fort développement durant les années 1970. C'est également le cas de nombre de pays d'Asie qui bénéficient du phénomène de « dissémination de la prospérité japonaise », selon l'expression d'Hugues Tertrais[7]. L'économie nippone – qui a réalisé, à partir des années 1950, un véritable « miracle économique », entraînant de fortes hausses de salaire – délocalise progressivement les industries nécessitant une main-d'œuvre peu coûteuse. **Les entreprises japonaises s'installent ou choisissent des sous-traitants en Corée du Sud, à Hong Kong, à Singapour et à Taïwan (surnommés les « 4 Dragons »), qui deviennent « l'atelier du monde » et connaissent un fort développement.** Plus généralement, c'est une partie importante de la zone Asie-Pacifique qui se trouve influencée, par exemple la Malaisie et l'Indonésie. La croissance de la Corée du Sud est intense à partir du plan quinquennal de 1962, et s'appuie sur les trois grands *chaebols* (conglomérats industriels) que sont Samsung (fondé en 1938), LG et Daewoo (fondés en 1967). Les nations arrimées à la croissance japonaise sont aussi capables de créer un développement autonome. C'est le cas de Singapour, cité-État indépendante en 1965, qui perd pourtant l'une de ses principales ressources en 1971 avec le départ des troupes navales britanniques. À l'aide d'une politique volontariste d'attraction des industries de biens de consommation, le soutien aux chantiers navals, à l'investissement et à la formation, Singapour connaît, durant ses 20 premières années d'indépendance, un taux de croissance annuel moyen de 10 %, et se détache progressivement de la production de biens d'équipement à faible valeur ajoutée pour investir les secteurs de pointe et l'activité bancaire. Des pays se développent aussi hors de cette zone géographique. **L'Inde et l'Iran, engagés tous deux dans une réforme économique de grande ampleur, notamment dans le domaine agricole (« Révolution blanche » iranienne à partir de 1963, « Révolution verte » indienne à partir de 1966), connaissent un réel décollage économique.** L'autosuffisance alimentaire est acquise dans un contexte de croissance démographique et d'exode rural élevés, les niveaux d'éducation progressent et un secteur industriel moderne s'installe. L'économie indienne, après un relatif essoufflement durant les années 1970 (le taux moyen de croissance annuelle du PIB s'élève à un peu moins de 3 %), connaît un sensible rebond durant les années 1980, confirmant la montée des services (éducation, communications) au détriment du secteur agricole, dont la part dans la valeur ajoutée diminue. **En Afrique australe, le Botswana connaît le plus fort taux de croissance économique au monde de 1966 à 1992.** Comme le souligne l'économiste Charles Harvey, le pays, qui s'appuyait sur de larges réserves minières (de diamants, notamment), a évité les écueils d'une logique rentière en développant son appareil productif, son niveau de formation et ses institutions publiques. De même, la Tunisie, sous le long règne de Bourguiba (1957-1987), mène une stratégie d'investissement volontariste dans l'éducation, les infrastructures et la santé. Après l'expérience socialisante de 1961 à 1969 poussée par l'ancien syndicaliste Ahmed Ben Salah, le pays adopte un fonctionnement économiquement plus libéral et attire les investissements étrangers. La Tunisie accueille les entreprises étrangères en quête d'une main-d'œuvre formée et compétitive, et, par la suite, les touristes.

2. D'autres pays sont en grande difficulté

Certains pays du tiers-monde s'enfoncent dans une situation de plus en plus dégradée après 1973. Le plus souvent, les difficultés structurelles préexistaient au choc

7. Hugues Tertrais, *L'Asie pacifique au XXe siècle*, Paris, Armand Colin, 2015.

pétrolier. Par exemple, entre 1950 et 1980, le tiers-monde passe de 1,69 à 3,51 milliards d'habitants. Certains auteurs, comme l'agronome René Dumont dans son ouvrage *L'Afrique noire est mal partie* (1962), s'inquiètent très tôt de cet accroissement de population qui risquerait de compromettre le développement. Cette poussée démographique n'était pas un problème tant que la croissance économique était forte, mais au début des années 1970, la situation change. La chute des cours de certaines matières premières, le coût accru des hydrocarbures, la faiblesse des appareils productifs rendent difficile la gestion de la croissance démographique qui se poursuit. Combinés, ces facteurs, au demeurant disparates, obligent certains pays à emprunter ou à dégrader leurs balances commerciales et ouvrent une grave crise de la dette. Comme le note l'économiste Valérie Kessler, **l'endettement de l'Afrique subsaharienne explose, passant de moins de 6 milliards de dollars en 1970, à plus de 70 milliards en 1979**. Tous les pays du tiers-monde ne sont pas égaux devant la dette : certains peuvent la financer par des exportations de matières premières aux cours élevés, par une production industrielle compétitive ou même en investissant les emprunts de manière rentable. D'autres pays se trouvent en revanche étranglés, surtout quand ils ont procédé à des choix d'investissement peu rentables, voire désastreux, comme les « éléphants blancs », vastes infrastructures ou bâtiments édifiés à prix d'or mais sans véritable bénéfice pour les économies locales (par exemple, la basilique de Yamoussoukro, en Côte d'Ivoire). Les politiques de planification volontaristes, qui avaient marqué une grande partie du tiers-monde, sont bientôt délaissées. Une libéralisation poussée de l'économie a lieu dans une partie croissante du tiers-monde, à partir de 1969 en Tunisie, de 1972 en Égypte (*Infitah*, « porte ouverte »), de 1973 au Chili, de 1978 en Chine et de 1988 en Algérie. **Les organismes internationaux (Banque mondiale, FMI) encouragent les « politiques d'ajustement », des réformes parfois douloureuses pour réduire l'endettement. Privatisations, ouverture à la concurrence, réorganisation des services publics et réduction des subventionnements des produits de base suscitent un choc social particulièrement violent** [→ CHAPITRE 11]**.** De leurs côtés, les pays qui maintiennent une économie de type marxiste-léniniste connaissent des difficultés croissantes, liées à l'inefficacité des choix et des méthodes. Dans des contextes de mauvaises récoltes (par exemple, au Niger entre 1969 et 1974, en 1976, puis en 1984 et 1985) ou de décisions agricoles désastreuses (Éthiopie ou Cambodge de 1975 à 1979), des famines frappent des populations déjà affaiblies.

ZOOM ▶ René Dumont, *L'Afrique noire est mal partie*, Paris, Seuil, 1962

Au moment des premières années d'indépendance de l'Afrique, une forme d'optimisme régnait aussi bien parmi les élites des anciennes colonies qu'au sein des opinions progressistes occidentales. C'est dans ce contexte que l'agronome René Dumont (1904-2001), l'un des fondateurs de l'écologie moderne en France (il fut le premier candidat présidentiel de cette mouvance en 1974), publie, en 1962, un ouvrage à contre-courant intitulé avec provocation : *L'Afrique noire est mal partie*. Il y souligne tout d'abord que les structures coloniales ont défavorisé l'agriculture vivrière, qu'il considère être fondamentale à la fois pour accompagner la croissance démographique (déjà soutenue) et pour maintenir l'équilibre des milieux ruraux. Il note aussi que les choix des pays nouvellement indépendants sont discutables, se situant souvent dans l'héritage de la colonisation. Programmes démesurés, inefficacité, voire corruption des administrations, logique rentière... Dumont est très sévère envers les élites africaines qui, selon lui, méprisent ou ignorent les besoins de la paysannerie et de l'autosuffisance alimentaire. Partisan d'un développement endogène, il critique la tentation, selon lui vaine, de l'imitation de quelque modèle occidental. En outre, il sort des stéréotypes négatifs alors bien ancrés sur l'agriculture africaine, qu'il pense au contraire être une clé de la réussite du continent. À sa sortie, l'ouvrage est abondamment commenté et critiqué. Il ouvre la voie à l'analyse des séquelles économiques de la colonisation, dont des auteurs comme Samir Amin ont systématisé l'étude.

La crise économique d'une partie du tiers-monde à partir de 1973 a de profondes conséquences sociales. Le statut des femmes, qui avaient parfois accédé à l'éducation et au marché de l'emploi, est remis en cause. Comme le note Catherine Coquery-Vidrovitch[8] en Afrique subsaharienne, les salaires d'usine deviennent moins importants que les revenus de l'économie informelle, y poussant les femmes qui se précarisent à terme. Les jeunes qui arrivent sur le marché du travail du fait de la croissance démographique se retrouvent à la fois beaucoup mieux formés que leurs parents et sans emploi et sans logement, ce qui nourrit de fortes tensions sociales et politiques. **Afin d'éviter une nouvelle poussée démographique, des pays comme l'Inde (dès le plan quinquennal de 1950-1951) et la Chine (politique de l'« enfant unique » de 1979 à 2015) s'engagent dans des politiques de contrôle des natalités** : incitations en matière de réduction des naissances, contraception, avortement, stérilisation parfois forcée. Tout en contribuant à réduire la croissance démographique, ces mesures ont des conséquences imprévues, comme la réduction du nombre de filles (victimes d'infanticides, dans des sociétés où la dot coûte cher). En outre, la raréfaction des ressources et des moyens publics aggrave la compétition et les conflits entre groupes ethniques. C'est par exemple le cas du Rwanda, où à partir de 1972, les persécutions contre la minorité tutsie s'accompagnent de mesures discriminatoires et de privation d'emplois. En septembre 1979, la Conférence de La Havane (la sixième qualifiée de non-alignée) publie une déclaration alarmiste sur le délitement de certaines économies du tiers-monde [→ TEXTE À L'APPUI]. Même dans les pays qui continuent à connaître un développement économique rapide, les coûts de la croissance et des méthodes employés se posent. En 1984 à Bhopal, en Inde, une explosion chimique dans une usine du groupe américain Union Carbide tue des centaines de personnes, en affecte des milliers d'autres, et pollue durablement l'environnement. La catastrophe symbolise la dégradation écologique et les risques industriels qui accompagnent la course effrénée au développement.

Texte à l'appui

Déclaration de la conférence des pays non alignés, La Havane, 3-9 septembre 1979

liennathan.fr/6a93yf

B. LE TIERS-MONDE, UN CONCEPT OBSOLÈTE ?

À partir des années 1970, la divergence des trajectoires économiques au sein du tiers-monde se combine à l'éclatement de son unité et à la crise des idéologies qui avaient tenté de l'unifier.

1. Reflux du tiers-mondisme et essor des mouvements islamistes

L'affrontement entre l'Éthiopie et la Somalie (1977-1978), celui entre l'Ouganda et la Tanzanie (1978), l'invasion vietnamienne du Cambodge (1979), la guerre Iran-Irak (1980-1988) ou les conflits au sein de l'Angola et du Mozambique indépendants à partir de 1975 contredisaient l'utopie d'unité du tiers-monde. **La fin des années 1970 et le début des années 1980 voient le tiers-mondisme et le non-alignement péricliter.** Symboliquement, l'Égypte, longtemps championne du panarabisme, signe en 1979 un accord de paix avec Israël, au nom d'un tournant pragmatique et pro-occidental en matière diplomatique. En Afrique du Nord et au Moyen-Orient, les difficultés, la corruption et l'autoritarisme favorisent

8. Catherine Coquery-Vidrovitch, *Les Africaines. Histoire des femmes d'Afrique noire du XIXe au XXe siècle*, Paris, Desjonquières, 1994.

la montée de mouvements islamistes, notamment chez les jeunes en difficulté, les étudiants et les classes moyennes indépendantes. Les plus extrémistes de cette mouvance de l'islam politique contribuent à l'assassinat de Sadate en 1981, ou rejoignent les rangs des moudjahidines combattant les troupes de l'URSS en Afghanistan de 1980 à 1988. L'invasion soviétique de ce pays contribue d'ailleurs à affaiblir les partis et les syndicats marxistes dans le monde musulman, et à accélérer la crise des courants socialistes arabes – qui étaient globalement favorables à l'URSS. La chute du Shah d'Iran en 1979 laisse place à une « révolution islamique » aux conséquences multiples au Moyen-Orient. Face à cette montée de l'islamisme, les pouvoirs arabes alternent entre féroce répression (écrasement de la ville de Hama, en Syrie, en 1982) et instrumentalisation (Code de la famille de 1984 en Algérie, renforçant considérablement la place du droit islamique). **En 1980, l'Irak de Saddam Hussein attaque l'Iran de Khomeiny, dans l'espoir d'abattre la révolution islamique et de conquérir les territoires arabophones de son voisin. L'offensive dégénère en une guerre des plus sanglantes de l'après-1945, avec près de 1 million de morts.** Les conséquences dépassent les deux pays : elles braquent les minorités chiites du Moyen-Orient, traditionnellement marginalisées, contre les pouvoirs sunnites qui soutiennent l'Irak. En Asie, des pays comme l'Indonésie, la Malaisie et le Pakistan n'échappent pas à cette montée des mouvements musulmans conservateurs ou proprement islamistes. Le régime indonésien de Soeharto, entre 1967 et 1998, alterne aussi entre répression et instrumentalisation des mouvements islamistes. Le rôle accru des islamistes dans la société pakistanaise est globalement favorisé sous le régime du général Zia, de 1977 à 1988, au nom de la lutte contre les mouvements de gauche et l'opposition démocratique. Dans le tiers-monde de culture catholique, l'accession de Jean-Paul II à la papauté, en 1978, marque un virage. Le pape affiche son hostilité à l'égard de la « théologie de la libération » et nomme des évêques et de cardinaux plus conservateurs. Lors d'un voyage au Nicaragua en 1979, il désavoue publiquement le prêtre Ernesto Cardenal, membre du gouvernement révolutionnaire sandiniste. En Corée du Sud, « l'Église de l'unification », groupe protestant ultraconservateur fondé en 1954 par le révérend Moon, progresse fortement dans la société durant les décennies 1970 et 1980. Plus globalement, ces évolutions idéologiques multiformes débouchent sur une forme de déstabilisation des logiques qui organisaient jusque-là le tiers-monde. La guerre civile du Liban, entre 1976 et 1990, devient un conflit international dans lequel s'impliquent Israël, la Syrie ou l'Arabie saoudite. Ce conflit accélère la crise du tiers-mondisme et du panarabisme, dont Beyrouth fut l'un des hauts lieux. Il confirme une autre évolution : certains militants et organisations tiers-mondistes, déjà adeptes de l'action terroriste, deviennent, à partir des années 1970, de véritables mercenaires vendant leurs services aux États souhaitant organiser attentats et assassinats. C'est le cas du marxiste libanais Georges Abdallah (né en 1951) ou d'Ilich Ramírez Sánchez (né en 1949), dit « Carlos », un révolutionnaire vénézuélien. La vague d'attentats en Europe dans les années 1970-1980 s'explique ainsi en partie par ce terrorisme mercenaire, qui frappe à Paris en 1982 puis en 1986.

2. Entre désillusions idéologiques et nouveau pragmatisme

La crise idéologique du tiers-monde s'explique aussi par la désillusion, tant en son sein que dans une partie de l'opinion occidentale, face au bilan des régimes qui le composent. La tragédie des *boat-people**, en 1979-1980, fortement médiatisée en Occident, contribue à discréditer les régimes et idéologies « anti-impérialistes » et révolutionnaires du tiers-monde. Le régime cubain, qui avait bénéficié d'une image internationale plutôt positive depuis 1959, perd de sa popularité par son autoritarisme et sa participation à plusieurs conflits armés en Afrique (en Angola, notamment). La Chine de Deng Xiaoping, parallèlement à son ouverture économique, abandonne sa politique de soutien à des partis, guérillas et régimes « anti-impérialistes » ou se réclamant du maoïsme. Sa diplomatie affirme un pragmatisme nouveau, tout comme l'Inde qui avait, jusqu'aux années 1970, volontiers affirmé sa solidarité avec le reste du tiers-monde. Le déclin idéologique et électoral du Parti du congrès, dominant depuis l'indépendance, se traduit par la montée d'un parti de droite hindou, le BJP, fondé en 1980 et qui bénéficie du soutien d'une partie de la diaspora indienne. L'exemple le plus spectaculaire de ce tournant réaliste est l'accord de paix que l'Égypte de Sadate signe avec Israël en 1979, alors que Le Caire avait été, depuis les années 1950, l'un des hauts lieux du panarabisme. **L'affaiblissement des idéologies et objectifs qui avaient unifié le tiers-monde a des conséquences en retour dans les pays qui le composent.** Des régimes comme celui de Mobutu au Zaïre (1965-1997) ou d'Amin Dada en Ouganda (1971-1979) animent des politiques violemment nationalistes durant les années 1970, respectivement en expropriant des entreprises privées et en persécutant les commerçants asiatiques. **Durant les années 1980, dans les opinions occidentales, le tiers-monde est de plus en plus relié à l'action humanitaire**, comme en témoignent le grand concert « Live Aid » en 1985 contre la famine éthiopienne, l'action d'ONG comme Oxfam (fondée en 1942) ou encore celle de Médecins sans frontières (créés en 1971). Comme le souligne l'historienne Eleanor Davey, une telle évolution confirme le tournant internationaliste et humaniste de nombreuses associations occidentales (souvent de culture chrétienne progressiste ou proches de la gauche) et l'avènement d'un nouveau type de solidarité internationale. Elle marque aussi une forme de désillusion occidentale pour les mouvements et les régimes qui avaient inspiré le tiers-mondisme, alors que l'effondrement du bloc de l'Est, à partir de 1989, accélère et confirme le reflux révolutionnaire dans le tiers-monde. Certains régimes autoritaires qui le composent, confrontés à cette crise idéologique, aux difficultés économiques et à l'impopularité, répondent par une répression accrue. La mobilisation démocratique en Corée du Sud en 1980, les « émeutes de la faim » marocaines en 1981, les manifestations en Algérie en 1988 ou encore les protestations étudiantes au Zaïre en 1988 sont durement réprimées. Cependant, des processus de démocratisation existent aussi, par exemple à Taïwan (levée en 1987 de la loi martiale en vigueur depuis 1949) ou en Corée du Sud (élections libres à partir de 1987).

DÉFINITION

Boat-people : émigration de ressortissants du Vietnam, du Laos et du Cambodge qui, à partir de 1975, fuient par la mer les régimes dictatoriaux de leur pays pour gagner l'Occident. La situation de grande détresse de ces milliers de personnes a frappé les opinions occidentales.

Partie 2

Penser le monde d'après la guerre froide

A. DE L'ORDRE AU DÉSORDRE MONDIAL ?

La fin de la guerre froide a été vécue comme la fin d'un ordre stable fondé sur des points de repère clairs (Est-Ouest, Nord-Sud) et sur les règles classiques de la géopolitique : équilibre des puissances, polarité, primat du militaire, compétition territoriale, blocs délimités par des frontières précises. **Aucun système international clair n'est sorti des décombres du mur du Berlin, si bien que, comme le souligne le politiste Bertrand Badie, on ne parvient à qualifier la période qui a suivi autrement qu'en faisant référence à celle qui l'a précédée (un « monde post-guerre froide »).** En 1990, le président américain George H. W. Bush a bien proclamé l'avènement d'un « nouvel ordre mondial » reposant sur la superpuissance américaine et le rôle des organisations internationales. Toutefois, l'hégémonie des États-Unis n'a vraiment été évidente que dans la seconde moitié des années 1990, et elle n'a pas survécu aux attentats du 11 septembre 2001, aux échecs des interventions militaires en Afghanistan et en Irak, et à la crise financière de 2008. **Une configuration complexe s'est ensuite mise en place, qui associe des formes d'unipolarité** (les États-Unis restent la première puissance mondiale), de **bipolarité** (la Chine face aux États-Unis), de **multipolarité** (plusieurs pôles), voire d'**apolarité** (aucun pôle ne se dégageant nettement). Quant aux organisations internationales, si leur influence s'est bien affirmée, leurs actions sont restées dépendantes du bon vouloir des grandes puissances, et la montée récente des tensions internationales a provoqué une crise du multilatéralisme.

B. DE NOUVELLES DYNAMIQUES À L'ŒUVRE

Ce n'est pas seulement le système international qui a perdu ses repères avec la fin de la guerre froide : les principes de fonctionnement des relations internationales ont aussi été remis en question. **L'espace mondial est d'abord sorti de la domination occidentale qui s'était installée au XIXe siècle. Les puissances qui se sont affirmées, comme la Chine, défendent des visions alternatives du monde, ce qui rend difficile un consensus sur ce que devrait être l'ordre mondial.** Dans un contexte où le pouvoir d'attraction des grandes puissances se réduit, chaque État joue son propre jeu. En outre, la mondialisation a érodé les frontières et a réduit la souveraineté des États. Des acteurs non étatiques (firmes transnationales, ONG) battent en brèche le monopole de celui-ci sur la scène internationale. Les conflits semblent avoir changé de nature et l'on s'interroge aujourd'hui pour savoir si la guerre est en voie de disparition ou, au contraire, en plein essor. Les facteurs traditionnels de la puissance se révèlent inefficaces et sont concurrencés par de nouvelles formes d'influence. Des crises globales (terrorisme, changement climatique, crises sanitaires) menacent la stabilité internationale.

L'histoire du monde depuis 1990 laisse donc une impression de désordre international, de confusion liée à la coexistence de logiques contradictoires, ce qui rend les évolutions imprévisibles. **Cependant, plutôt que d'opposer ordre et désordre, il est préférable de penser le monde comme une juxtaposition de formes de désordre et de formes d'ordre en perpétuelle recomposition.**

C. PLUSIEURS LECTURES DU MONDE D'APRÈS LA GUERRE FROIDE

Plusieurs lectures du monde ont tenté de donner une vision cohérente des évolutions post-guerre froide et, ainsi, de servir de guide aux politiques étrangères. En 1989, le politiste américain **Francis Fukuyama publie un article, « La fin de l'histoire ? »,** dans lequel il affirme que la fin de la guerre froide entraîne le triomphe mondial du libéralisme occidental qui repose sur la démocratie, l'économie de marché et la société de consommation. Les différentes parties du monde convergeraient progressivement vers ce modèle unique. Quatre ans plus tard, le **politologue américain Samuel Huntington lui répond par son article « Le Choc des civilisations »** (1993). Il y défend l'idée selon laquelle la disparition de l'opposition Est-Ouest et l'affirmation de la mondialisation n'engendrent pas l'occidentalisation du monde mais, au contraire, un renouveau des affrontements identitaires entre de grandes civilisations définies surtout par leur religion. Il prédit la remise en cause de la suprématie de l'Occident par la Chine confucéenne et par le monde musulman.

Un deuxième débat porte sur l'hégémonie américaine et sur les facteurs de la puissance dans le monde contemporain. En 1987, l'historien britannique Paul Kennedy publie *Naissance et déclin des grandes puissances*. Il y annonce l'affaiblissement des États-Unis, victimes de ce qu'il appelle la « surexpansion impériale » : le coût financier du *leadership* mondial serait devenu trop lourd à porter pour le géant américain. Mais Joseph Nye, professeur à Harvard et membre de plusieurs administrations démocrates, s'oppose à l'idée de déclin des États-Unis dans *Bound to lead. The Changing Nature of American Power* (1990). Il prétend que les États-Unis restent dominants car ils possèdent à la fois les ressources « dures » de la puissance (*hard power* : force militaire, vaste territoire, économie très productive, forte population, ressources naturelles, stabilité politique), mais aussi les nouvelles ressources plus « douces » (*soft power*) nécessaires dans un monde globalisé, interdépendant et marqué par l'ascension des acteurs non étatiques : maîtrise des technologies, contrôle de l'information, influence sur les organisations internationales, culture attractive. Ce débat sur la réalité et les fondements de l'hégémonie américaine se prolonge jusqu'à aujourd'hui.

Un troisième débat oppose ceux qui pensent que les règles de la géopolitique ont peu changé après 1990 à ceux qui estiment qu'une rupture majeure est intervenue. **Pour les tenants de l'école réaliste, la fin de la guerre froide n'a pas modifié en profondeur les principes de l'action internationale :** la politique mondiale est toujours dominée par la rivalité de puissance entre de grands États, les conflits continuent et l'État en reste l'acteur principal. En France, Hubert Védrine, ministre des Affaires étrangères de 1997 à 2002, est le représentant le plus connu de cette interprétation. **Les postulats du réalisme sont critiqués par ceux qui pensent que la mondialisation a bouleversé les fondements des relations internationales.** Ainsi, Bertrand Badie estime que la mondialisation, parce qu'elle donne davantage d'influence aux acteurs non étatiques, parce qu'elle conduit à l'interdépendance entre les sociétés et les économies, et dans la mesure où elle se traduit par l'émergence d'enjeux globaux, remet en cause l'autorité de l'État et les capacités d'influence et d'action des grandes puissances. La mondialisation entraîne la recherche de nouvelles formes de régulation, en particulier par l'établissement d'une gouvernance mondiale.

6 UN NOUVEL ORDRE MONDIAL DOMINÉ PAR LES ÉTATS-UNIS (1990-2001)

Entre 1989 et 1991, l'implosion du bloc de l'Est et de l'URSS met fin à la guerre froide, période durant laquelle l'équilibre entre les deux Grands constituait le pivot du système de relations internationales. Bien qu'ils hésitent d'abord sur la marche à suivre, les États-Unis s'engagent dans une stratégie de renforcement de leur suprématie. La disparition de l'URSS paraît donc logiquement amener un monde unipolaire dans lequel l'hyperpuissance américaine n'est contestée par aucune autre grande puissance. Dans la mesure où les institutions internationales voient aussi leur pouvoir se renforcer et que la mondialisation s'accélère, les années 1990 sont souvent présentées comme une décennie stable, marquée par la foi dans la coopération internationale et par la croyance en une convergence politique, économique et culturelle vers le modèle occidental. Cependant, une telle lecture des années 1990 repose sur une triple illusion : malgré leur domination, les États-Unis ne parviennent pas à établir une hégémonie durable ; en outre, leur toute-puissance n'est pas vraiment acceptée par les autres États, qui défendent une vision multipolaire du monde ; enfin, loin d'être une période de « mondialisation heureuse », pour reprendre l'expression d'Alain Minc (1997), les années 1990 sont marquées par la violence des conflits identitaires.

Quelles sont les caractéristiques du nouvel ordre mondial qui se met en place après la guerre froide ?

Notions principales

Hégémonie : position d'un État capable, grâce à sa suprématie, d'émettre et de faire respecter les règles principales qui gouvernent un système international. La puissance hégémonique prétend exercer une domination bienveillante fondée sur le consentement des États dominés.
***Leadership* :** domination qu'exerce une puissance en énonçant les données de l'ordre souhaitable et en le présentant comme un ordre profitable pour tous.
Unilatéralisme : politique étrangère d'un État qui prétend décider et agir seul sans tenir compte des autres puissances ou des organisations internationales. Le contraire de cette politique est le multilatéralisme.
Unipolarité : un système unipolaire se caractérise par la domination d'une seule grande puissance qui fait preuve de prépondérance dans tous les domaines de la puissance et dont le statut de puissance dominante n'est contesté par aucun rival.

CHRONOLOGIE

1990 : 2 août : Première guerre du Golfe : intervention contre l'Irak et sous mandat de l'ONU d'une coalition internationale de 34 pays dans laquelle les États-Unis jouent le premier rôle.
11 septembre : George H. Bush annonce, dans un discours au Congrès des États-Unis, l'avènement d'un « nouvel ordre mondial ».

1991 : Victoire américaine dans la guerre du Golfe. Disparition de l'URSS

1992 : Nouvelles réformes économiques en Chine. Traité de Maastricht

1993 : Échec de l'intervention de l'ONU en Somalie. Accords d'Oslo entre Israéliens et Palestiniens

1994 : Génocide au Rwanda

1995 : Création de l'OMC. Intervention de l'OTAN en Bosnie
1997 : Formation du G8
1998 : Essais nucléaires de l'Inde et du Pakistan
1999 : Vladimir Poutine devient président de la Fédération de Russie. Intervention de l'OTAN au Kosovo

I. L'ordre unipolaire américain (1990-2001)

A. LE MOMENT UNIPOLAIRE AMÉRICAIN

1. Une Amérique hégémonique ?

La fin de la guerre froide place les États-Unis dans une situation inédite, celle d'être la seule superpuissance mondiale. Pourtant, à Washington, l'heure n'est pas au triomphalisme. Le président George H. Bush, sceptique sur la politique suivie par Mikhaïl Gorbatchev, craint une déstabilisation des États de l'ex-URSS. En outre entre 1990 et 1992, l'économie américaine est en crise et l'opinion outre-Atlantique est surtout préoccupée par la concurrence du Japon. La majorité des analystes ne sont guère plus optimistes. En 1987, Paul Kennedy, un historien britannique, remporte un succès planétaire avec son livre *Naissance et déclin des grandes puissances*, dans lequel il annonce le déclin de la puissance américaine. De grandes voix insistent, elles aussi, sur le potentiel conflictuel de la fin de la guerre froide. John Mearsheimer prédit que la disparition du mur de Berlin permettra à l'Allemagne et au Japon de redevenir des puissances militaires[1] et annonce le retour à une multipolarité belligène qui ressemblerait à la situation européenne de 1914. Le stratège Edward Luttwak invente, en 1990, le terme « géoéconomie » pour démontrer qu'avec la fin de la guerre froide, les affrontements entre les grandes puissances se déplaceront du champ militaire vers la

ZOOM ▶ La fin de la guerre froide, une rupture ?

La fin de la guerre froide (1989-1991) est considérée comme une des grandes ruptures historiques du XXe siècle. Selon l'historien britannique Eric Hobsbawm, elle constitue même la fin d'un court XXe siècle inauguré par la Première Guerre mondiale[2]. De son côté, Pierre Grosser, dans *1989, l'année où le monde a basculé* (2009), égrène les très nombreux événements intervenus en 1989 qui ont amené à un changement profond des relations internationales après cette date. Cependant, cette rupture n'est pas aussi évidente qu'il y paraît, les années 1989-1991 marquant bien souvent une accélération de mutations amorcées auparavant. Comme le souligne l'historien Robert Frank, la fin de la guerre froide ne fait qu'accentuer un désordre mondial né au milieu des années 1970[3]. De même, pour François Heisbourg, la fin de la guerre froide ne ferait que « mondialiser la mondialisation » qui s'est amorcée dans les années 1970[4]. Pour finir, l'hégémonie américaine ne surgit pas tout à coup des décombres du mur de Berlin. Comme l'a montré l'historien américain Hal Brands, elle a au contraire été mûrement préparée par la stratégie de relèvement de la puissance américaine engagée sous la présidence Carter entre 1976 et 1980, et activement poursuivie sous Reagan entre 1980 et 1988[5].

1. John Mearsheimer, « Back to the Future, Instability in Europe the Cold War », *International Security*, vol. 15, 1990.
2. Eric Hobsbawm, *L'Âge des extrêmes*, Ed. Complexe, Le Monde diplomatique, 1999 (1994).
3. Robert Frank (dir.), *Pour l'histoire des relations internationales*, Paris, PUF, 2012.
4. François Heisbourg, *L'Épaisseur du monde*, Paris, Stock, 2007.
5. Hal Brands, *Making the unipolar moment: U.S. Foreign Policy and the Rise of the Post-Cold War Order*, Cornell U. Press, 2016.

sphère économique[6]. **En 1993, le politiste conservateur Samuel Huntington, inspiré par le spécialiste de l'islam Bernard Lewis, affirme que l'avenir ne verra pas une convergence mondiale vers le modèle américain mais l'affrontement violent des identités – principalement religieuses – dans un « choc des civilisations ».** Ainsi, les espoirs du philosophe américain conservateur Francis Fukuyama, qui avance l'idée qu'avec la chute du communisme en URSS, il n'y a plus d'alternative à la démocratie libérale et à l'économie de marché (« la fin de l'histoire »), ne sont guère partagés.

2. La suprématie, la nouvelle grande stratégie

Quand, en 1990, l'éditorialiste conservateur Charles Krauthammer parle de l'avènement d'un moment unipolaire[7], il n'est pas écouté. Pourtant, la victoire lors de la guerre du Golfe, qui efface le traumatisme vietnamien, puis la reprise vigoureuse de l'économie américaine à partir de 1993 accréditent très vite l'idée d'un monde unipolaire. Alors que l'hégémonie des États-Unis se réduisait aux pays occidentaux pendant la guerre froide, elle semble pouvoir désormais s'étendre au monde entier. **Les dirigeants américains estiment qu'il faut mettre à profit la suprématie américaine dans tous les domaines, renforcer leur réseau d'alliance et leur influence sur les organisations internationales pour imposer un ordre libéral fondé sur les droits de l'homme, la démocratie et le libre-échange*.** Cette ambition s'inscrit dans l'idée de la Destinée manifeste, qui veut que l'Amérique ait une mission providentielle de diffusion de ses valeurs dans le monde, en lien avec la conviction qu'ils sont un *leader* bienveillant. Reste à définir la grande stratégie qui permettra de façonner un monde américain. En 1990, George H. Bush (président des États-Unis de 1989 à 1993) annonce l'avènement d'un nouvel ordre mondial [→ TEXTE À L'APPUI]. Tout en assumant le rôle directeur des États-Unis, il joue la carte du multilatéralisme : ainsi, lors de la guerre du Golfe, il consulte ses alliés et redonne toute sa place à l'ONU. Pourtant, il pratique une politique très prudente et sa prise en compte des organisations internationales ne vise en fait qu'à obtenir un consensus à propos de la politique américaine. Reprenant le discours multilatéral de son prédécesseur, Bill Clinton (1993-2001) infléchit sa politique étrangère afin de renforcer l'ordre libéral américain. En 1993, le conseiller à la Sécurité nationale Anthony Lake fait de l'extension de la démocratie (*enlargement*) et du soutien aux droits de l'homme un objectif stratégique. S'inspirant de la théorie libérale des relations internationales et ressuscitant les idées de Woodrow Wilson (président de 1913 à 1921), il prétend que la démocratisation et la libéralisation économique apporteront la paix et la prospérité mondiale tout en servant les intérêts des États-Unis.

Texte à l'appui

Discours prononcé devant le Congrès par le président des États-Unis George H. Bush le 11 septembre 1990, dans un contexte de préparation de la guerre contre l'Irak

liennathan.fr/874krw

DÉFINITIONS

Libre-échange : doctrine économique qui prône la diminution, voire la suppression de tous les obstacles qui entravent la liberté du commerce international (tarifs douaniers, barrières non tarifaires...).

6. Edward Luttwak, *From Geopolitics to Geo-Economics*, *The National Interest*, n° 20, 2020.
7. Charles Krauthammer, « The Unipolar Moment », *Foreign Affairs*, 1990.

B. L'HYPERPUISSANCE* AMÉRICAINE

1. Les États-Unis, le modèle de la nouvelle économie

La seconde moitié des années 1990 est marquée par un renouveau de la puissance économique des États-Unis. La croissance atteint 4 % entre 1993 et 1999, le chômage chute à 3,8 % de la population active en 2000, le budget fédéral est en excédent entre 1998 et 2000. Les États-Unis redeviennent surtout le modèle économique à suivre alors que s'impose le paradigme de la « nouvelle économie », selon la formule du vice-président Al Gore. Cette « nouvelle économie » a pour moteurs l'information, la recherche et le développement, la connaissance, la technologie. Le secteur financier connaît un essor spectaculaire tandis que se développent les entreprises numériques : Amazon naît en 1994, Google en 1998. Les États-Unis sont alors les principaux défenseurs de l'ouverture des économies. Le président des États-Unis Bill Clinton se fait l'apôtre d'une globalisation synonyme d'américanisation du monde. Champion du libre-échange, il obtient la ratification de l'Accord de libre-échange nord-américain avec le Mexique et le Canada (ALENA), soutient la création de l'OMC en 1995 et propose, en 1994, la création d'une zone de libre-échange à l'échelle du continent américain, la zone de libre-échange des Amériques (ZLEA). **L'ouverture économique est également présentée comme un facteur de paix.** L'éditorialiste du *New York Times* Thomas Friedman traduit cette foi dans les vertus de l'américanisation du monde quand, en 1996, il affirme que deux pays possédant des restaurants McDonald ne peuvent se faire la guerre. Tout comme le président américain, il présente la mondialisation comme un phénomène positif et inéluctable[8].

Le regard d'un homme politique

Hubert Védrine et l'hyperpuissance américaine

Hubert Védrine a été ministre des Affaires étrangères de la France de 1997 à 2002 (gouvernement du socialiste Lionel Jospin). Dans son allocution lors de la Conférence des ambassadeurs, en août 1997, il décrit les évolutions du monde intervenues dans les années 1990, et en particulier le rôle central des États-Unis dans la géopolitique mondiale. Lors de diverses interventions ou, en 2003, dans son ouvrage *Face à l'hyperpuissance*, Hubert Védrine contribue à populariser la notion d'hyperpuissance américaine.

Texte à l'appui

- Allocution d'Hubert Védrine, ministre des Affaires étrangères de la France, à la Conférence des ambassadeurs, en août 1997

liennathan.fr/rx852c

DÉFINITION

Hyperpuissance : expression popularisée par Hubert Védrine, ministre des Affaires étrangères du gouvernement de Lionel Jospin, pour rendre du compte du fait que la puissance des États-Unis s'appuie sur une supériorité dans tous les domaines : militaire, politique, diplomatique, idéologique, économique, financier, technologique, médiatique, culturel.

8. Thomas Friedman, *The Lexus and the Olive Tree: Understanding Globalization*, Picador, 1999.

2. La suprématie militaire

La puissance étasunienne est tout aussi impressionnante dans le domaine militaire. Le budget de l'armée connaît certes une baisse dans la décennie, passant de 349 milliards de dollars en 1990 à 265 milliards en 1998, mais il représente encore à cette date 40 % des dépenses militaires mondiales. **Le maintien d'un effort financier substantiel vise à assurer la suprématie de l'armée américaine dans tous les espaces (air, mer, terre) suivant le concept de *full-spectrum dominance*.** Les Américains n'ont, en outre, renoncé à aucune des alliances militaires tissées lors de la guerre froide, comme l'OTAN, dont le maintien est confirmé dès 1990. Leur formidable outil militaire justifie le rôle de « gendarmes du monde » que s'arrogent les États-Unis en intervenant au Koweït en 1990-1991, en Somalie en 1992, en Haïti en 1994, en Bosnie en 1995, au Kosovo en 1999. Le succès de la plupart de ces expéditions militaires, à l'exception de la Somalie, tient à l'application des principes de la « révolution dans les affaires militaires », une nouvelle stratégie officialisée en 1996 : la maîtrise de l'information et des nouvelles technologies, ainsi que l'utilisation prioritaire de l'aviation, permettent une action à la fois brève, intense, précise et peu meurtrière pour les assaillants.

3. Le *soft power**

En situation hégémonique dans les attributs traditionnels de la puissance, les États-Unis le sont également dans ce que Joseph Nye, membre de l'Administration Clinton, a appelé, en 1990, le « *soft power* ». Dans le nouveau contexte de la mondialisation, la notion de puissance évolue. La chute de l'URSS a prouvé que la puissance militaire ne pouvait suffire. Ce qui compte désormais tout autant, ce sont les capacités à définir les règles du système international, à servir de modèle et à influencer les normes des sociétés du reste du monde,

ZOOM ▶ Le *soft power*, débat sur une notion

La notion de *soft power* est issue de la réflexion de Joseph Nye sur les conséquences de la mondialisation qu'il commence à mener dans les années 1970 avec Robert Keohane. Professeur à l'université de Harvard, membre des Administrations Carter puis Clinton, il la définit, dans son ouvrage *Bound to lead* (1990), pour s'opposer à l'idée d'un déclin des États-Unis. Le concept connaît un succès spectaculaire, si bien qu'il est devenu une composante incontournable des politiques étrangères de toutes les grandes puissances : il est repris pour analyser l'hégémonie américaine ou bien la conception particulière de la puissance défendue par l'Union européenne. La Chine s'en saisit dans les années 2000 pour en faire un axe de sa politique d'affirmation internationale.

Pourtant, on peut s'interroger sur la nouveauté du *soft power*. Souvent réduit à sa dimension culturelle, il s'apparente à la diplomatie pratiquée dans ce domaine depuis la fin du XIXe siècle et abondamment utilisée pendant la guerre froide. Les faibles résultats des stratégies de *soft power* ont aussi été soulignés. Plus le monde s'est américanisé à partir des années 1990, plus la résistance à l'hégémonie américaine s'est renforcée, prouvant que l'influence des États-Unis n'est synonyme ni de partage de leurs valeurs ni de consentement à leur politique. Le *soft power* sous-estime aussi les rapports de force qui s'exercent dans les domaines de la culture et de l'innovation. Il doit donc, pour être efficace, être soutenu par les ressources plus classiques du *hard power*.

Pour répondre aux critiques, Suzanne Nossel et Joseph Nye ont lancé en 2004 le terme « *smart power* », mélange « intelligent » entre le *hard* et le *soft power*. Un concept repris par l'Administration Obama en 2009. Mais il paraît plutôt traduire un aveu d'impuissance des États-Unis face à des critères de la puissance qui se brouillent et à des résultats de plus en plus incertains.

DÉFINITION

***Hard power / Soft power*:** manière dont un État influence son environnement international, en usant soit de la contrainte (politique, militaire, économique) pour imposer ses intérêts aux autres, soit de la séduction et de l'incitation (idées, culture, investissements, aides) pour orienter leur politique.

à susciter l'adhésion des autres États par la séduction, la négociation et non plus par la coercition. Pour autant, **selon Nye, le *soft power* ne s'oppose pas au *hard power** mais le complète**. Le *soft power* repose sur l'utilisation de nouvelles ressources pour lesquelles les États-Unis disposent d'une incontestable supériorité. Ce sont les universitaires américains qui, à l'instar de Joseph Nye, définissent les représentations du monde post-bipolaire. La démocratie américaine et le capitalisme néolibéral semblent être les seuls modèles possibles vers lequel les autres nations sont invitées à converger. L'influence des États-Unis repose également sur la force de leur industrie culturelle, sur le prestige de leurs grandes marques et sur la mondialisation de leur mode de consommation. La guerre du Golfe a fait de CNN une grande chaîne d'information mondiale. Les États-Unis exercent, en outre, une domination sans partage sur la nouvelle économie liée à Internet. Le paradoxe des années 1990 est que l'État américain se désengage de la diplomatie culturelle, considérant que le modèle américain est désormais le seul légitime : l'agence l'USIA (*United States Information Agency*) est ainsi dissoute en 1999.

C. UNE DOMINATION OCCIDENTALE

1. Un réseau incomparable d'alliés

La domination des États-Unis bénéficie du relais que constitue son réseau d'alliés. Lors du sommet de Londres en 1990, les Américains expriment leur volonté de conserver l'OTAN tout en voulant l'adapter au nouveau contexte européen et aux nouvelles menaces. Orpheline du pacte de Varsovie, dissous en 1991, l'organisation redéfinit ses missions. **Un nouveau concept stratégique est approuvé à Rome en 1991 : d'une alliance défensive, l'OTAN se transforme en structure de sécurité collective et se reconvertit dans la gestion de crise en Europe et dans son voisinage** (Moyen-Orient, ex-URSS). En 1991, une force d'action rapide est ainsi créée pour intervenir dans les conflits périphériques. L'OTAN se tourne également vers les pays de l'Est. Dès 1994, le principe d'élargissement de l'alliance aux anciens pays du bloc communiste est retenu. La Hongrie, la Pologne et la République tchèque l'intègrent en 1999. Ces réformes permettent à l'OTAN de rester l'institution centrale de la défense européenne.

Les tentatives des Européens de se doter d'une politique de défense, dans le cadre de la politique étrangère et de sécurité commune (PESC), en 1992, puis de la politique européenne de sécurité et de défense (PESD), en 1999, n'ont pas abouti à une autonomie stratégique. Les Européens ont été incapables de régler la crise yougoslave et ont assisté impuissants aux massacres ethniques ; c'est bien l'OTAN qui a réglé le conflit en 1995, contraignant les Européens à rester dépendants de l'alliance atlantique, et donc des Américains. **En Asie, le système de sécurité mis sur pied pendant la guerre froide est lui aussi conservé :** traités d'alliance, présence permanente de troupes américaines, protection assurée par la VIIe flotte. Le Japon, qui est encore présenté comme une menace pour l'économie américaine au début des années 1990, cesse d'être considéré comme le principal compétiteur des États-Unis quand le pays est touché en 1990 par la crise économique, qui le plonge dans une longue période de stagnation.

2. L'absence de rival

L'hégémonie américaine tient aussi au fait qu'aucun rival sérieux ne la conteste. **Les autres grandes puissances disposent de ressources très inférieures à celles des États-Unis.** En outre, la plupart répondent favorablement à la stratégie d'engagement choisie par Washington, qui consiste à les intégrer au système international américain.

Après la répression sanglante du mouvement étudiant de la place Tian'anmen à Pékin, au printemps 1989, et sa condamnation par les capitales occidentales, les Chinois font profil bas. La chute de l'URSS deux ans plus tard est aussi un choc pour la direction chinoise, dont la hantise devient d'échapper au destin funeste du communisme soviétique. Pour cela, la réussite des réformes économiques devient un impératif absolu. Or, la réalisation d'un tel objectif nécessite un environnement international stable. Ne disposant pas encore de ressources de puissance équivalentes à celles des pays occidentaux, **la Chine choisit donc une politique étrangère prudente d'intégration au système international : elle entre à l'OMC en 2001, renforce son implication à l'ONU en participant, à partir de 1992, aux opérations de maintien de la paix, signe les grandes conventions internationales**. Un partenariat stratégique avec les États-Unis est établi en 1997.

Touchée par une crise économique et sociale très profonde, la Russie paraît condamnée à quitter le club des grandes puissances dans les années 1990 : son PIB recule de 50 % de 1990 à 1999, le revenu moyen des Russes chute de 40 % entre 1992 et 1999. Avec l'éclatement de l'URSS, la Russie a perdu les périphéries occidentales et méridionales de son empire. Elle tente bien de garder une emprise sur les anciennes Républiques soviétiques, rebaptisées « étranger proche » par le ministre des Affaires étrangères Andreï Kozyrev en 1991, mais son autorité est contestée par les nouveaux États jaloux de leur souveraineté. L'échec de l'armée russe lors de la première guerre de Tchétchénie (1994-1996) est l'illustration de la crise d'autorité de Moscou. **Face à ces multiples défis, le président russe Boris Eltsine (1991-1999) tente de redresser le pays en l'insérant dans le système occidental :** adhésion au FMI en 1992, accord de partenariat et de coopération avec l'Union européenne en 1994, rapprochement avec l'OTAN (Conseil OTAN-Russie) en 1997. En récompense, la Russie est associée aux réunions du G7 à partir de 1997.

3. La démocratisation du monde

L'expansion mondiale de la démocratie se poursuit dans les années 1990. **Les pays d'Europe de l'Est tournent la page du communisme et se convertissent à la démocratie libérale.** En 1989, le président Lee Teng-hui engage la démocratisation de Taïwan, où se déroulent, en 1992, les premières élections législatives libres. La Corée du Sud suit la même voie : en 1992, après plusieurs années de grèves et de manifestations étudiantes, Kim Young-sam devient le premier président civil depuis 1960. **La démocratisation se poursuit en Amérique latine :** en décembre 1989 ont lieu les premières élections libres au Chili, marquant le retrait d'Augusto Pinochet et l'arrivée au pouvoir de Patricio Aylwin, un démocrate-chrétien. Au Mexique, la sortie du monopole sur le pouvoir du Parti révolutionnaire institutionnel s'engage en 1988, mais il faudra attendre 2000 pour qu'un candidat d'un autre parti, Vicente Fox, soit élu président. En Afrique du Sud, où la violence se déchaîne dans la seconde moitié des années 1980, le régime de l'apartheid est progressivement aboli par des compromis entre le gouvernement de Frederik W. de Klerk et l'ANC (Congrès national africain), le principal mouvement d'opposition. En 1990, ce dernier est légalisé et son *leader* Nelson Mandela, emprisonné depuis 1962, est libéré. En 1993, un accord est signé entre les deux parties pour organiser la transition, et Mandela devient président de la République sud-africaine en 1994.

Sous l'influence des Occidentaux, les droits de l'homme deviennent un enjeu incontournable des relations internationales. En 1993, à l'issue de la conférence de Vienne organisée par l'ONU sur ce thème, est créé un Haut-Commissariat aux droits de l'homme. La justice pénale internationale renaît pour juger les crimes commis en ex-Yougoslavie (tribunal spécial créé en 1993) et au Rwanda (tribunal créé en 1994). En 1998, la

ZOOM ▶ L'« ordre libéral américain »

L'expression « ordre libéral américain » a été employée par des internationalistes libéraux comme John Ikenberry[9] pour caractériser le système international établi par les États-Unis en 1944-1945 et les principes de l'hégémonie américaine depuis la fin de la guerre froide. Cette expression a été reprise par l'Administration Clinton dans les années 1990. Selon cette analyse, l'hégémonie américaine repose sur la suprématie des États-Unis dans tous les domaines, sur la construction d'un ensemble d'organisations internationales, sur la défense de la démocratie et du libre-échange. Elle s'articule autour d'une présence mondiale des États-Unis, d'un réseau incomparable d'alliés et privilégie l'intégration des puissances rivales plutôt que l'affrontement.

L'idée que la domination des États-Unis serait liée à l'instauration de cet ordre est contestable. En premier lieu, cet ordre n'a jamais vraiment été ni ordonné ni stable dans la mesure où des guerres n'ont cessé de venir le perturber. Il n'a pas toujours été libéral non plus, car les États-Unis n'ont pas hésité à utiliser la force quand ils l'estimaient nécessaire. Dans le domaine économique, l'ordre libéral américain s'est souvent heurté à la volonté des Américains de protéger leur marché et de défendre l'intérêt des acteurs économiques nationaux. Enfin, cet ordre n'a été mondial que dans les années 1990 et 2000 : il a été contesté par les Soviétiques de 1945 à 1989, puis l'est par la Russie et la Chine depuis la fin des années 2000.

création de la Cour pénale internationale marque l'aboutissement de ce processus. **Les interventions militaires américaines se justifient désormais par des motifs humanitaires.** En 1992, les Américains lancent l'opération « *Restore Hope* » pour mettre fin à la guerre civile somalienne. En 1994, les troupes américaines interviennent à Haïti pour chasser le régime militaire qui avait renversé le président élu en 1991 (opération « Défendre la démocratie »). En 1999, c'est encore au nom des droits de l'homme que l'OTAN intervient au Kosovo. Parallèlement, l'Administration américaine essaie de faire évoluer le régime chinois et de renforcer la démocratie en Russie, par le biais, notamment, du *National Endowment for Democracy*, une fondation née en 1983 pour promouvoir le progrès des institutions démocratiques dans le monde.

Pour aller plus loin

Dossier sur Nelson Mandela sur le site RFI
liennathan.fr/sc8f75

II. L'illusion unipolaire

L'unipolarité s'affirme vraiment comme une évidence dans la seconde moitié des années 1990. Mais elle suscite une dérive de la politique américaine vers l'unilatéralisme qui provoque, par réaction, la promotion de la multipolarité par les autres puissances.

A. LA TENTATION UNILATÉRALE

1. La nation indispensable

Le renouveau de l'économie et le succès des interventions militaires renforcent, aux yeux des élites américaines, la conviction que les États-Unis seraient devenus

9. John Ikenberry, *Liberal Leviathan : The Origins, Crisis, and Transformation of the American World Order*, Princeton U. Press, 2011.

« la nation indispensable », ainsi que l'affirme la secrétaire d'État Madeleine Albright en 1998. Sans la domination américaine, le monde serait en proie au chaos. « Un monde dans lequel les États-Unis n'auraient pas la primauté connaîtrait plus de violences et de désordres, moins de démocratie et de croissance économique », résume Samuel Huntington en 1993. Les principales voix de l'analyse géopolitique reconnaissent alors la réalité de l'unipolarité américaine. En 2002, quinze ans après avoir annoncé le déclin des États-Unis, Paul Kennedy peut déclarer : « Rien n'a jamais existé qui soit comparable à la disparité de pouvoir actuelle. » Certains voient même les États-Unis comme un nouvel empire. En 1997, dans *Le Grand Échiquier. L'Amérique et le reste du monde*, Zbigniew Brzezinski, ancien conseiller à la Sécurité nationale de Jimmy Carter, compare les États-Unis aux grands empires historiques pour mieux insister sur la spécificité de l'hégémonie américaine : elle serait « démocratique », « pluraliste » et « souple ». Le politiste néoconservateur Robert Kagan parle de son côté d'« empire bienveillant » dans un article paru en 1998. Cependant, d'autres voix s'inquiètent de ce nouveau discours. En 1999, S. Huntington juge que l'idée d'empire américain est dangereuse car elle risque de transformer les États-Unis en « rogue superpower », en puissance déstabilisatrice (« *The Lonely Superpower* », 1999). En 1997, Richard N. Haass, qui a servi dans l'Administration de George H. Bush, pense que les États-Unis doivent adopter la posture du « shérif réticent[10] » : mener une politique prudente et n'intervenir à l'étranger qu'en dernier recours, lorsque cela est vraiment nécessaire.

2. Un discours multilatéral, une pratique unilatérale

Cet état d'esprit se traduit par une politique de plus en plus unilatérale, d'autant plus que, après 1994, s'exerce sur le président Bill Clinton la pression de la majorité républicaine au Congrès. Après un premier mandat marqué par une politique étrangère hésitante, le second se place ainsi sous le signe de la prépondérance américaine. Accusée d'être inefficace et de faire obstacle à la politique américaine, l'ONU fait l'objet de critiques croissantes. En 1996, les États-Unis refusent de reconduire l'Égyptien Boutros Boutros-Ghali comme secrétaire général de l'organisation et imposent à sa place le Ghanéen Kofi Annan. La décision d'intervenir au Kosovo en mars 1999 est ainsi prise sans l'aval du Conseil de sécurité afin de contourner l'éventualité d'un veto russe. Les États-Unis ne ratifient ni la convention internationale sur la biodiversité (1992), ni le traité TICE sur l'interdiction des essais nucléaires (1996), ni le Protocole de Kyoto sur la réduction des gaz à effet de serre (1997). Toutefois, jusqu'en 2001, l'évolution unilatérale est contenue par la volonté de Clinton de conserver un discours multilatéral. **L'unilatéralisme de la politique américaine se traduit aussi par la conviction croissante de l'efficacité de l'outil militaire pour assurer la suprématie mondiale des États-Unis.** Certes, l'échec de l'intervention en Somalie en 1992 engendre une période de doute. De 1993 à 1995, l'Administration Clinton semble même vouloir renoncer aux expéditions lointaines. Mais sa coupable inaction au Rwanda la conduit à agir en Bosnie en 1995, après les massacres de Srebrenica. Se développe alors ce que l'historien Andrew Bacevich a appelé en 2005 le « nouveau militarisme américain ». Il se caractérise par la préférence accordée aux solutions militaires pour régler les problèmes politiques, en contradiction avec la stratégie prudente établie après la guerre du Vietnam. Il est résumé par la question posée en 1993 par Madeleine Albright à Colin Powell, chef d'état-major de l'armée américaine : « Quel intérêt avons-nous à entretenir ce superbe outil militaire si nous ne nous en servons pas ? »

10. Richard N. Haass, *The Reluctant Sheriff: The United States After the Cold War*, Brooking Institution Press, 1997.

3. Punir les récalcitrants

À l'égard des pays du Sud, les États-Unis reprennent la rhétorique de la « mission civilisatrice ». Se prétendant les défenseurs des droits de l'homme et les détenteurs du seul modèle économique possible, ils interviennent dans les pays pauvres qui sont invités à s'aligner sur les règles de bonne gouvernance définies par Washington. **Les États réticents (Libye, Iran, Irak, Corée du Nord, Soudan, Cuba...) sont désignés comme des « *rogue states* », ou « États voyous » (1994), car ils menaceraient la sécurité mondiale. Ils sont, pour cette raison, soumis à un strict régime de sanctions.** En 1996, deux lois utilisent le principe de l'extraterritorialité du droit américain pour punir les entreprises qui commerceraient avec Cuba (loi Helms-Burton) et qui investiraient dans le pétrole et le gaz en Libye et en Iran (loi d'Amato-Kennedy). Cependant, ces dispositions sont annulées sous la pression européenne en 1998. L'Irak de Saddam Hussein est particulièrement surveillé. Établie en 1991, une zone d'exclusion aérienne, gardée par l'US Air Force, protège les Kurdes irakiens de la répression de Bagdad. Washington n'hésite pas à faire respecter ces dispositions par la force en 1996 puis en 1998.

B. LA PROMOTION DE LA MULTIPOLARITÉ

L'illusion unipolaire a consisté à croire que les autres États accepteraient de bonne grâce l'hégémonie américaine, ce qui fut loin d'être le cas.

1. Les tensions avec la Chine

Alors que les deux États s'étaient rapprochés depuis 1978 et avaient normalisé leurs relations diplomatiques, les rapports se tendent après 1989. L'évanouissement de la menace soviétique fait disparaître l'ennemi qui avait réuni Chinois et Américains. La répression du mouvement de Tian'anmen, en juin 1989, dégrade également l'image de la Chine aux États-Unis et fait comprendre aux dirigeants américains que l'ouverture économique de la Chine n'est pas synonyme de démocratisation du régime. **Côté chinois, les dirigeants promeuvent la multipolarité car ils s'inquiètent de l'hégémonie des puissances occidentales suspectées de vouloir mettre à bas le régime pour faire revenir la Chine à sa position subordonnée d'avant 1949.** Les tensions se multiplient donc entre les deux États. En 1993, Clinton conditionne les échanges commerciaux avec la Chine au respect des droits de l'homme. Il doit cependant abandonner cette disposition dès 1994 sous la pression des milieux économiques. Une nouvelle crise oppose les deux puissances à propos de Taïwan en 1995-1996. En 1999, le bombardement de l'ambassade de Chine à Belgrade par l'aviation américaine est interprété par Pékin comme une provocation volontaire. En 2001, alors que la nouvelle Administration républicaine se veut plus offensive face à la Chine et annonce une importante livraison d'armes à Taipei, un avion militaire américain est retenu quelques jours sur l'île de Hainan après un atterrissage forcé. Dans ce contexte, les écrits se multiplient aux États-Unis pour s'alarmer de la concurrence économique chinoise et annoncer un conflit inévitable entre les deux puissances, à l'instar de John Mearsheimer dans *La Tragédie de la politique des grandes puissances* (2001).

2. Le tournant de la politique russe

Dans les années 1990, les États-Unis ont cessé de considérer la Russie comme une puissance majeure. Comme le recommande Zbigniew Brzezinski dans *Le Grand Échiquier* (1997), l'Administration américaine tente de détacher les anciennes démocraties populaires et les anciennes républiques soviétiques de l'orbite de Moscou. En 1994, l'OTAN lance le Partenariat pour la paix à destination des pays d'Europe de l'Est et des anciennes républiques soviétiques, et engage son élargissement, dont la première étape intervient en 1999. Placés devant le fait accompli et trop faibles pour réagir, les Russes n'acceptent qu'à contrecœur cette situation. Le président russe Boris Eltsine, considérant que les Occidentaux nuisent à ses intérêts, s'éloigne de sa stratégie pro-occidentale pour se convertir à l'idée de multipolarité. **Eltsine considère aussi que sa légitimité auprès de l'opinion russe repose sur sa résistance aux États-Unis. Il cherche donc à contrer l'hégémonie américaine en se rapprochant de Pékin, avec qui il établit un partenariat stratégique en 1996, complété sous son successeur Vladimir Poutine par un traité d'amitié en 2001.** Le fossé avec les Occidentaux se creuse lors de la crise du Kosovo : l'opposition de la Russie, qui menace d'employer son droit de veto à l'ONU, n'empêche pourtant pas l'intervention de l'OTAN. En signe de protestation, un commando russe s'empare de l'aéroport de Pristina, la capitale du Kosovo, en juin 1999, avant que les soldats de l'ONU ne s'y déploient.

3. Les nouvelles ambitions indiennes et brésiliennes

À la fin des années 1990, l'Inde réaffirme, elle aussi, son ambition d'être reconnue comme une grande puissance mondiale, alors qu'elle était jusqu'alors concentrée sur la mise en œuvre des réformes économiques lancées en 1991. Cette nouvelle aspiration tient à la victoire du parti nationaliste hindou, le BJP, en 1998. Le nouveau gouvernement d'Atal Bihari Vajpayee fait immédiatement procéder à cinq essais nucléaires. Il adresse ainsi un message au Pakistan, qui réplique par son premier essai nucléaire quelques jours plus tard, et à la Chine, dont l'ascension inquiète les Indiens. Ces essais amorcent un rapprochement avec les États-Unis, qui se matérialise par plusieurs accords signés entre 2004 et 2008. Le Brésil, pour la première fois de son histoire, prétend lui aussi jouer un rôle international. Fernando Henrique Cardoso, président de 1995 à 2002, conduit une diplomatie d'intégration à la mondialisation, de participation plus active aux organisations internationales et de rapprochement avec les voisins par la promotion de l'intégration régionale dans le cadre du Mercosur.

C. LE CHOIX DE L'AUTONOMIE

1. L'approfondissement de la construction européenne

La fin de l'affrontement bipolaire provoque un éloignement des deux rives de l'Atlantique. Les Européens se concentrent désormais en priorité sur la construction européenne, qu'ils relancent avec le traité de Maastricht en 1992. Les États-Unis s'inquiètent de cette autonomisation de l'UE, qu'ils voient désormais comme un concurrent économique. Les tensions commerciales sont en effet nombreuses lors des négociations de l'Uruguay Round* puis à l'OMC, dont l'Organe de règlement des différends doit arbitrer les litiges croissants entre les deux partenaires à propos de la libéralisation du secteur agricole ou des services. Les Européens s'inquiètent notamment de la généralisation du libre-échange que veulent leur imposer les États-Unis. C'est la raison de leur rejet, en 1998, du projet d'accord multilatéral sur l'investissement (AMI), qui visait à faciliter les investissements entre l'UE et les États-Unis. **À ce moment, les Américains s'inquiètent aussi de la création de l'euro, qui pourrait remettre en cause l'hégémonie du dollar. Cette rivalité explique que les**

DÉFINITION

Uruguay Round: cycle de négociations commerciales internationales ouvert à partir de 1986, concernant les télécommunications, les flux financiers, les échanges agricoles et de services. L'Uruguay Round aboutit notamment à la création de l'OMC en 1995.

relations économiques restent peu institutionnalisées entre Washington et l'UE. En outre, le nouvel environnement qui naît de la disparition du bloc soviétique incite les Européens à se doter d'une dimension stratégique propre. Le traité de Maastricht établit ainsi la politique étrangère et de sécurité commune (PESC), qui a pour ambition de faire de l'UE un acteur international influent et qui pourrait, à terme, conduire à une politique de défense commune. Les Européens envisagent d'utiliser l'Union de l'Europe occidentale (UEO)* comme le bras armé de la nouvelle PESC. Une unité militaire commune, l'Eurocorps, apparaît en 1992 grâce à une initiative franco-allemande que rejoignent l'Italie, le Portugal et l'Espagne en 1995. La crise yougoslave approfondit les dissensions entre les partenaires transatlantiques : les États-Unis s'opposent à la France et au Royaume-Uni sur la stratégie à adopter en Bosnie, ce qui nourrit le doute sur la volonté de Washington d'aider les Européens. En 1996, un partenariat stratégique entre Européens et Américains est établi : il accorde aux premiers des capacités militaires propres au sein de l'OTAN. Mais les États-Unis refusent ensuite de partager le commandement de l'organisation. En réaction, les Européens relancent l'idée d'une Europe de la défense, qui est amorcée en 1999 par la création de la Politique européenne de sécurité et de défense (PESD).

2. Des alliés moins alignés

La fin de la guerre froide constitue une opportunité pour le Japon de parvenir à l'objectif fixé par le gouvernement de Yasuhiro Nakasone dans les années 1980 : être reconnu comme une puissance globale. Sa constitution lui interdisant de redevenir une puissance militaire, le Japon mise sur son influence économique, sa culture et son implication dans le multilatéralisme pour prétendre jouer un rôle de « puissance utile » (Jean-Marie Bouissou). Il devient ainsi l'un des principaux contributeurs à l'aide publique au développement et finance les opérations de maintien de la paix de l'ONU auxquelles ses soldats sont autorisés à participer en 1992. Signataire de toutes les conventions internationales, le Japon s'investit dans la défense de l'environnement avec le Protocole de Kyoto en 1997. Dans un jeu international plus ouvert, il tente de s'autonomiser de la tutelle américaine. **Le Japon diversifie les directions de sa politique étrangère en se recentrant sur l'Asie, où il prétend jouer un rôle de *leader***, en établissant un dialogue avec l'Afrique (TICAD, 1993) et en tentant de s'implanter au Moyen-Orient.

Se plaçant dans l'héritage de De Gaulle, la France reste un allié critique des États-Unis après 1989. Les troupes françaises participent certes à la libération du Koweït aux côtés des Américains, mais François Mitterrand veut que ce soient les Français et les Européens qui jouent un rôle majeur dans la nouvelle architecture européenne issue de la disparition du « rideau de fer », afin que la sécurité du continent dépende moins de l'OTAN. Il s'appuie pour cela sur ses relations très étroites avec l'Allemagne et sur un approfondissement de la construction européenne, qu'il impose en décembre 1989. Cependant, l'impuissance de la diplomatie européenne et le rôle croissant de l'OTAN dans la gestion de la crise yougoslave conduisent les Français à se rapprocher de l'Alliance atlantique. Élu en 1995, Jacques Chirac entend revenir à une politique d'indépendance nationale plus volontariste face à l'hyperpuissance américaine. Confronté, en 1996, au refus des Américains de donner davantage de pouvoir aux Européens

DÉFINITION

Union de l'Europe occidentale (UEO) : organisation européenne de défense et de coopération fondée en 1954. Elle ne joue qu'un rôle limité dans le contexte de la guerre froide, car elle rassemble les États d'Europe de l'Ouest qui sont également membres de l'OTAN. La plupart de ses compétences ayant été transférées à l'Union européenne, elle est dissoute en 2010.

au sein de l'OTAN, il renonce à faire revenir la France dans les structures militaires intégrées de l'organisation et relance l'idée de défense européenne lors du sommet de Saint-Malo avec les Britanniques en 1998. Chirac promeut également la multipolarité : il rétablit des relations étroites avec la Russie, tourne la diplomatie française vers l'Asie (il est à l'initiative de la création de l'ASEM, Asia-Europe Meeting en 1996) et se rend en Amérique latine en 1997.

3. L'émancipation de l'Amérique latine

Dans les années 1990, l'Amérique latine cesse d'être l'arrière-cour des États-Unis. Les Latino-Américains souhaitent en effet s'émanciper de l'encombrante tutelle de leur voisin du Nord. Le retour à la démocratie est suivi d'un regain d'intérêt pour des coopérations économiques régionales, symbolisé par la fondation du Groupe de Rio en 1986, qui rassemble tous les pays de la région. Des alliances régionales fondées au cours des années 1960 sont ranimées (le Pacte andin devient la Communauté andine des Nations en 1997) tandis que de nouvelles sont créées, comme le Mercosur en 1991. **Dans l'esprit de leurs promoteurs, ces initiatives doivent se faire sans les États-Unis pour permettre le développement autonome de l'Amérique latine.** À la même période, la région cesse d'être une priorité pour les États-Unis. La fin des conflits liés à la guerre froide, la croissance économique et l'enracinement de la démocratie montrent que les États latino-américains sont capables de se gouverner eux-mêmes. Les États-Unis se tournent vers d'autres horizons, la part de l'Amérique latine dans leur commerce décline de 11 % à 7 % entre 1994 et 2008. Cependant, ils ne renoncent pas complètement à jouer un rôle dans la partie sud du continent. En 1990, George H. Bush propose l'Initiative pour les Amériques, un projet d'intégration économique et commerciale à l'échelle du continent. Dans un premier temps, sont signés des accords de libre-échange avec le Canada (1989), puis avec le Mexique avec la création en 1992 de l'Accord de libre-échange nord-américain (ALENA). L'objectif est, à terme, de créer une zone de libre-échange des Amériques (ZLEA), dont l'architecture est présentée en 1994 par Clinton. Au cours des années 1990, la lutte contre la drogue devient aussi le prétexte à un renforcement de la présence militaire des États-Unis en Amérique latine. En 1999, dans le cadre du Plan Colombie, des soldats et conseillers militaires étasuniens sont envoyés dans ce pays pour y lutter contre le trafic de drogue et décourager la culture de la coca.

III. Gérer le désordre mondial

La fin de la guerre froide a un effet ambivalent sur la conflictualité. Elle permet de sortir de certains conflits grâce à la nouvelle coopération entre les deux Grands. Mais, en même temps, elle est source de nouvelles tensions qui provoquent une hausse du nombre de guerres entre 1990 et 1995. Cette évolution montre que les États-Unis ne parviennent pas à réduire le désordre mondial.

A. VERS UN MONDE EN PAIX ?

1. Le désarmement

La fin de la guerre froide engage le monde dans un processus de désarmement [→ DOCUMENT 1]. Les budgets militaires connaissent une baisse d'un tiers entre 1989 et 1999. La réduction est particulièrement importante en Europe, où ils sont divisés par deux en dix ans. À la fin des années 1990, la Russie ne dépense plus que 17 milliards de dollars pour son armée, alors que

■ **Document 1. Les stocks d'armes nucléaires dans le monde (1945-2017)**

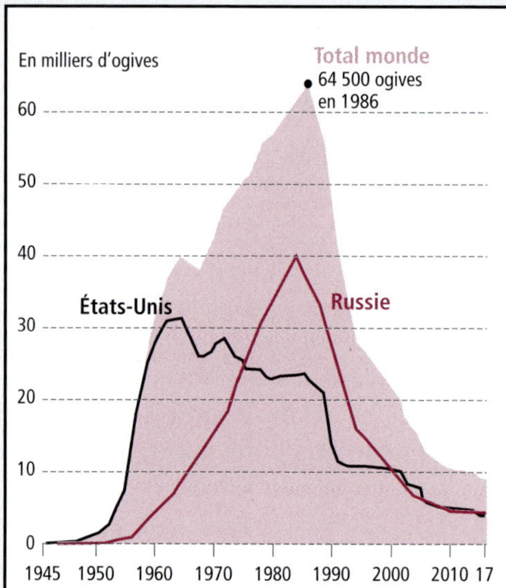

Source : *Sciences Po.*

l'URSS y consacrait encore 257 milliards de dollars en 1989. En Europe, le désarmement est accéléré par le traité FCE (Forces conventionnelles en Europe) signé en 1990, qui entraîne une réduction drastique des forces non nucléaires sur le continent. **Les années 1990 sont aussi marquées par une baisse spectaculaire du nombre d'armes nucléaires.** En 1987, le traité FNI entraîne la destruction des missiles à portée intermédiaire en Europe. En 1991, Gorbatchev et Bush s'entendent sur le traité START (*Strategic Arms Reduction Talks*), qui prévoit une réduction de 25 à 30 % des armes soviétiques et américaines. Deux ans plus tard, en 1993, un second traité START décide de la disparition en dix ans des deux tiers des ogives nucléaires stratégiques et limite l'arsenal de chacune des deux grandes puissances nucléaires à 3 000-3 500 armes. Ces accords aboutissent à ce que le nombre des armes nucléaires diminue, passant de 64 000 en 1985 à moins de 20 000 dans les années 2000.
En parallèle, le mouvement de renonciation à la possession d'armes nucléaires se poursuit. En 1994, le Brésil adhère au traité de Tlatelolco, par lequel les pays d'Amérique latine s'étaient engagés (en 1967) à ne pas acquérir des capacités nucléaires militaires. Un traité identique est signé en 1995 entre les pays d'Asie du Sud-Est (traité de Bangkok). En 1996, le traité de Pelindaba établit aussi une zone exempte d'armes nucléaires (ZEAN) en Afrique, et confirme ainsi le renoncement de la République sud-africaine à ses armes nucléaires. Toutes ces initiatives contribuent à une délégitimation partielle de l'arme nucléaire.

2. Le règlement des conflits

La fin de l'opposition Est-Ouest ouvre la voie au règlement d'un certain nombre de conflits. En 1988, l'accord de Genève scelle le départ des troupes soviétiques d'Afghanistan. L'Afrique du Sud, vaincue en Angola, accepte d'accorder l'indépendance à la Namibie en décembre 1988. En 1989, le Vietnam, sous la pression des Chinois et des Soviétiques, retire ses troupes du Cambodge, qu'il occupait depuis 1978. Les combats cessent également au Nicaragua, où les élections de 1990 voient la défaite des Sandinistes face à la candidate de l'opposition

Carte 1. Les territoires palestiniens après les accords d'Oslo de 1993

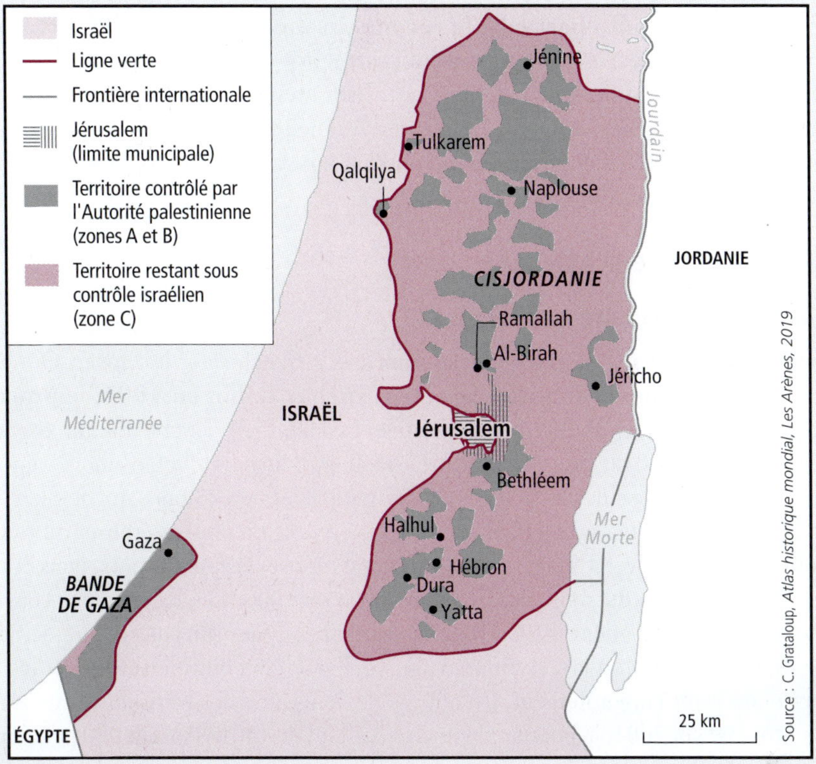

Source : C. Grataloup, *Atlas historique mondial*, *Les Arènes*, 2019

Violeta Chamorro. Des accords de paix font sortir de la guerre civile le Salvador en 1992 et le Guatemala en 1996. Enfin, en 1989, les Indiens quittent le Sri Lanka, où ils étaient intervenus deux ans auparavant dans le conflit entre le gouvernement de Colombo et les Tamouls.

3. Vers la paix au Moyen-Orient ?

La fin de la guerre froide semble aussi pouvoir favoriser la paix au Moyen-Orient. Ainsi, en 1988, l'Iran et l'Irak déposent les armes, épuisés par huit ans d'une terrible guerre qui a fait un million de victimes. Déçu par le changement d'attitude des Occidentaux, qui s'inquiètent de ses stocks d'armes chimiques et de son programme nucléaire, Saddam Hussein, le dictateur irakien, décide d'envahir le Koweït le 2 août 1990 et l'annexe au titre de dix-neuvième province de l'Irak. **Avec l'aval de l'ONU, les États-Unis organisent alors une vaste coalition militaire internationale et envoient plus de 500 000 soldats sur le terrain pour libérer le petit émirat. L'intervention américaine est justifiée par la défense du droit international, mais aussi par des motivations économiques.** En application de la doctrine Carter, les États-Unis veulent empêcher les Irakiens de s'emparer des réserves pétrolières du Koweït, ce qui menacerait la sécurité des approvisionnements américains et la stabilité des cours du pétrole. Après un mois de bombardement aérien, le Koweït est libéré en cinq jours (24-28 février 1991) au terme d'une impressionnante opération terrestre. Forts de leur succès et débarrassés de l'opposition soviétique, les Américains ont les mains libres pour transformer le Moyen-Orient en vitrine du « nouvel ordre mondial » annoncé par G. H. Bush. Ils donnent la priorité au règlement de la question israélo-palestinienne. Dès

1991, un processus de paix est lancé lors de la conférence de Madrid. Des négociations parallèles aboutissent aux **accords d'Oslo en 1993, sous les auspices de Bill Clinton. Ils prévoient, en contrepartie de la reconnaissance d'Israël par l'OLP, la création d'une Autorité palestinienne qui administre une partie des territoires occupés**. Au Liban voisin, les différentes factions qui s'affrontent depuis 1975 acceptent de signer les accords de Taëf en 1989, sous l'égide de l'Arabie saoudite et de la Syrie. Ces accords reconnaissent à Damas une influence prépondérante sur le Liban, qui est confirmée par le traité d'amitié entre les deux États en 1991.

B. LE DÉSORDRE INTERNATIONAL

1. L'impossible paix au Moyen-Orient

La politique américaine ne parvient pourtant pas à transformer le Moyen-Orient. **Après l'assassinat du Premier ministre israélien Yitzhak Rabin en 1995, le processus de paix entre Israël et les Palestiniens s'enlise.** Le Hamas déclenche une campagne d'attentats alors que le nouveau Premier ministre israélien, Benyamin Netanyahou, vainqueur des élections de 1996 et hostile aux accords d'Oslo, bloque les négociations qui devaient s'engager pour fixer les relations entre Israël et l'Autorité palestinienne. Le retour au pouvoir des travaillistes en 1999 avec Ehud Barak permet une reprise des pourparlers, mais ces derniers n'aboutissent pas lors du sommet de Camp David en 2000. Les Palestiniens constatent en effet que les accords signés en 1993 sont déséquilibrés : l'Autorité palestinienne n'administre directement que 22 % de la Cisjordanie alors qu'Israël en contrôle seul 60 %, les 18 % qui restent étant gérés conjointement. En outre, la colonisation des territoires occupés se poursuit : entre 1993 et 2001, la population juive y double (de 110 000 à 213 000 personnes). S'ils acceptent de discuter d'un éventuel partage de Jérusalem, les Israéliens refusent d'évoquer le problème des réfugiés palestiniens, qui sont près de 4 millions. **L'échec du processus de paix aboutit à la reprise des tensions et au déclenchement, en 2000, d'un nouveau soulèvement palestinien, la seconde Intifada*.** Par ailleurs, les tensions restent fortes entre les États-Unis d'un côté, l'Iran, l'Irak ou la Syrie de l'autre. Ce constat provoque chez les dirigeants américains un sentiment d'impuissance face à la complexité de la situation régionale. Ils doutent désormais de la possibilité d'une évolution positive dans la région.

2. Le réveil des nationalismes en Europe de l'Est

L'éclatement de l'URSS en 1991 s'accompagne d'une série de conflits liés aux minorités présentes dans les nouveaux États indépendants et encouragés par Moscou, qui les utilise pour maintenir son influence dans son voisinage. Dès 1988, les actes de violence se multiplient entre l'Arménie et l'Azerbaïdjan pour le contrôle du Haut-Karabakh, une enclave arménienne dans le territoire azéri. Quand cette région proclame son indépendance en 1991, une guerre oppose les forces des deux États : elle s'achève en 1994 par la victoire de l'Arménie. En Géorgie, les républiques autonomes d'Abkhazie et d'Ossétie du Sud refusent de reconnaître l'autorité de Tbilissi et réclament leur rattachement à la Russie. Il en découle deux ans de guerre (1992-1993) qui aboutissent à la reconnaissance de fait de l'indépendance des deux entités sous la protection de Moscou. En Moldavie, la Transnistrie,

DÉFINITION

Intifada : « soulèvement des pierres », en 1987-1993 puis en 2000, soulèvement populaire et spontané des Palestiniens des territoires occupés contre l'occupation israélienne.

Carte 2. L'éclatement de la Yougoslavie, 1991-1999

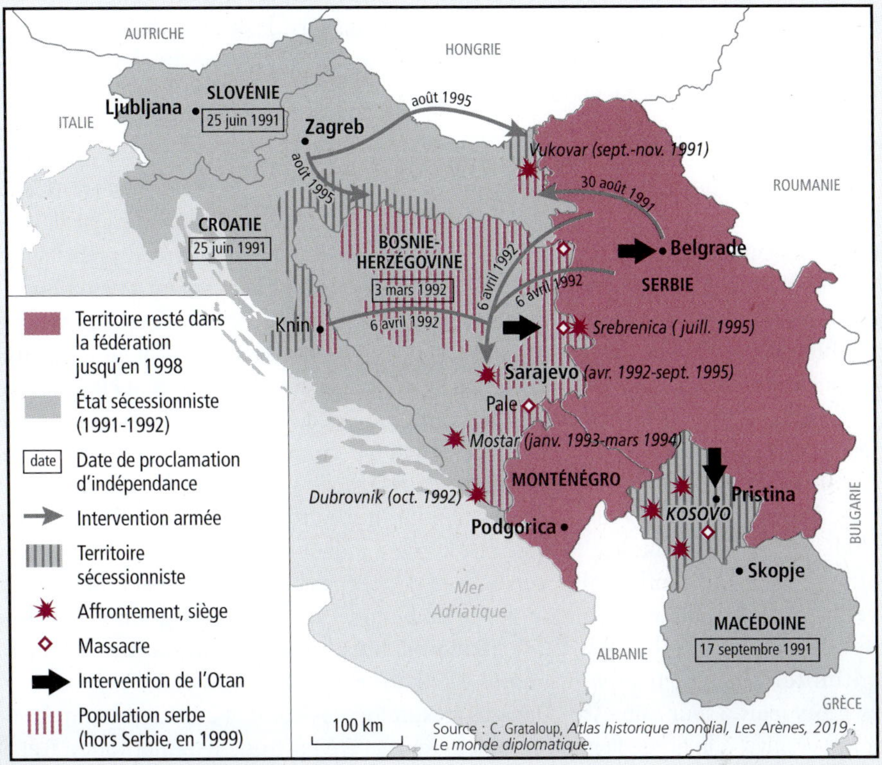

la partie orientale du pays peuplée majoritairement de Russes, s'émancipe du contrôle du pouvoir central lors d'une courte guerre en 1992 menée par les Russes. La Russie n'est elle-même pas épargnée par ces revendications sécessionnistes : en 1993, la Tchétchénie, petite république autonome au nord du Caucase, proclame son indépendance. La Russie intervient en 1994, mais son armée est mise en échec par les Tchétchènes, qui obtiennent une indépendance de fait en 1996. Moscou ne l'accepte pas et reprend le contrôle de la république lors d'une seconde guerre de 1999 à 2000.

L'éclatement de la Yougoslavie est l'exemple le plus tragique du renouveau d'un nationalisme agressif en Europe de l'Est. La mort de Tito en 1980 et la crise économique provoquent la remontée des tensions entre les différentes républiques qui composent la Yougoslavie. Les critiques se multiplient contre l'incompétence des dirigeants centraux, en particulier en Croatie et en Slovénie, régions les plus riches de la fédération. Afin de conserver ou de prendre le pouvoir, les dirigeants des différentes républiques activent le ressort du nationalisme. En Serbie, Slobodan Miloševic est élu président, en 1989, en exaltant la grandeur de la nation serbe ; il prétend accentuer le contrôle de la Serbie sur l'État yougoslave. Les tensions dégénèrent rapidement en une guerre civile. Les Serbes écrasent par la force une révolte dans le Kosovo, peuplé en majorité d'Albanais. En 1991, en réaction à la politique serbe de mainmise sur l'État, la Slovénie puis la Croatie proclament leur indépendance, ce qui provoque une brève guerre. La violence s'étend à la Bosnie en 1992, quand Musulmans et Croates déclarent leur indépendance. Les Serbes refusent de la reconnaître et envoient leur armée en soutien aux Serbes de Bosnie, avec l'espoir de constituer une « grande Serbie ».

La guerre déchire la petite république : sa capitale, Sarajevo, est assiégée par les Serbes durant près de quatre ans. Des massacres sont commis de part et d'autre par des milices. En 1995, l'exécution de plusieurs milliers de musulmans lors de la prise de Srebrenica par les milices serbes conduit enfin les Occidentaux à réagir. L'OTAN bombarde les positions serbes et met un terme à un conflit auquel les Européens ne sont pas parvenus à mettre fin [→ CARTE 2].

3. Les crises africaines

La sortie de la guerre froide s'accompagne d'un regain des guerres civiles en Afrique. Le Liberia de 1989 à 2003, et la Sierre Leone de 1991 à 2002, sont déchirés par des guerres civiles sanglantes. Après une courte pause entre 1989 et 1992, la guerre reprend en Angola de 1992 à 1993 puis de 1997 à 2002. Dès 1990, privée de l'aide américaine, la Somalie se désintègre : la région du Nord, le Somaliland, déclare son indépendance en 1991, suivie par le Puntland, au nord-est, en 1998, tandis que les factions s'affrontent pour le contrôle de la capitale Mogadiscio. Au Rwanda, l'assassinat du président hutu Juvénal Habyarimana en 1994 est le prétexte du massacre de près d'un million de Tutsis par la majorité hutue. En 1997, le dictateur du Zaïre (actuelle RDC) Mobutu est renversé par une rébellion menée par Laurent-Désiré Kabila. Une seconde guerre, dans laquelle s'impliquent les voisins de la RDC, ravage l'est du pays de 1998 à 2001. Ce conflit, qui a été dénommé la « Première Guerre mondiale africaine », entraîne la mort de plus de 2 millions de personnes. Ce glissement de l'Afrique dans une conflictualité généralisée tient en partie à la fin de la rente stratégique que constituait l'aide économique des deux Grands. **La fin de la guerre froide a en effet dévoilé la fragilité des États africains, leur faillite économique et leur faible légitimité.** Elle a démontré que, après 1990, les conflits ne sont plus liés à la puissance des États mais à leur faiblesse. Dans la mesure où ces conflits aux racines anciennes se sont poursuivis à la fin de la guerre froide, preuve a été faite que leur motivation n'était pas idéologique, mais bien liée à la lutte pour le pouvoir et l'appropriation des ressources, en lien avec des motifs identitaires, religieux ou ethniques.

C. LES NOUVELLES MENACES

1. La menace de la prolifération nucléaire

La menace nucléaire paraît s'éloigner avec le renoncement des États-Unis et de la Russie à l'essentiel de leur arsenal nucléaire. Pour autant, la question nucléaire ne disparaît pas. Même en l'absence d'un ennemi clair, les grandes puissances conservent l'arme nucléaire pour assurer leur sécurité et marquer leur statut. **Le risque de prolifération nucléaire remplace en quelque sorte celui de la guerre atomique.** Dès 1993, la Corée du Nord décide de quitter le traité de non-prolifération nucléaire de 1968. En 1998, le problème prend une tout autre ampleur : l'Inde procède à des tests atomiques, ce qui provoque la riposte du Pakistan, qui fait de même. La Corée du Nord accélère son programme d'armement nucléaire en procédant à des tirs de missiles balistiques. Enfin, Saddam Hussein décide d'expulser les inspecteurs de l'ONU qui vérifiaient qu'il avait renoncé à l'acquisition de l'arme nucléaire.

2. Le terrorisme djihadiste

Le terrorisme a été très présent dans les années 1980 : actions des indépendantistes de l'ETA en Espagne et de l'IRA en Irlande du Nord, attentats organisés par la Libye, campagne d'attentats en France de 1985 à 1986 attribuée au Hezbollah, terrorisme sikh en Inde et tamoul au Sri Lanka. **Dans les années 1990, la menace vient désormais du terrorisme djihadiste. Il s'est développé au Liban (attentats du Hezbollah en 1983 contre les troupes américaines et françaises) mais émerge surtout de la guerre en**

Afghanistan : en 1988, Oussama Ben Laden fonde Al-Qaïda, une organisation qui réunit des combattants musulmans venus lutter contre les Soviétiques. Une fois la guerre terminée, ces hommes rejoignent les différents fronts de ce qu'ils considèrent comme le djihad mondial. Ils participent ainsi à la guerre civile en Algérie qui éclate en 1991 quand le régime décide d'interrompre brutalement le processus électoral qui aurait conduit à la victoire du Front islamique du salut aux législatives. L'armée algérienne finit par l'emporter en 1999, mais 200 000 personnes ont été tuées dans l'intervalle. D'autres combattants participent aux guerres en Bosnie entre 1993 et 1996, et en Tchétchénie entre 1994 et 1996. Une vague d'attentats endeuille l'Égypte entre 1993 et 1997. À la suite de sa condamnation de la guerre du Golfe qui lui vaut d'être chassé d'Arabie saoudite, Ben Laden concentre ses actions contre les États-Unis. En 1996, il lance une véritable déclaration de guerre aux Américains, leur intimant l'ordre de quitter l'Arabie saoudite. Les attentats s'enchaînent ensuite : en 1998 contre les ambassades américaines au Kenya et en Tanzanie ; en 2000 à Aden contre un bâtiment de l'US Navy et enfin, le 11 septembre 2001 à New York et à Washington.

3. La « revanche de Dieu »[11]

Les années 1975-1990 sont marquées par l'affirmation, partout dans le monde, de mouvements revendiquant un rôle politique de la religion. La disparition du communisme athée les encourage et leur expansion paraît se poursuivre dans les années 1990, contribuant à la montée des tensions. **En 1989, plusieurs événements renforcent l'impression d'un progrès continu de l'islamisme*.** Un second régime islamique est établi au Soudan à la suite du coup d'État organisé par Omar al-Béchir, mais le vrai homme fort du régime est Hassan al-Tourabi, le *leader* des Frères musulmans soudanais. En Iran, le 14 février 1989, l'ayatollah Khomeiny lance une *fatwa** appelant à l'assassinat de l'écrivain indien Salman Rushdie, qu'il accuse de blasphème pour être l'auteur de l'ouvrage *Les Versets sataniques*, paru en 1988. Cette affaire illustre la montée d'un islam fondamentaliste et aussi sa mondialisation, puisque des manifestations sont organisées dans tout le monde musulman et au sein de la diaspora musulmane en Europe. Enfin, en septembre 1989, éclate l'« affaire du foulard islamique » en France, quand deux adolescentes sont renvoyées de leur collège de Creil pour avoir voulu garder leur voile. Aux yeux d'une partie de l'opinion et de certains intellectuels, l'islam devient une menace pour l'Occident. Pourtant, dans la réalité, l'islamisme est loin d'être triomphant dans les années 1990 : si les talibans l'emportent face à un gouvernement afghan moribond en 1996, aucun parti islamiste ne s'installe au pouvoir dans les pays sunnites. L'Iran, après la mort de Khomeiny en 1989, renonce à exporter sa révolution et normalise ses relations avec les autres États. Des experts comme Gilles Kepel ou Olivier Roy annoncent même le déclin de l'islamisme.

En Israël, l'influence des organisations orthodoxes juives, qui défendent l'idée d'un grand Israël englobant toute la Palestine biblique, se diffuse chez les dirigeants du Likoud, le parti conservateur. Elle contribue à accélérer la colonisation de la Cisjordanie et provoque une droitisation de la scène politique israélienne (le dernier gouvernement travailliste quitte le pouvoir en 2001) dans un sens nationaliste et ethnique. En Inde, le parti nationaliste hindou,

DÉFINITIONS

Islamisme : doctrine qui veut faire de l'islam et de la loi islamique (charia) le fondement idéologique de la vie politique et sociale.

Fatwa : un avis juridique sur la loi islamique donné par une autorité religieuse.

11. Gille Kepel, *La revanche de Dieu*, Paris, Seuil, 1991

le BJP, attise les tensions pour parvenir au pouvoir. En 1989, il lance une campagne pour détruire la mosquée de la ville d'Ayodhya, dans le nord de l'Inde, parce qu'elle est installée sur un site sacré des hindous. Les affrontements qui accompagnent la démolition de l'édifice font 3000 morts. Cette stratégie de tensions communautaires se révèle payante puisque le BJP parvient au pouvoir lors des élections de 1998.

7 LE MONDE DEPUIS 2001 : ÉMERGENCE DE NOUVELLES PUISSANCES ET RÉÉQUILIBRAGES GÉOPOLITIQUES

L'entrée dans le XXIe siècle se fait sous le double signe d'un affaiblissement de la puissance américaine et de l'affirmation de nouveaux rivaux. On parle dès la fin du XXe siècle de pays émergents pour définir ceux dont l'insertion dans la mondialisation entraîne une croissance forte et continue. La vigueur de cette croissance et le ralentissement de celle des pays occidentaux amènent, dans la première décennie du XXIe siècle, à s'interroger sur un glissement des centres de gravité, traduction géopolitique du renouvellement des rapports de force économiques. Avec le nouveau siècle, la Chine conduit un large mouvement de rattrapage que la crise de 2008 rend plus spectaculaire encore, et qu'elle manifeste de façon de plus en plus affirmée dans les relations internationales. En vingt ans, la hiérarchie des puissances mondiales semble en réalité moins bouleversée que rééquilibrée : les États-Unis conservent une marge généreuse sur leurs rivaux et partenaires, mais semblent se lasser de leurs responsabilités, l'Union européenne n'arrive toujours pas à transformer son niveau de vie en puissance, la Chine assume de plus en plus ouvertement ses ambitions régionales et mondiales, tandis que la Russie tente de revenir au premier plan. Mais l'Inde, le Brésil ou d'autres grands pays du Sud peinent à jouer le rôle d'entraînement nécessaire pour que le monde soit pleinement multipolaire.

Entre émergence de nouvelles puissances et rééquilibrages géopolitiques, comment caractériser les relations internationales du début du XXIe siècle ?

Notions principales

Puissance : capacité d'un État à imposer sa volonté ou à peser sur le comportement des autres États dans le sens de ses intérêts.
Mondialisation : ensemble des processus (socio-économiques, culturels, technologiques…) contribuant à accroître et à intensifier les flux (de personnes, de marchandises, de capitaux, d'informations), facilitant la mise en relation des sociétés du monde entier et provoquant des recompositions territoriales.
***Leadership* :** domination qu'exerce une puissance en énonçant les données de l'ordre souhaitable et en le présentant comme un ordre profitable pour tous.
Pays émergents : groupe de pays fortement intégrés dans la mondialisation qui connaissent une croissance économique forte et continue au début du XXIe siècle. Les BRICS – Brésil, Russie, Inde, Chine, Afrique du Sud — en constituent l'essentiel.

CHRONOLOGIE

1999 : Vladimir Poutine succède à Boris Eltsine à la tête de la Fédération de Russie.
2000-2008 : Présidences de George W. Bush aux États-Unis
2001 : Entrée de la Chine à l'OMC
2001 : Krach du Nasdaq (marché électronique de valeurs basé à New York)
2001 : Attentats du Pentagone et du World Trade Center
2003 : Deuxième guerre du Golfe, chute de Saddam Hussein et occupation de l'Irak par les troupes américaines
2007 : Crise américaine des *subprimes*, amorce d'une crise financière mondiale
2008 : Jeux olympiques de Pékin
2009-2017 : Présidences de Barack Obama aux États-Unis
2010 : La Chine devient la deuxième puissance économique mondiale.
2014 : La Russie annexe la Crimée
2015 : Lancement de la Nouvelle Banque de développement des BRICS et de la Banque asiatique d'investissement pour les infrastructures (BAII)
2017-2021 : Présidence du républicain Donald Trump aux États-Unis
2020 : La crise sanitaire de la Covid-19 entraîne une récession mondiale.
2022 : La Russie lance une attaque massive sur l'Ukraine
2024 : Réélection de Donald Trump à la présidence des États-Unis

I. Les États-Unis : la fatigue du *leadership*

A. DES INTERVENTIONS EXTÉRIEURES À LA TENTATION DU REPLI

1. Des guerres longues et coûteuses

Élu en novembre 2000, le président George W. Bush voit dans les attentats du 11 septembre 2001 une justification des thèses esquissées par Samuel Huntington : la fin de la guerre froide et la sortie des idéologies ouvriraient la porte à un retour conflictuel des civilisations. Dans cette optique, « l'axe du mal » remplace « l'empire du mal » fustigé par le président Reagan dans les années 1980 : les « *Rogue States* » (« États voyous ») sont dénoncés, accusés de prolifération nucléaire et de développement d'armes de destruction massive. **Une première application de la « guerre contre le terrorisme » s'inscrit dans le droit international : en 2001, l'ONU couvre l'intervention américaine en Afghanistan pour faire tomber le régime des talibans** qui abritait des camps d'entraînement d'Al-Qaida. Faute d'un plan de paix pertinent, les États-Unis et leurs alliés restent cependant englués dans une pacification sans fin. L'invasion de l'Irak à partir de 2003 impose une deuxième occupation sans perspective immédiate de retrait.

Les forces américaines s'appuient, en Afghanistan, sur l'OTAN, jusqu'à son retrait en 2014. Le président Barack Obama commence à rapatrier des troupes, mais la persistance de l'insurrection des talibans bloque encore 15 000 hommes à la fin de la décennie. Après presque vingt ans de présence militaire occidentale, 800 milliards de dollars dépensés et 4 000 militaires occidentaux tués (dont 2 300 Américains), **l'opération afghane, plus longue guerre de leur histoire, a incontestablement tourné au piège pour les États-Unis**. Le maintien de prisonniers, retenus sans jugement, sur l'île de Guantánamo (base américaine à Cuba) constitue une entorse au droit international, tandis que le retrait précipité en août 2021 livre de nouveau l'Afghanistan aux talibans. Obama avait annoncé un retrait des troupes en Irak, devenu effectif en 2011. Il ne restait alors sur place que 300 hommes, des forces d'appui devant entraîner l'armée irakienne. Mais la prise de Mossoul en juin 2014 par l'État islamique (EI) a cruellement souligné que ce retrait était prématuré : 3 000 hommes opéraient de nouveau en Irak à la fin du mandat de Donald Trump. La victoire contre l'EI en 2017 n'offre en effet que peu de garanties, et Washington redoute surtout qu'un départ complet d'Irak n'ouvre à son adversaire iranien une influence accrue.

2. Nouvelle stratégie et échecs de l'Administration Obama

Dès 2009, dans un discours au Caire, le président Obama, nouvellement élu, tente de restaurer le prestige américain dans la région. En juin 2014, à West Point, dans une sentence frappante : « ce n'est pas parce qu'on a le meilleur marteau qu'on doit voir chaque problème comme un clou », il exprime ses réticences aux interventions extérieures, coûteuses financièrement, humainement et politiquement. **La formule préférée sera désormais une présence minimum (*light footprint*) liée à l'usage de drones et de forces spéciales.** Préoccupé par la question nucléaire, Barack Obama engage les États-Unis dans l'accord du 14 juillet 2015, qui garantit, selon lui, dix ans sans que l'Iran ne se dote de la bombe, en cohérence avec le traité New Start signé avec les Russes en 2010 (réduction du nombre de missiles intercontinentaux et de têtes nucléaires). Pour autant, sa volonté d'un nouveau départ (*reset*) avec la Russie échoue face au durcissement de Vladimir Poutine. **Mais ce sont les atermoiements dans la guerre civile syrienne qui déconsidèrent durablement les États-Unis :** à l'été 2013, les forces de Damas utilisent des gaz contre des populations révoltées. Or, le président Obama en avait fait une ligne rouge à ne pas franchir, mais pressentant une opposition du Congrès, il se refuse finalement à intervenir. Par ailleurs, la « patience stratégique » mise en avant n'empêche pas la Corée du Nord de se doter de l'arme nucléaire, ni la Russie d'envahir l'Ukraine ou encore la Chine de s'approprier la mer de Chine méridionale.

Pour aller plus loin

Le site officiel des archives de Barack Obama met en ligne les discours du 44e président des États-Unis
liennathan.fr/yi5s86

3. Le rétrécissement de l'exceptionnalisme* américain

L'élection surprise du républicain Donald Trump (novembre 2016) a perpétué, dans son style populiste*, des directions déjà bien lancées : méfiance envers les institutions internationales, héritée de la période Bush, et réticences à l'engagement de militaires au sol. Le nouveau président a considérablement accru les dépenses militaires (649 milliards de dollars en 2018, soit 20 % du budget fédéral total), un budget équivalent à la somme de ceux des neuf pays suivants. Il est surtout allé plus loin que G. W. Bush dans le retrait des institutions internationales : **l'Administration Trump s'est retirée de l'accord de Paris, a suspendu sa contribution à l'UNESCO comme à l'OMS et a paralysé le fonctionnement de l'OMC en bloquant son Organe de règlement des différends**. Washington a également renégocié un ALENA peu performant et rejeté les deux grands accords bilatéraux qui visaient pourtant à isoler la Chine : le TPP (*Trans-Pacific Partnership*) et le TTIP (*Transatlantic Trade and Investment Partnership*) avec l'Europe. La Maison-Blanche s'est aussi retirée de l'accord sur le nucléaire iranien et a menacé de poursuites la Cour pénale internationale.

DÉFINITIONS

Exceptionnalisme : présupposé politique selon lequel une nation particulière suit un destin d'exception ; cette idée est très forte aux États-Unis.

Populisme : posture politique opposant aux élites le bon sens supposé du peuple, les deux entités n'étant jamais précisément définies.

L'exceptionnalisme américain s'est ainsi réduit à la défense d'intérêts vitaux étroits, tandis que Washington semble accepter de ne plus être l'arbitre ultime des relations internationales après les échecs de reconstruction politique en Irak et en Afghanistan, qui marquent probablement la fin de la prétention au *nation building**, une politique suivie depuis 1945. Au début des années 2020, la diplomatie américaine est quasiment absente des crises de Syrie et de Libye, elle échoue à freiner les ambitions de la Corée du Nord, malgré trois rencontres entre les chefs d'État, et elle lance contre ses deux autres principaux adversaires, l'Iran et le Venezuela, des embargos qui n'ont pas plus d'effets que celui qui pèse depuis soixante ans sur Cuba. La détermination de l'Administration Biden à contrer l'invasion russe de l'Ukraine n'a pas été en mesure de mettre fin au conflit ; elle n'a non plus suffi à mobiliser en ce sens une majorité des pays du Sud.

En 2025, les premiers mois de la seconde présidence de Donald Trump constituent un tournant dans les relations internationales, marqué par la fin du multilatéralisme et par l'avènement d'une diplomatie du rapport de force. **Seuls semblent compter désormais les intérêts des États-Unis, leurs objectifs économiques primant sur le principe de la coopération ou la recherche d'équilibres stratégiques.**

B. LES TIRAILLEMENTS TRANSATLANTIQUES

1. Des alliés délaissés

La participation à l'invasion de l'Irak en 2003 a partagé l'Europe entre pro-Américains d'une part – le gouvernement britannique de Tony Blair, l'Italie de Silvio Berlusconi et les pays de l'Europe centrale et orientale – et un axe Paris-Berlin d'autre part, l'Allemagne se dissociant pour la première fois en diplomatie des États-Unis. À défaut du soutien unanime de leurs alliés, **les États-Unis ont tenté d'exploiter les divisions entre la « vieille Europe » et la « nouvelle Europe »** (selon les mots du secrétaire à la défense Donald Rumsfeld). Si B. Obama s'est peu intéressé à l'Europe durant ses deux mandats, D. Trump la considère comme une puissance hostile (l'UE est qualifiée en 2018 d'« adversaire »). Dans la perspective de l'« *America First* », un slogan d'abord utilisé par Lindbergh dans les années 1930 pour défendre un isolationnisme intégral, la construction européenne subit le même sort que les institutions internationales : encouragée par les États-Unis au sortir de la guerre pour mieux asseoir leur nouvelle puissance, elle est désormais considérée comme un obstacle. L'abandon d'un traité de libre-échange transatlantique va de pair avec l'encouragement au Brexit ou le soutien aux gouvernements autoritaires de Hongrie et de Pologne, défiants vis-à-vis de la construction européenne et volontiers atlantistes*.

2. L'OTAN dans la tourmente

Avec la crise économique de 2008, les Européens avaient accéléré les coupes dans leurs budgets militaires : en 2014, le Vieux Continent consacrait 15 % de moins à sa défense qu'en 2001. Ni la France ni l'Allemagne n'atteignaient plus alors la norme tacite de l'OTAN de 2 % du PIB consacré au domaine militaire. Les Européens n'assumaient alors plus qu'un tiers, bientôt un quart, des dépenses de l'OTAN, alors qu'ils supportaient la moitié de celles-ci au début du XXIe siècle. Par ailleurs, l'organisation s'est élargie aux pays de l'Europe centrale

DÉFINITIONS

***Nation building*:** programme militaro-politique d'intervention dans un pays afin d'y mettre en place des institutions et tenter d'y encourager la naissance d'une conscience nationale.

Atlantisme : alignement diplomatique sur les États-Unis dans le cadre de l'OTAN.

Carte 1. L'OTAN et ses élargissements 1949-2024

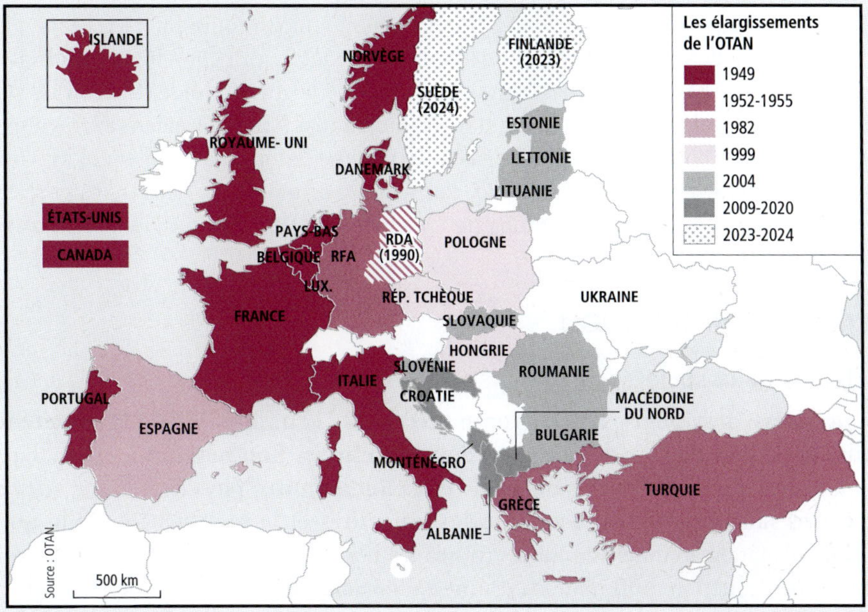

et orientale, mais aussi à la Finlande et à la Suède, inquiètes de l'agressivité russe [→ CARTE 1]. À partir de 2015, la menace terroriste pousse les grands pays européens (France, Royaume-Uni, Allemagne) à reconsidérer l'effort de défense, un mouvement soutenu par leurs opinions publiques et qui incitait à repenser une défense européenne plus autonome et performante. En novembre 2019, le Président Macron considérait que l'OTAN était en état de « mort cérébrale », pointant du doigt par cette formule la faiblesse politique de l'organisation et le manque de coordination entre les États-Unis et les partenaires européens. Si la guerre déclenchée par la Russie en Ukraine en février 2022 a semblé dans un premier temps rendre

Document 1. Les forces de l'OTAN et de la Russie en 2023

	OTAN	Russie
Personnel actif	3,4 millions	1,1 million
Têtes nucléaires	5 943	4 400
Sous-marins	143	50
Chars d'assaut	12 408	3 250
Avions de combat	4 506	1 026
Porte-avions	16	1
Frégates et destroyers	247	32
Budget consacré à la défense (2024)	1 466 milliards de dollars (estimation)	114 milliards de dollars (estimation)

Source : *The Military Balance 2024* ; OTAN

à l'OTAN, vaste coalition militaire [→ CARTE 1], un rôle clé dans la défense de l'Europe, le début de la deuxième présidence de Donald Trump, son rapprochement avec Poutine et sa décision de mettre fin au soutien financier à l'Ukraine marquent un tournant : les États d'Europe réalisent que la défense du continent ne peut plus reposer sur la protection des États-Unis, une puissance qui rompt avec les logiques héritées de la guerre froide. L'avenir de l'OTAN, institution née en 1949, semblant incertain, la plupart des États européens augmentent leurs budgets de la défense et prennent conscience, comme le formule Emmanuel Macron dans son adresse aux Français le 5 mars 2025, que « face à ce monde de danger, rester spectateur serait une folie ». L'idée d'une Europe de la défense est discutée par de nombreux gouvernements européens.

C. UN MODÈLE EN QUESTION

1. Les failles de la société

La première présidence de D. Trump (2017-2021) a rappelé que la société américaine était loin d'avoir dépassé ses contradictions. Son mandat a été marqué par le maintien d'une violence sans égale chez aucun autre pays riche, une succession de crises sanitaires, le creusement des inégalités et la réactivation de la question raciale. Autant d'arguments pour les rivaux des États-Unis et de facteurs d'érosion de leur pouvoir de séduction. 300 millions d'armes à feu sont entre les mains de particuliers, soit la moyenne par habitant de loin la plus importante au monde (largement devant le Yémen). Elles provoquent chaque année plus de 38 000 morts, dont les deux tiers par suicide. Les tueries de masse dans les écoles (Columbine en 1999, Parkland en 2018) ou en dehors (Las Vegas en 2017) posent régulièrement la question d'une meilleure réglementation, à laquelle s'oppose avec succès le puissant lobby des armes, la NRA (*National Rifle Association*), donateur souvent décisif dans les campagnes électorales.

Chaque année, un millier de personnes tombent par ailleurs sous les balles des forces de l'ordre, qui sont en partie équipées des surplus des guerres d'Irak et d'Afghanistan. En 2020, la diffusion par les réseaux sociaux de l'agonie à Minneapolis de George Floyd lors de son arrestation a entraîné une vaste contestation nationale, portée par le mouvement *Black Lives Matter*, qui a rapidement suscité des répliques en Europe. Les chiffres alignés par le système carcéral américain éclairent crûment la persistance des inégalités raciales : 60 % des détenus américains sont noirs ou hispaniques, tandis qu'un enfant afro-américain sur neuf a un parent incarcéré. 2,2 millions d'Américains sont en prison, soit quatre fois plus qu'en 1980.

La santé est un autre marqueur fort des difficultés internes aux États-Unis. Cette question fait l'objet de vives oppositions entre les démocrates et les républicains. Ces derniers, au nom du principe de la responsabilité individuelle, sont réticents à l'intervention de l'État. Si Bill Clinton n'avait pas réussi, en 1994, à élargir la couverture santé, une réforme adoptée sous Barack Obama en 2010 a cependant permis de doter 32 millions d'Américains d'une protection. La crise sanitaire de 2020 a tout de même souligné les carences du système américain : le pays a recensé le plus grand nombre de morts, et un pourcentage par habitant supérieur à celui de l'Europe. L'espérance de vie, qui était sensiblement la même de part et d'autre de l'Atlantique dans les années 1980, est, en 2020, de quatre ans inférieure à celle de la France, tandis que la perspective de vie en bonne santé d'un nouveau-né étasunien est désormais inférieure à celle d'un Chinois.

La société américaine suit, au début du XXIe siècle, une pente résolument inégalitaire. Les États-Unis sont parmi les pays de l'OCDE dans lequel le coefficient

de Gini* est le plus élevé et continue de se creuser. Les principales explications se recoupent : l'impôt a perdu en progressivité, et donc en distributivité, la faible régulation du marché du travail a réduit la capacité de négociation des syndicats, la finance s'est imposée dans les revenus (le capital rapporte plus que le travail), enfin, la hausse irrésistible des dépenses d'éducation et de santé, délaissées par l'État, pèse proportionnellement plus sur les bas revenus.

2. Le fardeau de l'endettement

La financiarisation de l'économie entraîne un processus d'endettement qui s'envole à partir de 2000 et culmine avec la crise des *subprimes* en 2007. Les *subprimes* sont des prêts immobiliers hypothécaires accordés à des emprunteurs financièrement fragiles contre des taux d'intérêt élevés. La solidité du montage reposant sur la hausse des prix de l'immobilier, le retournement du marché immobilier américain en 2007 provoque l'effondrement du système : plusieurs millions de familles, qui ne peuvent plus rembourser, sont expulsées. Les établissements de crédit faisant ensuite faillite, la crise se propage à tout le système financier américain, puis au reste du monde. Elle aggrave le déficit budgétaire, tandis que le déficit commercial avec Pékin se creuse, les États-Unis important 3,8 fois plus de biens depuis la Chine qu'ils n'en exportent. Afin de résorber la dette, l'État entreprend de socialiser les pertes du secteur financier et de nationaliser provisoirement. Mais la dette publique est financée par les achats de bons du Trésor* par des détenteurs étrangers de dollars, comme la Chine, le Japon, la Corée, l'Allemagne ou les pétromonarchies, ce qui peut fragiliser la diplomatie américaine.

3. Les États-Unis restent une grande puissance

Si la crise économique de 2008 a d'abord été américaine, elle a paradoxalement renforcé le rôle du dollar comme valeur refuge, un réflexe retrouvé en 2020 lors de la crise de la Covid-19. Les pays asiatiques ont conforté le poids du dollar en achetant toujours plus de dette américaine. À la persistance de cet atout décisif et classique s'est ajoutée, dans la deuxième décennie du siècle, une nouvelle autonomie énergétique : depuis 2013, les États-Unis extraient globalement plus de pétrole qu'ils n'en importent, avec une production de 12 millions de barils par jour en 2019. Une situation sans doute transitoire, mais qui les distingue de leurs rivaux européens et chinois.

Par la réactivation de lois anciennes et l'adoption de nouvelles, comme le *Patriot Act* de 2001 ou la loi FATCA de 2010 (*Foreign Account Tax Compliance Act*, qui oblige toutes les banques étrangères à livrer des informations nominatives sur leurs clients américains), la justice américaine peut désormais poursuivre n'importe quelle entreprise étrangère, pour peu qu'elle soit cotée à Wall Street, que des mails aient utilisé des serveurs localisés aux États-Unis ou que des transactions en dollars aient transité par la chambre de compensation SWIFT, située sur le territoire américain (90 % des transferts dans le monde). S'y ajoute, depuis 2018, le *Cloud Act*, qui permet à la justice d'accéder aux données stockées. **Cette extraterritorialité judiciaire permet la mise en place d'un impérialisme juridique sans équivalent, un nouvel élément d'une puissance qui peut par ailleurs toujours compter sur ses**

DÉFINITIONS

Coefficient de Gini : indicateur des inégalités de revenus au sein d'une population. Il s'établit de 0, égalité absolue, à 1, situation où une seule personne posséderait tous les biens.

Bons du Trésor : obligations émises par les États pour se financer. Ce sont des titres d'emprunt remboursables à échéance, très prisés car aisément échangeables.

leviers classiques : la domination militaire, les firmes transnationales (notamment dans l'économie numérique), l'espace et les hautes technologies.

II. Vers un monde multipolaire ?

A. LE POIDS DES BRICS

1. Un groupe de pays émergents dynamique

La désignation BRIC (Brésil, Russie, Inde, Chine) est, à l'origine, purement opportuniste : il s'agissait, en 2001, pour l'analyste Jim O'Neill, d'indiquer aux clients de la banque Goldman Sachs les perspectives les plus attractives dans les prochaines années en termes de placement. Le groupe BRIC agrégeait une économie de rente menacée par la régression démographique (la Russie), une puissance exportatrice (la Chine) et deux géants régionaux aux économies diversifiées mais à la croissance moindre (l'Inde et le Brésil). Pourtant, la réunion de sommets communs à partir de 2009 et l'adjonction de l'Afrique du Sud en 2011 pour un groupe devenu BRICS en font une réalité institutionnelle. **Au début du XXIe siècle, les BRICS s'érigent en concurrents de la puissance des États-Unis.** La part cumulée de la richesse produite par le Brésil, la Russie, l'Inde et la Chine représentait, en 1994, 6,5 % du PIB mondial. Elle s'élevait à 21 % en 2014 alors que les États-Unis étaient à 23 % (contre 28 % vingt ans auparavant) et l'UE à 24 % (contre 30 % en 1994). Le poids économique et démographique des BRICS est certes considérable (22,5 % du PIB de la planète, contre 8,5 % au début du siècle, et 45 % de ses habitants), mais les intérêts de ses membres sont très disparates. L'écrasante domination chinoise rend improbable une coopération économique : Moscou comme Delhi n'auraient aucun intérêt à accepter un accord de libre-échange avec Pékin.

2. Une union de façade

Le lancement de la Nouvelle Banque de développement (NBD) en juillet 2015, marque la volonté des BRICS de remettre en cause la Banque mondiale, le FMI et des institutions internationales. **Mais les BRICS défendent des intérêts parfois contradictoires :** la Chine, membre permanent du Conseil de sécurité, est logiquement conservatrice à l'ONU, tandis que le Brésil et l'Inde voudraient y avoir un statut plus conforme à leur poids dans le monde. Pour contourner le FMI, l'Argentine et le Venezuela avaient imaginé, en 2007, une Banque du Sud, à destination de l'Amérique latine. Mais trop faiblement dotée, celle-ci est restée inefficace, tout comme, une décennie plus tard, la NBD des BRICS. En 2014, Pékin a lancé une Banque asiatique d'investissement pour les infrastructures (BAII), dotée de 100 milliards de dollars, qui a séduit une centaine de pays, dont les Européens, malgré une évidente domination chinoise (26 % du droit de vote). Les Japonais et les Américains, en revanche, la perçoivent comme une alternative à la Banque asiatique de développement (BAD), institution onusienne qu'ils contrôlent. La Chine ne peut désormais plus échapper au soupçon d'une quête hégémonique. Même l'Inde, qui l'a dépassé en population en 2023, est déclassée : le PIB de la Chine est cinq fois plus élevé, le budget militaire chinois est trois fois plus important, alors qu'ils étaient au même niveau en 1988, et la Chine possède deux fois plus de têtes nucléaires et d'avions de combat que son voisin. L'entrée en 2024 de quatre nouveaux membres dans le groupe (l'Iran, l'Égypte, les Émirats arabes unis et l'Éthiopie) ne renforce pas la cohérence du groupe devenu BRICS+.

B. LA FAIBLESSE DES AUTRES PAYS DU SUD

1. L'Amérique latine face à ses tensions

Une décennie de hausse des matières premières, entre 2004 et 2014, a consolidé la croissance des pays latino-américains, renforcé les classes moyennes (qui représentaient 17 % de la population seulement en 1990, mais presque un tiers trente ans après) et affermi la démocratie. La bonne tenue du secteur primaire sur les marchés internationaux a permis au continent de traverser à moindre mal la crise de 2008-2009. **Au Brésil, sous les deux premiers mandats de Lula da Silva (2003-2011), l'extrême pauvreté est passée de 14 % à 3,5 % de la population.** Si la criminalité reste spectaculaire du Mexique au Brésil, les insurrections historiques ont pu être réglées : dès 2000 pour le Sentier lumineux au Pérou, en 2016 pour celle des FARC en Colombie. Dans les années 2000, les dynamiques politiques portent au pouvoir des gouvernements de gauche (Chili, Uruguay, Brésil) qui jouent le jeu de l'ouverture des économies, même pour des dirigeants nationalistes comme Evo Morales en Bolivie (2005-2019). Ce dernier, d'origine indienne, reprend le flambeau du progressisme, tandis que celui de l'anti-américanisme est porté par le Vénézuélien Hugo Chávez (1999- 2013). Mais l'expérience socialiste vénézuélienne tourne court, victime, sous Nicolás Maduro, de la baisse des cours du pétrole et d'une gestion économique catastrophique. Son Alliance bolivarienne pour les Amériques (ALBA)* ne parvient pas à constituer un pôle d'opposition à la présence des États-Unis dans la partie latine de l'hémisphère occidental.

La seconde partie des années 2010 marque incontestablement un coup d'arrêt à la consolidation du continent : tributaire de la reprimarisation* des économies, la croissance s'arrête brutalement, le Nicaragua et surtout le Venezuela s'enfoncent dans la dictature (7 millions des habitants de ce dernier pays émigrent entre 2015 et 2025), l'Argentine est rattrapée par sa dette. Le Brésil perd son prestige dans les affaires de corruption qui favorisent l'élection d'un président d'extrême droite, nostalgique de la dictature militaire, Jair Bolsonaro. Par ailleurs, l'Amérique latine n'est plus prioritaire pour Washington : au cours de son premier mandat, Donald Trump ne s'est jamais rendu en visite officielle au sud du Rio Grande. Au début de son second mandat, Donald Trump multiplie les discours offensifs et renoue avec une tradition diplomatique ancienne qui considère l'Amérique latine comme l'arrière-cour des États-Unis, ainsi lorsqu'il annonce vouloir reprendre la main sur le canal de Panama ou encore lorsqu'il décide de rebaptiser le golfe du Mexique en golfe d'Amérique.

2. Les fragiles espoirs africains

Aux graves difficultés des années 1990 succède, pour le continent, une phase dynamique au début du XXIe siècle. **La croissance annuelle de l'ensemble des pays africains s'élève à 4,6 % sur les vingt premières années du siècle, et même à 7,5 % entre 2005 et 2015** (contre 4,7 % pour l'ensemble du monde). Six des dix plus fortes croissances mondiales sont alors africaines : le Ghana et l'Éthiopie au-dessus de 8 %, la Côte d'Ivoire et le Rwanda autour de 7 %. Mais le continent a fini par être atteint par le ralentissement mondial (entre 2 et 3,5 % de croissance annuelle entre 2016 et 2019) et reste surtout marqué par la pauvreté et

DÉFINITIONS

Alliance bolivarienne pour les Amériques (ALBA) : association lancée par le Venezuela de Chávez en 2004 pour contrer l'influence des États-Unis en Amérique latine. Elle regroupe le Venezuela, la Bolivie, Cuba, le Nicaragua et des pays insulaires de la Caraïbe.

Reprimarisation : processus de captation des investissements par les secteurs des matières premières au détriment de ceux de l'industrie et des services.

le sous-développement : réunissant 14 % de la population mondiale, l'Afrique ne participe qu'à 1 % de la production manufacturière mondiale. 200 millions d'Africains restent concernés par la sous-nutrition et 56 % de la population pauvre du monde est africaine, 26 des 27 pays les moins riches du monde sont africains. L'Afrique des Grands Lacs reste marquée par la violence – dans l'est du Congo, notamment – et si l'Érythrée et l'Éthiopie ont réglé leur contentieux frontalier, l'indépendance du Sud-Soudan (2011) a débouché sur un État failli* rattrapé par la guerre civile. Au Nigeria et au Sahel, le djihadisme, déjà actif dans la Corne de l'Afrique (Somalie), s'est déployé sur fond de carence de l'État. L'insurrection de Boko Haram, un groupe terroriste, apparu en 2009 au nord-est du Nigeria, s'est soldée par 36000 morts en dix ans. Ni l'Afrique du Sud ni le Nigeria ne se sont imposés comme moteurs du continent. La première n'a pas su profiter de son prestige pour s'affirmer sur la scène continentale, le second, au PIB à peu près équivalent, n'a pas converti en développement les revenus offerts par son pétrole. Faute de *leadership* politique, l'Afrique a plus aiguisé les appétits qu'elle n'a réussi à imposer ses points de vue. Avec un âge médian inférieur à 20 ans (deux fois moins qu'en Europe), elle séduit pourtant les entreprises de services, notamment la téléphonie, à la recherche de marchés porteurs. Ses ressources minérales ont attiré les investissements chinois, qui ont souvent supplanté les anciennes puissances coloniales. **Le commerce entre la Chine et l'Afrique a ainsi été multiplié par 20 durant la première décennie du siècle, un mouvement accompagné d'une dépendance financière accrue du continent, susceptible de se traduire en pression politique.** En 2020, l'Afrique devait 145 milliards de dollars à la Chine, ce qui représentait plus de 40 % de sa dette totale.

3. Les déchirements du Moyen-Orient

Au début du XXIe siècle, les tensions restent très fortes entre Israël et ses voisins. En 2000, débute une deuxième Intifada, tandis qu'Israël construit un mur de séparation d'avec la Cisjordanie pour mettre fin aux attentats. En 2006, Israël envahit provisoirement le Sud-Liban pour poursuivre les combattants du mouvement chiite Hezbollah, qui ont fait de la lutte armée contre Israël un élément de séduction des opinions publiques arabes. En 2008, puis de nouveau en 2014, Tsahal (l'armée israélienne) poursuit les islamistes du Hamas à Gaza, qui l'administrent depuis 2006 malgré l'opposition de l'autorité palestinienne, qui tient la Cisjordanie. L'arrivée au pouvoir de D. Trump constitue incontestablement un tournant : le déplacement de l'ambassade à Jérusalem, la nomination d'un ambassadeur officiellement partisan de la colonisation et l'arrêt de l'aide aux Palestiniens valent alignement sur les positions nationalistes dures du Premier ministre israélien, Benyamin Netanyahou, très au-delà des positions précédentes les plus conservatrices. Après les attentats du 7 octobre 2023 (plus de 1 200 morts dans des attaques lancées par le Hamas), ce dernier lance Israël dans une longue guerre à Gaza.

Les Printemps arabes avaient montré, à partir de 2011, la puissance de la demande démocratique des peuples de la région. Le mouvement, parti de Tunisie fin 2010, a renversé la dictature de Ben Ali au profit d'un régime démocratique, le seul du monde arabe en 2020. En Égypte en revanche, la chute de Moubarak aboutit au retour de l'armée au pouvoir avec le maréchal Sissi en 2014. En Libye, la répression attire sur Kadhafi une intervention franco-britannique couverte par l'OTAN, appuyée par les avions de chasse qataris. Sa

DÉFINITION

État failli (*failed state*) : État incapable de remplir ses obligations vis-à-vis de sa population (sûreté, éducation, santé, justice).

chute, en 2011, ouvre une longue période d'instabilité encouragée par des acteurs extérieurs, Russie et Émirats d'un côté, Turquie et Qatar de l'autre. Le Yémen et surtout la Syrie, loin de voir triompher la démocratie, s'enfoncent dans de longues guerres civiles, aux conséquences internationalisées. En 2019 cependant, les foules algériennes (mouvement du Hirak) et soudanaises (qui obtiennent à la destitution du président Omar el-Béchir) témoignent de la persistance du mécontentement des peuples arabes. Le Liban et même l'Iran et l'Irak ont ensuite vu, avant le confinement de 2020, les foules investir pacifiquement l'espace public. L'occupation de l'Irak par les troupes américaines et leurs alliés avait pourtant ruiné le projet caressé en 2003 par l'Administration Bush d'un « grand Moyen-Orient démocratique », tandis que les crises régionales conduisent à une course accélérée aux armements. L'Arabie saoudite s'offre ainsi le troisième budget de défense au monde, avec près de 68 milliards de dollars en 2018.

Les États-Unis sont de moins en moins en mesure d'apaiser les tensions régionales. Leur moindre dépendance aux importations pétrolières et le désengagement des troupes d'Irak relativisent à leurs yeux l'importance de la région. À partir de 2017, l'alignement sur Israël puis le retrait de l'accord sur le nucléaire iranien les décrédibilisent comme arbitre, malgré la victoire de leur coalition contre l'EI. **L'enlisement du dossier palestinien, jusqu'à l'attaque du Hamas le 7 octobre 2023, correspond aussi à un déplacement du centre de gravité régional vers le golfe Arabo-Persique.** L'Iran a paradoxalement profité des maladresses américaines, qui ont offert le pouvoir aux chiites irakiens, majoritaires dans le pays, en faisant tomber leur persécuteur, le sunnite Saddam Hussein, en 2003. Les pétromonarchies sunnites dénoncent alors un « arc chiite » par lequel l'Iran des ayatollahs se projetterait jusqu'à la Méditerranée, *via* l'Irak, son allié syrien et la milice chiite libanaise du Hezbollah. Les Saoudiens, qui revendiquent le *leadership* sur l'ensemble du monde musulman, redoutent plus que tout le rival perse et voient sa main partout où leur influence pourrait être contestée : dans les revendications de leur propre minorité chiite, dans celles des chiites du Bahreïn, réprimées en 2011, surtout dans le soulèvement des chiites yéménites, qui entraîne une intervention militaire saoudienne à partir de 2015 dans le pays le plus pauvre de la péninsule. La guerre a été voulue par le prince héritier (à partir de 2017) Mohammed ben Salman, qui espère moderniser le pays par l'instauration d'un pouvoir personnel ultra-autoritaire.

En définitive, à l'orée de la troisième décennie du siècle, les grandes lignes de force de la géopolitique régionale se sont déplacées. L'Arabie saoudite impose un axe sunnite conservateur en phase avec les États-Unis de Donald Trump, et donc, objectivement, d'Israël, avec qui des contacts sont noués. Les Émirats arabes unis y adhèrent, tout comme Bahreïn, et l'Égypte dépendante de leurs largesses financières. À l'intérieur du monde sunnite, ce *leadership* est fortement contesté par la Turquie de R. T. Erdogan, qui peut compter, dans le monde arabe, sur le Qatar et sur la mouvance des Frères musulmans. L'Iran, chiite et perse, tente de sortir de son isolement en s'appuyant sur ses relais chiites. Un rapport de force que Téhéran entend consolider par le rapprochement, à l'occasion de la guerre syrienne, avec la Turquie et, au-delà du monde musulman, avec Moscou, qui entend, ici comme en Libye, faire son retour en Méditerranée par ces guerres par procuration.

C. LES INSUFFISANCES DE L'UNION EUROPÉENNE

1. Des réformes institutionnelles

L'entrée en circulation de l'euro le 1er janvier 2002 renforce la prééminence européenne dans le commerce mondial (plus de 40 % au début du XXIe siècle). La monnaie commune n'a cependant pas été acceptée par le Royaume-Uni, le Danemark et la Suède. Ces réticences vers un saut fédéral sont confirmées par l'échec de l'adoption d'un traité constitutionnel : signé en octobre 2004, ratifié par 16 des 27 membres, il est rejeté le 29 mai 2005 par la France, puis par les Pays-Bas. En 2004, l'élargissement à l'Europe centrale (et à Malte et Chypre) crée une Union à 25, puis à 27 en 2007 (Bulgarie, Roumanie) et 28 en 2013 avec la Croatie. **L'atlantisme des nouveaux entrants, d'abord désireux d'intégrer l'OTAN pour se prémunir de toute velléité russe, éloigne les perspectives d'une Europe politique. En 2007, le traité de Lisbonne permet toutefois l'adaptation des institutions :** le Conseil européen est désormais incarné par un président, la politique étrangère et de sécurité commune par un haut représentant, tandis que le Parlement gagne de nouveaux pouvoirs. Mais la crise de la dette grecque qui s'ouvre en 2008 et surtout le départ du Royaume-Uni en 2020 au terme de la crise du Brexit mettent en lumière les faiblesses de l'UE, qui ne parvient pas à porter une voix forte et cohérente pour peser dans les relations internationales.

2. Des crises difficilement surmontées

La crise économique de 2008 rattrape une Europe déjà économiquement poussive : le coût de la réunification allemande et celui de l'intégration de la nouvelle Europe pèsent sur les investissements, le chômage reste élevé et les innovations sont plus souvent américaines et asiatiques dans les secteurs de la nouvelle économie. La crise se diffuse par le secteur bancaire, mais prend surtout la forme d'une crise de la dette souveraine*, les marchés financiers spéculant, à partir de 2011, sur l'incapacité des pays les plus endettés de la zone euro à rester dans la monnaie commune (le Portugal, l'Irlande, l'Italie, la Grèce et l'Espagne : les PIIGS, selon l'acronyme anglais). La détermination de la BCE permet, à partir de 2012, de restaurer la confiance dans l'euro, mais la Grèce se voit prescrire une redoutable cure d'austérité : l'État doit réduire drastiquement ses dépenses et augmenter ses rentrées fiscales. **Si l'Europe sauve ses institutions, son crédit est sérieusement entamé auprès des opinions publiques. Un nationalisme populiste, plus soucieux d'identité que d'intégration, s'y déploie ;** des partis entre europhobie et euroscepticisme arrivent au pouvoir en Hongrie (Viktor Orbán en 2010), en Pologne et en Italie (2018). Lors des élections européennes de 2014 puis de 2019 et 2024, ces partis obtiennent plus d'un quart des députés. Au Royaume-Uni, les adversaires de l'Union européenne arrivent à leur fin avec un référendum victorieux en juin 2016, qui ouvre la voie à une très longue négociation autour des conditions du **Brexit**, premier rétrécissement dans l'histoire de la construction européenne. La question migratoire n'a cessé de monter en puissance depuis le début du siècle, les migrants franchissant la Méditerranée depuis le Maghreb dans des conditions toujours plus risquées (probablement 50 000 morts en vingt ans). Elle s'impose brutalement en 2015, avec l'arrivée par la Grèce et les Balkans de plus d'un million de réfugiés fuyant les guerres de Syrie et d'Irak. La décision de la chancelière allemande Angela Merkel d'ouvrir provisoirement les

Pour aller plus loin

Le site du service diplomatique de l'Union européenne
liennathan.fr/4c2db5

DÉFINITION

Crise de la dette souveraine : spéculation financière survenue en 2011 et 2012 contre les pays les plus fragiles de la zone euro (Portugal, Italie, Irlande, Grèce, Espagne), considérant que leur endettement rendait impossible la survie de la monnaie unique.

frontières allemandes débouche sur une nouvelle crise politique, les institutions communautaires se révélant incapables de faire accepter une politique migratoire commune. Les réactions désordonnées remettent en cause l'un des acquis de la construction européenne : la liberté de circulation. En outre, la guerre en Ukraine entraîne à partir de 2022 une envolée des prix de l'énergie, mais aussi une prise de conscience des faiblesses militaires des pays de l'Union.

III. Le retour des rivalités entre les grandes puissances

A. LES NOUVELLES AMBITIONS RUSSES

La Russie entame le XXIe siècle avec des nouvelles ambitions. L'État se lance, à partir de 2003, dans une politique développementaliste* justifiant sa reprise en main d'une large part du secteur industriel. **Demandée en 1993, l'adhésion à l'OMC est obtenue en 2012 ; par ailleurs, la Russie intègre le G8 et rejoint le FMI et le Club de Paris**, qui rassemble les pays créanciers qui cherchent des solutions au recouvrement de la dette. C'est en outre grâce à la signature russe que le Protocole de Kyoto – accord international visant à la réduction des émissions de gaz à effet de serre – peut être ratifié en 2005. Autant de marques de la volonté affichée et assumée de la Russie de revenir au premier rang de la scène politique internationale.

Mais les prix élevés des hydrocarbures jusqu'en 2014 ont piégé la Russie dans une économie de rente, les investissements nécessaires à la modernisation industrielle étant happés par le pétrole et le gaz. Politiquement, ils ont permis la restauration de « la verticale du pouvoir » et le maintien d'une dépense militaire élevée (autour de 5 % du PIB), au risque du déséquilibre (15 % du budget en 2013, 20 % en 2016). Le reflux des cours dans la seconde partie des années 2010 place le plus grand pays du monde dans une situation difficile, avec des dépenses militaires approximativement égales à celles de la France pour un PIB qui se situe entre celui de l'Espagne et de l'Italie. **Cet effort est perçu en Europe comme un réveil de l'impérialisme russe, ce que confirment plusieurs opérations extérieures : en 2008, la Russie s'empare de deux provinces séparatistes de Géorgie, l'Abkhazie et l'Ossétie du Sud.** Elle maintient depuis 1991 une armée d'occupation en Transnistrie, à l'ouest de la Moldavie ; en 2014, elle s'attaque à la Crimée ukrainienne, à la faveur de la révolution de Maïdan, qui a chassé le président ukrainien pro-russe au profit de forces politiques hostiles à Moscou. L'annexion unilatérale se fait en violation des traités internationaux puisque la Russie est signataire, depuis 1994, d'un traité garantissant les frontières de l'Ukraine. Héritière de l'URSS, la Russie cherche d'abord à sécuriser son « étranger proche », menacé par les « révolutions de couleur » (Ukraine, Géorgie) qu'elle soupçonne d'être manipulées par les États-Unis. La Crimée est annexée unilatéralement par la Russie en mars 2014, tandis qu'à l'est de l'Ukraine, le Donbass est tenu par des séparatistes soutenus par Moscou [→ CARTE 2]. La

DÉFINITION

Politique développementaliste : politique caractérisée par une intervention directe de l'État dans l'économie pour activer la croissance.

■ **Carte 2. Les ambitions russes autour de la mer Noire**

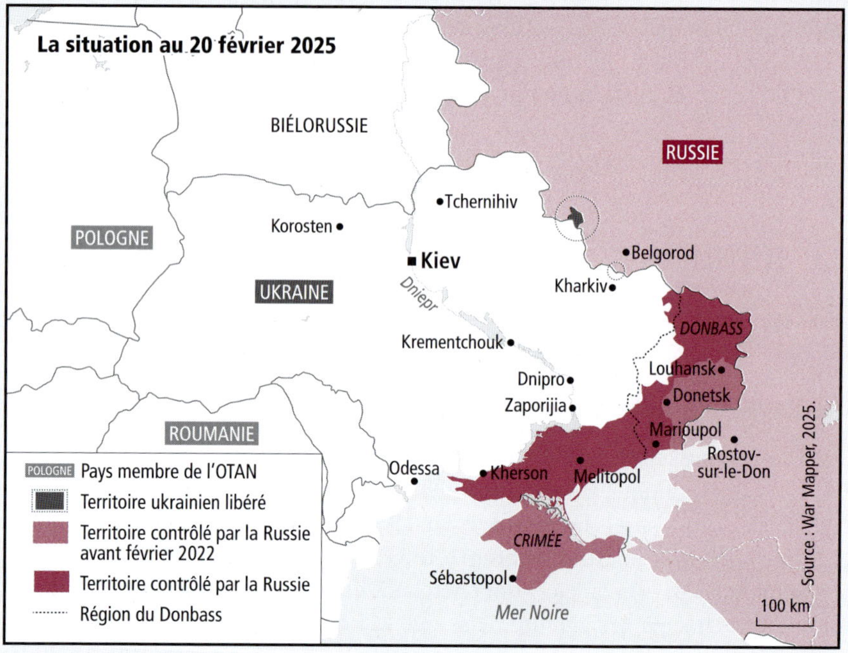

guerre déclenchée en Ukraine en février 2022, justifiée avec cynisme par Vladimir Poutine et menée sans aucun respect du droit international, confirme le retour d'un impérialisme russe qui menace la paix en Europe et rappelle la période de guerre froide, lorsque le continent était coupé en deux blocs antagonistes.

A l'autre extrémité du continent, les relations avec la Chine sont complexes, le rapport de force semblant très favorable à Pékin : le PIB chinois est huit fois plus élevé, l'effort de défense quatre fois plus important côté chinois. Leur longue frontière commune sépare par ailleurs deux régions très inégalement mises en valeur : 7 millions de Russes y font face à 60 millions de Chinois.

B. LES AMBITIONS CHINOISES

1. Les bases économiques de la puissance

Si le PIB chinois a triplé entre 1978 et 2002, la période suivante marque une spectaculaire accélération, avec une multiplication par 7 de 2002 à 2011, sous l'effet, notamment, de l'entrée à l'OMC en 2001. 16e exportateur mondial en 1980, la Chine se trouvait au 3e rang en 2003, avant de passer au 1er rang en 2009. **Le poids de la Chine dans le PIB mondial connaît une progression spectaculaire entre 1980 et 2017** [→ DOCUMENT 2]. Au cœur de l'extension des chaînes de valeur, le pays ne se contente plus d'être l'atelier du monde et ses entreprises montent en gamme, notamment par les achats extérieurs (Volvo racheté par Geely en 2010, Club Med par Fosun en 2015).

La croissance chinoise reste soigneusement contrôlée par l'État-parti et s'appuie d'abord, dans la foulée des réformes de Deng Xiaoping engagées à partir de 1978, sur l'expansion commerciale. Les ports chinois deviennent les plus importants au monde (Shanghai détrône

Document 2. Le poids des différentes régions dans le PIB mondial, 1980-2017

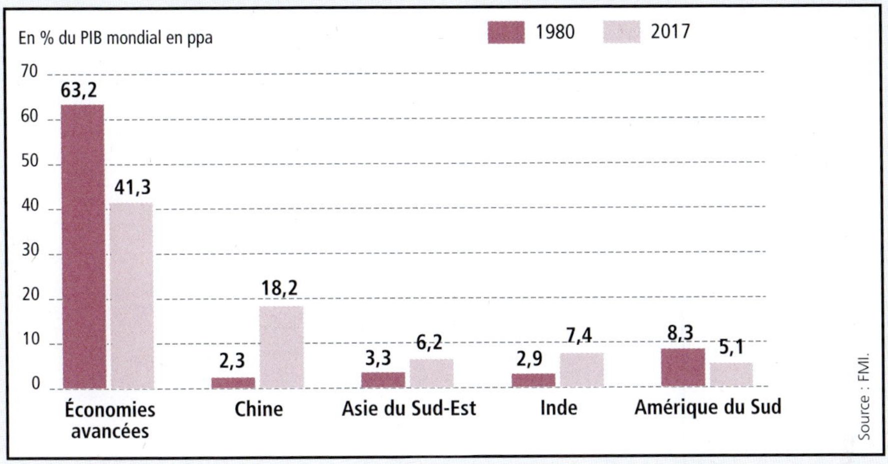

Singapour et Rotterdam en 2004, avant que Ningbo ne lui succède) et la consommation du pays en matières premières lui donne un rôle directeur dans les marchés des minerais (fer, cuivre), de l'agriculture (maïs) et de l'énergie.

Pour ne pas dépendre des seules exportations de biens manufacturés, le gouvernement opère, dans la deuxième décennie du siècle, un passage progressif vers la consommation intérieure, qui suppose une hausse du pouvoir d'achat et des salaires (en moyenne de 15 % chaque année), mais aussi une plus grande maturité technologique. Lancé en 2015, le plan « Made in China 2025 » vise l'autonomie technologique, alors même que la croissance entre dans une phase de ralentissement. Pour les États-Unis, il s'agit d'une machine de guerre pour contester, à coups de subventions, leur hégémonie. La croissance du PIB chinois sur la période constitue incontestablement un phénomène historique majeur, la nouvelle puissance chinoise s'imposant, au début du XXIe siècle, comme le principal rival des États-Unis. Mais si l'on considère les richesses produites en valeur absolue, le rattrapage est très loin d'être achevé. L'écart est encore plus important si l'on compare les PIB par habitant, puisqu'il est de 1 à 7. Les défis adressés à la Chine pour qu'elle réalise son ambition de dépasser les États-Unis restent donc considérables [→ DOCUMENT 3]. D'autant plus que la croissance a nettement ralenti après le long confinement lié à la Covid-19, qui n'a cessé qu'en décembre 2022. Au milieu des années 2020, une crise immobilière rappelle que la vigueur sans équivalent de la croissance du début du siècle a suscité de profonds déséquilibres structurels au cœur de cette économie.

2. Un contrôle toujours plus étroit sur la société

Le Parti communiste a profité de la croissance et de la prospérité, à partir de 2001, pour resserrer son emprise sur la société. Par une stratégie d'« enveloppement social » (Jean-Luc Domenach), il s'attache la fidélité des milieux d'affaires, nouvelle couche de privilégiés dépendant des subventions et autorisations du régime. L'instrumentalisation de valeurs traditionnelles du néoconfucianisme, couplée au nationalisme, le tout s'agglomérant à un marxisme-léninisme formel, donne son assise au régime. À partir de 2004, la Constitution reconnaît les droits de l'homme et la propriété privée. Mais la persistance de la corruption, ses conséquences, notamment, dans la dégradation de l'environnement, fragilisent le soutien

Document 3. Évolutions comparées des PIB de la Chine et des États-Unis (1980-2023)

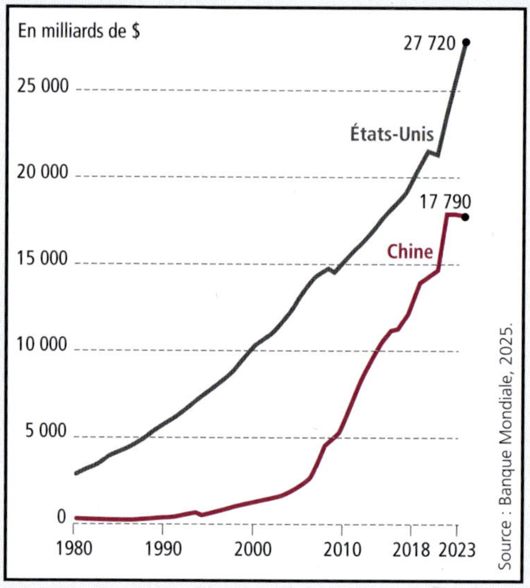

Source : Banque Mondiale, 2025.

tacite de la population. D'où le lancement par Xi Jinping (arrivé au pouvoir en 2013) d'une campagne contre la corruption, sans équivalent depuis Mao. La personnalisation du pouvoir, à rebours de la collégialité des équipes précédentes, est institutionnalisée : le XIXe Congrès du PCC en octobre 2017 fait entrer la « pensée de Xi Jinping », à l'égale de celle de Mao, dans la Constitution. Alors qu'en 2018, la limitation à deux mandats présidentiels, fixée par Deng en 1982, a été supprimée, **Xi Jinping cumule les postes de président, de premier secrétaire et de président de la Commission militaire centrale. Dans le même temps, la société civile est brutalement reprise en main.** Le prix Nobel de la paix, Liu Xiaobo, a été maintenu en prison jusqu'à son décès en 2017. Imaginé en 2012 par le président Hu Jintao, un système de crédit social permet un contrôle accru de la société, par caméras de surveillance et *big data* interposés. Les confins géographiques du pays sont particulièrement surveillés. À Hong Kong, les manifestations pacifiques des étudiants de

Le regard d'un historien

Niall Ferguson et la montée en puissance de la Chine

Né en 1964, Niall Ferguson est un historien britannique conservateur spécialiste de l'Empire britannique et des relations internationales. Dans plusieurs ouvrages, notamment *Civilization: the West and the Rest* (2011), il met en perspective la domination des pays occidentaux sur le monde et la possible fin de cet état de fait au XXIe siècle, en lien notamment avec le renforcement de la puissance chinoise. Interviewé en mai 2020 par des journalistes du magazine *Le Point*, il dresse un panorama des relations internationales au temps de la pandémie de Covid-19.

Texte à l'appui

Article du *Point* du 7 mai 2020
liennathan.fr/rq937b

l'automne 2014 sont sévèrement réprimées. Le mouvement rebondit massivement en juin 2019 et entraîne, à l'été 2020, la fin de l'exception hongkongaise. À l'ouest, la répression touche le Tibet et surtout le Xinjiang dans les années 2010. La situation s'est tendue dans cette province majoritairement peuplée de Ouïgours turcophones et musulmans. Les ONG avancent, en 2019, le nombre d'un million de personnes emprisonnées ou déportées dans des « camps de rééducation » ouverts à partir d'avril 2017 ; les arrestations reposent sur une surveillance systématique d'Internet et de l'espace public par des caméras équipées de logiciels de reconnaissance faciale. La crise de la Covid-19 ouvre la voie, en Chine, à un nouveau totalitarisme numérique.

3. Un multilatéralisme intéressé

Hu Jintao, président de la République populaire de Chine de 2003 à 2013, promettait que la Chine ne serait « jamais hégémonique » et promouvait un processus d'« ascension pacifique » permettant de renouer avec la puissance. L'ambitieux programme spatial (la Chine est le seul pays avec la Russie et les États-Unis à maîtriser les vols habités) comme l'organisation des Jeux Olympiques à Pékin en 2008 ont mis en scène une puissance bienveillante et novatrice. Deuxième contributeur à l'ONU depuis 2019, fournisseur important de troupes (8 000 hommes), la Chine assume progressivement son statut de grande puissance : le budget de sa diplomatie a doublé entre 2013 et 2018. **En 2020, quatre agences sur les quinze de l'ONU sont dirigées par un de ses ressortissants. La même année, la crise de la Covid-19 souligne son influence au sein de l'OMS, et sa capacité à l'instrumentaliser.** « Puissance révisionniste », selon Jean-Pierre Cabestan[1], la Chine investit un système qu'elle arrache progressivement à son orbite occidentale, exploitant systématiquement le retrait américain des institutions internationales. En parallèle, elle multiplie, à son avantage, les accords bilatéraux utilitaristes, une démarche qui s'exprime dans le vaste projet de la Belt and Road Initiative (BRI, la « nouvelle route de la soie ») qu'elle cherche à faire reconnaître par l'ONU comme « bien public mondial », ou dans l'accord de « protection réciproque des investissements » négocié fin 2020 avec l'UE.

Dans le même temps, Pékin poursuit méthodiquement sa stratégie des trois cercles. Il s'agit d'abord de sécuriser le monde chinois (après avoir récupéré Hong Kong en 1997 et Macao en 1999, il reste à isoler Taïwan). La stratégie du deuxième cercle se joue à l'échelle de la région Asie-Pacifique ; elle consiste surtout à tenir à distance le rival japonais. Le troisième cercle est celui des ambitions ultimes, qui se jouent à l'échelle du monde ; l'objectif est de faire du « système socialiste aux caractéristiques chinoises » le modèle de référence à l'horizon 2049, pour le centenaire du régime.

1. Jean-Pierre Cabestan, *La Politique internationale de la Chine. Entre intégration et volonté de puissance*, Paris, Presses de Sciences Po, 2015.

ZOOM ▶ États-Unis – Chine, une nouvelle guerre froide ?

Devenue deuxième puissance mondiale derrière les États-Unis, la Chine occupe une place laissée vacante par l'effondrement de l'URSS à la fin des années 1980. Pour autant, faut-il voir dans la compétition entre les deux puissances une rivalité appelée à structurer le monde, à l'instar de l'affrontement entre les États-Unis et l'URSS durant la guerre froide ?

Pour beaucoup, la complémentarité de fait entre les deux géants rendrait impossible une telle évolution. L'historien et essayiste écossais Niall Ferguson a ainsi théorisé le couple de la Chinamérique (*Chimerica* dans la version d'origine). La concurrence chinoise tire vers le bas les salaires américains ; pour relancer la consommation, moteur de la croissance américaine, la Fed abaisse ses taux, les États-Unis exportent alors leur dette, et ces *Treasury Bonds* sont achetés par la Chine, qui recycle ainsi ses excédents. Ce qui se traduit en Chine par une épargne forcée et un surinvestissement. Aux États-Unis, l'augmentation des liquidités favorise la Bourse et l'immobilier, l'endettement public et privé. L'interdépendance des deux premières économies du monde limiterait ainsi les frictions entre les deux puissances.

L'hypothèse inverse, celle du « piège de Thucydide », est évoquée par l'historien de Harvard Graham Allison (*Destined for War: Can America and China Escape Thucydide's Trap?*, 2017) : la montée en puissance d'un rival pousse la puissance dominante à vouloir l'éliminer par la guerre. Mais la guerre commerciale lancée par les États-Unis sous la présidence Trump (taxation des importations, placement de Huawei sur la liste des entreprises menaçant la sécurité nationale) semble plus relever d'une volonté de conserver une première place que de vouloir réduire son adversaire.

■ Carte 3. Les tensions en mer de Chine

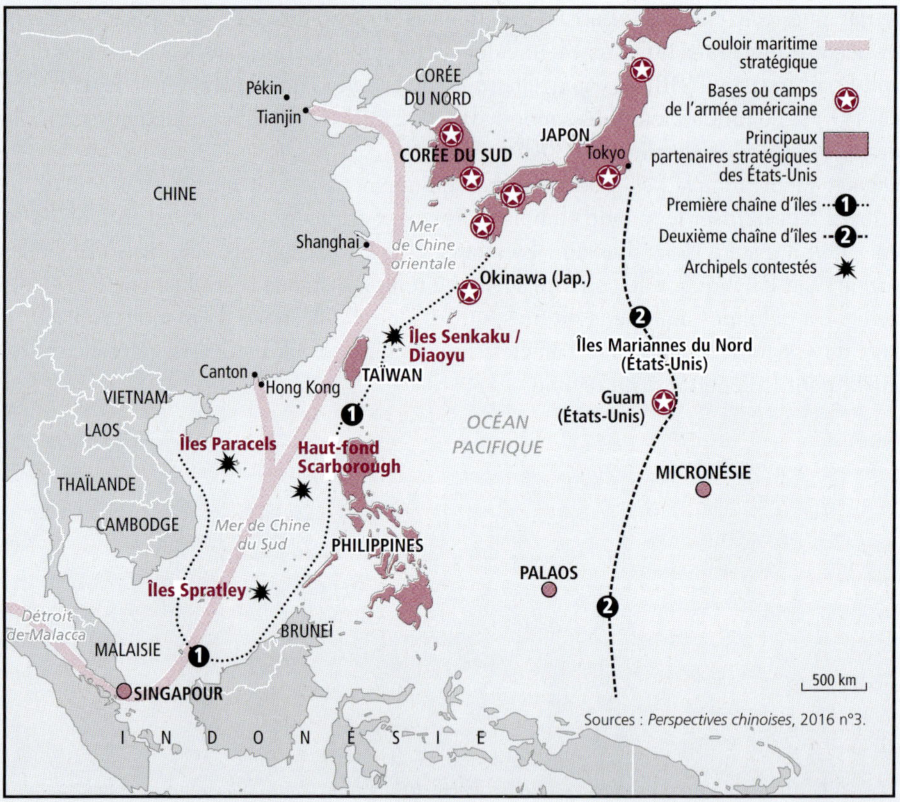

C. LE PACIFIQUE, UN TERRAIN D'AFFRONTEMENT PRIVILÉGIÉ ?

1. Un espace disputé

La littoralisation accrue des économies renforce les rivalités pour le contrôle des points de passage, notamment en Asie du Sud-Est. S'appuyant sur une montée en puissance de son armement, la Chine de Xi Jinping relance ses revendications sur l'ensemble des mers littorales du sud-est du continent. Elle revendique de longue date l'archipel des Paracels ainsi que celui des Spratley et l'atoll de Scarborough [→ CARTE 3]. À partir de 2015, les autorités chinoises entreprennent de transformer les îlots qu'elles occupent en ports et pistes d'aviation, ce qui provoque des tensions avec ses riverains, notamment le Vietnam qui, en conséquence, se rapproche des États-Unis. Les implantations croissantes de la Chine dans des ports de l'océan Indien constituent par ailleurs un « collier de perles » menaçant New Delhi, qui cherche également à renforcer sa présence dans la région. Plus au nord, la contestation par la Chine de la possession des Senkaku-Diaoyu par le Japon est régulièrement réactivée depuis 2012 par des provocations. Dans les discours officiels chinois, toutes ces initiatives n'auraient pour seul but que de sécuriser les approvisionnements du pays, 60 % du pétrole importé transitant par exemple par le détroit de Malacca, contrôlé par les États-Unis et leurs alliés. **En réalité, Pékin tente d'imposer son hégémonie sur son environnement maritime régional.**

2. Des enjeux planétaires

La notion d'Indo-Pacifique désigne un espace qui irait du golfe Persique à l'Australie, voire à la Polynésie pour les Français ou jusqu'à la côte ouest des États-Unis pour les Américains. Cette notion assez floue a été promue par l'Administration américaine au milieu des années 2000, mais devient centrale sous le premier mandat de Donald Trump, qui voit dans le rapprochement avec l'Inde un moyen de contenir l'influence chinoise. Sous Barack Obama, la diplomatie parlait de « pivot Pacifique », ce qui semble aujourd'hui insuffisant, tant la pression chinoise pour atteindre l'océan Indien montre que les deux océans doivent être pensés dans leur continuité. Les pays de l'ASEAN, qui tiennent le verrou des détroits permettant de passer de l'un à l'autre, sont en conséquence courtisés tant par la Chine que par l'Inde et le Japon, mais aussi par les États-Unis, et même, à une moindre échelle, par l'Australie ou la France. En contestant la présence japonaise aux Senkaku, c'est en fait la double ligne d'îles tenues par les Américains, notamment Okinawa, leur plus importante base au monde, que Pékin veut remettre en cause, puisqu'elle leur dénie l'accès au Pacifique. En lançant le volet maritime de la BRI (*Belt and Road Initiative*), c'est une maîtrise de l'océan Indien qui est visée, jusqu'à l'Afrique et la Méditerranée, mer dans laquelle, crise de la dette souveraine aidant, la Chine a acquis de nombreux actifs, comme le port du Pirée en 2016. **L'Indo-Pacifique apparaît en définitive comme un espace de vive compétition géopolitique et géoéconomique entre la Chine d'un côté, les États-Unis et leurs alliés de l'autre.** Elle suppose un contrepoids maritime et démocratique méridional à l'expansion chinoise : le rapprochement avec l'Inde est, à ce titre, vu comme un moyen de contenir l'influence chinoise.

3. La confrontation sino-américaine

La poussée chinoise est loin de renverser un rapport de force depuis longtemps favorable aux États-Unis. Ces derniers peuvent s'appuyer, outre leurs alliés, sur leurs îles du Pacifique et, dans l'océan Indien, sur leur base militaire de Diego Garcia. Leur puissance navale, l'*US Pacific Fleet* – la plus importante au monde avec ses 150 navires, ses 1 400 avions et ses 213 000 soldats et marins –, bénéficie d'un rééquilibrage accéléré : de 50-50 entre Atlantique et Pacifique, la proportion est passée à 40-60 en 2020. Depuis 2006, par ailleurs, Washington a passé un accord avec l'Inde sur son programme nucléaire civil, alors que son alliance historique avec le Pakistan est régulièrement mise à mal par les accointances d'Islamabad avec le terrorisme islamique. Les risques de guerre restent pourtant essentiellement régionaux, entre les deux puissances nucléaires que sont, depuis 1998, le Pakistan et l'Inde, ainsi qu'entre la Corée du Nord, dotée elle aussi de l'arme atomique depuis 2006, et ses voisins du sud et le Japon. **Les puissances de feu chinoise et américaine rendent désormais improbable que les deux États se livrent à une guerre ouverte, d'autant plus que l'interdépendance des deux premières économies du monde limite les frictions entre elles.** Le diplomate américain Zbigniew Brzezinski évoquait même un G2 en 2009. Mais l'opposition systématique à la Chine dans les discours de Trump, qualifiant les excédents chinois « de plus grand vol de l'histoire », témoigne d'un tournant profond : les États-Unis ne croient plus que les bénéfices de la coopération soient partagés. D'où les velléités de « guerre commerciale » à partir de 2018, et la multiplication des obstacles aux échanges technologiques : Huawei, numéro deux mondial des télécoms, a été interdite dans les infrastructures américaines dès 2012, puis placée sur la liste des entreprises menaçant la sécurité nationale en 2019. L'interdiction d'importations de microprocesseurs depuis la Chine a ensuite clairement montré que les États-Unis sont prêts à sacrifier les bénéfices du libre-échange à la préservation de leur hégémonie technologique. Autre signe de la défiance grandissante entre les deux puissances : au printemps 2024, le président J. Biden a signé une proposition de loi visant à interdire l'application chinoise TikTok sur le territoire des États-Unis. Au début de son second mandat, Donald Trump relance la guerre commerciale en augmentant les droits de douane ; la Chine réplique en taxant à son tour certaines importations américaines.

8 LE MONDE ACTUEL : NOUVELLES MENACES, NOUVELLES CONFLICTUALITÉS

La fin de la guerre froide suscite l'espoir de construire un monde en paix. Les guerres entre grandes puissances ne semblent plus possibles. Après une brève augmentation au début des années 1990, le nombre des conflits décroit entre 1995 et 2011. L'ONU multiplie les opérations de maintien de la paix qui sont devenues plus efficaces. La conflictualité ne disparaît cependant pas mais elle prend très majoritairement la forme de guerres civiles. Les spécialistes parlent alors de nouvelles guerres caractérisées par un affrontement asymétrique et le rôle d'acteurs non étatiques qui paraissent agir pour des motifs économiques ou identitaires plutôt que géopolitiques. Pourtant, depuis les révolutions arabes de 2011, la situation sécuritaire s'est dégradée. Le nombre de conflits et de morts a bondi. Si les conflits demeurent encore internes pour l'essentiel d'entre eux, la guerre en Ukraine a marqué le retour de la guerre conventionnelle entre États et, avec les tensions autour de Taïwan, le risque d'une guerre entre les grandes puissances est réapparu. Dans ce contexte, assurer la paix est devenu une tâche ardue. L'impression d'insécurité généralisée et les stratégies de compétition dans tous les domaines entre les États débouchent sur un conflit permanent qui brouille la distinction entre la guerre et la paix.

Depuis 1989, comment l'évolution de la conflictualité a-t-elle conduit à une normalisation de l'état de guerre ?

Notions principales

Guerre : dans sa définition classique, la guerre est un acte de violence organisée, conduite par des armées régulières, qui voit s'affronter des États pour des objectifs politiques.

Terrorisme : usage de la violence par des groupes infra-étatiques afin d'inspirer la peur en attaquant des civils et/ou des cibles symboliques, pour attirer la plus large attention sur leurs revendications, pour provoquer une réaction, ou pour démoraliser les populations, dans le but d'un changement de politique.

Paix : absence de violence armée entre les unités politiques. À cette définition négative s'oppose une conception plus positive qui défend l'idée que la paix peut être construite volontairement par la coopération entre les États.

Sécurité : absence de menaces et de peur, état de protection et de confiance. Le terme désigne aussi les moyens employés afin de protéger les personnes.

Conflit : relation entre plusieurs personnes ou plusieurs groupes qui poursuivent des buts incompatibles. Un conflit n'implique pas forcément un engagement armé.

Conflictualité : situation conflictuelle entre des groupes ou des États. Souvent employé au pluriel, le terme permet de rendre compte des nombreux états intermédiaires qui existent entre la paix et la guerre.

CHRONOLOGIE

1990-1991 : Guerre du Golfe
1992-1995 : Guerre civile en Bosnie
1994 : Génocide au Rwanda
2000 : Rapport Brahimi à l'ONU
2001 : Attentats du 11 septembre à New-York et à Washington ; début de l'intervention américaine en Afghanistan
2003 : Intervention militaire américaine en Irak
2007 : Cyberattaque russe contre l'Estonie ; mise en service du drone Reaper
2008 : Intervention militaire russe en Géorgie
2011 : Début de la guerre civile en Syrie, en Libye et au Yémen, intervention occidentale en Libye
2014 : Guerre civile dans l'est de l'Ukraine ; fondation du califat de l'État islamique
2015 : Attentats islamistes à Paris
2018 : Début de la guerre commerciale entre les États-Unis et la Chine
2020-2021 : Crise de la Covid-19
2022 : Invasion de l'Ukraine par la Russie
2023 : Attentats du Hamas en Israël ; Israël réplique en menant une guerre dans la bande de Gaza

I. Le risque d'une guerre majeure

A. LE RETOUR DE LA GUERRE CONVENTIONNELLE

1. Le retour des conflits interétatiques

Depuis la fin de la guerre froide, les guerres entre États ont été peu nombreuses : interventions occidentales (guerre du Golfe en 1990-1991, Kosovo en 1999, Afghanistan en 2001, Irak en 2003, Libye en 2011), guerre entre l'Arménie et l'Azerbaïdjan entre 1993 et 1994, guerre entre l'Inde et le Pakistan de 1998 à 1999, guerre entre l'Érythrée et l'Éthiopie de 1998 à 2000, guerre russo-géorgienne de 2008. Dès lors, **l'intervention russe en Ukraine le 24 février 2022 a été interprétée comme un retour des conflits interétatiques conventionnels** avec une mobilisation de plusieurs centaines de milliers d'hommes et des combats de haute intensité. Cette guerre aurait causé un million de morts et de blessés entre son déclenchement et novembre 2024. D'autres guerres ont secoué l'espace post-soviétique : l'Arménie et l'Azerbaïdjan se sont affrontés à deux reprises, en 2020 et en 2023, le Tadjikistan et le Kirghizistan en 2021 et 2022. Enfin, à sa frontière nord, l'Inde continue de connaître des affrontements réguliers avec le Pakistan et la Chine. Ces conflits interétatiques ont pour enjeu direct la délimitation des frontières : l'Arménie et l'Azerbaïdjan combattent pour le contrôle de l'enclave arménienne du Haut-Karabakh, conquise par les Azeris en 2023 ; le Tadjikistan et le Kirghizistan se disputent la vallée de la Fergana. La Russie tente, en Ukraine, de s'annexer le Donbass après avoir annexé le Crimée en 2014.

2. Un système international instable

Le renouveau des guerres interétatiques s'explique plus fondamentalement par les évolutions du système international depuis une décennie. L'hégémonie américaine a pris fin. Dans ce monde post-américain, les grandes puissances sont engagées dans une lutte pour savoir qui imposera ses intérêts, ses valeurs et ses normes, une compétition dans laquelle le recours à la force redevient une option. Convaincus du déclin irrémédiable de l'Occident, Chinois et Russes ont adopté une politique extérieure révisionniste afin de remettre en cause l'ordre libéral occidental. Depuis 2013-2014, ils cherchent à satisfaire leurs revendications territoriales par une politique de fait accompli, comme l'annexion de la Crimée par la Russie en

2014, et par la constitution d'une zone d'influence régionale. Ils n'hésitent pas à utiliser la force militaire, comme la Russie en Géorgie en 2008 et en Ukraine en 2014, puis en 2022, ou à menacer d'y recourir comme les Chinois à Taïwan. Les puissances moyennes, à l'instar de l'Iran, de la Turquie et de l'Arabie Saoudite, profitent elles aussi de ce jeu plus libre pour défendre leurs intérêts plus directement au risque de multiplier les tensions régionales comme c'est le cas au Moyen-Orient depuis une décennie. Enfin, des petits États, telle la Corée du Nord, choisissent des politiques de nuisance qui menacent la sécurité internationale.

Les États-Unis portent aussi une responsabilité dans cette « dérégulation de la force » (Ghassan Salamé[1]). Après la fin de la guerre froide, ils ont continué de privilégier la puissance militaire en multipliant les interventions (plus d'une centaine d'opérations militaires entre 1991 et 2018). Sous les présidences de Donald Trump et Joe Biden, les tensions se sont accrues entre les États-Unis et la Chine, faisant craindre que ne s'accomplissent les prédictions de Graham Allison[2] qui annonce une guerre de plus en plus probable entre les deux puissances à cause de ce qu'il a appelé « le piège de Thucydide » : les élites américaines s'enfermeraient dans la conviction d'une guerre inévitable contre Pékin parce qu'elles craignent que leur pays ne soit dépassé par la Chine.

3. Le choix de la guerre

La montée des menaces militaires entre les grandes puissances ne se réduit pas à une simple conséquence mécanique de l'évolution du système international. Elle est aussi la conséquence des choix de dirigeants aux tendances bellicistes qui, suivant la perception qu'ils ont de la scène internationale et du statut de leur État, mènent de manière délibérée une stratégie de tensions. **Depuis les années 2010, Vladimir Poutine et Xi Jinping ont défendu un nationalisme de plus en plus exacerbé afin de renforcer le soutien populaire à leur régime.** Ce nationalisme s'alimente d'une critique violente de l'Occident, accusé d'avoir humilié la Chine et la Russie depuis le XIXe siècle, d'une aspiration obsessionnelle à être reconnus comme de grandes puissances et de la conviction de la supériorité d'une nation appelée à un destin exceptionnel. Ces leaders développent une culture de guerre qui exalte les valeurs militaires. Depuis sa réélection de 2012, le président russe a ainsi renforcé l'éducation patriotique par de nouvelles célébrations de la Seconde Guerre mondiale, tandis que Xi Jinping appelle la jeunesse chinoise à revenir à des valeurs viriles. La décision d'envahir l'Ukraine prise par Vladimir Poutine en 2022 confirme ainsi l'analyse de l'historien britannique Jeremy Black qui estime que « le facteur le plus important [de la guerre] est la détermination à combattre de la part des dirigeants d'au moins une des puissances impliquées. [...] Les points de vue des dirigeants sur les relations internationales, les exigences apparentes des circonstances nationales et les motivations psychologiques des dirigeants sont les éléments clés. »[3]

B. UN RÉARMEMENT GÉNÉRAL

1. La hausse des dépenses militaires

Le nouveau contexte international provoque une augmentation des dépenses militaires [→ DOCUMENT 1]. Après la fin de la guerre froide, elles avaient été réduites de 30 %, surtout en Russie où elles avaient été divisées par dix en dix ans. Les budgets militaires sont repartis à la hausse dans les années 2000 (+70 %) pour se stabiliser autour de 1 700 milliards de dollars par an entre 2009 et 2017, avant d'augmenter de nouveau jusqu'à 2 443 milliards de dollars

1. Ghassan Salamé, *La tentation de Mars*, Fayard, Paris, 2024.
2. Graham Allison, *Destined for War. Can America and China escape Thucydides Trap?*, 2017.
3. Jeremy Black, *War and its causes*, Rowman and Littlefield, 2019.

en 2023. Les efforts d'armement des grandes puissances non-occidentales expliquent en partie cette croissance des dépenses militaires : entre 2000 et 2023, elles ont été multipliées par 13 en Chine, par 12 en Russie, par 6 en Inde. L'Asie-Océanie est de ce fait devenue la deuxième région pour les dépenses militaires dans le monde avec 24 % du total mondial. L'ascension de la puissance chinoise y suscite une hausse des budgets militaires : en réaction au renforcement de l'armée chinoise, l'Inde, le Japon, les pays d'Asie du Sud-Est et l'Australie ont aussi augmenté leurs dépenses.

Malgré la modernisation des armées des puissances non-occidentales, les pays occidentaux bénéficient encore d'une apparente supériorité avec près de 60 % des dépenses militaires mondiales, 37 % pour les seuls États-Unis (905 milliards de dollars en 2023). Ils disposent d'une avance technologique sur leurs concurrents et d'un savoir-faire unique acquis au cours des nombreuses interventions qu'ils ont effectuées depuis 1990.

Document 1. Les budgets militaires mondiaux, 2023

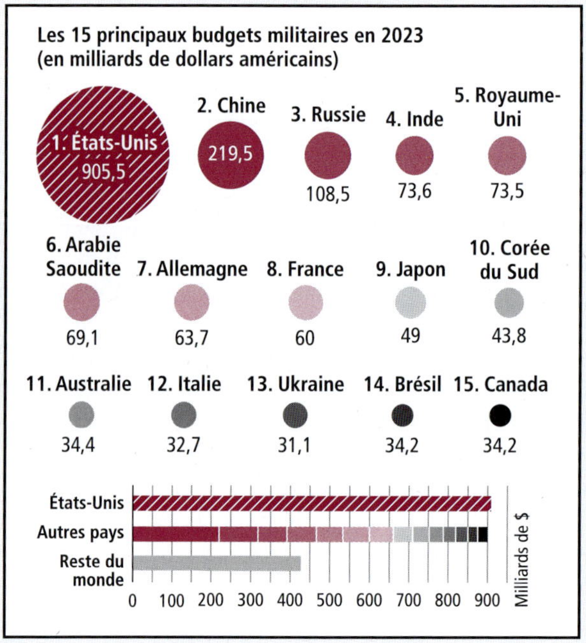

2. La compétition technologique

Le réarmement général s'est accompagné d'une technologisation de la guerre. Dans les années 1990, l'apparition des nouvelles technologies de l'information et de la communication a conduit à l'adoption par l'armée américaine d'une nouvelle stratégie appelée la « révolution des affaires militaires » et expérimentée lors de la guerre du Golfe (1990-1991). Ces technologies permettent des frappes plus précises et moins détectables, une meilleure visibilité du système adverse, une accélération des actions militaires grâce à un traitement en temps réel des informations et une meilleure coordination entre forces terrestres, aériennes et maritimes. Cette stratégie privilégie une action brève et violente grâce à l'emploi prioritaire des armes aériennes (avions, missiles, puis drones à partir des années 2000) [→ CARTE 1]. Dominante dans les années 1990-2000, l'armée américaine se trouve désormais confrontée aux

Carte 1. Les fabricants et les exportateurs de drones militaires

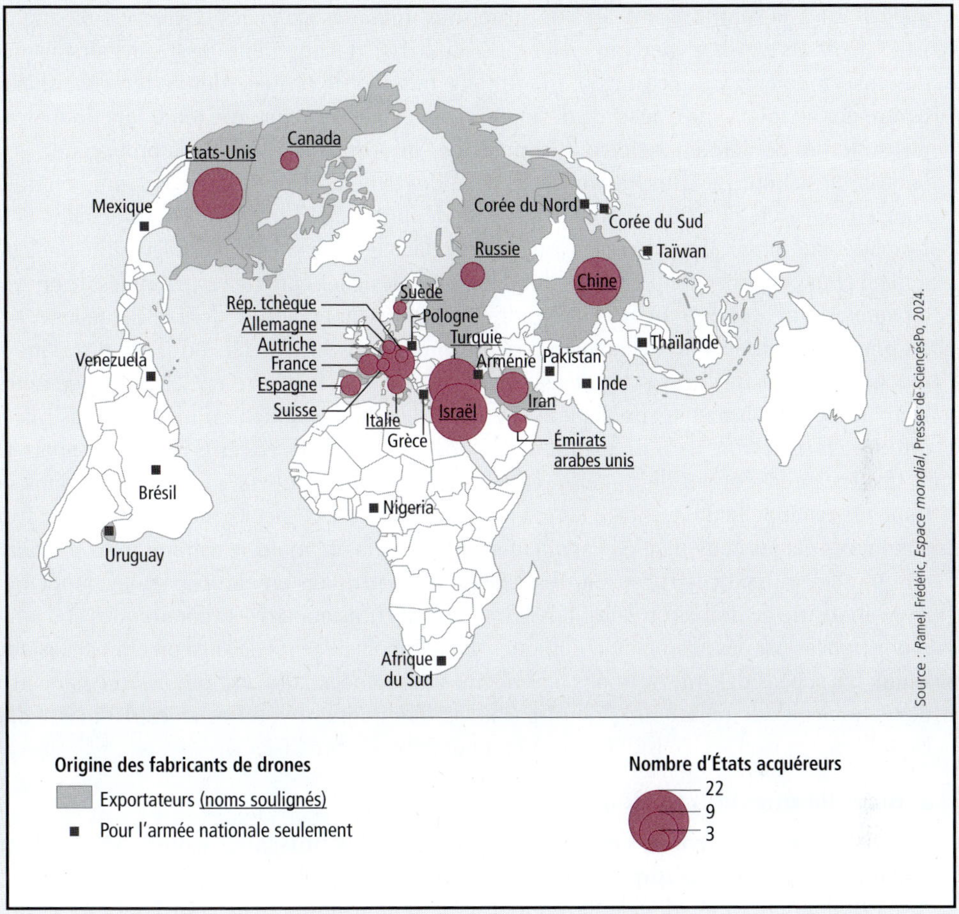

progrès technologiques de l'armée chinoise et, partiellement, de l'armée russe. Les États-Unis ont répliqué en augmentant le budget de la recherche militaire (145 milliards de dollars en 2024). Chine et États-Unis développent des technologies duales, applicables à la fois dans le domaine civil et le domaine militaire. Elles s'appuient pour cela sur leurs grandes entreprises numériques privées. Dans l'espoir de prendre un avantage décisif, les efforts se concentrent sur le développement d'armes hypersoniques (des missiles d'une vitesse supérieure à mach 5) et d'armes autonomes. **Utilisés par plus de soixante-dix pays, aussi bien dans les airs que sur mer, les drones sont devenus incontournables sur les champs de bataille. Les progrès de l'intelligence artificielle ouvrent dès à présent de nouvelles opportunités qui conduisent des analystes à parler de nouvelle révolution dans les techniques militaires**, car l'IA permet une autonomisation plus poussée des systèmes d'armes et améliore l'efficacité des opérations militaires. L'utilisation d'un algorithme qui agrège des milliers de données explique par exemple la très haute intensité des bombardements sur Gaza depuis le 7 octobre 2023.

Le cyberespace est devenu un des champs de bataille de cette « guerre technologique ». Les grandes puissances ont bien compris le rôle économique et stratégique central que jouent les réseaux numériques. Depuis le milieu des années 2000, elles le considèrent comme un espace stratégique à part entière et assimilent les cyberattaques à des actes de guerre. Elles se sont toutes dotées de structures militaires spéciales (Cyber Command aux États-Unis en 2010, Cybercom en France en 2016) et s'appuient aussi sur leurs agences de renseignement. Ces organes ont reçu pour mission de protéger les systèmes nationaux contre des attaques, mais aussi de développer des capacités pour affecter le fonctionnement des systèmes de défense adverse, récupérer des informations, faire de la propagande et de la désinformation. Les Russes ont ainsi mené des cyberattaques contre l'Estonie en 2007, contre la Géorgie en 2008 et contre Ukraine depuis 2014. En 2010, les Américains et les Israéliens ont réussi à introduire le virus Stuxnet dans les ordinateurs du programme nucléaire iranien pour perturber celui-ci. Les Chinois ont été désignés comme responsables de diverses attaques contre des entreprises et des administrations américaines, dont le Pentagone.

La priorité accordée à la technologie pose néanmoins question. Elle a d'abord provoqué un renchérissement très important des systèmes d'armes. Si la guerre en Ukraine a démontré l'importance des armes technologiques, comme les drones, elle a en même temps mis en évidence la nécessité, dans un conflit majeur, de conserver des effectifs humains importants et un stock conséquent de matériel conventionnel. Les combats à l'artillerie et dans des tranchées y rappellent davantage les guerres mondiales du XXe siècle que les guerres du futur annoncées par les états-majors. Par ailleurs, l'idée que la technologie garantit une supériorité des grandes puissances sur les autres États a été battue en brèche par le développement d'une industrie de drones en Turquie, en Iran, et par l'utilisation des cyberattaques et d'armes sophistiquées par des acteurs non-étatiques. La technologie possède ainsi un effet égalisateur. Enfin, les échecs des interventions américaines des années 2000 ont prouvé que la maîtrise de technologies de pointe ne garantit pas la victoire militaire : preuve en est l'impasse dans laquelle se trouve l'armée israélienne à Gaza depuis octobre 2023.

3. La nouvelle question nucléaire

Lorsque la guerre froide s'est achevée, les grandes puissances nucléaires se sont engagées dans des politiques de désarmement. En 1991, le traité START I (Strategic Arms Reduction Talks) décide la réduction à 6 000 armes actives pour les États-Unis et la Russie, puis START II, en 1993, à 3 000-5 000. Jamais appliqué, ce traité est remplacé en 2002 par le traité SORT (Strategic Offensive Reduction Treaty) qui les ramène entre 1 700 et 2 200. Enfin, en 2010, le traité NEW START abaisse encore le nombre d'ogives à 1 550. Conséquence : en 2024, il ne reste plus que 12 121 armes nucléaires contre plus de 70 000 dans les années 1980. Cette réduction n'a jamais signifié que les grandes puissances souhaitaient renoncer aux armes nucléaires : au contraire, elles ont voulu les conserver afin d'assurer leur sécurité et leur indépendance et parce que ces dernières restent un attribut majeur de leur statut international.

Dans les années 1990-2000, la prolifération nucléaire* a remplacé la guerre entre grandes puissances comme risque le plus grand pour la sécurité internationale. De nouvelles puissances nucléaires sont en effet apparues : l'Inde (qui avait fait exploser une bombe en 1974) et le Pakistan en 1998, la Corée du Nord en 2006. L'Iran a également développé un programme de nucléaire militaire. La décision d'acquisition de l'arme nucléaire par ces États répond à des considérations de sécurité nationale : les régimes nord-coréen et iranien y ont vu une garantie comme une intervention militaire américaine, l'Inde et le

DÉFINITION

Prolifération nucléaire : accroissement du nombre d'États qui possède l'arme nucléaire.

Pakistan ont franchi le seuil nucléaire dans le cadre de leurs rivalités régionales. Cette évolution inquiète parce qu'un plus grand nombre d'États nucléaires accroîtrait le risque d'emploi de l'arme atomique, qu'elle pourrait provoquer une course aux armements nucléaires au Moyen-Orient et qu'elle pourrait faciliter l'acquisition de l'arme nucléaire par des organisations terroristes. Les risques de la prolifération sont pourtant exagérés : le nombre d'États nucléaires demeure restreint, et moins d'États prétendant à l'arme nucléaire que dans les années 1970. La technologie nucléaire paraît aussi trop complexe et trop coûteuse pour être maîtrisée par un groupe terroriste.

Depuis le milieu des années 2010, les inquiétudes portent de nouveau sur le retour d'une compétition nucléaire entre les grandes puissances. La politique d'*arm control* se trouve en effet dans l'impasse. Les accords NEW START de 2010, renouvelés difficilement en 2021, ont été suspendus par la Russie en 2023. En 2019, les États-Unis et la Russie ont mis fin au traité FNI de 1987 qui interdisait les armes nucléaires intermédiaires en Europe. Un autre sujet de préoccupation tient à la remise en cause de la logique de dissuasion. Celle-ci est mise à mal par l'utilisation par les Russes, les Iraniens et les Nord-Coréens de l'arme nucléaire comme instrument d'intimidation et de contestation de l'ordre mondial et non plus comme garantie du *statu quo*. Il en a été ainsi depuis les débuts de la guerre en Ukraine qui a vu Vladimir Poutine brandir plusieurs fois la menace d'une frappe nucléaire. La doctrine russe d'emploi de ces armes a été amendée en 2024 pour en autoriser une utilisation plus large. La dégradation des relations entre les puissances nucléaires les a conduites à augmenter leurs dépenses dans ce domaine afin de moderniser leur arsenal : les neuf États disposant d'armes nucléaires ont dépensé 91 milliards de dollars en 2023 pour leur entretien et leur modernisation.

C. L'HYBRIDATION DE LA GUERRE

La compétition entre les grandes puissances ne se limite pas aux seuls moyens militaires mais elle s'est élargie à tous les domaines, entraînant une guerre permanente entre elles. L'expression de « guerre hybride », popularisée par des militaires américains en 2004, s'est imposée pour décrire ces stratégies fondées sur l'utilisation conjointe de moyens militaires, réguliers et irréguliers, et de moyens non militaires (cyberattaques, propagande, pression économique…), souvent difficiles à attribuer, mais toujours conçus pour rester sous le seuil du conflit ouvert.

1. L'utilisation de moyens irréguliers

Une des caractéristiques principales de cette guerre hybride est le recours par les armées officielles à des sociétés militaires et de sécurité privées (SMSP*). Les États se procurent ainsi des compétences et des services qu'il leur coûterait trop cher de développer eux-mêmes. En outre, les pertes humaines sont plus faciles à accepter que celles des militaires officiels. Ces sociétés ont été massivement déployées par l'armée américaine lors des interventions en Irak et en Afghanistan : 100 000 contractants servaient en Irak en 2006, en particulier ceux de la société Blackwater, fondée en 1997 (devenue Acadami en 2011) ; dans les années 2010, il y avait plus de mercenaires que de soldats américains en Afghanistan. Le recours aux SMSP par les Américains a inspiré la Chine pour protéger ses ressortissants à l'étranger, ses navires et ses investissements dans le cadre de la BRI (Belt

DÉFINITION

SMSP : sociétés militaires et de sécurité privées, organisées selon une logique d'entreprise, qui offrent leurs services aux États et agissent en « sous-traitants » de ceux-ci.

and Road Initiative), son grand programme de financement d'infrastructures dans le monde entier. En Russie, la plus connue de ces sociétés est le groupe Wagner, fondée en 2013 par Evgueni Prigojine, un proche de Poutine, qui s'est implantée en Centrafrique, au Mali, au Soudan, en Libye ou encore en RDC, avant de participer à la guerre en Ukraine. Après la mort de son fondateur en 2023, elle agit en Afrique sous le nom d'Africa Corps.

2. Tous les moyens sauf la guerre

Les stratégies hybrides s'appuient sur l'utilisation de tous les instruments possibles pour affaiblir l'adversaire, ce qui débouche sur une guerre permanente et « invisible » pour reprendre le titre d'un ouvrage de Thomas Gomart[4]. **La notion d'« arsenalisation » a été forgée par deux politistes américains, Abraham Newman et Henry Farell, pour analyser l'utilisation des domaines non militaires comme une arme.** Ils ont mis en évidence comment, depuis les années 2000, les grandes puissances ont « arsenalisé » les réseaux de la mondialisation pour prendre un avantage ou déstabiliser leurs concurrents. On parle aussi de géoéconomie*, terme créé en 1990 par Edward Luttwak, un spécialiste de la stratégie, pour étudier l'usage géopolitique des moyens économiques.

Les États-Unis se sont ainsi servis de leur position dominante dans le système financier pour interdire à l'Iran, en 2012 puis en 2018, l'accès à Swift, le réseau de communication entre les grandes banques mondiales. La Chine instrumentalise les investissements dans les infrastructures de la BRI pour obtenir un alignement derrière ses positions diplomatiques. Depuis le début de la guerre en Ukraine, la Russie a utilisé sa position de premier exportateur d'hydrocarbures et de blé pour faire pression sur les pays européens et renforcer son influence sur des pays africains dépendants des céréales russes. Dans cette guerre économique mondiale, les grandes puissances, majoritairement les États-Unis et l'UE, ont multiplié les sanctions économiques dont le nombre a doublé depuis 1990.

En 2001 est apparue la notion de *lawfare* pour définir l'utilisation stratégique du droit pour atteindre des objectifs militaires. Cette « guerre du droit » a consisté à défendre l'extraterritorialité de son droit national. À partir de la fin des années 1990, les États-Unis ont ainsi appliqué des lois américaines (la loi FCPA de 1977 contre la corruption par exemple) à des acteurs non-américains n'agissant pas aux États-Unis, arguant du fait qu'ils utilisent le dollar dans des transactions avec les pays sous sanction. Une deuxième stratégie consiste à détourner ou à contourner le droit international. En 2014, Vladimir Poutine a prétendu respecter le droit pour justifier l'annexion de la Crimée : organisation d'un référendum, validation par le Cour suprême russe. *A contrario*, la Chine a rejeté l'application du droit de la mer après que ses revendications sur les îles de la mer de Chine méridionale ont été invalidées par le Tribunal international du droit de la mer en 2016.

3. La guerre de l'information

La notion de guerre informationnelle, apparue dans les années 1970, a connu son premier développement avec la guerre du Golfe durant laquelle le Pentagone a exercé un contrôle étroit du contenu diffusé par les médias occidentaux. Ce dernier a tiré de cette expérience le

DÉFINITION

Géoéconomie : terme développé par Edward N. Luttwak en 1990 pour démontrer qu'avec la fin de la guerre froide, les affrontements entre les grandes puissances se déplaceraient du champ militaire vers la sphère économique.

4. Thomas Gomart, *Guerres invisibles*, Tallandier, Paris, 2021.

concept de « domination informationnelle » en 1996. **Après les attentats du 11 septembre 2001, l'influence des États-Unis sur les réseaux numériques a été ensuite mise au service des agences de renseignement américaines pour mener la « guerre mondiale contre le terrorisme ».** Sous le mandat de Barack Obama, ces réseaux sont devenus des moyens de défense des valeurs et des intérêts des États-Unis. Inquiètes des effets de cette propagande américaine, les puissances révisionnistes non-occidentales ont retourné l'arme informationnelle contre les pays occidentaux. Elles se sont dotées de tous les instruments nécessaires : chaînes de télévision internationale (Russia Today ou encore la CGTN chinoise), agences de presse indépendantes, réseaux sociaux nationaux. Elles ont adopté une stratégie plus agressive, que deux chercheurs américains, Christopher Walker et Jessica Ludwig, ont appelé en 2017 le *sharp power* : déstabiliser, manipuler, diviser les opinions occidentales tout en promouvant leurs modèles autoritaires. **La Russie s'est particulièrement illustrée dans cette guerre informationnelle.** S'appuyant sur ses services de renseignement hérités de l'URSS et sur des nouvelles structures comme l'IRA (Internet Research Agency), elle a développé en 2012 une stratégie de « guerre en réseau » dont le but est de provoquer le déclin de l'Occident en favorisant la dissension à l'intérieur des sociétés occidentales et en brouillant la frontière entre le mensonge et la vérité : soutien aux partis et aux groupes d'extrême-droite mais aussi à des mouvements nationaux (Catalans), sociaux (Gilets Jaunes en France) ou anti-racistes ; faux comptes, trolls, bots sur les réseaux sociaux ; ingérence dans la campagne électorale américaine et dans celle du Brexit en 2016, dans les élections en Roumanie, en Moldavie et en Géorgie en 2024.

4. Le contrôle des espaces communs

Au cœur de ces guerres invisibles se trouvent les espaces communs, c'est-à-dire les espaces non terrestres accessibles à tous mais détenus par personne : l'air, la mer, l'espace, le cyberespace. Ils sont devenus indispensables à la fois pour le bon fonctionnement de l'économie mondiale et pour celui des armées. Il n'est alors guère surprenant que depuis les années 2000 une militarisation accélérée s'y soit déroulée : création de commandement militaire pour le cyberespace et pour l'espace (Space Force aux États-Unis en 2019) ; priorité au renforcement des capacités aériennes et maritimes. En 2003, Barry Posen, professeur au MIT, pouvait encore affirmer que les États-Unis commandaient les espaces communs. Vingt ans plus tard, ils y conservent une certaine supériorité : l'aviation et la marine américaines demeurent les premières mondiales (en tonnage simplement pour la marine), les États-Unis représentent

ZOOM ▶ Le débat sur les nouvelles guerres

Depuis les années 1990, le débat sur la conflictualité est dominé par le problème de la nouveauté des guerres. Pour les spécialistes dits réalistes, comme John Mearsheimer, les conflits ont peu changé depuis 1990. Se fondant sur une conception pessimiste inspirée de Thomas Hobbes, ils pensent que, comme les hommes sont naturellement violents, la guerre est inévitable entre les États et que le principal risque demeure celui d'une guerre entre grandes puissances. À l'opposé, d'autres internationalistes affirment qu'une transformation de la guerre est intervenue depuis 1989. Les conflits sont en majorité internes, ce qui ne les empêche pas d'avoir des liens étroits avec la mondialisation. Ils découlent de la faiblesse des États et de la décomposition de la société qui en résulte. Enfin les historiens britanniques Hew Strachan ou Lawrence Freedman estiment que la nature des guerres n'a pas été affectée par la fin de la guerre froide, car la logique politique y reste dominante. Ils reconnaissent toutefois que les formes des conflits ont évolué même s'ils soulignent que les guerres civiles n'ont rien de nouveau et qu'elles sont devenues la forme dominante des conflits après 1945 et non pas après 1989. Afin de sortir de ce débat, Jean-Baptiste Jeangène Vilmer pense qu'il faut renoncer à une définition précise de la guerre et se contenter de constater qu'il en existe plusieurs formes.

60 % des budgets spatiaux mondiaux et ils se trouvent au centre des réseaux numériques. Cependant, leur avance se réduit face à leurs concurrents. La Chine possède désormais la première marine en nombre de navires, développe son aviation et ses missiles et multiplie les initiatives dans l'espace où elle a détruit un satellite depuis son territoire en 2007. Grâce à ces instruments, elle prétend limiter l'accès aérien et maritime (stratégie *anti-access/area denial*) de l'armée américaine aux mers de Chine.

Pour aller plus loin

- Le site du SIPRI (Institut international de recherche sur la paix de Stockholm), l'un des centres de référence sur l'étude des conflits
liennathan.fr/2c79ge

II. Les mutations de la conflictualité

La guerre en Ukraine ne doit pas faire oublier que l'écrasante majorité des conflits depuis 1990 sont intraétatiques. La période post-guerre froide a en effet amené à une profonde remise en cause du modèle de la guerre. Aux guerres conventionnelles se sont substituées des « guerres irrégulières[5] », intraétatiques, qui se caractérisent par l'asymétrie entre les belligérants, la diversité des acteurs, des enjeux et des échelles. Elles ont été aussi le cadre privilégié du développement du terrorisme qui illustre la privatisation de la guerre.

A. LA DOMINATION DES GUERRES CIVILES

1. Des conflits désinstitutionnalisés

Depuis 1990, la plupart des conflits dans le monde sont intraétatiques. Dans les années 1990, 54 des 57 conflits majeurs (plus de 1 000 morts) étaient internes ; dans les années 2000, 27 des 30 conflits les plus importants ; en 2023, 55 des 59 conflits. Cette tendance est ancienne puisque **les conflits intraétatiques sont la forme dominante des guerres depuis la Seconde Guerre mondiale**. Cependant, elle s'est accentuée avec la décolonisation puis à la suite de l'éclatement de l'URSS [→ DOCUMENT 2].

Dans ces conflits intraétatiques, l'État n'a plus le monopole de la violence, car il se trouve confronté à l'action de multiples groupes non étatiques. Ces acteurs sont de natures très diverses : groupes paramilitaires, unités d'autodéfense, mercenaires. Le terme de « milice* » est souvent utilisé pour les désigner. Ces groupes se structurent autour de logiques multiples : allégeance à des chefs de guerre, solidarités régionales, ethniques ou religieuses… Les États ont aussi une responsabilité dans leur développement, car ils ont souvent armé la population ou ont fait appel à des forces armées autonomes pour compenser la faiblesse de leur armée régulière. **Une autre forme de cette privatisation de la guerre est la violence provoquée par les cartels de la drogue en Amérique latine.** Ils ont fait basculer des pays comme le Mexique dans une quasi-guerre civile : 450 000 personnes ont été assassinées

DÉFINITION

Milice : terme employé pour désigner les groupes non étatiques qui sont devenus les acteurs majeurs de conflits contemporains. Il s'agit de formations paramilitaires, de groupes d'autodéfense ou de mercenaires.

5. Gérard Chaliand, *Les Guerres irrégulières. XXe XXIe siècle*, Gallimard, Paris, 2008.

Document 2. Les conflits armés dans le monde de 1989 à 2023

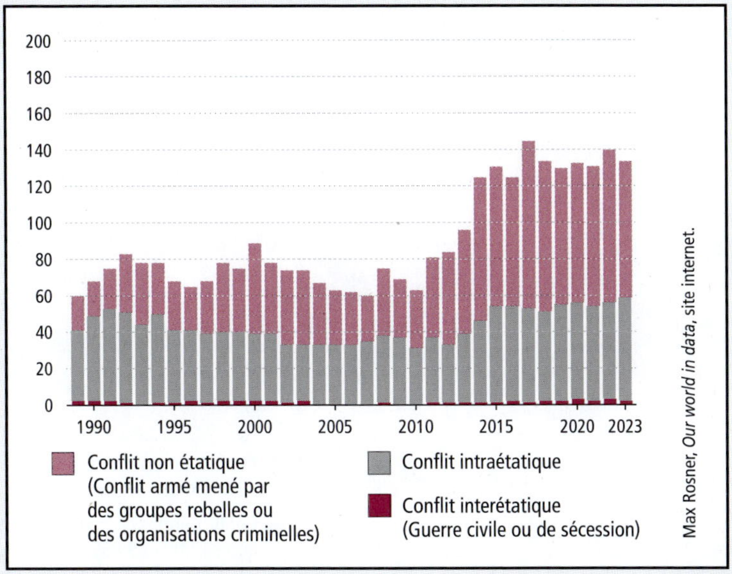

Max Rosner, *Our world in data*, site internet.

et 100 000 ont disparu dans ce pays entre 2006 et 2024, un nombre de victimes plus élevé qu'en Afghanistan pendant cette période.

La multiplication des groupes armés, auxquels s'ajoutent les soldats des unités régulières et souvent des militaires étrangers, explique la fragmentation des conflits contemporains. Ainsi, dans la guerre civile syrienne, les combats ont opposé la nébuleuse des organisations insurgées (groupes djihadistes, islamistes plus modérés, armée syrienne libre, formations kurdes…) à une constellation de milices progouvernementales, syriennes et étrangères, qui suppléent l'armée officielle. Sur les territoires qu'ils contrôlent, ces multiples groupes font régner leur ordre par la terreur : pillage, racket, massacres, viols. Les populations subissent aussi la violence des forces armées régulières souvent mal payées. Conséquence : les civils représentent au moins la moitié des morts dans ces conflits. La plupart ne sont pas victimes des combats mais de leurs conséquences indirectes : maladies, famine, déplacements. Ces conflits génèrent également d'importants flux de réfugiés : 35 millions de personnes ont dû fuir leur pays pour cause de guerres ou de persécutions en 2023.

2. La nouvelle géographie des conflits

La géographie des conflits a évolué selon une logique déjà largement entamée pendant la guerre froide. Depuis 1990, les guerres se sont déroulées dans les anciens pays communistes (Yougoslavie, anciennes républiques soviétiques), en Afrique, au Moyen-Orient et en Asie du sud. Les affrontements ont délaissé les champs de bataille traditionnels. **Les villes sont ainsi devenues un des théâtres principaux des combats à l'instar de Sarajevo en Bosnie**, assiégée par les forces serbes de 1992 à 1996, d'Alep dans la guerre civile syrienne ou de Gaza depuis 2023. Les conflits internes ont été à l'origine de la formation de « zones grises », des espaces contrôlées par des autorités concurrentes de l'État, qui les privatisent à leur profit. Il s'agit de régions sécessionnistes (comme la Transnistrie en Moldavie, l'Abkhazie et l'Ossétie du sud en Géorgie), de zones contrôlées par des mouvements armés, par des

■ **Carte 2. Les conflits dans le monde en 2023**

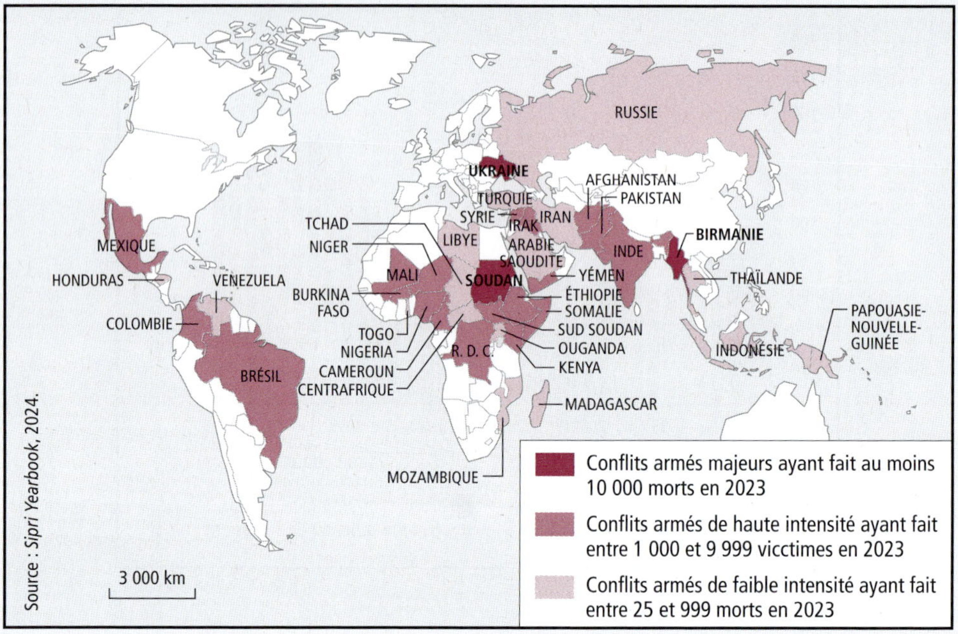

organisations terroristes (Sinaï, Sahara, frontière Pakistan-Afghanistan) ou par des acteurs de l'économie illégale (Colombie, Mexique).

Les conflits contemporains suivent tous une logique régionale. Les affrontements internes débordent sur les États voisins dans lesquels les groupes rebelles étendent leurs activités et trouvent des appuis : ainsi la violence de Boko Haram, mouvement djihadiste fondé en 2002 dans le Nord-est du Nigeria, touche le Tchad et le Cameroun frontaliers. Les États voisins doivent aussi faire face aux réfugiés qui fuient les combats ou qui sont chassés du pouvoir. En 1994, l'afflux de populations hutues, qui fuyaient le nouveau gouvernement rwandais, a déstabilisé l'est de la République démocratique du Congo et entraîné, en 1997, la chute du président Mobutu. Les pays limitrophes attisent aussi les conflits par leurs interventions militaires ou le soutien qu'ils apportent à telle ou telle faction. La guerre civile syrienne est ainsi devenue un conflit pour l'hégémonie régionale entre l'Iran, la Turquie, l'Arabie Saoudite et, depuis 2023, Israël [→ CARTE 2].

3. Le rôle de la mondialisation

Pour Mary Kaldor[6], la caractéristique majeure des conflits à partir de la fin du XXe siècle serait leur lien avec la mondialisation. Celle-ci est d'abord responsable de la crise des États dans les années 1980-1990 à cause des politiques économiques imposées par les organisations internationales (FMI). Les conflits sont également alimentés par des acteurs extérieurs : acteurs illégaux qui récupèrent les ressources contrôlées par les guérillas et leur fournissent des armes, aide de la diaspora (comme dans l'insurrection tamoule au Sri Lanka entre 1983 et 2009), soutien de pays étrangers. L'internationalisation des conflits tient également à l'action de la « communauté internationale », terme qui désigne les organisations internationales et les grandes puissances qui se veulent les gardiennes de l'ordre international.

6. Mary Kaldor, *New and Old Wars*, Stanford, Stanford University Press, 1999.

Depuis la fin de la guerre froide, sous la pression des opinions publiques des pays occidentaux et des médias, il est devenu moralement inacceptable de laisser se poursuivre des conflits, même s'ils sont internes. L'intervention extérieure, de l'ONU ou des grandes puissances occidentales, est alors devenue le moyen privilégié de les résoudre.

B. DES FACTEURS MULTIPLES

La fin de la guerre froide n'aurait pas seulement changé la forme des conflits mais aussi leurs facteurs explicatifs. L'identité, l'appropriation des ressources et la pauvreté ont paru remplacer les motivations politiques, dominantes pendant la guerre froide.

1. Des conflits identitaires ?

Après la fin de la guerre froide, il a été beaucoup question d'un retour des conflits identitaires causés par les différences ethniques et religieuses. Il est vrai que plusieurs des affrontements majeurs des années 1990 entrent dans cette logique : guerre en Bosnie de 1992 à 1995 entre les populations serbes, musulmanes et croates ; guerre civile en Côte d'Ivoire (2002-2011) entre les ethnies du Nord et celles du Sud ; guerre civile du Darfour (2003 à aujourd'hui) entre les populations nomades arabes et les populations sédentaires non arabes… Ces affrontements sont souvent la conséquence de l'existence de minorités nationales qui sont persécutées ou discriminées dans leur pays. À cette logique ethnique se superpose souvent une dimension religieuse : au nord du Nigeria, à cause de l'action du groupe islamiste Boko Haram, au sud du Soudan entre des populations chrétiennes et le gouvernement musulman, au Moyen-Orient entre les chiites et les sunnites. De ces constats on ne saurait conclure que les motifs identitaires sont nouveaux, car, pendant la guerre froide, ils étaient seulement masqués par l'opposition idéologique Est-Ouest. Ils ne paraissent pas non plus importants : **après avoir augmenté dans les années 1990, le nombre des conflits identitaires a fortement diminué lors de la décennie suivante. Surtout, les logiques identitaires ne sont pas intrinsèquement belligènes : elles ne le deviennent que parce qu'elles sont utilisées dans un contexte politique, économique et social précis par des acteurs politiques pour justifier leur action, recruter des partisans, diaboliser l'adversaire**.

2. Des guerres pour les ressources ?

Une deuxième approche insiste sur les causes économiques de la conflictualité contemporaine. **Le contrôle des ressources naturelles serait la principale motivation des groupes armés :** conflits pour les diamants en Sierra Leone et au Liberia dans les années 1990 ou pour le coltan et l'or au Kivu (à l'est de la RDC). La maîtrise de l'exploitation du pétrole est depuis longtemps avancée comme un facteur majeur des conflits : Saddam Hussein a ainsi envahi le Koweït en 1990 pour s'assurer le contrôle sur les réserves pétrolières de son voisin, poussant les Américains à l'en déloger afin de maintenir la stabilité du marché pétrolier. Le pétrole joue aussi un rôle dans le conflit du sud-Soudan et au sud-est du Nigeria. Plus un État serait dépendant de l'exploitation d'une ressource, plus il serait confronté à l'instabilité du fait de la lutte pour la captation de la rente. Les ressources auraient aussi pour effet de prolonger le conflit car elles permettent aux groupes armés de se financer. Pour autant, elles ne joueraient un rôle important que dans 40 % des conflits et ne sont souvent qu'un élément aggravant dans des guerres dont le déclenchement tient à d'autres facteurs.

3. Des facteurs politiques dominants

Les conflits s'expliquent encore par des motifs politiques : en 2017, 45 % d'entre eux sont liés à des luttes pour le pouvoir, comme en Afghanistan, en Côte d'Ivoire, en Syrie, en

ZOOM ▸ Changement climatique et conflits

Le lien entre réchauffement climatique et conflits commence à être mis en évidence dans les années 2000 par des militaires (rapport du Pentagone en 2003), des ONG et par des hommes politiques comme Barack Obama en 2009. En 2013, dans un article paru dans *Science*, Solomon Hsiang, Marshall B. Burke et Edward Miguel établissent une corrélation entre la hausse des températures, les variations des précipitations et la hausse de la conflictualité. Les guerres du climat sont désormais considérées comme un motif majeur des conflits futurs. Ceux-ci se feraient pour le contrôle de ressources devenues rares. Le cas le plus souvent abordé est celui des guerres pour l'eau que l'on annonce entre les pays du bassin du Nil ou ceux des bassins du Brahmapoutre ou du Mékong à cause de la construction de grands barrages en Éthiopie et en Chine. Des épisodes de sécheresses prolongées sont aussi avancés pour expliquer les guerres civiles au Darfour (Soudan) et en Syrie.

Pourtant, aucun conflit ouvert n'a encore éclaté autour du partage de l'eau. La coopération domine dans les rapports entre pays d'un même bassin fluvial. En outre, alors que la température moyenne de la planète a augmenté depuis trente ans, le nombre de conflits a eu tendance à baisser jusqu'en 2011. Si les problèmes climatiques engendrent des tensions, celles-ci sont surtout internes aux États et il n'est pas dit qu'elles dégénèrent en guerres ouvertes.

Libye, au Yémen, en Éthiopie ou au Soudan… Ces rivalités s'inscrivent dans le cadre d'une crise de l'État qui concerne surtout l'Afrique et le Moyen-Orient aux nations récentes et de ce fait fragiles, confrontées en outre à la crise économique des années 1980. Les conflits ont alors surgi de leur désintégration institutionnelle. Les guerres civiles sont également la conséquence du mode de gouvernement d'États dirigés d'une main de fer par des régimes autoritaires qui captent les ressources, discriminent une partie de leur population, répriment par le sang toute opposition. **Ce n'est donc pas toujours la fragilité de l'État qui engendre les conflits mais parfois aussi sa dureté.** Les tensions internes naissent ainsi du manque d'inclusion sociale et politique d'une partie de la population. L'absence de développement y joue aussi un rôle, une majorité des conflits se déroulant dans des pays pauvres. Cependant, il n'y a pas de corrélation directe entre pauvreté et violence, tous les pays pauvres n'étant pas confrontés à la guerre.

C. LE TERRORISME

1. Le terrorisme mondialisé

Les attentats du 11 septembre 2001 ont promu le terrorisme comme la menace la plus dangereuse pour la sécurité internationale. Ils ont aussi été présentés comme une rupture dans l'histoire du terrorisme. Celui-ci a en effet connu une nette recrudescence depuis 2000 : le nombre d'attentats annuels est passé de moins de 2000 au début des années 2000, à 13 000 en 2014 tandis que celui des victimes, stable dans les années 1990 (autour de 5 000 victimes), a atteint 33 000 personnes en 2014 [→ CARTE 3].

Depuis les années 1980, le terrorisme a connu une évolution de ses acteurs. Le terrorisme d'extrême-gauche a disparu en Europe au cours des années 1980. Les mouvements séparatistes ont soit renoncé à la violence (l'IRA en 1998 en Irlande du Nord, ETA en 2011 au Pays basque), soit ont été écrasés (Tigres tamouls du LTTE en 2009), ou sont impuissants (Fatah en Cisjordanie depuis 2005). En revanche, le terrorisme d'extrême-droite continue de frapper dans les pays occidentaux comme à Oklahoma city en 1995 (168 morts), à Oslo en 2011 (77 morts) ou à Christchurch en Nouvelle-Zélande en 2019 (51 morts).

La plupart des actes terroristes sont liés au terrorisme djihadiste qui concerne avant tout la région de l'Afghanistan et du Pakistan, le Moyen-Orient et les pays du Sahel. Le choix de la violence par la frange la plus radicale des islamistes remonte aux années 1980 (assassinat du président égyptien Sadate en 1981, attentats et prise d'otage du Hezbollah au Liban). À la même époque, la guerre en Afghanistan contre les Soviétiques donne naissance à la fois à l'imaginaire du djihadisme* contemporain (le moudjahid, défenseur de l'islam, et le martyr) et à Al-Qaïda, formée en 1988. Une fois la victoire sur les Soviétiques obtenue en 1988, les djihadistes rejoignent de nouveaux fronts : Bosnie, Tchétchénie, guerre civile algérienne (GIA), Égypte (vague d'attentats de 1993 à 1997). Puis la scène terroriste est dominée par les attentats d'Al-Qaïda entre 1998 et la fin des années 2000. L'organisation, dirigée par le Saoudien Oussama Ben Laden, accorde la priorité à la lutte contre les États-Unis, principal soutien des régimes du Moyen-Orient. Les attentats du 11 septembre 2001 donnent une aura mondiale à l'organisation. Ils sont suivis par une vague d'attentats dans le monde musulman et en Occident (Madrid en 2004, Londres en

■ **Carte 3. Les principaux attentats terroristes depuis 2001**

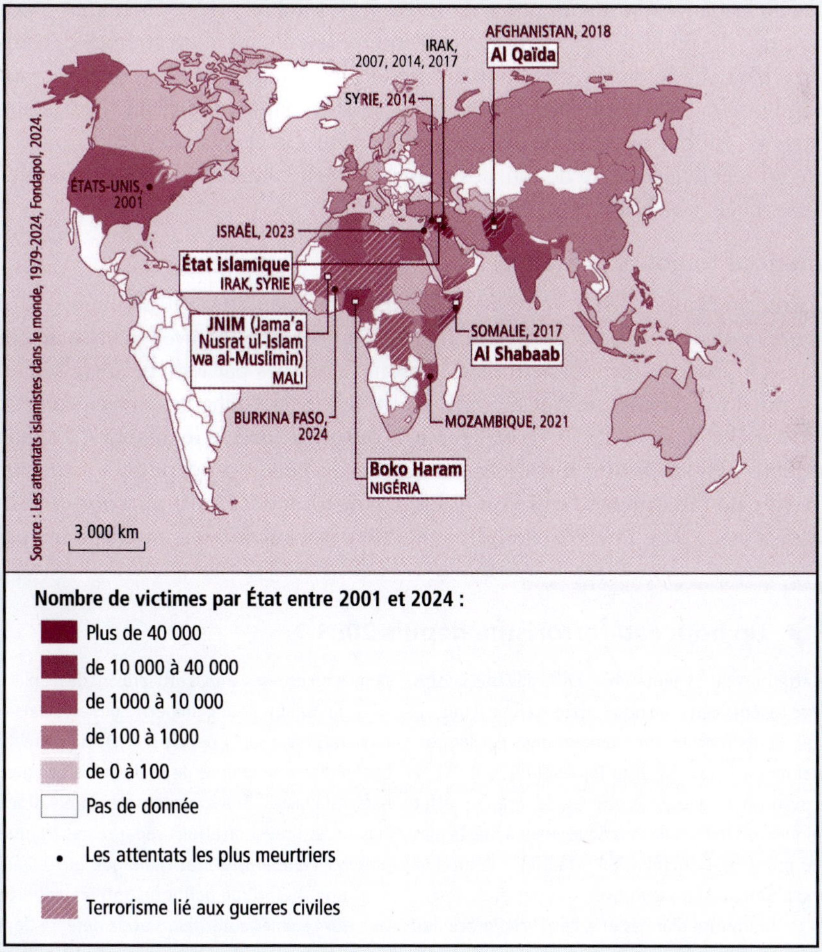

DÉFINITION

Djihadisme : conception défendue par la frange la plus radicale des islamistes, qui légitime l'utilisation de la violence, au nom de la guerre sainte (*jihâd*), pour combattre les non-musulmans mais aussi pour abattre les régimes politiques des États du monde musulman.

2005). Cependant, au début des années 2010, Al-Qaïda se trouve en difficulté : les régimes autoritaires du Moyen-Orient sont toujours en place, l'opinion publique musulmane ne la soutient pas et elle a perdu plus de 80 % de ses cadres dont son chef, tué au Pakistan en 2011.

2. La menace de l'État islamique

Les révolutions arabes de 2011, qui engendrent plusieurs guerres civiles, ont relancé les mouvements djihadistes comme Al-Qaïda. Elles ont surtout suscité la création de l'État islamique. Héritier d'Al-Qaïda en Irak fondé en 2006, il profite de la guerre en Syrie et de la crise interne de l'Irak pour se tailler un territoire à cheval entre les deux États entre 2013 et 2014 et devient l'État du califat après la prise de Mossoul en 2014. L'État islamique s'est distingué d'Al-Qaïda par la volonté de créer un pouvoir territorial qui possède une administration, lève des impôts et dispose d'une véritable armée. Il s'en est aussi séparé par l'application de la terreur aux non musulmans (persécution des minorités religieuses) et aux chiites. Le succès de l'organisation lui a permis de recruter des milliers de combattants venus de tous les pays du Moyen-Orient et d'Europe et d'obtenir le ralliement de groupes djihadistes dans d'autres pays. L'expansion spectaculaire de l'État islamique a suscité la formation d'une coalition internationale autour des États-Unis. L'État islamique y a riposté en organisant des attentats en Europe (en France en 2015 et 2016, en Belgique en 2016). À partir de 2016, il a été difficilement chassé de tous les territoires qu'il contrôlait mais il demeure actif dans quelques poches en Syrie et en Irak.

3. Une menace toujours présente

En décrue au Moyen-Orient après 2016 avec la disparition de l'État islamique et la stabilisation temporaire de la situation en Syrie, ainsi qu'en Afghanistan avec la prise de pouvoir des Talibans en 2021, les actions terroristes se sont déportées par le Sahel : en 2023, la région représente 48 % des victimes du terrorisme. Le terrorisme djihadiste a brutalement ressurgi au Moyen-Orient en 2023 et en 2024. **Le 7 octobre 2023, le Hamas, l'organisation djihadiste palestinienne qui dirige la bande de Gaza, a perpétré l'attentat de plus meurtrier de l'histoire d'Israël en assassinant plus de 1 200 personnes.** En réponse, Israël s'est lancé dans une opération d'élimination du Hamas d'une intensité militaire jamais

ZOOM ▸ Un nouveau terrorisme depuis 2001 ?

Après les attentats du 11 septembre 2001, des spécialistes ont annoncé l'avènement d'un nouveau terrorisme (François Heisbourg[7]). Cette interprétation a été reprise par les dirigeants occidentaux pour justifier leur politique de lutte contre le terrorisme. La logique d'Al-Qaïda serait en effet emblématique d'un terrorisme fanatique visant à tuer le plus de victimes possibles. L'organisation serait aussi le produit de la mondialisation. Elle y a trouvé des sources de financement et de fourniture d'armes et a bénéficié, grâce aux médias et à internet, d'une audience mondiale. À l'opposé des groupes terroristes des années 1970, sa structure ne serait plus pyramidale mais décentralisée et réticulaire. De très petits groupes ou des « loups solitaires », des individus isolés et radicalisés sur internet ou sous l'influence de leur famille ou de leurs amis, s'affilieraient de manière autonome à l'organisation pour commettre des attentats.

En se focalisant sur l'exemple d'Al-Qaïda, cette thèse ne tient cependant pas compte de la diversité des groupes terroristes islamistes. Beaucoup ont des motivations politiques classiques : revendications séparatistes (Hamas), prise du pouvoir (Talibans). L'État islamique et Al-Qaïda utilisent ainsi une rhétorique politique anti-impérialiste, d'opposition aux régimes autoritaires et de défense des musulmans présentés comme des opprimés. Enfin, loin de se résumer à un phénomène global, le terrorisme islamiste est très lié à la crise des États : 90 % des attaques ont lieu dans des pays en guerre civile.

7. François Heisbourg, *Hyperterrorisme : la nouvelle guerre*, Paris, Odile Jacob, 2001.

vue auparavant, qui a provoqué la destruction des villes de la bande de Gaza et provoqué la mort d'environ 50 000 personnes. En 2024, l'État hébreu s'est retourné contre le Hezbollah, la milice islamiste armée des chiites libanais, allié du Hamas. Les organisations armées islamistes, soutenues par l'Iran, apparaissent donc comme durablement affaiblies, mais elles n'ont pas été éradiquées. En revanche, en Syrie, c'est un groupe djihadiste, Hayat Tahrir Al-Cham, qui a finalement eu raison du régime de Bachar al-Assad en décembre 2024. Enfin, en Europe, même si les attentats sont moins nombreux depuis 2016, qu'ils font moins de victimes et qu'ils sont surtout commis par des individus isolés, l'assassinat de deux professeurs, Samuel Paty en 2022 et Dominique Bernard en 2023, illustre la persistance de la menace terroriste.

III. La crise du maintien de la paix

La fin de la guerre a suscité un immense espoir de pouvoir établir une paix durable dans le monde. Deux stratégies ont été privilégiées : la paix par l'hégémonie, c'est-à-dire une paix garantie par la puissance dominante américaine ; une paix par le droit, par des traités et par les opérations de maintien de l'ONU. Mais ces méthodes ont obtenu des résultats limités et depuis une décennie, le maintien de la paix est en crise, faute du soutien des grandes puissances.

A. LA PAIX PAR L'HÉGÉMONIE

1. La tentation du gendarme du monde

La guerre froide à peine achevée, les puissances occidentales (États-Unis, France et Royaume-Uni) se sont mises à intervenir militairement sur des théâtres d'opération extérieurs afin de mettre fin à des conflits et d'assurer la sécurité internationale : guerre du Golfe de 1990-1991, Somalie en 1992, Haïti en 1994, Bosnie en 1995, Kosovo en 1999, Afghanistan en 2001, Côte d'Ivoire en 2002 puis en 2011, Irak en 2003, Libye en 2011, Mali et Centrafrique en 2013. Ces opérations ont été menées selon diverses configurations : unilatérales ou multilatérales, avec ou sans mandat de l'ONU, avec le recours ou non aux forces de l'OTAN.

Plusieurs facteurs ont favorisé cet interventionnisme. Les dirigeants occidentaux ont repris le discours de la mission civilisatrice en opposant le monde du Nord, celui de la démocratie, de la paix et de la prospérité, à un monde du Sud, celui des guerres, des haines ancestrales du fanatisme religieux, qui menacerait la stabilité mondiale. Ils en ont tiré la conclusion qu'ils avaient le devoir d'intervenir dans les pays en conflit pour y rétablir l'ordre. Les opinions publiques occidentales ont soutenu ces initiatives justifiées par des motifs humanitaires et par la défense des droits de l'homme. L'inaction leur est alors apparue comme immorale. L'idée de la guerre juste, c'est-à-dire moralement nécessaire, car menée au nom de grands principes universels, est réapparue. Le contexte international a également ouvert la voie à ces interventions, car, jusqu'à la fin des années 2000, aucune puissance non occidentale n'avait vraiment le pouvoir ni la volonté de s'y opposer. L'écrasante supériorité militaire américaine a en outre laissé penser que ces interventions pouvaient aboutir à une victoire rapide et économe en vies humaine comme au Koweït en 1991.

2. L'échec des interventions

Certaines de ces opérations ont été couronnées de succès comme au Koweït en 1991, en Bosnie en 1995 ou au Kosovo en 1999, même si, dans les deux derniers cas, elles n'ont pas

amené un règlement durable du problème. **D'autres interventions ont surtout été des échecs retentissants comme en Afghanistan et en Irak.** Les États-Unis y ont d'abord été victimes de leur trop grande confiance dans l'efficacité de la force. Ils se sont lancés dans ces interventions sans qu'aucun projet politique n'ait été élaboré pour l'après-guerre. Guidés par une vision caricaturale des sociétés du Moyen-Orient, ils ont démontré une grande méconnaissance des contextes politiques locaux et ont sous-estimé la force du sentiment national. Les nouveaux gouvernements, dont ils ont soutenu la formation, ne sont pas parvenus à devenir légitimes aux yeux de la population. Les Américains sont aussi très vite apparus comme des occupants, si bien qu'une insurrection s'est levée en Irak dès juin 2003 tandis que les Talibans afghans ont retrouvé de l'influence à partir de 2005. Dans les deux cas, la victoire militaire n'a donc pas été synonyme de fin des hostilités.
Les années 2010 ont approfondi le désenchantement des Occidentaux pour les interventions extérieures : en 2011, le soutien militaire des Français, des Anglais et de l'OTAN apporté à la rébellion contre Kadhafi aboutit, certes, à la chute du dictateur libyen, mais aussi à une guerre civile toujours en cours. En 2013, les Français interviennent au Mali contre les organisations terroristes qui avaient pris le contrôle du Nord du pays mais, après un succès initial, ils ne parviennent pas à y établir une situation sécuritaire stable et sont forcés par le gouvernement du Mali de quitter le pays en 2022. Les velléités d'intervention occidentale se sont aussi heurtées, après le renversement de Kadhafi en 2011, à l'opposition des Chinois et des Russes qui ont plusieurs fois utilisé leur droit de veto à l'ONU pour protéger le régime syrien. Aux États-Unis, ces échecs ont engendré une « fatigue de la guerre » dans l'opinion publique et chez les dirigeants américains. Celle-ci qui explique qu'en 2013, Barack Obama ait finalement renoncé à intervenir en Syrie en réaction à l'utilisation d'armes chimiques par le régime de Bachar al-Assad. Obama, Trump puis Biden ont tous souhaité retirer les troupes américaines de ce qu'Obama avait appelé les « guerres stupides », ce qui a conduit à un retrait d'Irak en 2009 et d'Afghanistan en 2021.

B. LA PAIX PAR LE DROIT : LE RÔLE DE L'ONU

1. La régulation de la force

Après 1989, le droit international est renforcé pour réduire le recours à la force, limiter la brutalité des conflits et contrôler les armements. Ce droit se fonde sur la Charte des Nations Unis qui interdit le recours à la menace ou à l'emploi de la force (article 2) et sur les quatre conventions de Genève (1949) et leurs protocoles additionnels (1977 et 2005). De nouveaux traités sont venus s'y ajouter. Plusieurs conventions ont interdit certaines catégories armes : conventions sur l'interdiction des armes chimiques (1993), des armes à laser aveuglantes (1995), des mines anti-personnel (convention d'Ottawa en 1997), des armes à sous-munition (2008), traité sur le commerce des armes en 2013. Le traité Ciel ouvert en 1992 a autorisé des vols d'observation sur un territoire étranger. **Une justice pénale internationale a été mise en place afin de punir les dirigeants des États pour les crimes d'agression, les crimes de guerre et les crimes contre l'humanité.** La Cour pénale internationale, fondée en 2002, qui en est le principal instrument, a ainsi lancé des mandats d'arrêt contre Vladimir Poutine en 2023 (pour expulsion et transfert illégal d'enfants ukrainiens), également contre trois dirigeants du Hamas et contre Benyamin Netanyahou et son ministre de la Défense, Yoav Gallant, pour crimes de guerre en 2024. Force est pourtant de constater que ce droit international est battu en brèche par les grandes puissances. Ainsi les États-Unis, la Chine, la Russie et l'Inde ont refusé de signer la convention d'Ottawa, tandis que plus récemment la Russie est sortie en 2021 du traité Ciel ouvert et en 2023 du traité sur les forces conventionnelles en Europe. La Russie en Ukraine et la Chine en mer de Chine se sont affranchies du droit international. Les accords et les normes édifiés depuis la fin de la guerre froide connaissent donc un effritement qui s'est accéléré depuis 2014.

2. L'évolution du maintien de la paix

Libérée par la fin de la guerre froide, l'ONU a pu s'atteler plus vigoureusement à la tâche pour laquelle elle avait été créée : garantir la paix dans le monde. **Elle a multiplié les interventions de maintien de la paix : 56 missions entre 1988 et 2024** [→ CARTE 4]**,** contre 15 auparavant. Le nombre des casques bleus est passé de 12 000 en 1996 à 107 000 en 2015. L'ONU a adapté sa stratégie aux mutations de la conflictualité. En 1992, l'*Agenda pour la paix* redéfinit les principes d'action de l'ONU : aux formes classiques de la diplomatie préventive, du rétablissement de la paix (*peace making*, médiation et négociation) et du maintien de la paix (*peace keeping*, envoi de forces d'interposition), le texte a ajouté deux

Carte 4. Opérations de maintien de la paix de l'ONU

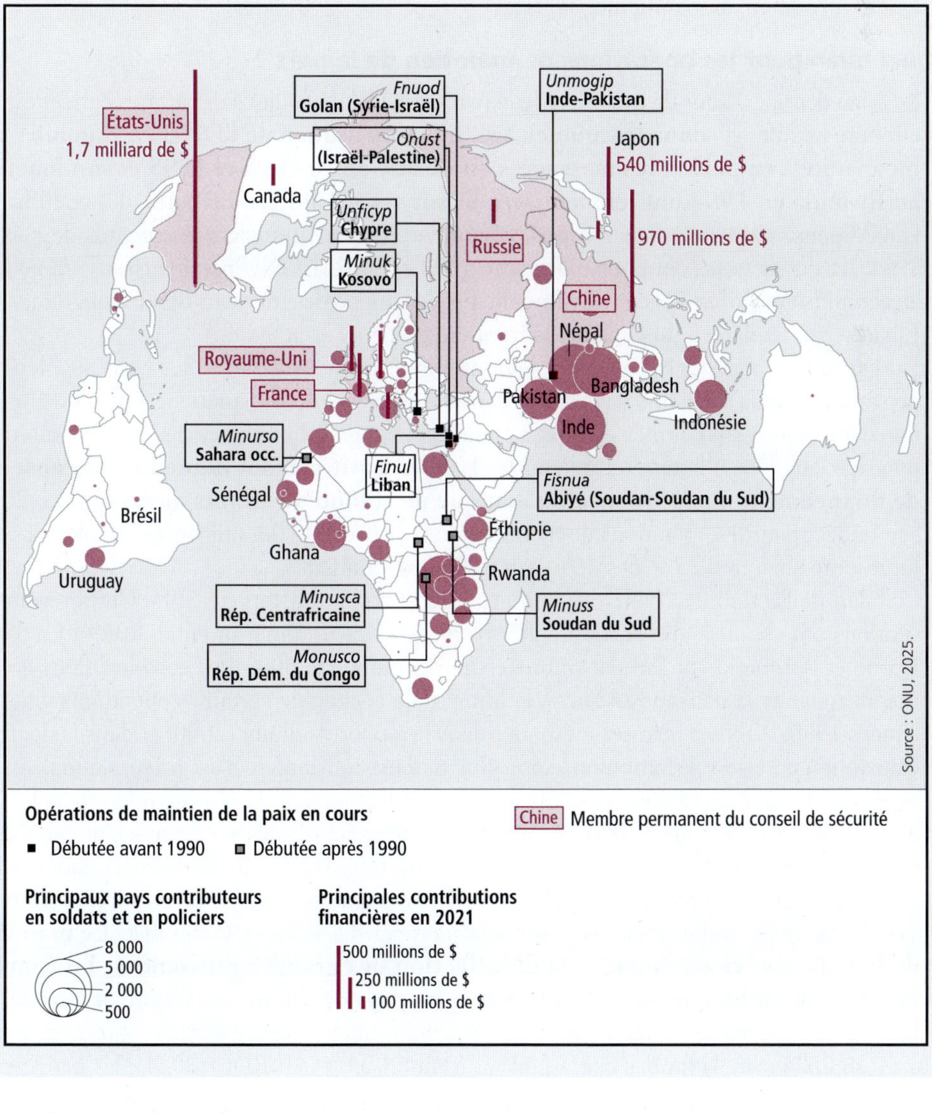

nouvelles modalités : l'imposition de la paix (*peace enforcement*) donne le droit au Conseil de sécurité, au nom de l'article VII de la Charte de Nations unies, de mener une action militaire en cas d'agression ou de menaces contre la paix et d'utiliser la force dans un plus grand nombre de cas. La consolidation de la paix (*peace building*) vise à s'attaquer aux racines des conflits en reconstruisant un État stable : maintien de l'ordre, reconstruction économique et établissement d'institutions démocratiques.

Sur le terrain cependant, il a été difficile de séparer aussi clairement les formes d'action. L'ONU a été confrontée à des opérations très complexes, dans lesquelles il faut articuler les dimensions militaire, politique, policière, judiciaire et humanitaire, et coordonner des acteurs très divers : administrateurs, policiers, militaires, ONG humanitaires, économistes… Intervenant désormais dans des guerres civiles en cours, ces opérations reposent sur des contingents militaires fournis par les États membres ou sur l'action d'une grande puissance mandatée par l'ONU : OTAN en Bosnie et au Kosovo, Australie au Timor oriental (1999), Royaume-Uni en Sierra Leone (2000), France en Côte d'Ivoire (2002). Des organisations régionales comme l'Union africaine, l'Union européenne, la CEDEAO apportent également leur contribution au maintien de la paix.

3. Quel bilan pour les opérations de maintien de la paix ?

Le bilan des opérations de maintien de la paix de l'ONU est sujet à débat. Les échecs ont en effet été nombreux : **dans les années 1990, l'impuissance de l'ONU en Somalie, son incapacité à empêcher les massacres en Bosnie entre 1992 et 1995 et son inaction au Rwanda en 1994 ont jeté le discrédit sur ses méthodes**. En outre, des conflits que l'ONU pensait avoir résolu ont repris, comme en Angola où, malgré les accords de paix de 1991, les combats se sont poursuivis entre 1992 et 2002. L'ONU paraît aussi démunie face aux conflits au Moyen-Orient alors même qu'elle y mène des missions depuis longtemps (au Liban et sur le plateau du Golan, à la frontière en Israël et la Syrie).

L'organisation porte une part de la responsabilité dans ces échecs : les casques bleus ne peuvent utiliser la force que dans des circonstances précises, ils manquent souvent de formation car ils sont issus d'armées des pays en développement. Les objectifs sont trop ambitieux pour des missions à la durée trop courte. **L'ONU pâtit surtout d'une cruelle absence de financement, conséquence du manque de volonté des États membres :** en 2024, son budget pour les opérations de maintien de la paix est de 6.1 milliards de dollars, ce qui représente environ 0,25 % des dépenses militaires mondiales.

Le bilan de l'action de l'ONU ne saurait s'arrêter à ces constats négatifs. Certaines interventions ont abouti à une paix durable : Namibie (1990), Timor oriental (1999). La Sierra Leone et le Liberia ont fini par retrouver une certaine stabilité. Les casques bleus garantissent toujours la paix au Kosovo. À la lumière de l'échec de certaines opérations dans les années 1990, l'ONU a revu ses méthodes dans le rapport Brahimi (2000) et dans la doctrine Capstone en 2008 : les ambitions sont plus modestes, l'analyse s'est professionnalisée, le recours à la force a été étendu. C'est une des explications de la plus grande efficacité des opérations dans les années 2000 : le taux d'échec des accords de paix est passé de 50 % dans les années 1990 à 14 % dans les années 2000. Pourtant, la dégradation de la situation sécuritaire après 2011, en particulier au Moyen-Orient, a montré que l'ONU est toujours impuissante à régler les conflits majeurs, comme la guerre civile en Syrie ou en Libye. **Le maintien de la paix souffre en outre de la désaffection des grandes puissances. Le Conseil de sécurité est bloqué par l'opposition entre pays occidentaux, Chine et Russie.** Le budget qui est affecté au maintien de la paix a diminué, le nombre des opérations est tombé à 11 en 2024 avec la fin des opérations au Mali (2023) et en RDC (2024), les casques ne sont plus que 71 417 fin 2024. Aucune grande opération n'a été lancée depuis 2017, l'ONU accordant sa préférence à des opérations non militaires moins coûteuses. **Depuis 2022, l'ONU semble discréditée tant apparaît évidente son incapacité à mettre fin à la guerre en Ukraine ou au conflit dans la bande de Gaza.**

Pour aller plus loin

- Le site de l'International Crisis Group, une ONG dont le but est de prévenir les conflits liennathan.fr/8q3h4i
- Le site des opérations de maintien de la paix de l'ONU liennathan.fr/b3w39w

C. L'EXTENSION ILLIMITÉE DE LA SÉCURITÉ

1. Le processus de sécuritisation*

Jusqu'à la fin de la guerre froide, les politiques de sécurité visaient à protéger l'État contre une agression armée d'un autre État en renforçant ses capacités militaires ou en se constituant des alliances. **Depuis 1990, la notion de sécurité s'est élargie à tous les domaines. C'est ce que le danois Ole Wæver et l'anglais Barry Buzan ont appelé la sécuritisation, processus par lequel une question devient un enjeu de sécurité, car elle est présentée comme une menace.** Cette diffusion des logiques sécuritaires répond aussi au constat que les causes de mortalité et d'instabilité sont de moins en moins liées aux conflits mais à d'autres risques. En 1994, le PNUD a ainsi promu le concept de Sécurité humaine pour proposer une vision globale de la sécurité centrée non plus sur la protection des États mais sur celle des individus. Sept composantes de la sécurité humaine ont été distinguées : sécurité économique, sécurité alimentaire, sécurité sanitaire, sécurité de l'environnement, sécurité personnelle, sécurité de la communauté, sécurité politique.

Parmi les nouveaux domaines contaminés par la logique sécuritaire, deux cas sont particulièrement exemplaires. **Les migrations, qui étaient considérées comme un simple problème économique jusqu'aux années 1970, ont été transformées en un problème sécuritaire depuis lors à mesure qu'une part croissante des populations des pays occidentaux et de leurs dirigeants les ont vécues comme une menace sur les emplois et l'identité nationale.** Les politiques migratoires restrictives qui en ont découlées ont donc conduit à une fermeture et à une militarisation des frontières de certains États. De même, la dégradation de l'environnement est désormais présentée comme une menace majeure pour la sécurité humaine (famine, migrations…) et comme un facteur de conflits (voir l'encadré zoom).

2. Le renforcement du pouvoir de l'État

L'élargissement des menaces sécuritaires a conduit à une re-légitimation de l'action de l'État qui se présente comme le seul acteur capable de les gérer. L'État y a trouvé une occasion d'étendre ses prérogatives sur la société. Cela s'est traduit par le développement de tout un arsenal législatif dans des domaines aussi divers que la santé, l'alimentation, la consommation, le travail, l'environnement. Des structures d'expertise et des systèmes de planification ont été mis sur pied afin de prévenir les risques. La population, en attente de protection, a aussi réclamé une intervention plus volontariste de l'État.

La politique anti-terroriste est emblématique de cette évolution des politiques de sécurité.

DÉFINITION

Sécuritisation : processus par lequel une question, perçue ou présentée comme une menace, devient un enjeu de sécurité. Ce concept a été développé par le Danois Ole Wæver et l'Anglais Barry Buzan.

Des mesures d'exception ont parfois été prises comme la mise en place de l'état d'urgence en France entre les attentats du 13 novembre 2015 et de novembre 2017. Cette disposition donne de nouveaux pouvoirs du préfet en matière de perquisition et de surveillance des individus. Les attributions des services de renseignements ont aussi été étendues : aux États-Unis, le Patriot Act de 2001 a facilité les écoutes, la récupération d'informations personnelles et les perquisitions. Les contrôles aux frontières ont été renforcés tout comme les mesures de sécurité dans les transports. La coordination au sein de l'appareil gouvernemental, dont les attentats du 11 septembre avaient montré les carences, a été resserrée aussi bien aux États-Unis (création du département de la Sécurité intérieure en 2002) qu'en France (création en 2014 de la DGSI, Direction générale de la sécurité intérieure). Partout, les effectifs des services de sécurité ont été augmentés.

3. Illusions et dangers de l'état d'urgence permanent

Le choix d'un discours sécuritaire par les gouvernants a conduit à exagérer certaines menaces au détriment d'autres pourtant bien plus dangereuses pour les populations. Le politiste américain John Mueller a eu ainsi beau jeu de montrer que, depuis 2001, moins d'Américains sont morts dans un attentat terroriste que des suites d'un accident domestique. Cette rhétorique sécuritaire a aussi entraîné les États dans des politiques inadaptées, à l'instar de la politique américaine après le 11 septembre. Elle favorise en effet la surréaction de la part de dirigeants impatients de montrer à leurs opinions qu'ils agissent avec fermeté. De ce fait aussi, les politiques des États restent conçues à l'échelle nationale alors que les menaces sont globales et appellent une coopération internationale. En se plaçant dans une optique sécuritaire, elles privilégient des solutions militaires pas toujours adaptées au traitement des menaces.
Le danger est également de favoriser une surveillance des comportements individuels qui entraîne une restriction des libertés et donc, dans les pays occidentaux, une remise en cause des principes démocratiques. L'obsession de la sécurité entraîne la tentation d'un état d'urgence permanent qui brouille la distinction entre la guerre et la paix. Elle contribue à la constitution de ce que le philosophe Frédéric Gros a appelé en 2006 l'« état de violence », une situation de guerre diffuse fondée sur la disparition de la distinction entre combattants et non-combattants, entre extérieur et intérieur[8].

ZOOM ▸ La sécurité sanitaire

Depuis les années 1980, l'apparition de nouvelles épidémies (SIDA en 1981, SRAS en 2002, grippe aviaire en 2005, grippe H1N1 en 2009, Covid-19 en 2020) a fait entrer la planète dans une nouvelle période de pandémies. La mondialisation, les atteintes à l'environnement et le changement climatique en seraient les principaux responsables. Les déplacements de population beaucoup plus nombreux renforcent le risque d'une contagion mondiale. La santé est donc devenue une question majeure de sécurité. Les enjeux sanitaires se sont par exemple trouvés inclus dans la stratégie nationale de sécurité des États-Unis depuis la présidence de Bill Clinton.
Suite au SRAS et au virus H1N1, les États ont élaboré de nouvelles politiques sanitaires. Elles reposent sur des mesures d'urgences (vaccination, distanciation sociale, quarantaines), sur la planification de la réaction, sur la constitution de stocks de médicaments ou de matériel (masques), sur un effort de recherche et sur le développement de la coopération internationale. En 2005, à l'initiative de l'OMS a été signé le Règlement sanitaire international, un accord par lequel 196 pays s'engagent à collaborer au profit de la sécurité sanitaire mondiale.
La crise de la Covid-19 de 2020 a mis en évidence les carences de ces politiques sanitaires. Elle a surtout démontré les effets déstabilisateurs d'une pandémie sur la croissance économique, sur les sociétés et sur les relations internationales. Intervenue dans un contexte de tensions internationales, elle a provoqué un repli des États, a accentué les rivalités entre les grandes puissances et a démontré l'impuissance des organisations internationales comme l'OMS.

8. Frédéric Gros, *États de violence*, Paris, Gallimard, 2006.

9 LA GOUVERNANCE MONDIALE AUJOURD'HUI : CRISES ET REDÉFINITIONS

L'interdépendance croissante des économies et des sociétés soulève des enjeux appelant une réponse globale en matière de sécurité collective, de régulation économique et financière ou de lutte contre les inégalités. La résolution des questions sanitaires, climatiques et environnementales conduit également à chercher des solutions qui dépassent les frontières étatiques. Par ailleurs, l'interconnexion des espaces médiatiques et sociaux remet en cause la distinction traditionnelle entre le national et l'international au profit d'interactions multiples pour lesquelles les relations internationales, faites de coopérations ou d'affrontements interétatiques, ne sont plus qu'une modalité parmi d'autres. Avec la fin du *leadership* de quelques puissances ou superpuissances garantes de l'« ordre mondial », la notion de « gouvernance mondiale » est apparue pour rendre compte des tentatives, visant à mettre fin à ce qui peut apparaître comme un « nouveau désordre mondial ». Au début du XXIe siècle, la nécessité d'une gouvernance mondiale est largement partagée, mais son contenu reste flou, et les États – soucieux de préserver leur souveraineté et leur place dans l'ordre international – s'accommodent fort bien de la concurrence entre l'ONU, le G20, les institutions de Bretton Woods ou encore les organisations régionales. Le pilotage autant que les objectifs de la gouvernance mondiale sont disputés, d'autant que les acteurs non étatiques – entreprises multinationales, ONG et divers représentants de la « société civile » – sont de plus en plus impliqués dans cette réflexion.

Dans quelle mesure la recomposition des équilibres internationaux et la multiplicité des acteurs participant à la mondialisation conduisent-elles à repenser la gouvernance mondiale ?

Notions principales

Gouvernance : action conjointe des acteurs du système international, dont les intérêts sont divers, les forces inégales et les politiques différentes, au travers d'un cadre institutionnel, d'objectifs et de pratiques communes.

Multilatéralisme : pratique institutionnalisée de négociation, de coopération et de coordination entre les politiques d'un grand nombre d'États. Par extension, l'expression désigne l'ensemble des organisations internationales et des structures liées à elles.

Acteurs non étatiques : ensemble des organisations, institutionnelles ou non, incarnant des forces sociales dont l'influence affecte la diplomatie des États à l'échelle internationale (multinationales, ONG, *lobbies*, *think tanks*, institutions universitaires et scientifiques, syndicats, mouvements politiques, médias, mafias…).

CHRONOLOGIE

1971 : Fin du système monétaire mondial de Bretton Woods

1975 : Premier sommet des pays industrialisés (G7)

Années 1970 et 1980 : Début de la mondialisation financière

1990-1991 : Fin de la guerre froide et renouveau de l'ONU

1998 : Intégration de la Russie au G7 (G8)

2001 : Entrée de la Chine à l'OMC

2001-2003 : Tournant unilatéral des États-Unis

2008-2009 : Crise financière, formation du G20 et du groupe des BRICS
Blocage de l'OMC et début de la crise de l'euro

2015 : Accord climatique de Paris

2017-2020 : Années Trump : diplomatie chaotique des États-Unis dominée par le retour à l'unilatéralisme

Depuis 2022 : Durcissement des lignes de fracture au sein de l'ONU et du G20 en raison de la guerre en Ukraine

I. Le système des Nations unies après la fin de la guerre froide

A. L'ONU, UNE ORGANISATION DE RÉFÉRENCE EN BUTTE À DE MULTIPLES BLOCAGES

1. La renaissance du projet onusien au lendemain de la guerre froide

L'ONU porte la vision universaliste d'une « communauté internationale » d'États égaux entretenant des relations pacifiques régies par le droit, mais devait s'accommoder durant la guerre froide de l'équilibre des deux superpuissances hégémoniques. **La fin de l'ordre bipolaire permet un retour aux ambitions originelles, qui culmine lors de la guerre du Golfe en 1991 : pour la première fois depuis la guerre de Corée, l'ONU agit comme une force de pacification plutôt que d'interposition, et la coalition rassemblée contre l'Irak incarne un « nouvel ordre mondial »** (selon les termes du président George H. W. Bush), qui combine l'hyperpuissance américaine et la défense du droit international sous l'égide de l'ONU. Malgré ses insuffisances soulignées par les guerres d'ex-Yougoslavie ou la crise rwandaise, l'ONU déploie alors son activité, gagne en visibilité et fait figure de pièce centrale dans la recomposition du système international. Toutefois, ce consensus onusien se fissure au début des années 2000, lorsque le tournant unilatéraliste des États-Unis, précipité par les attentats du 11 septembre 2011, les conduit à marginaliser à nouveau l'ONU lors de la crise irakienne (2003). En outre, les pays émergents* – la Chine en tête – réclament davantage de pouvoirs et axent de plus en plus leur positionnement sur la défense stricte de la souveraineté étatique*, à l'encontre de l'évolution amorcée dans les années 1990 en faveur d'un « droit d'ingérence* » humanitaire.

DÉFINITIONS

Droit d'ingérence : théorie juridique admettant des interventions extérieures qui outrepassent la souveraineté étatique, dès lors qu'elles sont motivées par l'assistance portée à des populations civiles privées de leurs droits fondamentaux.

Pays émergents : la notion d'émergence, apparue au début des années 1990 dans le monde de la finance, s'applique d'abord à des pays qui présentent, par leurs performances économiques (croissance du PIB), des potentialités d'investissements. Elle s'élargit ensuite pour désigner des pays en croissance rapide et durable qui semblent rattraper les économies des pays les plus développés et se distinguent ainsi des PMA (pays les moins avancés).

Souveraineté étatique, souveraineté nationale : capacité d'un État à décider de sa politique, à contrôler son territoire et y réguler par la loi l'ensemble des activités, au nom des intérêts nationaux.

2. L'impossible réforme du Conseil de sécurité ?

Le projet onusien bute sur le paradoxe entre l'« égalité souveraine » des États et la position préférentielle des cinq membres permanents du Conseil de sécurité, toutes deux garanties par sa Charte fondatrice. Le P5 (*Permanent Five*) incarne à la fois un directoire en contradiction avec l'ambition démocratique de l'ONU, et une hiérarchie internationale jugée anachronique aussi bien au nord, par l'Allemagne ou le Japon, qu'au sud, par le Brésil, l'Inde ou l'Afrique du Sud. Pour pallier ce manque de représentativité sans attaquer le P5, le secrétaire général de l'ONU, Kofi Annan, a officiellement proposé en 2005 un élargissement du Conseil de sécurité de 15 à 24 membres, qui aurait permis d'équilibrer la représentation géographique entre l'Europe, les Amériques, l'Afrique et la zone Asie-Pacifique, tout en préservant le droit de veto des cinq. L'échec de cette négociation a montré la duplicité des membres historiques, mais aussi l'absence de cohésion entre pays du Sud, aussi unis dans la dénonciation de ce système inégal que divisés sur la désignation de candidats officiels censés les représenter (rivalités régionales entre l'Inde et le Pakistan, le Brésil, le Mexique et l'Argentine, ou entre le Nigeria et l'Afrique du Sud). La situation reste bloquée faute d'accord entre les groupes. Les grandes puissances occidentales continuent à agir comme dépositaires des valeurs onusiennes (à l'instar de la France, qui soutient la réforme pourvu qu'elle garde son siège et son droit de veto), la Russie et la Chine veulent garder le monopole de la contestation au Conseil de sécurité (bien qu'elles soutiennent officiellement les prétentions de l'Inde et du Brésil, leurs partenaires au sein des BRICS) et enfin, les grandes puissances du Sud et du Nord souhaitent intégrer ce club tout en conservant son caractère exclusif. **La réforme du Conseil de sécurité devient de moins en moins probable avec la dégradation du contexte international durant la décennie 2010 :** le Brexit et la crise de l'intégration européenne coupent court à l'idée de mutualiser les sièges français et britanniques, les États-Unis poursuivent leur désengagement transformé en véritable défiance sous la présidence Trump, la Russie et la Chine continuent à jouer le *statu quo* tandis que l'Inde ou le Brésil – traditionnellement plus multilatéralistes – sont engagés dans des politiques souverainistes similaires. Les perspectives de changement s'éloignent d'autant plus à partir de 2022, avec la guerre en Ukraine, qui durcit encore les fractures au sein du P5 entre les Occidentaux et le binôme Chine-Russie ; puis avec le conflit à Gaza, qui montre l'ONU impuissante dans son action et remise en cause dans sa légitimité. Bien que cette situation conforte l'idée d'un Conseil de sécurité affaibli, celui-ci est pourtant tout-puissant par rapport aux autres organes principaux des Nations unies. L'Assemblée générale et le Conseil économique et social (ECOSOC) ont depuis longtemps vu leur capacité délibérative être supplantée par une diplomatie essentiellement déclaratoire, et le secrétariat général de l'ONU est largement cantonné au rôle d'exécutant du Conseil de sécurité, qu'il soit dirigé par des personnalités charismatiques comme Boutros Boutros-Ghali (1992-1996) et Kofi Annan (1997-2006), ou par les plus effacés Ban Ki-moon (2007-2016) et António Guterres (depuis 2017). Contrairement aux espoirs nés au lendemain de la guerre froide, la capacité de l'ONU à incarner une gouvernance mondiale reste donc plus que jamais dépendante d'un accord entre grandes puissances, pour des raisons politiques mais aussi fonctionnelles.

3. L'ONU, une institution inefficace ?

La légitimité de l'ONU est également entachée d'une solide réputation de lourdeur bureaucratique, qui n'a cependant rien de nouveau, car c'est une critique aussi ancienne que les organisations internationales. **Son efficacité est complexe à mesurer car l'ONU conjugue trois modes d'action politique, fonctionnel et idéologique : la capacité à intervenir dans les conflits par coopération des États, les actions concrètes face**

aux questions globales comme le développement ou le climat, et la promotion des valeurs des Nations unies (pacifisme, démocratie et respect des droits humains). C'est souvent au regard de l'activité et du discours déployé que les résultats de l'ONU sont jugés décevants. Le Conseil de sécurité est ainsi associé aux blocages entre grandes puissances au sujet des conflits les plus médiatiques, notament au Moyen-Orient, où les États-Unis s'opposent systématiquement aux résolutions condamnant la colonisation israélienne, tandis que la Russie s'oppose à celles proposées sur la guerre en Syrie pour protéger son allié Bachar El Assad. **La guerre en Ukraine puis le conflit de Gaza ont exacerbé depuis 2022 cette pratique des veto interposés entre la Russie, la Chine et les États-Unis, et ont accentué l'incapacité visible de l'ONU à remplir sa mission de maintien de la paix.** Après la guerre froide, l'utilisation du droit de veto avait pourtant reculé, le Conseil de sécurité devenant une institution beaucoup plus active, capable d'adopter jusqu'à 60 résolutions par an (contre seulement 11 entre 1946 et 1989). La coopération entre ses membres est à la fois plus permanente et plus complexe, incluant désormais des « consultations » avec des acteurs extérieurs (y compris les ONG), et il se saisit d'enjeux transversaux dépassant le simple contrôle des conflits (protection des civils, contrôle du commerce illicite, lutte contre la piraterie). Dans le domaine du développement, la mise en œuvre des Objectifs du Millénaire pour le Développement (OMD), adoptés en 2000 et relayés en 2015 par les Objectifs du Développement Durable (ODD), a des effets discutés. Des succès réels, comme la réduction de l'extrême pauvreté ou les progrès de la scolarisation, contrastent avec l'augmentation globale des inégalités. En outre, les ODD relèvent d'une vision technique du développement (décomposé en huit objectifs et une soixantaine d'indicateurs statistiques différents) qui laisse de côté des questions aussi essentielles que le type de développement

■ **Document 1. L'impossible réforme de l'ONU**

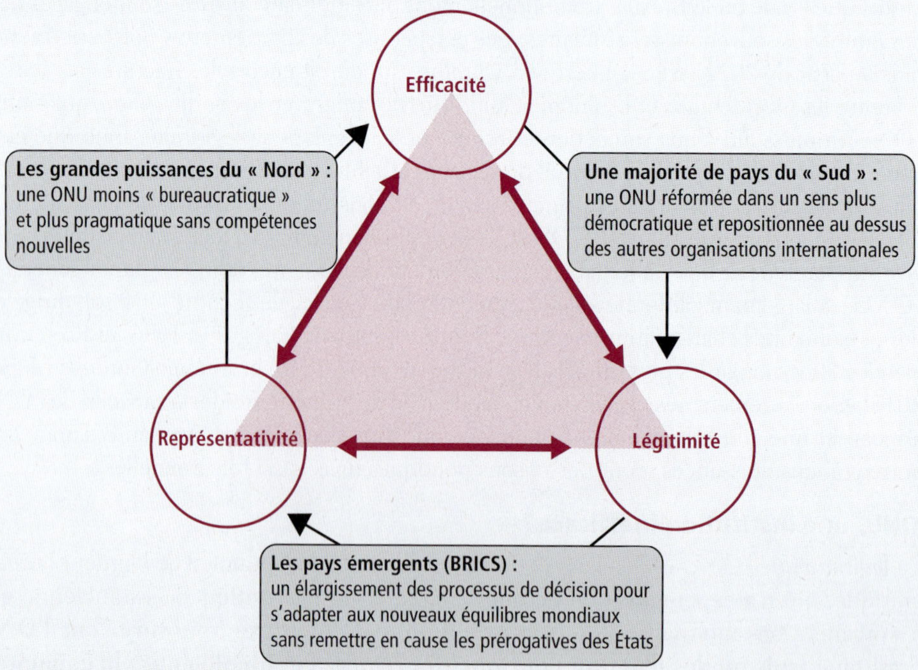

souhaité ou la régulation de la mondialisation économique. Cette approche « managériale » des politiques de l'ONU répond à la demande de transparence des pays du Nord beaucoup plus qu'aux griefs des pays du Sud, qui portent sur la distribution du pouvoir de décision. La réforme de l'ONU, érigée en priorité par son secrétaire général António Guterres, bute donc non seulement les oppositions politiques entre les Occidentaux, la Russie et les grands émergents, mais aussi sur l'équilibre entre les trois aspects formant un « triangle de la fonctionnalité » (Guillaume Devin) : il est difficile d'imaginer des processus de décision à la fois plus efficaces, élargis à des acteurs plus nombreux, et plus légitimes à contraindre les États souverains ou les autres organisations internationales [→ DOCUMENT 1].

Le système onusien s'apparente à une multitude d'organisations difficiles à coordonner. **L'ONU est en effet au centre d'une nébuleuse d'institutions spécialisées (au nombre de 24)**, pour certaines héritées de la SDN, et d'agences, de fonds ou de programmes qui organisent la coopération économique, sociale et technique entre les États. Toutes ont leur agenda, leur expertise, leur base juridique et leur structure propres. Contrairement à ce que peut laisser penser l'organigramme officiel de l'ONU, cette construction n'obéit pas à un plan cohérent, mais résulte d'initiatives politiques prises au fil des décennies pour traiter différents problèmes d'intérêt commun, dont les périmètres se chevauchent fréquemment. Même lorsque existe une impulsion politique d'ensemble, l'action de l'ONU est donc peu lisible, au point qu'il faille parfois créer de nouvelles structures destinées à coordonner l'action des structures existantes, comme dans le cas d'ONUSIDA.

Pour aller plus loin

- Le site de l'ONU propose un organigramme synthétique
liennathan.fr/99wt9s

B. LE POIDS DES INSTITUTIONS DE BRETTON WOODS

1. Des institutions autonomes vis-à-vis de l'ONU

L'ONU n'a jamais pu réellement déployer son action dans le champ économique, où dominent les institutions dites « de Bretton Woods », nées comme l'ONU au lendemain de la Seconde Guerre mondiale – FMI, Banque mondiale, OMC [→ CHAPITRE 4]. Bien qu'initialement complémentaires de ces dernières, les institutions onusiennes s'en distinguent nettement par leur fonctionnement politique : contrairement au principe démocratique qui prévaut à l'ONU (chaque membre est doté d'une voix à l'Assemblée), les États ont, au FMI et à la Banque mondiale, des droits de vote proportionnels à leur part dans le capital de l'institution, ce qui concentre le pouvoir dans les mains des États les plus riches. Suite à la décolonisation, sur fond de compétition Est-Ouest, les pays du tiers-monde ont tenté, au cours des années 1960 et 1970, de mobiliser les institutions de l'ONU (notamment la CNUCED) pour mettre en place un « nouvel ordre économique international » remettant en cause les principes libre-échangistes pour favoriser en priorité le développement des pays décolonisés. Un tel projet impliquait de mettre les institutions de Bretton Woods sous le contrôle de l'ONU. Les États-Unis, leurs alliés européens et japonais s'y sont opposés, et dans les années 1980, l'éclatement du tiers-monde, accéléré par les crises d'endettement, a au contraire abouti au ralliement de la majorité des pays du Sud à l'ordre de Bretton Woods. **Dans l'agenda international, la libéralisation économique et financière, située dans le champ de compétences du FMI, de la Banque mondiale et de l'OCDE, a pris le pas sur la problématique de l'aide au développement, restée dans le giron**

de l'ONU. Cette victoire a été parachevée au début des années 1990 lorsque, à la fin de la guerre froide, les États communistes ont connu une transition accélérée vers l'économie de marché, sous la supervision de ces organisations économiques. Née en 1995, l'OMC a encore renforcé cette dynamique puisqu'elle résulte de l'élargissement aux pays du Sud de la libéralisation des échanges commerciaux entre pays du Nord (GATT), et s'érige en arbitre des litiges entre États avec la création de son Organe de règlement des différends (ORD). En 2001, l'entrée de la Chine à l'OMC marque le point d'orgue de la captation par les institutions de Bretton Woods de l'ensemble de la coopération économique internationale.

2. Des institutions qui se renforcent, en lien avec la mondialisation néolibérale

Cette montée en puissance s'est accompagnée d'une mutation idéologique qui a fait de ces institutions le relais des politiques néolibérales, les transformant en pierre angulaire du « véritable nouvel ordre économique international » (Mark Mazower). Le FMI ayant de fait perdu son rôle d'administrateur du système monétaire international avec l'éclatement du système de Bretton Woods, à partir de 1971, il s'est reconverti dans la « surveillance multilatérale » des marchés financiers et des politiques économiques, alertant sur les risques de crise financière qui menaceraient par ricochet la stabilité du cours des monnaies et prodiguant des « conseils » à ses États membres. **Le FMI a donc à la fois accompagné et accéléré la dynamique de dérégulation qui est au cœur de la mondialisation économique contemporaine.** Des années 1980 aux années 2000, plusieurs dizaines de pays en développement lourdement endettés (en particulier africains et latino-américains) ont dû solliciter l'aide financière du FMI pour sortir de leur situation d'insolvabilité, de même que les anciens pays communistes. Ces pays ont dû appliquer en contrepartie des « plans d'ajustement structurel », dont les prin-

ZOOM ▶ La question du « retrait de l'État »

Durant les années 1970 et 1980, l'étude des transformations induites par la mondialisation financière – montée en puissance des multinationales, interdépendance économique accrue, massification et accélération des flux financiers, utilisation croissante du *soft power* – conduit au développement d'un nouveau champ d'étude, l'économie politique internationale, qui se situe au croisement des sciences économiques, politiques et sociales. L'une de ses principales figures, la Britannique Susan Strange (1923-1998), analyse l'ensemble de ces phénomènes comme une érosion de la souveraineté étatique (*The Retreat of the State. The Diffusion of Power in the World Economy*, 1996). Cette approche critique relie la mise en pratique de politiques néolibérales, qui prônent un désengagement étatique de l'économie (libéralisation, dérégulation, privatisation), et l'influence croissante des acteurs privés et de « marchés » internationaux sur la diplomatie des États, relégués au rang de simples acteurs d'un « capitalisme de casino » dépourvu de véritable pilotage. Ce phénomène n'est cependant pas un transfert de pouvoir, mais plutôt une évaporation de la souveraineté qui conduit à la multiplication de zones grises, la multiplication des normes (*soft law*) supplantant progressivement le droit international comme outil de régulation. Contrairement à d'autres spécialistes comme Robert Keohane et Joseph Nye, qui diagnostiquent, dans les années 1980, un « déclin » de l'hégémonie américaine, Strange considère ainsi que les États-Unis sont plus puissants que jamais grâce à l'« empire non territorial » que constituent les IDE américains, l'influence du dollar, les institutions financières ou encore les majors américaines et leurs pipelines. Ces analyses, confirmées au cours des années 1990 et 2000, sont mobilisées par le mouvement altermondialiste car elles font du « retrait de l'État » un choix volontaire des principaux gouvernements du monde, qui s'explique par des raisons politico-idéologiques et non uniquement par une contrainte économique. Prolongeant ce constat, les plaidoyers en faveur d'une gouvernance plus régulatrice de la mondialisation ont gagné en audience. Portés par des économistes comme Dani Rodrik, Joseph Stiglitz, Thomas Piketty ou Paul Krugman, cette vision a progressé depuis la crise de 2008, à mesure que s'accumulaient les situations nécessitant de réhabiliter le rôle structurant d'une puissance publique dans le champ économique (crise des dettes souveraines en Europe, soutien et relance de l'activité suite à la crise de la Covid-19, montée généralisée des inégalités, financement de la transition énergétique).

cipes ont été regroupés sous l'appellation de « Consensus de Washington » à partir de 1989 : libéralisation et ouverture des marchés, dérégulation de l'économie, privatisation des actifs publics et coupes budgétaires pour atteindre l'équilibre, enfin, pratiques de « bonne gouvernance » permettant de mesurer les performances des politiques publiques. Promue par le FMI, la Banque mondiale, l'OCDE et l'OMC, cette gouvernance par les normes – largement fondée sur l'idée implicite que la « main invisible » du marché peut tenir lieu de régulation – a permis aux États-Unis et à leurs partenaires de garder la main sur la gouvernance économique et financière mondiale, malgré la baisse progressive de leur part dans le PIB mondial. Il a fallu attendre la crise financière de 2008 et la crise de la zone euro en 2009, qui a conduit le FMI à réorienter une partie de son assistance vers les pays de l'UE, pour aboutir en 2010 à une réforme des institutions de Bretton Woods au profit des grands émergents (Chine, Inde et Brésil, notamment). On reste cependant loin d'une démocratisation : les économies « avancées » y bénéficient encore de plus de 55 % des droits de vote, et les BRICS de seulement 15 %, alors qu'ils pèsent 40 % de la population du monde et 25 % de son PIB. Cette réforme n'a donc fait qu'élargir légèrement le cercle restreint des États dotés d'un véritable pouvoir de décision : un groupe de seulement six pays (États-Unis, Japon, Chine, Allemagne, France et Royaume-Uni) continuant de détenir plus de 40 % des voix. Souvent évoquées dans les discours des BRICS, les alternatives aux institutions de Bretton Woods n'ont pour l'heure qu'un rôle modeste, mais la détérioration des relations avec le monde occidental, et l'élargissement du groupe à de nouveaux membres en 2023, pourraient modifier la donne. Dans le système international façonné par la mondialisation, les États partagent de plus en plus le pouvoir avec des acteurs non étatiques, au point que se pose, dans la lignée des travaux de Susan Strange, la question du « retrait de l'État » [→ ZOOM PAGE PRÉCÉDENTE].

II. La gouvernance mondiale : un système polycentrique et protéiforme

A. DE L'INTERNATIONAL AU TRANSNATIONAL : L'ÉMERGENCE DES ACTEURS NON ÉTATIQUES

1. La montée en puissance des multinationales*

L'existence d'entreprises internationalisées, suffisamment puissantes pour peser sur leur gouvernement « national », n'est pas une nouveauté. Mais ces entreprises ont changé de dimension depuis les années 1970 avec la libéralisation accélérée de l'économie mondiale, générant à elles seules 80 % des échanges internationaux. Les plus grandes – comme les GAFA – pèsent d'un poids supérieur à la plupart des États du monde ; de plus en plus de citoyens craignent que les multinationales ne puissent remettre en cause la capacité des États à légiférer, comme l'a montré la mobilisation contre la création de tribunaux d'arbi-

DÉFINITION

Entreprise multinationale : entreprise présente dans de nombreux pays au travers de ses filiales, liée aux marchés mondiaux, dont la capacité de réorganisation, l'autonomie de décision et la puissance financière lui permettent de négocier avec les États sur la scène internationale.

trage privés inclus dans l'accord économique global entre l'UE et le Canada (CETA, 2016). **Les multinationales profitent en effet des angles morts de la coopération internationale pour mettre en concurrence les États, forcés de pratiquer le dumping fiscal ou social pour être attractifs.** Un grand nombre de micro-États acceptent ainsi

Document 2. Les principaux paradis fiscaux* d'après l'ONG Tax Justice Network (2022)

	Utilisation par les multinationales pour optimisation fiscale	Garantie de la confidentialité des transactions
1	Îles Vierges	États-Unis
2	Îles Caïman	Suisse
3	Bermudes	Singapour
4	Pays-Bas	Hong Kong
5	Suisse	Luxembourg
6	Luxembourg	Japon
7	Hong Kong	Allemagne
8	Jersey	Émirats arabes unis
9	Singapour	Îles Vierges
10	Émirats arabes unis	Guernesey

Source : https ://taxjustice.net/indexes-tools/

Pour aller plus loin

Article du chercheur Cédric Leterme sur les entreprises multinationales devenues des acteurs de la gouvernance mondiale

liennathan.fr/8bne33

de couvrir des flux financiers ou d'immatriculer des navires sans avoir le pouvoir de contrôle correspondant, moyennant la captation d'une fraction de la richesse que représentent ces activités. Bien qu'elles dénoncent les « paradis fiscaux » et les « pavillons de complaisance », les grandes puissances économiques ont activement contribué à cette situation, en encourageant la dérégulation au niveau national sans inventer de nouveaux outils de régulation internationaux [→ DOCUMENT 2]. Dans le cadre de cette « hyper-mondialisation » (Dani Rodrik), les grandes banques centrales peuvent, par exemple, orienter les décisions des opérateurs en jouant sur les taux d'intérêt, et prévenir un effondrement systémique en fournissant des liquidités (comme l'ont fait la Réserve fédérale en 2008 et la BCE pendant la crise de l'euro), mais elles n'exercent un contrôle direct ni sur les flux ni sur les opérateurs financiers.

L'influence grandissante des acteurs privés – banques, multinationales, agences de notation –

DÉFINITION

Paradis fiscal: pays ou territoire où la fiscalité est nulle ou réduite et dans lequel les règles laxistes facilitent l'évasion fiscale ou le blanchiment d'argent.

ZOOM ▶ Le triomphe de la « gouvernance globale »

Apparu au cours des années 1980, le paradigme de la « gouvernance globale » s'est imposé pour rendre compte d'un système international unifié par la fin de la guerre froide, bien que le pouvoir y soit de plus en plus diffus. L'ONU a endossé le concept en en proposant officiellement une définition en 1995 : « la somme des différentes façons dont les individus et les institutions, publiques et privées, gèrent leurs affaires communes. C'est un processus continu de coopération et d'accommodement entre intérêts divers et conflictuels. Elle inclut les institutions officielles et les régimes dotés de pouvoirs exécutoires aussi bien que les arrangements informels ».

Ce concept malléable a depuis nourri une littérature pléthorique, car il permet de décrire la complexification des relations internationales due à l'inflation du nombre d'acteurs, l'érosion partielle des souverainetés étatiques, et la variété des dispositifs de pilotage et de coopération plus ou moins bien coordonnés. Mais le concept de « gouvernance globale » est aussi critiqué par de nombreux intellectuels (comme Dani Rodrik) et par les penseurs altermondialistes pour sa dimension normative (« gouvernance globale » est devenue un terme passe-partout omniprésent dans les organisations internationales) et prescriptive : tout en actant la limitation de la souveraineté nationale, il semble fermer la porte à la construction d'une souveraineté internationale, comme lorsque le secrétaire général de l'ONU António Guterres déclare, en 2020 : « Personne ne souhaite de gouvernement mondial, mais nous devons œuvrer de concert pour améliorer la gouvernance mondiale. » Pour le sociologue Guillaume Devin, « le monde de la gouvernance est celui d'une intégration balbutiante, de régulations dispersées et concurrentes, mais aussi celui d'une idéologie de l'efficacité qui dicte ses politiques (la "bonne gouvernance") et fonctionne, le cas échéant, comme une procédure d'exclusion ».

se traduit dans le langage des relations internationales : la notion de « gouvernance », limitée jusqu'aux années 1980 au monde de l'entreprise, est devenue un nouveau paradigme permettant de décrire l'organisation du monde comme un ensemble de relations horizontales entre des acteurs diversifiés, plutôt que comme un système vertical et essentiellement interétatique. Au cours des années 1990, l'ONU s'est saisie de ce concept dans sa tentative de penser l'architecture de l'après-guerre froide, et les responsables gouvernementaux ont investi des réunions destinées au monde des affaires, comme le Forum économique mondial de Davos, qui est devenu un rendez-vous international majeur. Kofi Annan y a lancé en 1999 un appel aux multinationales pour qu'elles s'engagent sur des normes sociales et environnementales, prélude au Pacte mondial de l'ONU (*Global Compact*, 2000), qui a officialisé le partage de la gouvernance mondiale entre trois « secteurs » : les États, les entreprises et la société civile.

2. L'inclusion croissante des ONG*

Alors qu'une quarantaine d'ONG seulement étaient reconnues à l'ONU en 1945, elles sont passées à 700 en 1992 puis à plus de 5 000 aujourd'hui, et sont omniprésentes dans les débats internationaux. Prenant le relais d'ONG traditionnellement contraintes à la neutralité (comme la Croix-Rouge), les plus importantes des organisations nées entre les années 1970 et 1990 – Médecins Sans Frontières, Oxfam ou Human Rights Watch – incarnent une posture critique envers les États, qu'elles pressent d'accepter une plus grande transparence et un « droit d'ingérence » humanitaire. D'autres ONG, comme l'International Crisis Group, fournissent une expertise destinée aussi bien à médiatiser les problèmes internationaux qu'à orienter leur prise en charge par les organisations internationales* et les États. **Par leur**

DÉFINITIONS

ONG (organisations non gouvernementales) : organisations de la société civile défendant une cause d'intérêt public ou à caractère humanitaire. Les ONG, vis-à-vis des États et des organisations internationales, jouent un rôle de contre-pouvoir, de force de proposition et parfois d'acteur de substitution.

Organisations internationales : institutions intergouvernementales mettant en œuvre une action commune de leurs États membres dans un cadre juridiquement défini (exemples : ONU, FMI, Banque mondiale, OMC, etc.).

activisme, les ONG ont obtenu une place dans les grandes rencontres, comme les conférences climatiques régulièrement tenues depuis 1992, puis leur inclusion comme acteurs consultatifs auprès du Conseil de sécurité de l'ONU, de l'OMC ou en marge des réunions du G20. Bien qu'elles ne prennent pas part aux processus de décision, elles incarnent la pression d'une opinion publique transnationale dont les gouvernements doivent nécessairement tenir compte, même s'ils restent dans une logique de coopération internationale.

B. LE « SYSTÈME DES G » : L'INSTITUTIONNALISATION D'UN NOUVEAU CONCERT DES PUISSANCES

1. L'essor du G7/G8 : structure oligarchique et gouvernance globale

Le paradigme de « gouvernance » mondiale, et en particulier son volet économique, a accompagné la montée en puissance d'une nouvelle forme de coopération incarnée par le G7 (1975), puis le G8 (1998) et le G20 (2008), superposée aux organisations internationales existantes. Au cours des années 1970, les tensions économiques provoquées par l'accélération de la mondialisation (instabilité monétaire, premier choc pétrolier, rivalités commerciales) ont motivé la réunion « au sommet » des principales puissances occidentales, dont la position était fragilisée par la compétition avec le monde communiste et la revendication tiers-mondiste d'un « nouvel ordre économique international ». Le « Groupe des Sept » (États-Unis, France, Allemagne fédérale, Royaume-Uni, Japon, Italie, Canada) a rapidement affiché l'ambition globalisante de prendre position sur l'ensemble des problèmes internationaux, et suscité la formation d'un système hétérogène de consultations restreintes, dépourvu de structure propre, de siège et de compétence juridiquement définie. **Fondée sur un consensus libéral et renforcée par l'inclusion de la Russie (G8) après la fin de la guerre froide, cette structure a permis aux puissances occidentales de garder la main sur la gouvernance économique mondiale en dépit du rattrapage des pays émergents, avant de concéder la mise en place d'un G20 fondé sur les mêmes principes en 2008.** Ce « club » exclusif incarne, aux yeux de ses membres, le *leadership* politique qui manque aux organisations internationales : le format restreint offre une alternative aux grandes réunions internationales alourdies par le nombre des participants, il mobilise directement les chefs d'État et de gouvernement, qui s'estiment plus aptes que les « bureaucraties » à incarner la coopération internationale, et il autorise un mode de coordination très souple vis-à-vis des souverainetés nationales. Les décisions du G8 et du G20 ne formalisent pas une contrainte juridique, mais décident d'« orientations » que les États s'engagent à appliquer, et que les autres gouvernements sont invités ou encouragés à adopter à leur tour. Cette structure agit donc comme un catalyseur de la coopération entre grandes puissances, qui aiguillent de concert l'action des organisations internationales et lancent des initiatives répondant aux urgences politiques et médiatiques du temps. Toutefois, la mise en scène des sommets, dont l'importance est décuplée par la révolution des télécommunications, contraste avec la mise en œuvre souvent modeste des décisions. L'efficacité de ce directoire est d'autant plus discutable que ses membres ne cooptent de nouveaux pays qu'au compte-gouttes, et privilégient ainsi la « diplomatie de la connivence » (Bertrand Badie) à la pratique du débat ouvert.

2. Du G8 au G20 : une gouvernance élargie mais aux capacités d'action limitées

Ce manque de légitimité explique que le G7/8, tout en se développant rapidement, ait été confronté, dès les années 1990, à une contestation croissante des

Document 3. Les cercles concentriques du G20

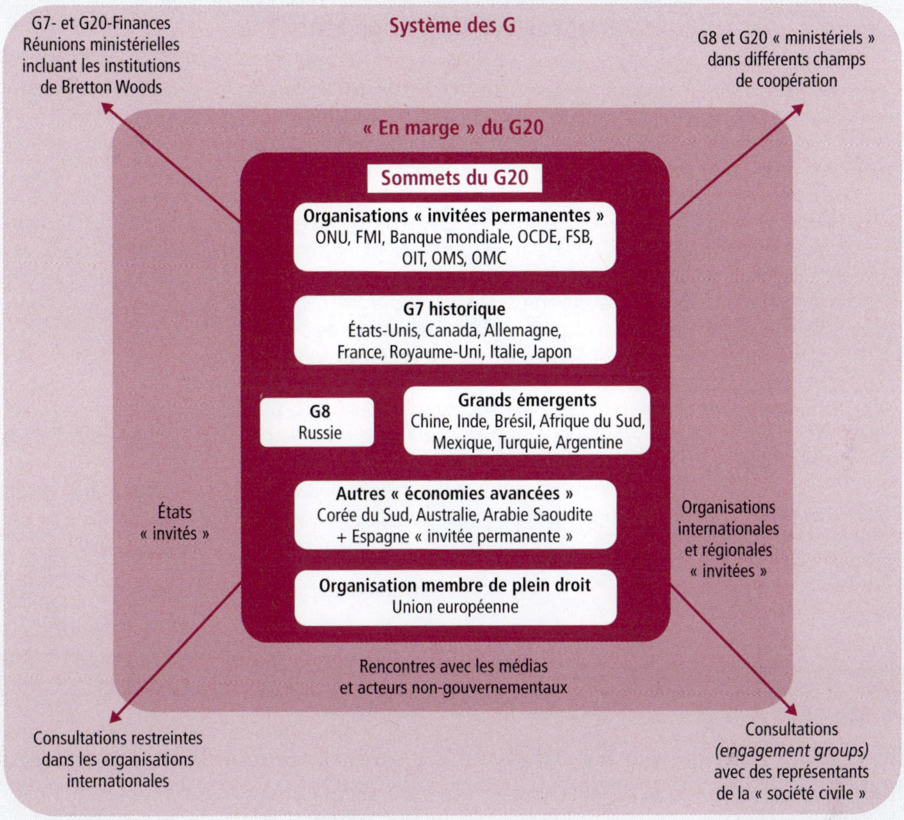

Schéma à lire de l'intérieur vers l'extérieur.

altermondialistes, des autres États et des organisations internationales reléguées au rang d'auxiliaires par cette superstructure aux contours flous. À partir du début des années 2000, l'ONU, le FMI, la Banque mondiale ou l'OMC ont été conviés « en marge » des sommets du G8, qui ont également invité un groupe de pays africains dans le cadre d'un « Nouveau partenariat pour le développement de l'Afrique » (NEPAD) en 2002, puis les principaux émergents (Chine, Inde, Brésil, Mexique, Afrique du Sud) à partir de 2005. Dans le domaine financier, l'importance des marchés émergents avait conduit, dès 1999, à la création d'un G20-finances en marge du G7 : lorsque la crise de 2008 a affaibli le *leadership* occidental, l'organisation du premier sommet du G20 est donc apparue comme une réponse logique. **Le G20 a non seulement inclus les représentants de groupes insatisfaits (pays émergents, « petits » pays développés, pays exportateurs de pétrole), mais également donné une place permanente à l'ensemble des grandes organisations internationales et systématisé la pratique des pays invités.** En pratique, le G20 regroupe donc bien plus que 20 interlocuteurs, d'autant plus qu'à l'instar de toutes les organisations internationales, il a institutionnalisé des consultations avec les acteurs non étatiques (ONG, syndicats, *think tanks*, *lobbies*…) qui organisaient déjà des mobilisations parallèles aux sommets.

Le consensus y est cependant fragile, car contrairement au G7 caractérisé par une forte cohésion idéologique, le G20 regroupe des États dont les ambitions,

Le regard d'un politiste

Bertrand Badie et la gouvernance globale : les sociétés aux côtés des États ?

Bertrand Badie est l'une des principales figures d'une école de pensée qui déconstruit, dans les années 1990, la centralité des États dans les relations internationales. L'irruption des acteurs sociaux dans l'arène internationale (ONG, entreprises, opinions publiques, médias de masse..), sur fond d'accroissement des échanges transnationaux et de diffusion accélérée de l'information, fragilise à ses yeux le monopole exercé par le modèle de l'État-nation sur l'organisation du monde depuis qu'il est dominé par l'Occident. Il pronostique donc un « retournement du monde » qui verrait à la fois l'État perdre une partie de ses prérogatives (*La Fin des territoires*, Paris, Fayard, 1995 ; *Un monde sans souveraineté*, Paris, Fayard, 1999), et les pays du Nord faire une place plus substantielle aux sociétés du Sud dans la gouvernance mondiale jusqu'ici verrouillée par les grandes puissances (*La Diplomatie de connivence*, Paris, La Découverte, 2011 ; *Quand le Sud réinvente le monde. Essai sur la puissance de la faiblesse*, Paris, La Découverte, 2018). Si une partie de ces analyses sont confirmées par l'essor de mouvements de protestations connectés à l'échelle mondiale (*Inter-socialités. Le monde n'est plus géopolitique*, Paris, CNRS éditions, 2020), elles rendent en revanche mal compte de crises et de conflits récents qui ont remis les outils les plus classiques de la puissance des États sur le devant de la scène (interventions militaires, discours identitaires, contrôle de l'information). En définitive, les dynamiques sociales auparavant perçues comme un signe du « retrait de l'État » s'avèrent aussi être de nouveaux leviers utilisés dans la lutte entre grandes puissances, et n'annoncent pas forcément l'avènement d'une nouvelle organisation du monde.

Texte à l'appui

Extrait de *La Diplomatie de la connivence*, 2011
liennathan.fr/g3d5t2

les régimes politiques et les visions de la gouvernance mondiale sont très dissemblables. La Russie en est l'illustration : intégrée au G7 en 1998, elle a commencé à s'en détourner une décennie plus tard, à mesure que le régime de Vladimir Poutine choisissait de jouer le partenariat avec les grands émergents contre les « Occidentaux » et leurs valeurs libérales ; si bien que le G8 est redevenu G7 depuis 2014. Le G20, pièce centrale d'une poupée russe particulièrement complexe [→ DOCUMENT 3], voit donc coopérer deux groupes rivaux : le G7 perdure en tant que club occidental et libéral, tandis que les grands émergents (Brésil, Russie, Inde, Chine, rejoints ultérieurement par l'Afrique du Sud) tiennent, depuis 2009, les sommets des BRICS, conçus comme le pendant du G7, dont ils imitent les codes. Ce groupe se pose d'autant plus ouvertement en rival du monde occidental au sein du G20 depuis l'éclatement du conflit en Ukraine en 2022 et l'intégration aux BRICS de nouveaux membres en 2024 (Égypte, Éthiopie, Iran et Émirats arabes unis), destinée à élargir son audience et sa représentativité.

L'élargissement des « G » offre donc une façade inclusive à une gouvernance qui n'en reste pas moins oligarchique : elle favorise une concertation particulièrement nécessaire au regard des situations de crise qui se sont multipliées au cours des années 2010, mais conduit également à l'empilement de structures complexes et difficilement lisibles pour les citoyens.

3. Dans et hors des organisations internationales : « diplomatie de club » et réseaux d'acteurs

Les « G » remettent donc au goût du jour une conception ancienne des relations internationales, celle du « concert des puissances » qui a précédé la mise en place du multilatéralisme universel. Après 1945, les « clubs » de grandes puissances ont toujours joué un rôle dans le pilotage des organisations internationales (notamment à l'ONU avec le P5 ou dans les institutions de Bretton Woods), et la pratique des groupes restreints s'est d'ailleurs diffusée jusqu'à devenir banale depuis les années 1990. De nombreuses crises régionales ont donné lieu à la création de « groupes de contact » à l'ONU (Quartet pour le Moyen-Orient depuis 2002, groupe P5+1 à l'origine de l'accord nucléaire avec l'Iran en 2015) et les négociations de l'OMC s'organisent entre des groupes d'États rassemblés par intérêts (par exemple le groupe de Cairns des grands exportateurs agricoles), par situations (groupe des « petites économies vulnérables ») ou par zones géographiques (groupes du Mercosur ou de l'ASEAN). **La véritable nouveauté du G20 est d'inverser la perspective : ce ne sont plus les clubs qui font partie des organisations internationales, mais les organisations internationales qui font partie des clubs. L'ONU, dont l'ambition originelle est d'articuler l'ensemble de la coopération internationale, se fond ainsi dans un collectif d'organisations où sa capacité de *leadership* est diluée, même si, en matière de sécurité, elle demeure l'institution de référence.** Les « G » suscitent la création de « forums » ou de « conseils » élargis, qui intègrent les organisations internationales au titre de leur expertise technique et de leur capacité exécutive, mais non de leur *leadership* politique. Le Conseil de stabilité financière (*Financial Stability Board*, 2009), qui joue le rôle de secrétariat du G20, rassemble sans véritable hiérarchie les représentants des États et des banques centrales, et ceux des institutions financières internationales. Sans renoncer à leur méthode (règle du consensus, souplesse des structures, confidentialité des discussions), les clubs d'États deviennent de plus en plus inclusifs, à l'instar du Groupe d'action financière (GAFI), créé en 1989 par le G7 pour lutter contre le blanchiment d'argent, qui rassemble aujourd'hui 39 États et plusieurs dizaines d'institutions internationales ou régionales. Les États dont l'importance est systémique s'appuient donc à la fois sur une logique de club et sur une logique de réseau pour tirer le meilleur parti des organisations internationales.

C. UNE GOUVERNANCE MONDIALE À LA FOIS PLUS INCLUSIVE ET PLUS EXCLUSIVE

1. Les limites de la gouvernance multi-acteurs

Le renoncement progressif à une coordination pyramidale, au profit d'une gouvernance horizontale et normative basée sur l'adoption de pratiques communes, a conduit, depuis le début des années 2000, à la multiplication des « partenariats » et des « alliances » multi-acteurs, qui mêlent organisations internationales, États, entreprises, fondations, *think tanks*, institutions universitaires, ONG, syndicats. Des organismes comme l'alliance GAVI (*Global Alliance for Vaccines and Immunisation*, 2000), parrainée par l'OMS, ou bien le Forum sur la gouvernance de l'Internet (IGF) créé en 2005 suite à une conférence de l'ONU, s'appuient sur un mandat public mais bénéficient de financements privés, et tiennent ainsi à la fois de l'organisation internationale et du *lobby*. Ce mode de coordination horizontal, qui favorise en apparence une dispersion du pouvoir entre des acteurs nombreux, peut néanmoins profiter aux États les plus puissants qui disposent de multiples leviers d'influence ou de blocage sans pouvoir être contraints par des mesures coercitives. L'IGF est ainsi pris en tenaille entre l'influence disproportionnée des États-Unis, à laquelle contribuent les GAFA, et la Chine ou la Russie qui, pour cette raison, refusent de participer à une véritable gouvernance internationale d'Internet, si bien que le cyberespace, par nature transnational, est devenu depuis une décennie un réel enjeu de puissance. Toute proposition de réforme de la gouvernance mondiale est donc tributaire d'un nombre réduit d'acteurs, indispensables dans la formation d'une sorte de consensus inégalitaire.

2. Réformer le G20 : entre légitimité et efficacité

Le G20 tire sa légitimité de la puissance de ses membres, qui représentent 85 % du PIB mondial, 80 % du commerce et les deux tiers de la population, tandis que l'ONU tire sa légitimité de leur nombre. Des États hostiles à la mainmise occidentale (Venezuela, Cuba, Iran...) et nombre de « sans-grade » défendent régulièrement un retour au multilatéralisme universel, qui réhabiliterait le Conseil économique et social de l'ONU (ECOSOC), plus représentatif que le G20 et lié statutairement à un grand nombre d'organisations internationales. Cette option radicale est peu réaliste faute de véritable réforme de l'ONU, d'autant plus que l'élargissement du G8 en G20 souligne, au contraire, sa capacité d'adaptation. Une proposition moins explosive est de formaliser la division des tâches entre l'ONU chargée de la gouvernance politique et le G20 chargé de la gouvernance économique, mais une telle déconnexion semble également irréaliste puisque l'intérêt des « G » est précisément de prendre en compte la transversalité des enjeux. C'est pourquoi de petits États du Nord et du Sud (Suisse, Qatar, Singapour, Sénégal, Chili, Vietnam, Norvège, Suède) ont lancé, dès 2009, le *Global Governance Group* (3G) pour défendre l'idée d'un G20 à géométrie variable dont la préparation se ferait dans le cadre de l'ONU, associerait les pays intéressés en fonction de l'agenda et apporterait ainsi une réponse commune au déficit de légitimité des « G » et au déficit d'efficacité de l'ONU. Une telle réforme ne minorerait cependant pas le poids des grands États, capables de peser dans les différents sous-ensembles et d'utiliser à leur profit le Conseil de sécurité ou les institutions spécialisées, plutôt que le conseil ECOSOC ou l'Assemblée générale, qui portent l'ambition démocratique de l'ONU. **Bien qu'une réforme d'ensemble soit peu réaliste, la récurrence de l'idée montre le caractère insatisfaisant d'une gouvernance mondiale qui s'est de plus en plus incarnée dans des « sommets » à grand spectacle (G7/8/20, BRICS, ONU, UE, OTAN...).** En saturant l'espace médiatique de leurs codes (« photos de famille » des dirigeants, « communiqués » longs et consensuels), ces moments forts de la diplomatie internationale mettent en scène une proximité entre dirigeants qui ne se traduit que très imparfaitement dans la coordination des politiques, si bien que les annonces parfois tonitruantes opacifient la compréhension de la gouvernance mondiale par les citoyens.

3. Mobilisations et médiatisation : les effets ambigus de la transparence sur la gouvernance mondiale

L'ouverture calculée aux acteurs non gouvernementaux n'a pas répondu à la demande de transparence croissante depuis les années 1990. La mobilisation parfois violente des mouvements altermondialistes autour des rencontres internationales (notamment lors du sommet de l'OMC à Gênes en 1999) et la surenchère sécuritaire qui lui a répondu n'ont fait que renforcer l'impression d'une déconnexion des dirigeants vis-à-vis des revendications sociales. **Au sein de la société civile sont nées des organisations soucieuses de dénoncer l'impunité que l'organisation actuelle procure aux puissants.** Wikileaks (fondée en 2006) a lancé la pratique des fuites à grande échelle par des « lanceurs d'alerte » pour forcer à la transparence les grandes puissances démocratiques (principalement les États-Unis), entraînant un durcissement encore renforcé suite à l'affaire Snowden (2013). Dans une optique moins partisane, le Consortium international des journalistes d'investigation (ICIJ) est devenu, au cours des années 2010, le cœur d'une collaboration médiatique transnationale, permettant la publication d'enquêtes sur les impasses de la régulation financière, économique et climatique internationale.

La transparence ne se réduit cependant pas à une demande de sociétés de plus en plus connectées entre elles, elle est aussi une arme utilisée par les États eux-mêmes grâce à la circulation accélérée de l'information *via* les médias de masse et les réseaux sociaux. Au cours des conflits syrien (depuis 2011) et ukrainien (depuis 2014), la Russie a ainsi tenté de semer le doute dans les opinions publiques sur la réalité de certains actes de guerre (bombardements chimiques, présence de soldats et d'armements russes) pour bloquer toute intervention internationale, en rappelant la manipulation médiatique qui avait permis aux États-Unis d'envahir l'Irak en 2003 (existence de supposées armes « de destruction massive » à la disposition de Saddam Hussein). La désinformation n'a certes rien de nouveau, mais son retour en force modifie profondément la perception de la révolution des télécommunications, associées jusque-là à des valeurs libérales. La diffusion de « leurs » médias à l'échelle mondiale est désormais partie intégrante du *soft power* des grands régimes autoritaires, et le conflit ukrainien montre depuis 2022 que la lutte dans l'espace informationnel peut devenir pour eux un outil déterminant dans la conduite d'une guerre contre « l'Occident ». Cette dynamique transforme les divergences entre États en conflits au sein des sociétés, ce qui expose à la controverse des institutions techniques censées fournir des données factuelles utiles au débat international. Le problème du GIEC (Groupe d'experts intergouvernemental sur l'évolution du climat) n'est, par exemple, plus seulement d'amener les États à s'engager pleinement dans les négociations climatiques, mais aussi de résister au *lobby* climatosceptique qui s'est organisé dans l'espace médiatique mondial.

La fragmentation de la gouvernance mondiale se joue ainsi à plusieurs niveaux (institutionnel, politique et social), comme le montre l'exemple de l'environnement, un champ de coopération international apparu à la suite de la conférence de Stockholm (1972) et devenu majeur avec le « Sommet de la Terre » à Rio (1992). La gouvernance de l'environnement est fragmentée entre plusieurs dizaines d'organisations internationales (agences onusiennes, institutions financières, groupes d'experts) qui ne s'appuient pas sur un droit unifié mais sur une trame de principes généraux doublée d'une mosaïque de plus de 250 accords multilatéraux sur l'environnement (AME). Elle échoue donc à dégager un consensus, d'autant plus que l'opposition Nord/Sud se double d'une fragmentation interne aux deux blocs : l'UE et le Japon ont des positions climatiques diamétralement opposées à celles des États-Unis, de l'Australie ou de la Russie, tandis qu'au Sud, les grands émergents se montrent peu concernés par les intérêts des PMA ou des petits États insulaires. Les mobilisations sociales contradictoires, nourries par les *lobbies* et parfois les autorités étatiques, interrogent à la fois la validité de l'expertise scientifique et l'acceptabilité sociale de décisions internationales, si bien que l'accord climatique de Paris (2015) a été jugé à la fois trop timoré par de nombreuses ONG et trop contraignant par des mouvements politiques qui contestent le bien-fondé de l'enjeu climatique global face aux préoccupations économiques, sociales et identitaires nationales. Alors que les années 1990 et 2000 avaient marqué un recul à la fois matériel et conceptuel du pouvoir d'État, intégré dans la « gouvernance globale », la période 2010-2024 s'est singularisée par un retour à l'approche souveraine et nationale, dans un contexte de plus en plus instable.

Pour aller plus loin

Article sur l'organisation et l'influence du GIEC :
Kari De Pryck, « Le GIEC dans tous ses états », 2020
liennathan.fr/9j8yg5

III. La souveraineté et ses transformations, au cœur des enjeux de la gouvernance mondiale

A. L'INTROUVABLE DÉMOCRATIE INTERNATIONALE

1. Le défi du nombre : la multiplication des États

Sans compter l'existence même du Conseil de sécurité, la multiplication des États membres de l'ONU rend largement inopérante l'ambition démocratique du multilatéralisme universel. Le nombre d'États à l'ONU est passé de 51 à 193 depuis sa fondation ; par ailleurs, les institutions de Bretton Woods comme l'OMC se sont élargies dans des proportions presque équivalentes, menant à une complexification de la prise de décision collective. **Les États dépourvus de capacité de négociation propre ont formé de vastes alliances capables d'exercer la « pression du nombre », à l'instar du G77, héritier de l'aspiration tiers-mondiste à démocratiser le système onusien, mais dont l'action reste limitée tant les intérêts des États membres divergent.** À l'OMC, la majorité des pays du Sud, regroupés dans un « G90 », ont émis des réserves sur la poursuite de la libéralisation commerciale lors du cycle de Doha (entamé en 2001), mais ils s'éparpillent dans une myriade de groupes sectoriels et géographiques différents, et peinent donc à incarner une réelle force de proposition. La dissymétrie entre une minorité d'acteurs organisés, dont l'importance systémique neutralise toute tentative sérieuse de contestation, et une majorité désorganisée, où le poids de chacun est négligeable, est confortée par le renforcement du *soft power*, l'influence des grandes puissances s'exerçant aujourd'hui en large partie par leurs multinationales, leurs médias, leur industrie culturelle ou leurs institutions universitaires. La pénétration de la Chine en Afrique depuis les années 2000, puis de la Russie à partir de 2017, prend ainsi le contrepied de la rhétorique universaliste et paternaliste si souvent reprochée aux Occidentaux, en misant sur des « partenariats » où des acteurs économiques, culturels (pour la Chine) et sécuritaires (pour la Russie) jouent le rôle principal dans le développement de l'Afrique, jugé plus important que sa démocratisation. Même si les grandes organisations internationales parvenaient à garantir effectivement une plus grande équité entre les voix des différents États, cela ne rendrait donc pas nécessairement la « gouvernance mondiale » plus démocratique.

2. Des principes à géométrie variable : l'exemple de la justice internationale

Le sens des principes onusiens a connu un déplacement qui s'est accéléré au lendemain de la guerre froide : **la priorité n'est plus la construction d'une démocratie internationale, mais le respect des droits humains associés à la démocratie au sein de chaque État**. Pour contourner le verrou de la souveraineté nationale, l'ONU a intégré les violations des droits humains aux enjeux de sécurité collective, et le Conseil de sécurité s'est de plus en plus orienté vers des sanctions individualisées. Symbole de cette évolution, la Cour internationale de justice de l'ONU, qui ne peut juger que les litiges entre États, a été marginalisée par la naissance d'une justice pénale internationale destinée à juger les dirigeants. Suite à l'expérimentation par l'ONU de tribunaux spéciaux (pour l'ex-Yougoslavie en 1993, puis le Rwanda ou la Sierra Leone), la Convention de Rome a permis de créer en 2002 la Cour pénale internationale (CPI), dont la compétence est universelle. Cette avancée du droit international a pourtant souligné, au fil des années, à quel point l'ordre politique sous-jacent restait discriminant : les accusés jugés à La Haye, comme Slobodan Milošević ou Omar el-Bechir, sont issus d'États faibles et isolés, en particulier africains (Rwanda, Ouganda, Soudan, République démocratique du Congo), au point que certains menacent régulièrement de s'en retirer. Des poids lourds tels que les États-Unis, la Russie, la Chine ou l'Inde ne reconnaissent pas la compétence de la CPI, de même qu'une grande partie des États du monde arabo-musulman. Bien qu'elle représente aujourd'hui une large majorité de la communauté internationale (123 États), la justice pénale internationale a la réputation de ne s'appliquer qu'aux faibles. Les mandats d'arrêt délivrés contre des dirigeants russes et israéliens, dans le cadre de la guerre en Ukraine et du conflit à Gaza, marquent une inflexion importante, mais ont aussi accentué la défiance des États contestant cette institution.

3. *Failed states* et « droit d'ingérence » : entre humanitaire et néocolonialisme

La même critique s'applique aux outils inventés pour faire face à la multiplication des conflits régionaux et des menaces globales après la guerre froide, qui impliquent un droit de regard de la « communauté internationale » sur la politique de ses membres envers leur propre population. Deux notions nouvelles, mais contestées – car juridiquement fragiles –, sont apparues pour concilier cette approche avec la Charte de l'ONU, qui est basée sur la souveraineté étatique. D'une part, **l'élargissement du champ de la « sécurité » a justifié des interventions humanitaires imposées aux États récalcitrants au nom du « droit d'ingérence »** : ce concept, utilisé de longue date par les ONG et endossé pour la première fois par l'ONU en 1990, suppose une nouvelle hiérarchie entre les valeurs fondamentales de l'ONU et la souveraineté nationale, qui ne doit plus être « absolue et excessive » (selon Boutros Boutros-Ghali, secrétaire général de l'ONU au début des années 1990) ; le droit d'ingérence a notamment justifié les interventions des pays occidentaux au Kosovo (1999) et en Libye (2011). D'autre part, la logique de prévention des conflits et de reconstruction politique (*nation-building*) a fait émerger les notions de « *failed state* » (État failli) et d'« État fragile », pour qualifier la défaillance du pouvoir national (incapacité à assurer le respect de l'État de droit, la sécurité et les services publics), qui justifierait une intervention internationale. Ce concept élastique, qui justifie, par exemple, les mesures prises pour aider la Somalie à combattre la piraterie au large de ses côtes, ou celles prises pour combattre les groupes djihadistes qui déstabilisent les États du Sahel., reste néanmoins suspect de néocolonialisme pour de nombreux pays du Sud. La propension des pays occidentaux à « aider » au nom de principes universels (la paix, la démocratie, les droits humains) ne saurait, pour eux, faire oublier que l'affaiblissement politique des États dans le monde en développement découle en partie de la mondialisation libérale soutenue par ces mêmes pays occidentaux.

Pour aller plus loin

- L'indice de fragilité des États, calculé par le *think tank* Fund For Peace
  liennathan.fr/x4p45h

Pour aller plus loin

- Une réflexion sur le droit d'ingérence : Éric Pourcel, « Le principe juridique d'ingérence humanitaire... n'existe pas »
  liennathan.fr/c2pp65

B. L'ESSOR MONDIAL DES MOUVEMENTS POPULISTES ET IDENTITAIRES

1. Le multilatéralisme dans l'impasse ?

Rares sont les pays qui, jusqu'au milieu des années 2000, n'ont pas joué le jeu du multilatéralisme : les anciens *leaders* communistes (Russie, Chine) et tiers-mondistes (Inde, Algérie) s'inséraient dans la gouvernance mondiale et adoptaient son langage (capitalisme, démocratie, ouverture des frontières), tandis que d'anciens parias (Iran, Corée du Nord, Libye, Syrie) réintégraient le giron international en mettant en sourdine leur rhétorique nationaliste et idéologique. La déterritorialisation des flux économiques, la disparition des conflits militaires entre grandes puissances et l'émergence de mobilisations transnationales semblaient alors préfigurer une véritable société politique mondiale. La multiplication des projets régionalistes apportait un élément supplémentaire au débat sur l'effacement prévisible du modèle de l'État-nation, au profit d'une mondialisation unifiante. C'est pourtant *via* les pays du Nord que l'approche souveraine des relations internationales est revenue au premier plan : les États-Unis ont renoué en 2003 avec une politique unilatéraliste faisant peu de cas du droit international face à l'intérêt national, et la crise de 2008 a souligné les carences à la fois des politiques néolibérales, des institutions censées assumer une « gouvernance » de la mondialisation financière et du *leadership* des pays occidentaux. La multiplication des « plans de sauvetage », les interventions massives des banques centrales et le gonflement accéléré des dettes publiques ont ramené sur le devant de la scène l'État régulateur et, par extension, l'idée de souveraineté économique nationale. **Le groupe des BRICS, constitué à cette occasion, s'est positionné en supporter d'un multilatéralisme réformé tout en rappelant régulièrement le caractère intangible de la souveraineté nationale.**

Cette idée de coopération équitable et sans ingérences a inspiré des projets qui s'inscrivent dans l'écosystème des organisations multilatérales tout en incarnant une alternative à celles dominées par les pays occidentaux. Les BRICS ont créé, en 2014, la New Development Bank (dont l'action est similaire aux institutions de Bretton Woods mais ne s'accompagne ni des injonctions aux réformes structurelles, ni d'un pouvoir de blocage comparable à celui des États-Unis) et discutent régulièrement d'une agence de notation et d'un fonds commun de stabilisation monétaire qu'ils contrôleraient. Mais s'il existe effectivement une série de « groupes », « forums » et « plateformes » de coopération sectorielle entre BRICS (qui imitent les structures gravitant autour du G7 et du G20), leur bilan reste maigre, et leur élargissement aux pays en développement et aux émergents moyens reste hypothétique. **Ce partenariat réel mais limité entre quelques grandes puissances – la Chine suscite la méfiance – a du mal à incarner un nouveau multilatéralisme au service des pays du Sud, et a fortiori un nouveau système international.** À front renversé avec les États-Unis, les grands émergents ont même activement soutenu l'OMC et son approche libre-échangiste depuis 2017 face aux velléités protectionnistes de Donald Trump et mobilisé des arguments libéraux pour déplorer les sanctions économiques occidentales imposées à la Russie depuis 2022. Globalement en retrait dans la gestion des conflits, dès lors que ceux-ci ne se situent pas dans leur environnement régional, les grands émergents n'ont pas de stratégie commune en matière de sécurité collective, et peuvent même être en rivalité, comme la Chine et l'Inde dans l'espace indo-pacifique. Malgré leurs discours critiques, ils sont loin d'épouser la croisade antioccidentale décrétée par la Russie de Poutine, et ont pris sur le théâtre ukrainien une posture de neutralité et non d'alliance depuis 2022. L'intégration aux BRICS de nouveaux membres en 2023 (Argentine, Égypte, Éthiopie, Iran, Arabie saoudite et Émirats arabes unis) marque un changement d'échelle important, mais se définit toujours davantage par une posture que par un projet commun. Cette coopération entre émergents a hérité du problème structurel qu'avaient rencontré les États du tiers-monde entre les années 1950 et 1980 : elle oscille entre le soutien au multilatéralisme universel et la formation d'un système parallèle émancipé des pays du Nord pour, finalement, servir des politiques nationalistes.

2. L'essor d'un nouveau souverainisme au Sud et au Nord

Le retour à une conception classique des relations internationales – un équilibre entre puissances souveraines capables de mobiliser des moyens coercitifs pour arriver à leurs fins – a donc pris appui sur les pays émergents depuis la fin des années 2000. Après avoir réaffirmé sa puissance militaire en 2008 face à la Géorgie, être intervenue en Ukraine en 2014, et accru sa présence militaire depuis 2015 au Moyen-Orient (Syrie, Libye) puis en Afrique sahélienne (*via* le groupe Wagner) depuis 2018, **la Russie** s'est lancée dans une guerre d'agression territoriale en Ukraine depuis 2022. Ce glissement militariste s'est accompagné d'une mise au pas radicale de la société civile (criminalisation d'associations, emprisonnement d'activistes démocrates russes « pro-occidentaux », contrôle des médias), qui a ressuscité la rhétorique de guerre froide contre un Occident promis au déclin moral et civilisationnel. **La Chine** a multiplié les manœuvres d'intimidation militaire (notamment en mer de Chine méridionale et dans le détroit de Taïwan), maintenu de nombreuses entraves à la pénétration de son marché, et durci sa politique envers les minorités et les dissidents en recherche de soutien international. **L'Inde et le Brésil** ont porté au pouvoir des dirigeants populistes (Narendra Modi depuis 2014 et Jair Bolsonaro entre 2018 et 2022), qui capitalisent sur la défense d'une souveraineté nationale à coloration identitaire contre des dangers aussi bien internes qu'externes. **La politique de plus en plus agressive d'émergents moyens, comme la Turquie ou les Philippines, ainsi que le durcissement idéologique des régimes conservateurs du monde arabo-musulman suite aux révolutions de 2011 participent également de cette réaffirmation du principe identitaire contre les ingérences extérieures.** Dans les pays du Nord, un mouvement néo-souverainiste se dessine avec la montée en puissance, en Europe, de partis d'extrême droite hostiles à l'intégration européenne et à l'immigration, et avec le nationalisme réaffirmé du gouvernement de Shinzo Abe (assassiné en 2022) au Japon. S'inscrivent dans ce même mouvement la dénonciation, sous le premier mandat de Donald Trump, d'accords internationaux (sur le climat, le nucléaire iranien, le marché nord-américain) perçus comme des entraves à la défense des intérêts américains, ou encore l'emprise croissante des partis extrémistes et religieux sur la politique d'Israël, sous le gouvernement de Benyamin Netanyahou. Tous ont en commun de prendre leurs distances avec les organisations internationales (ONU, OMC, OMS, UE) dont la légitimité et l'action sont remises en cause.

Au Sud, la crispation identitaire peut capitaliser sur la volonté de revanche de pays dominés par les puissances occidentales au cours du XXe siècle, mais elle est aussi une conséquence de la mondialisation, dont les effets inégalitaires soumettent les États à la pression des catégo-

Le regard d'un économiste

Thomas Piketty et les impasses de la mondialisation libérale

L'économiste Thomas Piketty, qui analyse la montée des inégalités au niveau mondial, critique à la fois l'impuissance de la gouvernance économique globale fondée sur des principes néolibéraux et le mirage du retour à une régulation nationale de l'économie. Dans *Capital et idéologie* (Paris, Seuil, 2019), il propose de prendre acte de l'érosion de la souveraineté nationale pour construire une souveraineté véritablement internationale ou transnationale.

Texte à l'appui

Extraits du livre, agrémentés de nombreuses statistiques sur le site de l'École normale supérieure
liennathan.fr/qu57v7

ries sociales – les classes moyennes, notamment – qui craignent d'être perdantes. **Au Nord comme au Sud, la demande de retour au national, de réaffirmation identitaire et, le cas échéant, de rétablissement des frontières est liée à une demande d'État et de régulation.** Ce « social-nativisme » (Thomas Piketty) souligne le hiatus entre le cadre national dans lequel continue à s'exercer la souveraineté politique et la nature transnationale des flux à réguler, qui nécessitaient l'invention d'une souveraineté supranationale ou transnationale, et pas seulement internationale. C'est dans ce cadre qu'il faut considérer l'essor récent des organisations régionales.

C. LES ORGANISATIONS RÉGIONALES : ENTRE INTÉGRATION ET DÉCOMPOSITION

1. L'UE, laboratoire du régionalisme

La construction européenne incarne un modèle qui est monté en puissance sur la scène internationale depuis le milieu du XXe siècle : répondant à la fois au risque de guerre et à celui du déclin que la mondialisation représente pour des nations européennes qui ne pèsent plus suffisamment dans le jeu mondial, elle a fait de l'intégration des économies le levier d'une intégration politique [→ CHAPITRES 4 ET 11]. **Les institutions de la CECA (1950), de la CEE (1957) puis de l'UE (1992) ont progressivement incarné une « puissance normative » sur la scène internationale, en pesant, non par la contrainte, mais par la diffusion de valeurs, de normes et de pratiques de coopération. Ce positionnement, articulé par la France ou l'Allemagne à l'exercice de leur puissance traditionnelle, confère à l'UE une influence à la fois comme premier marché mondial et comme expérience régionaliste.** L'Union européenne est non seulement la première région du monde à avoir expérimenté le transfert de souveraineté des États-nations vers une organisation (en partie) supranationale, mais aussi la première organisation régionale à avoir joué un rôle significatif dans la gouvernance mondiale, par son statut d'observatrice à l'ONU, sa capacité à négocier comme un bloc à l'OMC ou sa présence de plein droit au G20, là où d'autres organisations régionales ne sont qu'invitées selon le bon vouloir des pays organisateurs.

Mais l'UE illustre également, depuis 2005, le problème que pose une articulation confuse entre une souveraineté nationale qui s'érode et une souveraineté européenne en devenir : la crise de l'intégration européenne (incarnée par l'euro) est nourrie par la montée des populismes identitaires mais aussi par son impuissance relative face aux crises internationales. **Le Brexit, devenu effectif en 2020, a en outre prouvé la fragilité du processus d'intégration régionale, l'Union européenne perdant l'un de ses membres les plus importants. La guerre en Ukraine à partir de février 2022, et surtout les décisions prises par Donald Trump au début de l'année 2025 (suspension de l'aide militaire à l'Ukraine, prise de distance avec ses alliés traditionnels européens) conduisent de nombreux États européens, la France en tête, à proposer de mettre en place une Europe de la défense, un projet ancien qui n'avait jamais abouti, mais qui semble plus nécessaire que jamais à l'heure où la Russie menace la sécurité du continent.**

2. L'essor des organisations régionales et leurs limites

Les organisations régionales ont connu une ascension dans l'ombre des organisations internationales, qui s'est accélérée à la fin du XXe siècle. Celles nées entre les années 1950 et 1970 avaient une vocation principalement sécuritaire et politique, inscrite dans une logique de guerre froide (OTAN, Organisation des États américains) ou d'affirmation des anciens colonisés (Ligue arabe, Organisation de l'unité africaine). **Érigée en modèle depuis les années 1980 par l'accélération mondiale des échanges et la fin de la guerre froide, la *success story* européenne a nourri un régionalisme économique avec la création de zones de libre-échange comme le Mercosur (1991) et l'ALENA (1994) en Amérique, ou la réorientation d'organisations existantes comme l'ASEAN+3.** Cette ancienne structure de coopération d'Asie du Sud-Est – devenue un forum économique élargi à la Chine, à la Corée du Sud et au Japon – envisage actuellement une zone de libre-échange étendue jusqu'à l'Australie et la Nouvelle-Zélande. Cette dynamique a contribué au gonflement des échanges mondiaux, mais n'a pas suscité une véritable intégration politique, et encore moins la construction d'organisations supranationales. En Amérique du Sud ont ainsi fleuri des projets concurrents se distinguant de l'OEA (Organisation des États américains), sous influence des États-Unis. Le Mercosur (1991) prône un libre-échange bénéfique aux géants agricoles du cône sud (Brésil et Argentine) ; il cohabite difficilement avec l'UNASUR (Union des nations sud-américaines, 2008) portée par le Brésil. De leur côté, la Communauté des États andins (1996) ainsi que l'Alliance bolivarienne pour les Amériques (ALBA, 2006), créée autour Venezuela, contestent l'ordre néolibéral américain. L'Organisation de coopération de Shanghai (OCS, 2001) repose essentiellement sur un axe géostratégique sino-russe (élargi en 2017 à l'Inde et au Pakistan), qui n'est réactivé que lorsque leurs intérêts convergent vis-à-vis de l'Europe ou des États-Unis, et ne canalise que très imparfaitement leurs rivalités géopolitiques. Lorsqu'elles ne sont pas instrumentalisées, beaucoup d'organisations régionales sont dépendantes des impulsions internationales, à l'instar de l'Union africaine, ponctuelle-

Document 4. La gouvernance mondiale aujourd'hui

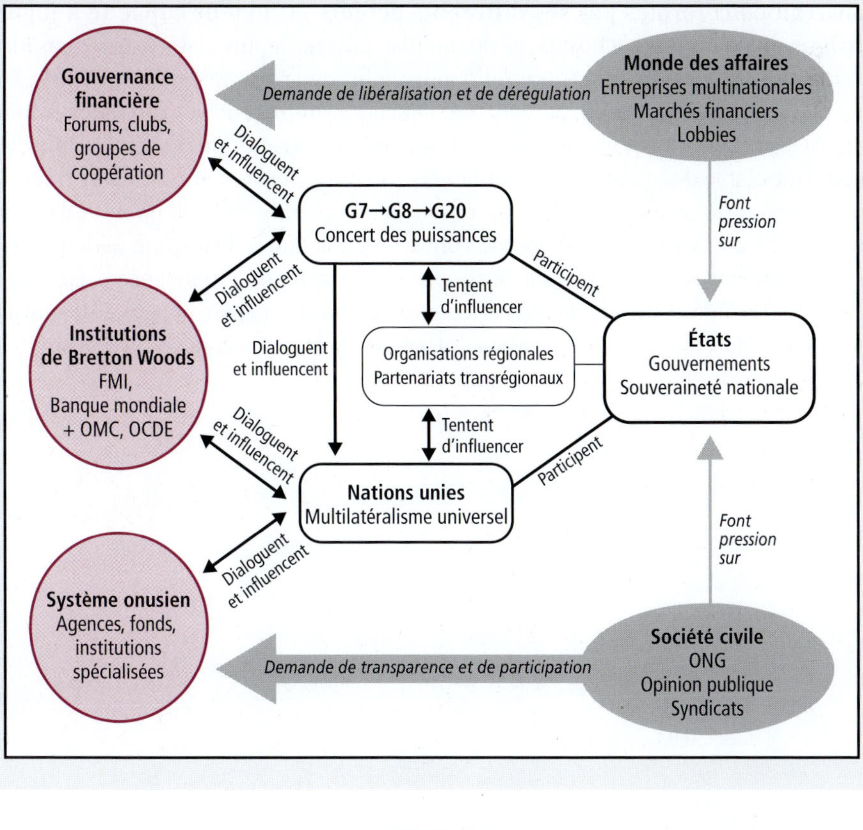

ment remobilisée par l'ONU et l'UE pour stabiliser la région, tandis qu'une dizaine d'organisations sous-régionales œuvrent en ordre dispersé à l'intégration économique du continent.

3. L'articulation ambiguë entre organisations mondiales et régionales

Malgré l'importance prise par l'échelon régional, ces organisations n'offrent donc – à l'exception de l'UE – qu'une réponse embryonnaire au hiatus entre des souverainetés nationales limitées et des organisations internationales dépourvues de souveraineté. La mise en place de partenariats pragmatiques entre ces dernières et les organisations régionales rend la coopération internationale plus réactive et plus malléable, mais pas mieux organisée, puisqu'elle contribue aussi à une forte concurrence interinstitutionnelle. La mobilisation d'outils régionalistes peut même induire une décomposition de la gouvernance globale, comme le montre l'exemple des négociations commerciales : la paralysie progressive de l'OMC au cours des années 2000 a conduit l'Administration Obama à privilégier la négociation de partenariats transatlantique (Transatlantic Trade and Investment Partnership) et transpacifique (Trans-Pacific Partnership Agreement), alimentant en retour du côté chinois le projet d'une zone de libre-échange propre à l'Asie-Pacifique (Regional Comprehensive Economic Partnership). Bien que Trump ait tourné le dos à ces projets libre-échangistes en 2017, ceux-ci montrent que la coopération économique et commerciale peut se passer du cadre quasi universel de l'OMC, et plus généralement des organisations internationales. Si le monde actuel ne peut se résumer à des blocs régionaux entretenant des relations contractuelles, fluctuantes et potentiellement conflictuelles, il est donc loin de constituer une « communauté internationale » incarnée par des institutions intégrées, un droit unifié et une conscience globale des enjeux nécessitant une régulation internationale.

Le devenir de la gouvernance mondiale dépendra de la recomposition des axes transrégionaux formés par ses différents acteurs et de leur capacité à juguler les tensions entre eux. Socle historique du multilatéralisme depuis 1945, le lien transatlantique a connu un affaiblissement structurel depuis la fin de la guerre froide et semble voler en éclats au début de l'année 2025, alors que Donald Trump prend ses distances et manifeste même de la défiance vis-à-vis de l'Europe. Les grands émergents ont de leur côté massivement investi l'ensemble des institutions multilatérales mais ne peuvent encore y jouer un rôle aussi structurant que le groupe précédent, en raison d'un *leadership* collectif limité et d'une posture qui reste définie par la contestation de l'ordre « occidental ». Dans une période historique où le système international se caractérise par une transition de puissance accompagnée de risques accrus de conflits, la gouvernance mondiale voit bouger son centre de gravité, sans qu'on puisse déterminer si ce processus l'affaiblira ou la renforcera en fin de compte.

Partie 3

Croissance et développement, du XXe siècle à la crise de 2020

A. DÉFINIR LA CROISSANCE ET LE DÉVELOPPEMENT

Utilisée pour évaluer la situation économique d'un pays, la croissance enregistre les évolutions de la création de richesses d'une année sur l'autre. L'indicateur de mesure principal de la croissance est le produit intérieur brut (PIB), qui agrège plusieurs données relatives à la valeur des biens et des sercvices produits dans un pays en une année. **Le développement relève d'une appréciation plus qualitative :** il évalue l'amélioration des conditions de vie (santé, alimentation, éducation), mais aussi la préservation de l'environnement ou la réduction des inégalités de toutes natures (revenus, genre). Si la croissance semble être la condition *sine qua non* du développement, il peut tout de même y avoir croissance sans développement et développement sans croissance : lors de l'envolée des prix du pétrole de 1973 à 1980, la croissance des pétromonarchies arabes a certes été exceptionnelle, mais leurs indicateurs de développement (mortalité infantile, scolarisation des filles, espérance de vie) sont restés médiocres. À l'inverse, Cuba, victime de l'embargo américain et d'un système économique déficient, a connu, des années 1960 aux années 1980, un développement incontestable malgré une croissance très faible.

Les États et les organismes internationaux (l'ONU, la CNUCED, l'OCDE) produisent des statistiques précieuses pour étudier la croissance et le développement. Héritière des travaux de Fernand Braudel et d'Immanuel Wallerstein, l'histoire économique globale s'attache à inscrire les grands processus économiques et sociaux dans la longue durée et à l'échelle mondiale[1]. Le Suisse Paul Bairoch a analysé sur la longue durée la croissance et le développement des différentes parties du monde, notamment dans *Victoires et déboires. Histoire économique et sociale du monde du XVIe siècle à nos jours* (1997), une démarche partagée par le Britannique Angus Maddison[2].

B. LES RYTHMES DE LA CROISSANCE

Au XXe siècle, les rythmes de croissance sont plus ou moins synchrones entre les grandes régions du monde, en fonction notamment des modèles économiques en place et de l'intensité de leur insertion dans la mondialisation. Les séquences chronologiques qui constituent le long XXe siècle dessinent une inégale intégration des sociétés à la tendance de fond, puissante, de la croissance :

– au **début du XXe siècle**, les mondes dominés sont marginalisés économiquement, et la prééminence européenne est complétée par l'affirmation des États-Unis (20 % du PIB mondial à la veille de la guerre), dans une économie globalement ouverte ;
– la **période de l'entre-deux-guerres** est marquée par une croissance mondiale faible, dans un contexte de crise et de dépression économique internationale ;
– la **phase qui s'étend des années 1950 au milieu des années 1970**, les « Trente

1. Philippe Norel, *L'Invention du marché. Une histoire économique de la mondialisation*, Paris, Seuil, 2004.
2. Angus Maddison, *L'Économie mondiale. Une perspective millénaire*, OCDE, 2001.

Glorieuses » de Jean Fourastié, est exceptionnelle tant du point de vue de la croissance – le PIB mondial triple durant cette période – que du développement. La forte croissance des pays industrialisés permet la mise en place de l'État-providence et l'avènement d'un niveau de vie inégalé dans l'histoire. L'écart entre les États-Unis et l'Europe occidentale se réduit, la construction européenne incarne le succès d'un nouvel équilibre entre libre-échange et protection. En revanche, les indépendances n'offrent pas aux nouveaux États d'Asie et d'Afrique le décollage attendu. L'expérience communiste entre dans une lente crise de déliquescence, croissance et développement semblant être en panne ;
– la **crise des années 1970** ouvre une séquence néolibérale, jusqu'au choc de 2008. L'État-providence n'est certes pas démantelé, mais la croissance se nourrit désormais de l'essor de la finance, des innovations dans les communications et de la hausse des échanges dans le cadre d'une nouvelle mondialisation, libérale et universelle. L'Asie littorale en bénéficie spectaculairement, et participe, pour la plus grande part, au doublement du PIB mondial dans la première décennie du XXIe siècle. Les ralentissements de la croissance en Europe et au Japon semblent laisser la place à une confrontation entre la puissance dominante des États-Unis et celle, montante, de la Chine. **Le coût environnemental de la croissance et la persistance de fortes inégalités de développement, à toutes les échelles, sont des défis majeurs à relever pour les sociétés.**

C. DÉVELOPPEMENT ET SOUS-DÉVELOPPEMENT

Sortir du sous-développement a longtemps semblé devoir passer par une industrialisation imitant le modèle occidental. Pour l'économiste libéral américain Walt W. Rostow[3], une évolution nécessaire menait de la société agraire traditionnelle à la société postindustrielle en passant par les étapes de la préparation, du décollage industriel (*take-off*) et de la maturation. Ces cinq étapes de la croissance, selon une métaphore biologique, devaient conduire au développement. Cette vision a été vivement critiquée, d'une part comme favorisant les effets déstabilisants du libéralisme économique, d'autre part comme mésestimant les voies nationales ou régionales de développement.

La notion de sous-développement fut longtemps analysée comme résultant d'un « **échange inégal** » entre les centres de l'économie mondiale et les périphéries. Les pays dominés devaient rétablir l'équité des échanges pour combler leur retard, à rebours des vertus supposées du libre-échange classiquement défendu par l'économie libérale. D'autres analystes mettaient en cause les structures héritées de la colonisation pour expliquer les retards de croissance et de développement du continent africain[4]. **Dans les années 1960, la plupart des théoriciens du tiers-mondisme, notamment dans le cadre de la CNUCED ou de la CEPAL** (Commission économique pour l'Amérique latine), contestent les vertus présumées du libéralisme et militent pour une fermeture des frontières visant à protéger les croissances nationales. Dans la lignée des travaux de l'économiste franco-égyptien Samir Amin – qui, dès les années 1960, parlait de « croissance sans développement » –, le lien entre les deux termes a cessé de relever de l'évidence. Les économistes du XXIe siècle comme Amartya Sen et Esther Duflo insistent sur la multiplicité des causes du sous-développement et sur les interactions complexes qui se jouent à différentes échelles en matière de développement. **Santé, environnement ou égalité de genre doivent, selon eux, être placés au cœur des problématiques du développement, qui ne saurait se réduire à la création de richesses.**

3. Walt W. Rostow, *Les Étapes de la croissance économique*, Paris, Seuil, 1962 (1960).
4. René Dumont, *L'Afrique noire est mal partie*, Paris, Seuil, 1962.

10 ÉCONOMIE, CROISSANCE ET SOCIÉTÉS DANS LES PAYS OCCIDENTAUX DE 1913 À 1945

La Première Guerre mondiale interrompt brutalement le processus de mondialisation et perturbe durablement les économies occidentales. Après les destructions de la guerre, l'instabilité des monnaies et l'inflation s'imposent au cœur des économies tandis que les États découvrent leurs nouveaux devoirs : reconstruction, versement des pensions. L'ombre de la révolution bolchevique de 1917 se projette, tant sur le treizième article du traité de Versailles proclamant qu'il ne peut y avoir de paix sans justice sociale, que sur les importantes avancées dans le droit du travail (semaine de huit heures en France, par exemple). La dépression des années 1930 relance cette logique, généralisée et consolidée au lendemain de la Seconde Guerre mondiale : l'État est devenu nécessaire au bon fonctionnement de l'économie, plus seulement par ses fonctions législatrices régaliennes, mais également par son intervention sociale. Ce rôle avait déjà été esquissé à la fin du XIXe siècle, mais les deux guerres mondiales lui font franchir des étapes décisives. Le libéralisme, qui avait triomphé jusque-là, est remis en cause. La Première Guerre mondiale a également modifié l'équilibre des puissances. L'hégémonie financière et commerciale du Royaume-Uni est définitivement passée, tandis que les États-Unis, devenus la première puissance économique mondiale, refusent d'assumer leur hégémonie. Les logiques nationales l'emportent en définitive sur les tentatives de coopération. La crise, qui éclate en 1929 et se mue en dépression, a d'importantes conséquences économiques et sociales qui ne sont pas partout surmontées lorsque débute la Seconde Guerre mondiale.

Comment les deux guerres mondiales et la dépression des années 1930 ont-elles modifié les économies et les sociétés occidentales ?

Notions principales

Crise économique : arrêt brutal de la croissance économique, limité dans le temps, entraînant des conséquences sur le travail (reconversions, chômage) et la société (baisse des revenus, risque accru de précarité).

Croissance économique : augmentation, calculée d'une année sur l'autre, de la richesse produite par un pays ou un groupe de pays (le PIB est l'indicateur de mesure de la croissance).

Dépression économique : phénomène de longue durée qui suit la crise et se caractérise par le ralentissement de la croissance, la baisse des profits et le maintien du chômage à un niveau élevé.

État-providence : traduction de *welfare state*, expression qui désigne l'intervention de l'État dans l'économie et dans la société par des mesures de protection sociale, de solidarité, de redistribution des richesses, avec pour objectif de protéger les individus. L'État-providence se généralise dans les pays occidentaux au lendemain de la Seconde Guerre mondiale.

Libéralisme économique : doctrine selon laquelle le bon fonctionnement de l'économie requiert nécessairement une grande liberté d'action pour les divers agents présents sur le marché. Cela implique la levée de toutes les entraves et une faible intervention de l'État en économie.

CHRONOLOGIE

1917 : Entrée en guerre des États-Unis. Révolution bolchevique en Russie
1918 : Fin de la guerre et pandémie mondiale (« grippe espagnole »)
1921 : Crise économique générale de reconversion des économies au temps de paix
1922 : Tarif américain McCumber (tarifs douaniers élevés)
1922 : Conférence de Gênes, retour aux parités fixes dans un système de Gold Exchange Standard
1921-1923 : Hyperinflation allemande
1924 : Plan Dawes aménageant les réparations de guerre dues par l'Allemagne
1925 : Retour britannique à la parité-or de la livre
1928 : Accord d'Achnacarry créant un cartel des groupes pétroliers
1929 : Jeudi 24 octobre, *Black Thursday*, krach boursier à Wall Street
1930 : Tarif Hawley-Smoot aux États-Unis
1932 : Le Royaume-Uni adopte le protectionnisme.
1932 : Élection de Roosevelt comme président des États-Unis sur le programme du *New Deal*
1933 : Échec de la conférence internationale de Londres sur la coopération monétaire
1936 : Gouvernement du Front populaire en France

I. Les ruptures de la Première Guerre mondiale

A. LES CONSÉQUENCES ÉCONOMIQUES ET SOCIALES D'UNE GUERRE TOTALE

1. L'économie de guerre

Les dépenses exigées par l'effort de guerre équivalent, pour chaque pays, à environ quatre fois le PIB de 1913, ce qui impose aux États la mobilisation de nouvelles ressources. Si aucun des gouvernements ne rompt avec le libéralisme économique, celui-ci est profondément modifié. Les réquisitions de chevaux ou de navires de commerce, le contrôle de l'approvisionnement, l'encadrement des salaires et des prix tout comme le rationnement (en 1915 pour l'Allemagne, en 1917 pour les Alliés) constituent autant d'entorses provisoires aux règles du marché. Le dirigisme économique passe aussi par la reprise en main du marché du travail : les ouvriers spécialisés sont rappelés du front pour être mobilisés dans les usines, **la main-d'œuvre féminine, coloniale et étrangère est massivement utilisée pour remplacer les 66 millions de jeunes actifs mobilisés sur l'ensemble du conflit** (40 000 Chinois sont ainsi embauchés pour travailler en France). Dans les campagnes, les femmes deviennent souvent chefs d'exploitation, tandis que dans l'industrie, elles occupent désormais des postes de travail auparavant réservés aux hommes.

Les différents moyens mis en œuvre pour capter l'épargne constituent des ruptures durables. Traditionnellement, en temps de guerre, l'impôt se renforce ; c'est le cas notamment en Grande-Bretagne, où il est multiplié par quatre durant le conflit. Les emprunts intérieurs, jusqu'ici exceptionnels, se multiplient et leurs émissions se prolongent après la guerre. Moyen privilégié en France, ils y couvrent la moitié des dépenses. Troisième solution, l'appel au crédit extérieur, qui couvre par exemple un tiers des dépenses de l'Italie. Principaux fournisseurs d'argent frais, les États-Unis y gagnent une puissance financière considérable et durable. La création monétaire, enfin, est utilisée avec prudence, alors que la contraction des échanges, la désorganisation de l'économie et la mobilisation des travailleurs provoquent déjà une forte inflation*.

L'armement et le ravitaillement des armées, assurés par des entreprises privées, exigent une coordination entre les différents acteurs de l'économie que seul l'État peut assurer. Cette tâche est assurée en France par le ministère de l'Armement, dirigé en 1917 par Albert Thomas, en Allemagne par l'Office des matières premières de Walther Rathenau. Même aux États-Unis, le Bureau des industries de guerre fixe, à partir de 1917, normes, prix et réglementations. Orchestrant les emprunts intérieurs et extérieurs qui permettent ce financement, l'État doit renforcer durablement un budget qui distribue désormais des allocations aux familles nécessiteuses privées de leur soutien : en 1919, le budget britannique est ainsi sept fois plus important qu'en 1914.

La guerre pousse également à l'amélioration de la coopération entre Alliés, à travers les comités interalliés pour les produits alimentaires ou le pétrole ; le jeune Jean Monnet s'illustre au sein du Comité allié des transports maritimes. L'industrie européenne de l'armement, sous la contrainte, se convertit partiellement à la nouvelle organisation du travail développée aux États-Unis, pour assurer une production en augmentation constante : malgré la perte de dix des départements les plus industrialisés de France, la quantité d'obus fournis quotidiennement passe de 4 000 en 1914 à 150 000 en 1916. **L'ensemble des branches industrielles sollicitées par les commandes de guerre connait des gains accélérés de productivité (industries chimiques, mécaniques et sidérurgiques), ce qui renforce l'avantage des plus grandes firmes (Saint-Gobain multiplie ainsi son profit par sept).** En France, Renault bénéficie des commandes de guerre, en produisant des obus (2 millions sont livrés en 1918), mais aussi des chars et des moteurs d'avions ; le fabricant profite du contexte exceptionnel pour agrandir et moderniser son usine de Billancourt. Si sa production de voitures a été divisée par trois, celle de camions a été multipliée par dix. De même, Citroën, créée en 1913 et qui ne produisait alors que des engrenages, profite des commandes d'obus de l'État pour construire une usine quai de Javel à Paris, qui se reconvertit après la guerre dans la production d'automobiles.

2. Un bilan sans précédent

Les pertes humaines et matérielles affaiblissent durablement l'Europe : avec presque 10 millions de victimes militaires, elle perd une part consistante des classes d'âge les plus dynamiques, auxquelles il faut ajouter 17 millions de blessés, dont plus de 6 gravement mutilés. En France comme en Allemagne, un mobilisé sur six n'est pas revenu du front. Les civils, affectés par le rationnement, ont aussi été durement touchés, d'autant que la fin de la guerre coïncide avec l'épidémie de grippe espagnole qui fait plusieurs millions de victimes. L'affaiblissement démographique général est particulièrement douloureux pour la France. Les morts (1 400 000) sont en majorité des jeunes actifs (la moitié des 12 000 instituteurs mobilisés ont ainsi été tués), d'autant plus difficiles à remplacer que le déficit de naissances déséquilibre pour les années à venir une population vieillissante. L'arrivée à l'âge adulte de ces classes creuses, au milieu des années 1930, se traduit par un nouveau déficit démographique. Trois millions de blessés, dont un tiers d'invalides, sont à la charge de la collectivité nationale, ainsi que 700 000 veuves et un million d'orphelins, devenus « pupilles de la nation ».

Les pertes matérielles sont, elles aussi, considérables. Si les destructions sont géographiquement concentrées, elles n'atteignent pas moins un niveau jusque-là inconnu : 40 % des

DÉFINITION

Inflation : croissance de la masse monétaire supérieure à celle des biens en circulation, ce qui se traduit par une hausse des prix.

capacités industrielles de l'Europe et un tiers de son potentiel agricole ont été détruits. En France, les dégâts matériels exigent une dizaine d'années de reconstruction. Des villes de la zone du front sont profondément touchées, comme Reims, Arras ou Lens. Certains villages, trop endommagés, ne sont pas reconstruits, tandis que 3 millions d'hectares agricoles restent en friches. La récolte de blé de 1918 est inférieure d'un tiers à celle d'avant-guerre. Dans le Nord, les Allemands ont détruit les usines et noyé les mines avant de se retirer, mais ce sont les infrastructures de transport qui ont le plus souffert (la moitié des routes de France). Les indemnisations versées et les chantiers ouverts seront financés, estime le gouvernement, par les réparations allemandes. En attendant, la France, à l'inverse de sa situation d'avant-guerre, est considérablement endettée : sa balance des capitaux*, excédentaire de 45 milliards de francs en 1913, est débitrice de 40 milliards en 1919.

Plus généralement, le fonctionnement de l'économie est profondément perturbé : les millions de démobilisés doivent retrouver un emploi tandis que l'appareil industriel peine à se reconvertir vers des productions civiles. Les États sont endettés (un total de 286 milliards de francs), leurs monnaies sont lourdement dévalorisées et leurs économies durablement déséquilibrées. Les prix ont été multipliés par trois et demi en France, par plus de quatre en Allemagne. Cette inflation a paradoxalement un effet de redistribution : « euthanasie des rentiers », selon Keynes, elle pousse à l'investissement tant qu'elle reste sous contrôle.

3. Une pandémie majeure, la grippe espagnole

La suspension des dynamiques d'intégration des marchés n'a pas aboli les progrès en termes de circulation, ce qu'illustre tragiquement l'extension mondiale de l'épidémie de grippe qui apparaît au printemps 1918. Sans doute originaire d'Asie, elle est d'abord repérée en mars 1918 au Kansas, dans un camp militaire, puis elle se répand avec les mouvements des soldats et gagne l'appellation, infondée, de « grippe espagnole » – la presse de ce pays resté en dehors de la guerre l'évoquant plus que celle des belligérants. Les États-Unis et l'Europe sont particulièrement touchés, mais l'Inde est la plus affectée puisque la grippe y fauche 3 % de la population. La souche (virus A (H1N1)), particulièrement virulente, profite des densités urbaines et de l'intensification des transports pour se répandre rapidement dans le monde entier, en deux vagues (automne et hiver 1918, puis printemps 1919). Plus d'un quart de la population mondiale aurait été infecté, 20 à 50 millions de personnes en seraient décédées.

B. LA NOUVELLE HIÉRARCHIE TRANSATLANTIQUE

1. L'épuisement européen

Dans les années 1920, la croissance européenne, irrégulière et modérée, contraste avec la vigueur de l'économie américaine. Les trajectoires des pays européens diffèrent sensiblement selon leurs priorités d'après-guerre : le Royaume-Uni vise d'abord à retrouver sa domination monétaire, ce qui pèse lourdement sur sa compétitivité, la France relance sa production industrielle, qui double, tandis que l'Allemagne reste plombée par l'hyperinflation avant de se redresser vigoureusement à partir de 1924. L'Europe centrale, morcelée, fait face à de telles difficultés monétaires que la SDN doit intervenir financièrement, en 1922 en Autriche, puis en Hongrie.

DÉFINITION

Balance des capitaux : bilan de l'entrée et de la sortie des flux financiers dans un pays, mesuré sur une année.

Jusqu'en 1925, Londres cherche à retrouver la parité-or de la livre, suspendue depuis 1914, malgré les mises en garde de Keynes, pour qui « l'étalon-or n'est plus qu'une relique des temps barbares ». Pour les Britanniques, « un vainqueur ne dévalue pas » ; les politiques déflationnistes* mises en place, visant à restaurer la valeur de la livre sterling en réduisant les coûts de production (salaires) et les prix, accentuent le déclin de la part de la production industrielle britannique dans le monde (elle passe de 14 % avant-guerre à 9 % en 1929), tandis que persiste un fort chômage. La remise en état de l'appareil productif en France offre à son industrie un taux de croissance annuel de plus de 5 % entre 1922 et 1929. Mais persuadée que « l'Allemagne paiera », elle suit, à l'inverse du Royaume-Uni, une politique économique peu rigoureuse.

2. La question monétaire et le piège des réparations

La dette publique de l'ensemble des belligérants a été multipliée par dix à la fin de la guerre. À cette nouvelle réalité, s'ajoute la dette extérieure contractée durant le conflit ou imposée aux vaincus par les traités de paix [→ DOCUMENT 1]. Le système-monde d'avant-guerre, qui reposait sur le principe de la stabilité monétaire que l'étalon-or était supposé réguler automatiquement, ne peut donc plus reprendre. Le Gold Standard (étalon-or) est en conséquence abandonné lors de la conférence de Gênes en 1922, au profit d'un système de Gold Exchange Standard* basé sur l'or et des devises convertibles.

L'Allemagne est particulièrement touchée. Le coût de la guerre (la dette publique s'est envolée de 5 à 150 milliards de marks-or) s'y conjugue à celui des réparations fixées en avril 1921 (132 milliards de marks-or, livrables par tranche annuelle de 2 milliards), dans un contexte d'hostilité du monde des affaires à la jeune République de Weimar. Le pays est touché par une grave crise d'hyperinflation, qui culmine en novembre 1923, les prix se trouvant multipliés par 1 000 milliards par rapport à ceux de 1914. Dans l'imaginaire collectif allemand, dette et inflation sont dès lors durablement synonymes de catastrophe. La création, en octobre 1923, d'une nouvelle banque d'émission et d'une nouvelle monnaie, le rentenmark, sur la base de 1 pour 1 000 milliards d'anciens marks, rétablit de la confiance, tandis que le retour des capitaux extérieurs, notamment américains, permet une reprise spectaculaire. La France, forte de son statut de vainqueur de la guerre, entend redresser ses comptes grâce aux remboursements allemands. Les États-Unis exigent le remboursement des dettes alliées ; or la crise monétaire allemande de 1923 ayant rendu improbable un versement des réparations allemandes, ils imposent qu'une commission d'experts gère la question. En 1924, une première solution, le plan Dawes, aménage la dette allemande, avant qu'en 1929, par le plan Young, les réparations soient réduites et rééchelonnées. La conférence de Lausanne, en juillet 1932, met fin aux paiements allemands. Au total, 22,5 milliards de marks-or ont été payés par l'Allemagne, essentiellement grâce aux prêts américains.

DÉFINITIONS

Politique déflationniste : contraction volontaire de la masse monétaire excédentaire (par la hausse des impôts, la hausse des taux d'intérêt, la baisse des dépenses) pour l'ajuster à une croissance ralentie, dans l'espoir de vaincre l'inflation.

Gold Exchange Standard : système monétaire basé sur l'or et des monnaies de « premier rang » convertibles en or (le seul dollar au départ), et des monnaies de second rang convertibles en monnaies de premier rang. Les politiques déflationnistes de l'entre-deux-guerres (Royaume-Uni, France) ont pour objectif d'accéder au statut de monnaie de premier rang.

■ Document 1. L'enchevêtrement et le poids des réparations et dettes de guerre au début des années 1920

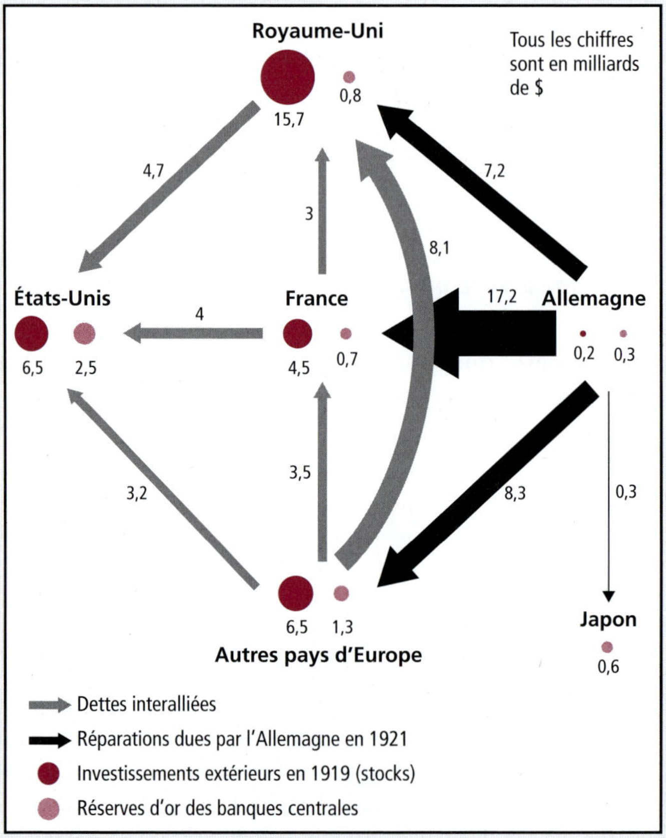

3. La croissance étourdissante des *roaring twenties*

Les États-Unis, dont le territoire a été épargné par les combats, ont accentué leur avantage industriel et financier à l'occasion de la guerre. Leur production a progressé d'un quart durant le conflit (tandis qu'elle baissait de plus d'un tiers en France et de 40 % en Allemagne) ; anciens débiteurs de l'Europe, ils en sont devenus créanciers [→ DOCUMENT 1]. La décennie d'après-guerre est celle de la *prosperity*, des années 1920 rugissantes (les *roaring twenties*) qu'illustrent F. Scott Fitzgerald dans ses romans (*Great Gatsby*, 1925) ou, à Hollywood, Ernst Lubitsch dans ses comédies. Le chômage dépasse alors à peine 3 %, le PIB par habitant croît de près de 3 % par an à partir de 1922, les investissements se montent chaque année à 20 % du PIB. **La croissance repose d'abord sur une consommation intérieure vigoureuse, nourrie par la généralisation du crédit.** Deux industries en bénéficient spectaculairement, avec des effets d'entraînement considérables : l'électricité, dont la production double entre 1923 et 1929, et surtout l'automobile, qui s'accroît chaque année d'un tiers entre les mêmes dates. Cette extension du marché domestique compense une faible extraversion, alors que le PNB a quasiment doublé pendant la guerre et que le pays produit les deux tiers du pétrole mondial et plus de la moitié de l'acier.

La guerre a aussi permis l'extension du taylorisme, dans un contexte de concentration des entreprises, tendant parfois au quasi-monopole dans le cas du géant pétrolier Standard Oil. Ford poursuit sa logique paternaliste (en 1919, le salaire quotidien passe à 6 dollars), un mouvement difficilement suivi par les petites entreprises, qui assurent l'essentiel des emplois. La croissance est nourrie par une abondance de liquidités, fournie par la politique accommodante de la Réserve fédérale et par le laxisme des banques : à New York, ces dernières multiplient les prêts à court terme (*call loans*) aux courtiers en Bourse, favorisant une bulle spéculative (on peut emprunter jusqu'à 90 % de la somme investie). Autres signes de fragilité, ignorés par les présidents successifs, les inégalités se creusent fortement en faveur des détenteurs de capital mobilier et financier, malgré l'instauration, dès 1913, d'un impôt progressif sur le revenu. À l'inverse, les plus pauvres, les Noirs, les agriculteurs (*farmers*) voient leurs revenus stagner et leur pouvoir d'achat diminuer.

C. LES À-COUPS DE LA MONDIALISATION

1. Le ralentissement du commerce international

Touchés après la guerre par une crise de surproduction et de réadaptation de leur appareil productif, les États-Unis relèvent leurs tarifs douaniers dès 1921, qui passent d'une moyenne de 21 % à 30 %, puis 38 % (tarif McCumber), comprimant de moitié leurs importations, au détriment du Japon et de l'Europe. **Le commerce international s'effondre ensuite dans les années 1930 lorsque la crise de 1929 se mue en dépression** [→ DOCUMENT 2].
Au cœur de l'Europe, la vaste zone de libre-échange que constituait l'empire des Habsbourg est remplacée par une fragmentation douanière de pays dévastés tentant de construire une industrie nationale derrière des tarifs prohibitifs. Mais ces entraves aux échanges internationaux, si elles empêchent l'Europe centrale de se redresser, ne constituent qu'un élément dans une contraction générale du commerce : la production mondiale a progressé en volume de plus de 80 % de 1913 à 1938, le commerce de 14 % seulement.

■ **Document 2. L'effondrement du commerce mondial**

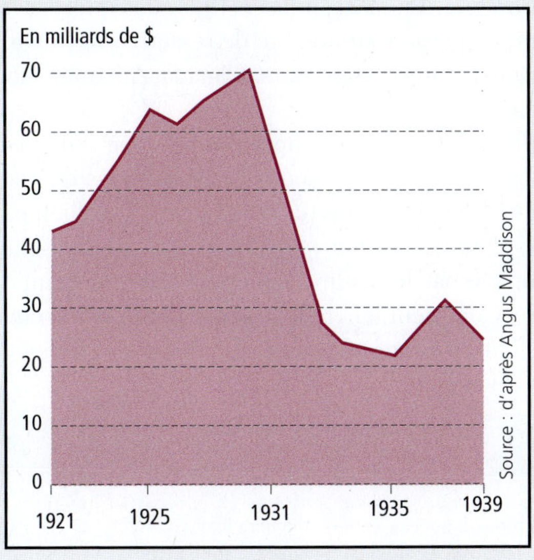

2. La concentration des entreprises

Dans tous les pays, ce repli s'accompagne de mouvements de concentration des entreprises, en suivant le modèle américain. En France, les trois premiers constructeurs automobiles (Renault, Peugeot et Citroën) occupent ainsi plus de la moitié du marché en 1935 ; au Royaume-Uni, plus de 80 % du pétrole ou des chemins de fer sont contrôlés par les trois premières entreprises. Les huit principales entreprises des États-Unis pèsent environ un tiers du PIB. La constitution de groupes multinationaux est aussi une réponse à la fermeture des frontières, à l'image de la fusion, en 1929, entre le Britannique Lever et le Néerlandais Margarine Unie, qui forment Unilever. **Des ententes internationales cherchent à contrôler la production dans certains secteurs clés pour mieux maîtriser les prix et pénétrer les marchés étrangers. En 1926, les principaux sidérurgistes allemands, français, belges et luxembourgeois s'entendent dans un cartel* de l'acier.** Des opérations du même type concernent l'aluminium, le cuivre et surtout le pétrole. En 1928, les accords signés à Achnacarry, dans la résidence écossaise du président de Shell, fixent une politique commune entre les trois plus grandes compagnies pétrolières (la Standard Oil of New Jersey de Rockefeller, la Britannique Anglo-Persian Oil et la Néerlando-Britannique Royal Dutch Shell). Étendu ensuite aux quatre principales autres américaines (Gulf, Mobil, Texas Oil et Standard Oil of California), le cartel s'entend pour fixer partout le même prix, aligné sur celui du pétrole du golfe du Mexique, tout en partageant des quotas de commercialisation. Cet oligopole* a dominé, jusqu'au début des années 1970, le marché désormais mondialisé du pétrole, en contradiction flagrante avec les règles de base du libéralisme.

3. Le coup d'arrêt migratoire

Le ralentissement des mouvements de population se lit spectaculairement dans l'évolution des entrées des migrants aux États-Unis : 15 millions d'entrants dans les quinze premières années du siècle, 5 millions dans les quinze suivantes, puis 750 000 dans les années 1930 et les années de guerre. Pourtant, l'immédiat après-guerre connaît une reprise des départs depuis l'Europe (1,3 million d'émigrants en 1920 et 1921). Mais le pays se replie sur lui-même, redoute la « contagion révolutionnaire » et la dilution de la domination anglo-saxonne. En 1921, puis en 1924, des quotas sont imposés, qui contingentent les arrivées par rapport au nombre de ressortissants déjà installés. Les flux vers les autres pays d'accueil (Brésil, Argentine, Canada, Australie) sont divisés par deux par rapport au début du siècle.

Dans l'immédiat après-guerre, le redécoupage de l'Europe centrale bouscule les minorités, la révolution et la guerre civile russe poussent 2 millions de personnes vers l'ouest du continent, tandis que la guerre gréco-turque chasse 1,3 million de Grecs d'Asie mineure et 385 000 Turcs de Grèce. Les nouvelles frontières ralentissent ensuite fortement les déplacements. Frappée par le déclin démographique, la France, à rebours des autres puissances du Vieux Continent, cherche à attirer une main-d'œuvre immigrée : en 1930, elle compte 2,7 millions d'étrangers (contre 1,5 million au début de la décennie), venant d'abord d'Italie et de Pologne.

DÉFINITIONS

Cartel : entente entre des producteurs (ou des vendeurs) en vue de contrôler et parfois aussi de se partager un marché.

Oligopole : concentration du pouvoir entre un nombre limité d'acteurs; en économie, un marché est oligopolistique lorsqu'il est dominé par un petit nombre d'entreprises.

II. La grande dépression des années 1930

A. UNE CRISE MAJEURE DU CAPITALISME

1. Suraccumulation et spéculation

Passée la crise de 1921, une spéculation effrénée nourrit la croissance américaine : entre janvier 1925 et janvier 1929, si la croissance de la production industrielle s'établit solidement à 40 %, celle des cours à Wall Street progresse de 250 %. **Un ralentissement de la production dès la fin 1928 et l'éclatement d'une bulle immobilière en Floride entraînent un retournement brutal : à Wall Street, le jeudi 24 octobre 1929 (le «*Black Thursday*»), un krach boursier* de grande ampleur déstabilise l'économie américaine.** L'indice Dow Jones s'effondre de 22 % à mi-séance, ouvrant une phase de déprime durable (trois ans plus tard, la capitalisation boursière ne vaut plus que le tiers de celle de 1926). Les investisseurs multiplient les demandes de retrait auprès des banques de dépôts* pour rembourser leurs dettes. Incapables de faire face aux demandes de leurs clients, nombre de ces dernières font faillite : 642 en 1929, 1 345 en 1930, 2 300 en 1931. La Réserve fédérale, dépassée, s'interdit d'augmenter la masse monétaire (par des achats de fonds publics, par exemple), privant de liquidités une éventuelle reprise.

ZOOM ▶ Les causes de la crise de 1929

La crise de 1929 n'est pas la première de l'ère industrielle : déjà en 1873, et à nouveau en 1882, en 1900, 1907, 1913 et 1921, de tels épisodes ont déstabilisé les économies occidentales. L'étude des causes de ces crises économiques de l'ère industrielle a fait l'objet d'une abondante littérature. Élaborée au début du XXe siècle par le Russe Nikolaï Kondratiev (1892-1938) et par l'Autrichien Joseph Schumpeter (1883-1950), la théorie des cycles a longtemps été une clé de lecture privilégiée afin d'expliquer le retour des crises et des dépressions. Selon Kondratiev, un cycle économique dure une cinquantaine d'années et est divisé en deux phases, A et B, la première correspondant à une période de croissance, la seconde à une période de dépression. Le XXe siècle s'ouvre sur une phase A, qui dure de 1897 aux années 1920, avant que ne s'ouvre, avec la crise de 1929, une phase B, qui se referme avec la Seconde Guerre mondiale. Le retournement de la conjoncture au tournant des années 1930 marquerait la fin du cycle d'innovation qui s'était ouvert dans les années 1890, en lien avec l'électricité, la chimie et l'industrie automobile. À la suite de John Maynard Keynes (1883-1946), certains économistes ont expliqué la crise par des déséquilibres entre l'offre et la demande. Dans les années 1920, les salaires stagnaient tandis que les profits s'emballaient, la consommation progressait donc moins vite que l'offre, ce qui conduisit à une crise de surproduction. Plus récemment, des économistes comme Milton Friedman ou Robert Lucas ont insisté sur le rôle des politiques fiscales et monétaires : la création monétaire, mal contrôlée dans les années 1920, aurait produit la bulle inflationniste qui éclata en octobre 1929. En définitive, c'est toujours un faisceau de causes qui explique le déclenchement des grandes crises économiques.

2. La prospérité évanouie

Victimes de la contraction du crédit (*credit crunch*), les entreprises cessent d'investir, licencient et cherchent à déstocker. Mais la consommation s'écroule, sous le coup de la destruction

DÉFINITIONS

Krach boursier: brusque effondrement des cours des actions lors d'une ou de plusieurs séances boursières.
Banque de dépôt: banque qui draine et gère les dépôts d'argent de ses clients, entreprises ou particuliers. On la différencie d'une banque d'investissement, qui conseille et aide de grands clients, dotés de larges portefeuilles (grandes entreprises, investisseurs, États).

des emplois et de la chute des revenus. Ford, qui produisait 4 millions de véhicules en 1929, passe à 3 millions en 1930, 2 millions en 1931 puis 1 million en 1932. La crise est cumulative, l'ensemble de l'économie américaine est rapidement contaminé. Les prix s'effondrent, notamment ceux des matières premières (– 60 % de 1929 à 1932) et des produits alimentaires (qui baissent de moitié dans le même temps). **Conséquence de l'anticipation à la baisse des profits, la production manufacturière décroît régulièrement : – 20 % entre 1929 et 1932 aux États-Unis.** La dépression vient interrompre une forte période de croissance, à l'exception du monde rural, déjà touché par la chute des prix mondiaux et, dans le sud des Grandes Plaines, par une sécheresse persistante accentuant l'érosion de sols imprudemment sur-labourés (*dust bowl*). Les classes moyennes sont réduites aux soupes populaires, les *farmers* chassés de leurs terres s'entassent dans des bidonvilles (les *hoovervilles*). Les chômeurs livrés à la misère marquent durablement l'imaginaire américain : la figure du *hobo*, le vagabond se déplaçant dans les wagons de marchandises, hante les chansons de Woodie Guthrie, les photos de Walker Evans et de Dorothea Lange. L'adaptation, en 1940, des *Raisins de la colère* de John Steinbeck par le cinéaste John Ford donne à voir la misère qui s'empare de la société américaine.

Pour aller plus loin

Le site du Museum of Modern Art de New York propose un large échantillon des photos prises par Dorothea Lange dans l'Amérique de la dépression des années 1930.

liennathan.fr/8g9f6s

B. UNE CRISE MONDIALISÉE

1. Les vecteurs de la diffusion

Aux États-Unis, la fermeture de toutes les banques est l'une des premières mesures de Roosevelt (mars 1933), avant la mise en place d'un contrôle des banques (*Glass-Steagall Act*) qui dure jusqu'aux années 1980. **Le redressement américain passe aussi par un rapatriement de leurs capitaux européens, notamment de ceux placés en Allemagne et en Autriche.** Ce qui entraîne, le 11 mai 1931, la faillite de la banque Kreditanstalt de Vienne, première étape d'un effondrement bancaire en Europe centrale. L'Allemagne est touchée la même année avec la faillite de la Danatbank, l'une des quatre principales banques de dépôt. Or, ces pays étaient entièrement dépendants des capitaux étrangers, l'inflation des années 1920 (voire l'hyperinflation) ayant complètement asséché l'épargne nationale. Les investissements américains sur le marché financier mondial baissent vigoureusement, de 2,35 milliards à 1,75 milliard de dollars entre 1930 et 1932, tandis que les crédits internationaux de capitaux chutent de 90 % entre 1927 et 1932. Ce repli des capitaux américains pousse les partenaires des États-Unis à restaurer leurs balances commerciales en dévaluant*, une politique initiée par le Royaume-Uni le 21 septembre 1931. **L'échec de la conférence de Londres en 1933, qui visait à davantage de coopération monétaire, ouvre la porte aux dévaluations compétitives :** les Américains suspendent la convertibilité-or du dollar puis le dévaluent de 40 % l'année suivante. Le franc subit à son tour, en octobre 1936, un « ajustement monétaire ». Cette guerre des monnaies passe par la constitution de blocs monétaires protégés : en 1933, la France institue une zone

DÉFINITION

Dévaluation : diminution volontaire par les autorités d'un pays de la valeur (parité) de sa monnaie par rapport aux autres devises ou à l'or.

or autour du franc, le « bloc de l'or » (avec la Belgique, l'Italie, la Suisse, la Pologne et les Pays-Bas), Londres organise une zone sterling autour du Commonwealth, tandis qu'une zone dollar réunit les trois pays d'Amérique du Nord (États-Unis, Mexique, Canada). Les échanges se polarisent à l'intérieur de ces zones qui cloisonnent le commerce mondial, freinant le redressement des productions après 1932.

2. Une catastrophe sociale

Partout le chômage s'envole, passant par exemple de 10 % à 22 % au Royaume-Uni en 1932, à plus d'un quart de la population active aux États-Unis, et s'élevant à 43 % en Allemagne [→ DOCUMENT 3]**.** Au total, sans compter le très important chômage partiel, les pays développés comptent alors plus de 30 millions de chômeurs, pour beaucoup privés de tout revenu. En 1940, ils sont encore 10 % des actifs aux États-Unis. Dans les campagnes, les paysans tentent de compenser la baisse des prix en produisant plus, ce qui débouche sur une surproduction forçant les gouvernements à des mesures de dénaturation des invendus ou à proposer des primes à la réduction des surfaces : en France, par exemple, le « statut du vin » de 1931 impose de transformer une partie de la récolte en alcool à brûler.

Les « marches de la faim » au Royaume-Uni rassemblent jusqu'à 3 millions de personnes (octobre 1932 à Hyde Park), malgré l'existence d'une indemnité chômage. La crise des années 1930, qui par son ampleur se distingue des précédentes, provoque une remise en cause des présupposés du libéralisme. Les régimes autoritaires y trouvent prétexte à durcir leur emprise ; ailleurs, les partis extrémistes séduisent des électeurs désemparés.

Document 3. L'explosion du chômage

Pourcentage de chômeurs dans la population active industrielle

	1928	1929	1930	1931	1932	1933	1934
Allemagne	8,6	13,3	22,7	34,3	43,8	36,2	20,5
Belgique	0,9	1,3	3,6	10,9	19	16,9	18,9
France	4	1	2	6,5	15,4	14,1	13,8
Royaume-Uni	10,8	10,4	16,1	21,3	22,1	19,9	16,7
États-Unis	6,9	5,3	14,2	25,2	36,3	37,6	32,6

Source : P. Bairoch, *Victoires et déboires*, t. 3, Gallimard, 1997.

3. Repli mondial et effondrement de la croissance

La dégradation de l'activité économique, des prix et de l'emploi conduit les États-Unis à renforcer le protectionnisme : en juin 1930, le tarif Hawley-Smoot porte les droits de douane à une moyenne de 59 % de leur valeur pour 3 200 produits importés. Les importations américaines se contractent en conséquence, passant de 4,4 millions de dollars en 1929 à 1,3 million en 1932. De l'autre côté de l'Atlantique, les exportations européennes vers les États-Unis baissent de 70 % entre 1929 et 1932. Les exportateurs de matières premières sont aussi touchés : l'Amérique du Sud décroche durablement, à l'exception du Brésil de Vargas et du Mexique de Cardenas, deux pays qui lancent une industrie nationale à l'abri de fortes barrières douanières. Le Royaume-Uni imite les États-Unis en février 1932 avec l'*Import Duties Act*. Le Canada, très touché par la fermeture du marché américain, demande au Royaume-Uni et au Commonwealth (fondé en 1931) de prendre des mesures compensatoires : les accords d'Ottawa d'août 1932 instituent des tarifs préférentiels pour les membres de l'Empire britannique. Si les dominions y gagnent des parts du marché britannique, la métropole en profite peu : à la veille de la guerre, ses échanges sont, en valeur, deux fois moindres qu'en 1929, et le taux de couverture* n'est que de 56 %. En France, la « loi du cadenas* » de 1897 est réactivée dès 1930 pour augmenter par décret les droits de douane et, en 1931, en réponse à la dévaluation britannique, une surtaxe compensatrice de change s'applique aux pays de la zone sterling, accompagnée d'un système général de contingentement.

C. L'ÉCHEC DES RÉPONSES CLASSIQUES

1. L'échec des politiques déflationnistes

Le choix de politiques de déflation conjoncturelle correspond à un triple objectif gouvernemental : le maintien de la stabilité des changes, la quête de l'équilibre budgétaire et le rétablissement de la balance courante. Ces politiques se montrent vite inadaptées au désordre monétaire qui prime alors. **L'État cherche en effet à accompagner la baisse de l'activité en contenant ses dépenses et en tentant de limiter les revenus. Il espère réduire le risque d'inflation et relancer les exportations en faisant baisser le coût du travail, par un ajustement de la masse monétaire.** Mais ces politiques d'austérité échouent, aggravent le chômage et la baisse du pouvoir d'achat, même lorsqu'elles s'accompagnent, comme en France, de mesures malthusiennes (arrachage de vignes, interdiction des semences à haut rendement, interdiction d'ouverture d'usines de chaussures en 1935). Tous les grands pays industriels passent par ce stade de la déflation, à l'image de la politique de Brüning en Allemagne (1930-1932), qui discrédite la République de Weimar auprès d'une population appauvrie. En France, la dureté de la politique déflationniste de Laval favorise le succès du Front populaire en 1936.

2. Le prix de la non-coopération

La contraction du commerce mondial, en volume, aboutit au début de la Seconde Guerre mondiale à des chiffres encore inférieurs à ceux de 1913. De 1929 à 1934, le commerce mondial a chuté d'un quart en volume, mais de deux tiers en valeur, puisque les prix se sont affaissés environ de moitié. Chaque pays a tenté de freiner son chômage par une limitation de ses importations et la subvention de ses exportations. Mais les échecs se multiplient. La tentative française d'un bloc de l'or, par exemple, fait long feu : l'Italie s'en retire, puis la Belgique, avant les Pays-Bas. Le Japon choisit la militarisation et l'agression, les régimes fasciste et nazi les grands travaux et la course à l'armement. Le repli des puissances coloniales sur leur empire n'est pas non plus très satisfaisant : si, pour la France comme pour le Royaume-Uni, la part de leur commerce avec leurs colonies augmente, c'est en faveur des secteurs les moins compétitifs ; en outre, la préférence impériale* les protège de la concurrence et ne pousse pas,

DÉFINITIONS

Taux de couverture : pourcentage de la production nationale par rapport à la consommation totale dans un secteur donné (agriculture, énergie, par exemple).

« Loi du cadenas » : votée en 1897 à l'instigation du président du Conseil et ministre de l'Agriculture Jules Méline, cette loi autorisait à relever les droits sur les importations en cas de surproduction.

Préférence impériale : accords de baisse ou de suppression des droits de douane entre les territoires membres d'un même empire colonial afin de favoriser leurs échanges.

dans des marchés protégés, à investir pour gagner en compétitivité. **L'absence de *leadership* caractérise incontestablement les années 1930 : les États-Unis refusent d'assumer les responsabilités liées au statut que la Première Guerre mondiale leur a conféré, le Royaume-Uni n'a plus les moyens de ses ambitions.** L'économie mondiale de l'entre-deux-guerres est ainsi privée de règles communes et de direction claire.

III. La grande transformation ?

A. LE NOUVEL INTERVENTIONNISME ÉTATIQUE

1. Les politiques de relance

Au Royaume-Uni, les travaillistes, qui participent au pouvoir dans des gouvernements d'union nationale, obtiennent, avec la dévaluation de la livre en septembre 1931, de s'affranchir de l'orthodoxie libérale, en rompant avec la « relique barbare » de l'étalon-or (Keynes). Débarrassée de ce « dogme périmé », une politique interventionniste, en rupture avec les recettes déflationnistes, est menée dans le domaine agricole : le *Wheat Act* de 1932 permet d'accroître la production et d'améliorer l'indépendance alimentaire (prix garantis et assurance contre les pertes pour le lait ou les pommes de terre). Les faibles taux d'intérêt (2 % en moyenne jusqu'à la guerre) favorisent les investissements industriels. L'action de l'État passe aussi par une politique d'aménagement du territoire (reconversion des pays noirs et aide au logement). Les prix se stabilisent, le salaire réel progresse et le chômage décline lentement, passant de 3 millions de chômeurs à 1,8 million entre 1931 et 1939. En France, le Front populaire est élu en mai 1936 sous le slogan « ni déflation, ni dévaluation, mais reflation », et avec un programme de renforcement du rôle de l'État et surtout de relèvement des prix agricoles et des salaires.

Le regard d'un économiste

Keynes et le rôle de l'État dans les économies en crise

John Maynard Keynes (1883-1946) est l'un des économistes les plus influents du XXe siècle, dont il est à la fois un penseur et un acteur : il participe à l'élaboration des accords de Bretton Woods au lendemain de la Seconde Guerre mondiale et inspire la mise en place de l'État-providence. Son ouvrage majeur, *Théorie générale de l'emploi, de l'intérêt et de la monnaie*, est certes publié trop tard (1936) pour influencer les politiques qui tentent de surmonter la crise de 1929, mais il exercera une influence durable sur la pensée économique. Refusant le laisser-faire, Keynes se montre favorable au « réamorçage de la pompe » par l'État, par le biais notamment de grands travaux, pour réduire le chômage et redresser les prix. Dans cette perspective, l'inflation n'est plus considérée comme une abomination dénoncée par les orthodoxes, mais comme un stimulant à la consommation et un réducteur de dettes.

Texte à l'appui

John Maynard Keynes, *Théorie générale de l'emploi, de l'intérêt et de la monnaie*, 1936.
liennathan.fr/a7by65

2. Les ruptures du *New Deal*

Le *New Deal*, programme de Roosevelt élu président des États-Unis en 1932, est marqué par le pragmatisme plus que par une vision théorique [→ TEXTE À L'APPUI]. L'assainissement du secteur bancaire permet de réinjecter du crédit pour relancer l'activité : la Réserve fédérale peut émettre du dollar sans restriction dans une perspective de reflation qui permet alors un redressement de 20 % des prix. Logiquement, les mesures d'augmentation de la masse monétaire débouchent sur une dévaluation (janvier 1934). **La lutte pour l'emploi est menée par l'État, à travers une politique de grands travaux d'équipement.** La *Tennessee Valley Authority* est chargée d'un plan global d'aménagement, qui couvre sept États, associant barrages, navigation fluviale et irrigation. Une agence fédérale, la *Work Projects Administration*, gère les grands chantiers qui embauchent une partie des chômeurs (aménagements hydrauliques de la Columbia River, Golden Gate Bridge de San Francisco, plus d'un million de kilomètres de routes). L'État soutient l'agriculture par l'*Agricultural Adjustment Act* (AAA) de mai 1933, une politique appelée à durer : des prix d'intervention permettent au gouvernement d'absorber les surplus, tandis que des primes sont versées en échange de la réduction des parcelles, dans une optique qui reste déflationniste. Le *National Industrial Recovery Act* (NIRA) de juin 1933 incite les industriels au respect de nouvelles normes (40 heures de travail pour les ouvriers, 35 heures pour les employés, salaire minimum) et à un code de concurrence loyale, sur la base du volontariat des entreprises. **Une nouvelle forme de régulation se met en place, dans le cadre d'un libéralisme aménagé par une plus grande intervention de l'État.** Le budget fédéral, désormais déficitaire, repose sur des dépenses trois fois plus importantes qu'avant la crise. Ce « *deficit spending* » a vocation à « réamorcer la pompe » en relançant la demande par la restauration de l'emploi et du pouvoir d'achat.

Texte à l'appui

Discours d'investiture à la présidence de Franklin D. Roosevelt, le 4 mars 1933.
liennathan.fr/e6f24r

3. Un succès mitigé

L'intervention de l'État ne va pas de soi : l'AAA comme le NIRA sont partiellement invalidés par la Cour suprême et doivent être amendés. À partir de 1935, un tournant social renoue avec le progressisme de la fin du XIXe siècle : le second *New Deal* prend acte d'un redressement incomplet : le chômage reste élevé, et si les prix ont retrouvé leur niveau d'avant la crise, la production reste en retrait. Le *Wagner Act* (ou *National Labor Relations Act*) reprend les dispositions du NIRA et institue des conventions collectives, renforçant le rôle des syndicats et instaurant une logique de négociations. Le *Social Security Act* d'août 1935 (indemnités de chômage et retraites versées par l'État) constitue un premier pas vers l'État-providence. Une rechute de l'économie en 1938 après un désengagement provisoire de l'État montre cependant la fragilité de ces mesures. **C'est le réarmement exigé par la montée des tensions internationales puis la guerre qui marqueront la sortie définitive de la crise.**

B. LES AVANCÉES SOCIALES

1. Le Front populaire, échec économique et progrès social

En France, la politique de relance par la demande engagée par Front populaire à partir de 1936 se heurte aux vives tensions politiques qui travaillent le pays. L'expérience est par ailleurs parasitée par la montée des dangers aux frontières (guerre d'Espagne, remilitarisation de la Rhénanie), qui sape l'autorité du gouvernement de Léon Blum. Le temps manque aussi pour que les mesures sociales puissent redresser l'économie. **Les accords de Matignon (7 juin 1936) répondent à la pression des salariés, engagés dans les grèves massives et les occupations d'usine du printemps (2 millions de grévistes).** Les partenaires sociaux s'accordent sur une hausse des salaires (de 7 % à 15 %), suivie en juin par la création de douze jours ouvrables de congés payés et par une réduction de la durée légale du temps de travail, de 48 à 40 heures, sans réduction de salaires. Ces deux dernières mesures s'inscrivent durablement dans le modèle français, même si, ponctuellement, la course aux armements annule la loi des 40 heures. Temps libre et tourisme deviendront, après la guerre, des éléments cruciaux de la société de consommation et de l'économie française, mais pèsent dans un premier temps sur la compétitivité. Le chômage ne recule pas non plus suffisamment : les entreprises n'ont pas profité de la réduction du temps de travail pour améliorer leur productivité par des investissements ; globalement, elles ont plutôt cherché à compenser ces nouveaux coûts par une hausse de leurs marges. En conséquence, les prix augmentent de près d'un tiers au second semestre 1936, la balance commerciale se dégrade (le taux de couverture tombe à 56 %) tandis que la mise en place des 40 heures provoque des ruptures d'approvisionnement. L'inflation annule les gains de pouvoir d'achat, le gouvernement Blum est contraint à une dévaluation impopulaire de 30 %, après un accord avec le Royaume-Uni et les États-Unis. Insuffisante à redresser la balance commerciale, cette dévaluation doit être suivie de deux autres, en 1937 et 1938.

Pour aller plus loin

Le catalogue d'une exposition de photographies du Front populaire
liennathan.fr/767dky

2. Le syndicalisme, un acteur reconnu

Immédiatement après la guerre, la crainte d'une « contagion » bolchevique pousse les gouvernements à une politique de répression de l'action syndicale, notamment à l'occasion de la crise de reconversion de l'économie en 1920 et 1921. Aux États-Unis, les « syndicats jaunes » (ceux contrôlés par les entreprises), taillent des croupières à la principale centrale, l'*American Federation of Labor* (AFL). Une loi de 1927 limite fortement les droits syndicaux au Royaume-Uni. Mais dans le même temps, des concessions sont accordées pour désamorcer la contestation, et les salaires réels progressent, malgré la persistance d'un chômage élevé.

Dans les années 1930, en revanche, la recherche de la négociation, voire d'un consensus avec les syndicats s'impose : les idées keynésiennes de relance par la consommation et le désaveu des logiques déflationnistes favorisent la hausse des salaires et la réduction du temps de travail. Les sociétés sont de plus en plus réticentes à accepter la dureté des conditions de travail en usine, un thème popularisé par des romanciers engagés (John Dos Passos, Upton Sinclair) ou par Charlie Chaplin dans *Les Temps modernes* (1936). Le syndicalisme américain se modernise avec la création du *Committee for Industrial Organization* (CIO), un syndicat d'industrie fort de 4 millions d'adhérents en 1938, qui concurrence, à partir de 1935, le vieux système des syndicats de métiers incarné par l'AFL.

C. LE DIRIGISME ÉCONOMIQUE DURANT LA GUERRE

1. La puissance accrue de l'État

Les démocraties européennes, libérales, ne disposent pas *a priori* des instruments dirigistes des régimes totalitaires pour engager l'économie au service de la guerre. Elles réagissent néanmoins au réarmement allemand avec vigueur, mais en retard. Le gouvernement Daladier accélère ainsi en 1938 les programmes de construction de chars et d'avions. Les Britanniques, malgré leur politique d'*appeasement*, relancent leur sidérurgie en vue de soutenir la production d'armes et triplent leurs dépenses militaires entre 1935 et 1939. **En 1941, le *Victory Program* met en place une administration centralisée coiffant les besoins militaires et civils.** Le ravitaillement est envisagé sous une forme rationalisée, les prix et les salaires fixés par des commissions d'experts. Aux États-Unis, l'*Office of Price Administration* contrôle prix et loyers, tandis qu'une commission mixte, le *National War Labor Board*, qui réunit des représentants des salariés, du patronat mais aussi des consommateurs, détermine le niveau des salaires et congés payés. Dans les deux pays, ce dirigisme économique permet de contrôler l'inflation, de limiter les conflits sociaux, tout en préservant l'économie de marché. La part de la commande publique dans le PIB s'envole pourtant, d'un quart en 1939 au Royaume-Uni à presque deux tiers en 1943, de 9 % à presque la moitié aux États-Unis entre 1938 et 1945. Après la victoire de 1945, l'État se désengage rapidement, même si, aux États-Unis, s'est durablement créé un complexe militaro-industriel* décisif pour les innovations : les entreprises privées de l'armement reçoivent des financements publics considérables qui leur donnent un avantage comparatif décisif.

2. L'organisation des Alliés

Le déclenchement de la guerre en Europe entraîne les États-Unis à rompre avec leur refus de s'engager dans les affaires internationales. En 1939, Roosevelt amende le Neutrality Act de 1935 par la clause « *Cash and Carry* », qui autorise les démocraties à se fournir en armes aux États-Unis, à condition qu'elles paient comptant et transportent elles-mêmes les armes. **En mars 1941, la loi prêt-bail permet de faire des États-Unis « l'arsenal des démocraties » :** le président peut autoriser tout Allié à s'équiper militairement en reportant le paiement jusqu'à dix ans après la fin de la guerre. Bénéficiant de cette mesure, le Royaume-Uni réussit à contenir l'assaut allemand, avant que la Chine, en mai, puis surtout l'URSS, en juin, n'en bénéficient à leur tour. La Charte de l'Atlantique, signée en août 1941 par Churchill et Roosevelt, coordonne les deux pays, et tous ceux qui voudront les rejoindre, dans une économie de guerre qui préserve « normes de travail améliorées, progrès économique et protection sociale ».

3. La suprématie économique, condition de la victoire

Comme lors du premier conflit mondial, l'étouffement économique des adversaires fait partie des conditions de la victoire. Les États-Unis démontrent leurs supériorités aérienne et navale, cruciales pour garantir la circulation entre les Alliés, depuis le centre américain vers les fronts européens et asiatiques. La production de navires marchands est multipliée par seize entre 1941 et 1944, celle d'avions passe de moins de 6 000 en 1939 à plus de 100 000 en 1944. Le contrôle de l'Atlantique permet d'approvisionner les Alliés européens par les convois de Liberty Ships*, la capacité croissante des chantiers navals américains force le Japon à abandonner progressivement ses points d'appui du Pacifique.

DÉFINITIONS

Complexe militaro-industriel : ensemble des interactions entre les militaires, les décideurs politiques et les industriels de l'armement.

Liberty Ships (« bateaux de la liberté ») : cargos construits en grande série par assemblage d'éléments préfabriqués dans les chantiers navals américains afin de constituer les convois de ravitaillement des troupes et des Alliés durant la Seconde Guerre mondiale.

La main-d'œuvre disponible (10 millions de chômeurs encore en 1938), l'embauche des Noirs dans les industries de la défense (un décret de juin 1941 interdit la discrimination jusqu'alors défendue par les syndicats), l'appel, de nouveau, aux femmes (deux fois plus nombreuses dans la vie active à la fin de la guerre) et, enfin, l'ouverture des plantations californiennes aux ouvriers mexicains (programme «*Bracero*») permettent cet effort sans précédent. La guerre justifie aussi l'augmentation du temps de travail, qui passe en moyenne de 38 heures à 45 heures en 1945. **La croissance des États-Unis (le PIB est multiplié par deux entre 1939 et 1945) repose aussi sur une formidable amélioration de la productivité, multipliée par deux entre 1938 et 1950.** On ne retrouve pas une telle dynamique au Royaume-Uni, pays disposant d'un appareil productif vieillissant et dépendant de plus en plus de son puissant allié. L'organisation scientifique des nouvelles usines s'appuie sur les innovations imaginées, notamment, dans les universités californiennes (Stanford). Les ruptures technologiques (nucléaire, radar, balistique, ordinateurs) décident de la victoire et ouvrent la voie à une longue période de domination des entreprises américaines.

11 LES MODÈLES DE CROISSANCE DE 1945 À NOS JOURS

Dans les pays occidentaux, la trentaine d'années qui suit la Seconde Guerre mondiale constitue une phase historique inédite en termes de croissance économique : elle n'avait jamais été aussi forte auparavant. Pour le sociologue et historien américain Immanuel Wallerstein, on assiste alors à « ce qui fut de loin la plus forte phase d'expansion de l'accumulation capitaliste depuis ses débuts au cours du long XVIe siècle ». Le système économique libéral, jusqu'aux crises des années 1970, semble avoir trouvé un équilibre optimum entre le libre jeu du marché et la régulation par les États. Les économies administrées du bloc socialiste ne suivent pas un rythme aussi soutenu, la progression apparente des indicateurs macroéconomiques n'entraînant pas d'amélioration qualitative pour les populations. Au Sud, dans l'effervescence des indépendances, les jeunes États rêvent d'une croissance qui suivrait de nouveaux modèles économiques. Mais les pays du tiers-monde sont piégés dès les années 1960 par une dégradation des termes de leurs échanges, qui se traduit par un creusement des écarts : le taux de croissance du PIB par habitant des pays de l'OCDE entre 1950 et 1980 (3,2 %) est ainsi supérieur à celui des pays du tiers-monde (2,6 %). Globalement, la période voit s'accroître, à l'échelle du monde, les inégalités à l'œuvre depuis la révolution industrielle : en 1992, les 20 % des plus pauvres de la planète ne jouissaient que de 2,2 % du revenu mondial contre 4,7 % en 1820. Les richesses se concentrent au Nord : en 1973, les six principaux pays industriels, représentant 20 % de la population mondiale, utilisaient 80 % des voitures. Mais la mondialisation, relancée dans les années 1980, redistribue partiellement les cartes au début du XXIe siècle. Les pays de l'ancien bloc soviétique connaissent une croissance de rattrapage, surtout ceux qui intègrent l'UE, tandis que la Chine entre dans la plus spectaculaire période de croissance de l'histoire, entraînant derrière elle les pays émergents.

Quelles sont les principales caractéristiques des grands modèles qui ont porté la croissance mondiale de 1945 à nos jours ?

Notions principales

Croissance économique : augmentation, calculée d'une année sur l'autre, de la richesse produite par un pays ou un groupe de pays (le PIB est l'indicateur de mesure de la croissance).
État-providence : traduction de *welfare state*, expression qui désigne l'intervention de l'État dans l'économie et dans la société par des mesures de protection sociale, de solidarité, de redistribution des richesses, avec pour objectif de protéger les individus. L'État-providence se généralise dans les pays occidentaux au lendemain de la Seconde Guerre mondiale.
Mondialisation : ensemble des processus (socio-économiques, culturels, technologiques) contribuant à accroître et à intensifier les flux (de personnes, de marchandises, de capitaux, d'informations), facilitant la mise en relation des sociétés du monde entier et provoquant des recompositions territoriales.
Planification : action par laquelle les pouvoirs publics mettent en place des plans pluriannuels pour orienter et encadrer le développement de l'économie.

CHRONOLOGIE

1947 : Lancement du premier cycle du GATT
1949 : Création du CAEM (ou Comecon)
1949 : Lancement du Deutsche Mark (DM) en Allemagne
1956 : Première utilisation du conteneur par Malcolm McLean
1957 : Traités de Rome instituant la CEE
1964 : Le Shinkansen, premier train à grande vitesse, de Tokyo à Osaka
1967 : Charte d'Alger dénonçant la détérioration des termes de l'échange
1971 : Fin du système monétaire international de Bretton Woods
1973 : Premier choc pétrolier
1980 : Ouverture des premières ZES sur le littoral chinois
1981 : Sommet Nord-Sud de Cancún
1982 : Crise de la dette au Mexique
1991 : Réformes libérales de l'économie en Inde
2001 : Entrée de la Chine à l'OMC

I. Les mutations du capitalisme libéral jusqu'aux années 1970

A. ÉTAT-PROVIDENCE, SOCIÉTÉS ET ENTREPRISES

1. Reconstruction et État-providence

« Haute croissance » pour les Japonais, « Trente Glorieuses » pour les Français (selon l'expression de Jean Fourastié), les années qui suivent la guerre sont caractérisées par une forte accélération de la croissance [→ DOCUMENT 1]. De 1950 à 1973, le PIB des pays de l'OCDE* s'accroît ainsi de 4 % par an, contre 1 % entre 1913 et 1950. Entre 1945 et 1973, les gains de productivité sont multipliés par 3 en France, 4 en Allemagne, 5 au Japon. Sous l'égide américaine, la reconstruction s'opère rapidement, en cinq ans, en Europe occidentale. L'aide américaine vers l'Europe et le Japon (plan Marshall de 1947, plan Dodge de 1949), d'un montant de 40 milliards de dollars au total de 1946 à 1961, permet une restauration des infrastructures et une coopération internationale sans équivalent historique. La croissance s'appuie sur des investissements massifs, qui représentent un quart du PIB de la RFA dans les années 1950. Dans les pays les plus vigoureux – Japon, France et Allemagne –, la croissance s'accélère dans les années 1960. Cette décennie est caractérisée par un retour à la stabilisation monétaire, pour la première fois depuis le début du siècle, et par une forte hausse des échanges.

L'industrie reste le moteur principal de la croissance, employant un pourcentage maximum de 38 % des actifs dans les pays de l'OCDE au milieu des années 1970 (jusqu'à 44 % en RFA en 1980). Elle bénéficie de l'extension du travail à la chaîne (systématisation du tayloro-fordisme), des économies d'échelle, accédant au stade de la production de masse grâce au faible coût de l'énergie et des matières premières fournies par le tiers-monde.

L'État est désormais un acteur économique assumé : en France et au Royaume-Uni, dans une moindre mesure en Italie et Allemagne, il intervient par des nationali-

DÉFINITION

OCDE : l'Organisation de coopération et de développement économiques est l'héritière, depuis 1960, de l'OECE (Organisation européenne de coopération économique), en charge de la répartition du plan Marshall. Elle promeut le libéralisme auprès de ses membres (sans aucun pouvoir de décision). Rassemblant des pays développés et en principe démocratiques, l'OCDE comptait 37 pays membres en 2020.

Document 1. Les rythmes de croissance des pays développés à économie de marché (taux moyen annuel en volume, en %)

	1913-1950	1950-1965	1965-1973
Royaume-Uni	1,3	2,9	3,1
États-Unis	2,8	3,7	3,8
France	1,0	5,0	5,4
Allemagne (puis RFA)	1,3	7,0	4,0
Italie	1,4	5,6	5,4
Japon	1,8	9,2	10,6

Source : Angus Maddison.

sations dans les secteurs de la finance, des transports et de l'énergie. En 1945 en France, en 1955 au Japon, des instruments de planification fixent des caps et définissent des priorités. La Norvège, les Pays-Bas ou l'Italie font de même, tandis que le Royaume-Uni attend 1962 pour lancer son premier plan quinquennal. Sans aller jusque-là, les États-Unis et la RFA engagent des programmes pluriannuels de grands travaux. Dans une perspective keynésienne, la politique budgétaire a la charge de la relance conjoncturelle, épaulée par une politique monétaire le plus souvent accommodante, c'est-à-dire favorisant la consommation grâce à des taux d'intérêt bas.

Mais c'est surtout l'implication de l'État dans le domaine social qui s'impose au sortir de la guerre. La Conférence internationale du Travail de Philadelphie, en 1944, généralise la notion de *welfare state*, l'État-providence. Les Britanniques adoptent, avec les élections de juin 1945, les conclusions du rapport Beveridge* de 1942, les États-Unis l'appliquent en septembre 1945 avec les vingt et une mesures du *Fair Deal* de Truman, la France par les ordonnances d'octobre 1945 instaurant la Sécurité sociale*. La protection des individus repose essentiellement sur le travail salarié, que l'État prélève les fonds sur les salaires en amont (France ou RFA) ou que le salarié soit tenu de s'affilier à des fonds d'entreprises (États-Unis). Le transfert est aussi intergénérationnel, le système reposant donc sur le taux d'activité et le plein-emploi. **Au nom de l'intérêt général, l'État s'impose comme arbitre social, intervenant dans le domaine de la santé et du risque social** (*National Health Service* britannique, garantissant la gratuité des soins et médicaments), mais aussi du logement (HLM), de l'éducation, voire de la culture (ministère Malraux en 1959). Cette hausse des dépenses sociales implique un accroissement des prélèvements obligatoires. De 30 % du PIB en 1950, ils passent à près de la moitié en 1977 au Royaume-Uni, de 27 % à 41 % en France. Seuls le Japon et les États-Unis restent dans des taux inférieurs. La fiscalité indirecte est mise à contribution, la France lançant en 1954 la TVA, reprise par le reste de

DÉFINITIONS

Rapport Beveridge : rédigé en 1942 à la demande du gouvernement britannique, ce rapport pose les bases de l'État-providence, luttant « du berceau à la tombe » contre les « cinq maux » que sont la maladie, le chômage, l'insalubrité, la pauvreté et l'ignorance.

Sécurité sociale : ensemble de dispositifs d'assistance contre les risques sociaux, mis en place à partir de 1945 en France. Financée par le travail et les cotisations sociales, la Sécurité sociale est gérée conjointement par les partenaires sociaux, syndicats et patronat.

l'Europe. Pour faire face à cette hausse des impôts, les entreprises sont poussées à rationaliser leur fonctionnement et à s'internationaliser. Le capitalisme managérial* remplace le capitalisme familial, comme l'a montré Alfred Chandler. Les choix opérés par cette technostructure (J. K. Galbraith) au sein des conseils d'administration sont décisifs.

Pour aller plus loin

À voir, sur le site de l'INA, un film datant de 1978 sur l'histoire de la Sécurité sociale, dans une perspective de longue durée (durée : 6'51")
liennathan.fr/z9e24e

2. Croissance et société de consommation de masse

La forte croissance des pays industrialisés s'inscrit dans un contexte de croissance démographique : jusqu'au milieu des années 1960, le *baby-boom*, couplé à l'urbanisation, transforme en profondeur les sociétés. L'espérance de vie progresse de façon régulière ; entre les années 1950 et 1970, le Japon gagne plus de neuf années d'espérance de vie et la France six. **Dans le même temps, grâce aux gains de productivité et à l'État-providence, le niveau de vie est multiplié par 2 en France entre 1950 et 1967, par 10 au Japon de 1952 à 1962. Sur le modèle américain, la consommation s'installe au cœur de la société et de l'économie.** De plus en plus présents dans les budgets des ménages, le confort et la santé deviennent des supports de la croissance : dans les années 1950, Texas Instruments commercialise les premiers postes de radio à transistors ; en 1961, les couches jetables sont mises sur le marché par Procter & Gamble. Plus qu'aucune autre branche, l'automobile synthétise le triomphe de la société de consommation de masse : ses usines remplacent les emplois disparus des anciens secteurs industriels (textile, mines, sidérurgie), les investissements publics dans les réseaux routiers poussent à sa généralisation, sa possession s'impose comme un signe d'intégration sociale. Ses dangers (18 000 morts sur les routes en France en 1972) comme son impact environnemental sont alors largement minorés.

Le regard d'un intellectuel

Guy Debord et la société de consommation

Écrivain, cinéaste, militant et théoricien révolutionnaire, Guy Debord dénonce, dans *La société du spectacle* (1967), le triomphe d'une société dans laquelle la communication produit des situations d'aliénation et de domination. Il critique également la société de consommation de masse, par exemple dans un article publié en mars 1966, dans le n° 10 de la *Revue Internationale situationniste*, dans lequel il met en perspective les émeutes de Watts survenues à Los Angeles en août 1965, « une révolte contre la marchandise, contre le monde de la marchandise et du travailleur-consommateur », écrit-il.

Texte à l'appui

Le déclin et la chute de l'économie spectaculaire-marchande
liennathan.fr/w8u37i

DÉFINITION

Capitalisme managérial : version du libéralisme dans laquelle les décisions des entreprises sont prises par des experts, les managers, qui forment une technostructure (c'est-à-dire un groupe relativement homogène qui exerce le pouvoir).

3. La construction européenne

La construction européenne obéit d'abord à des impératifs politiques, et au premier rang, le désir de paix des populations européennes. Mais elle s'inscrit aussi dans le grand mouvement de mutation du capitalisme libéral, associant ouverture des frontières, concurrence et protection des producteurs. La Communauté du charbon et de l'acier (CECA)*, l'acte fondateur des institutions en 1951, est ainsi très libérale dans son principe : elle prévoit la constitution d'un marché unique, interdit les cartels et oriente les prix en faveur des consommateurs. Pour le ministre français des Affaires étrangères Robert Schuman, qui lance le projet le 9 mai 1950, la constitution d'une Haute Autorité, indépendante et supranationale, qui organise les marchés et soustrait aux États ce secteur décisif de l'économie, est un gage de compétitivité. Un véritable marché commun* du fer et de l'acier est ainsi mis en place. **Les circonstances internationales favorisent l'extension de ce premier essai à une échelle élargie, avec le traité de Rome du 25 mars 1957 instituant une Communauté économique européenne (CEE).** La Communauté résulte d'un compromis, fondateur de la construction européenne : libérale dans son projet de marché commun, selon une exigence des milieux d'affaires d'Amsterdam, Bruxelles ou Hambourg, elle est aussi protectrice, une condition absolument nécessaire aux yeux des Français, qui redoutaient que leur tradition protectionniste n'en soit victime, au détriment des entreprises nationales.

Pour aller plus loin

Site de la fondation Robert Schuman, principal centre français de recherche sur l'Europe. On peut y lire notamment la déclaration du 9 mai 1950 dans son intégralité.
liennathan.fr/r7f7b9

ZOOM ▶ La CECA

En choisissant de construire une Europe économique, par l'association des productions nationales de charbon et d'acier, les dirigeants français et allemands avaient bien conscience de faire aussi œuvre politique, puisque la nouvelle structure créait, selon les mots de Robert Schuman, ministre français des Affaires étrangères, « une solidarité de fait » entre les deux pays. La production de charbon et d'acier, au cœur des économies qui s'étaient affrontées durant les deux guerres mondiales, devenait le symbole d'un rapprochement historique, la CECA faisant figure, selon l'historien Sylvain Khan, d'un anti-traité de Versailles. Les deux pays sont rejoints lors de la signature du traité de Paris, le 18 avril 1951, par l'Italie, le Luxembourg, la Belgique et les Pays-Bas. Le Royaume-Uni, en revanche, refuse un instrument qu'il juge incompatible, par la supranationalité de son fonctionnement, avec sa souveraineté. Instigateur du projet, le commissaire général au Plan Jean Monnet devient le premier président de la Haute Autorité, tandis que le dispositif est complété par une Assemblée chargée de contrôler la Haute Autorité et par une Cour de justice en charge des litiges. Première institution supranationale de l'histoire de la construction européenne, financée par un prélèvement de 1 % sur les entreprises du secteur, la CECA a fonctionné de 1952 à 2002.

DÉFINITIONS

CECA : à l'initiative de Jean Monnet et de Robert Schuman, qui appelle à sa création par le discours du salon de l'Horloge le 9 mai 1950, la Communauté européenne du charbon et de l'acier est instituée par le traité de Paris du 18 avril 1951. Elle a réuni jusqu'en 2002, autour de la RFA et de la France, l'Italie, la Belgique, les Pays-Bas et le Luxembourg. Elle consistait en une mise en commun de la production de charbon et d'acier, prélude à l'Europe des Six fondée en 1957.

Marché commun : espace de libre-échange dont les membres se dotent de règles communes, en matière de droits de douane notamment. Née en 1957 du traité de Rome, la Communauté économique européenne est le meilleur exemple de marché commun.

B. DE L'INTERNATIONALISATION À LA MONDIALISATION DES ÉCHANGES

1. La croissance du commerce international

Dans les décennies qui suivent la guerre, la stabilité monétaire et l'accroissement de la masse monétaire permettent l'ouverture des économies et dynamisent les échanges internationaux, entraînant gains de productivité et économies d'échelle. **Grâce au statut international du dollar, les États-Unis peuvent financer le déficit de leur balance globale, qui se creuse à la fin des années 1960. Les échanges internationaux disposent ainsi des liquidités nécessaires à leur expansion, et les dollars affluent dans les réserves des banques centrales du monde entier.** En contrepartie, ces dernières émettent plus de monnaie, cette expansion de la masse monétaire favorisant l'inflation. Un marché des eurodollars se développe à Londres, les banques qui y interviennent accordant des crédits en dollars qui favorisent à leur tour cette augmentation de la masse monétaire. Les organisations internationales comme le GATT*, l'importation sans cesse accrue de matières premières à faible coût en provenance du tiers-monde, le développement des multinationales expliquent la régularité de la croissance du commerce international. Un commerce largement à l'avantage des pays développés à économie de marché [→ DOCUMENT 2].

Document 2. Le commerce international en 1970

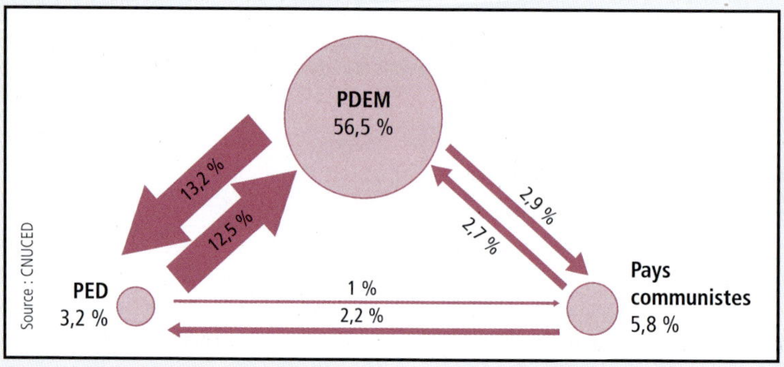

Les exportations des pays développés à économie de marché (PDEM) vers les pays en développement (PED) pèsent 13,2 % du commerce mondial, leurs importations 12,5 %.

2. Les progrès techniques

L'amélioration des transports participe à l'accroissement du commerce international : les navires sont plus fiables et leur capacité de charge augmente. La fermeture de Suez en 1956 inaugure la course à la taille des tankers, qui culmine au milieu des années 1970. La guerre du Vietnam, grâce aux commandes de l'État, permet à l'armateur américain McLean de développer les premières lignes de porte-conteneurs à travers le Pacifique. La diésélisation et l'électrification améliorent les transports ferroviaires : en 1964, le *Shinkansen* inaugure l'ère de la grande vitesse de Tokyo à Osaka ; en 1974, la France lance le TGV, qui sera mis en service en 1981. Le transport aérien n'est pas en reste : en 1950,

DÉFINITION

GATT : General Agreement on Tariffs and Trade, accord signé le 30 octobre 1947 par 23 pays visant à harmoniser leurs politiques douanières. Ce traité de libre-échange entre en vigueur en janvier 1948.

50 passagers prennent place dans un Constellation et mettent 15 heures pour se rendre de Paris à New York. Vingt ans plus tard, 400 personnes peuvent s'installer dans un Boeing 747, pour un trajet de 6 heures. Les économies d'échelle qui en découlent permettent une massification du tourisme international.

3. La logique des entreprises multinationales

De 2 milliards de dollars en 1956, les IDE américains augmentent continûment pour atteindre 5 milliards en 1968 et 13 milliards en 1974. Ils se dirigent alors à 42 % vers la CEE, première destination loin devant le Canada (31 %). Les entreprises américaines investissent en Europe pour contourner le tarif extérieur commun de la CEE, entré en vigueur en 1968, et atteindre un marché dynamique, une main-d'œuvre qualifiée, un haut niveau de consommation. Ces investissements sont d'abord industriels (raffinage, automobile, électronique). Ils sont facilités par la puissance du dollar par rapport aux monnaies européennes et par la sous-capitalisation boursière des entreprises européennes, moins avancées dans le capitalisme actionnarial. **Dans les années 1960, les firmes américaines commencent également à s'intéresser aux pays ateliers émergents de la façade asiatique du Pacifique : Corée du Sud, Taïwan, Singapour, Hong Kong.** Alliés géopolitiques des États-Unis, ils offrent alors des avantages salariaux exceptionnels. Les accords du GATT poussent de plus en plus les investisseurs à raisonner en termes de marché mondial et à chercher à produire là où les coûts sont les plus faibles pour vendre là où les marchés sont les plus dynamiques, l'optimisation fiscale jouant aussi son rôle. Dans cette nouvelle logique, les firmes s'internationalisent, produisant dans chacun des marchés visés, et deviennent des transnationales, produisant dans de multiples territoires mais s'adressant à un marché mondialisé. Certains pays du Sud restent suspicieux envers ces investissements étrangers, perçus comme une dépossession de souveraineté, une forme de néocolonialisme. Ce refus explique le choix du développement autocentré opéré par certains États (comme l'Algérie). À la fin des années 1980, toutefois, la nécessité de liquider les dettes et l'application du consensus de Washington* marquent un tournant décisif dans l'intégration des Sud à la mondialisation.

Dans la seconde partie du XXe siècle, une mutation des logiques commerciales s'esquisse : à un commerce de type ricardien, régi par l'échange de biens différenciés en fonction des facteurs de production de chacun des partenaires, s'est progressivement substituée une compétition pour s'approprier les segments les plus rentables de la production. **Dans cette optique, le rôle des États, décisif dans un premier temps, a fini par décroître, et celui des entreprises, devenues transnationales, s'est renforcé.**

4. Centres et périphéries

Le poids des grandes puissances dans le commerce international se consolide durant la période 1950-1975 [→ DOCUMENT 3]. **Les cinq premiers exportateurs en 1950 (États-Unis, Royaume-Uni, France, RFA, Japon) pesaient 31 % des exportations (et la moitié des richesses produites dans le monde), un pourcentage monté à 37 % en 1975.** Dans le même temps, les échanges internationaux ont été multipliés par 4,5, et la richesse produite

DÉFINITION

Consensus de Washington : l'expression a été forgée en 1989 par l'économiste John Williamson pour résumer, autour de dix principes, les demandes de réformes alors exigées tant par les institutions internationales de Washington (FMI et Banque mondiale) que par le gouvernement américain. Des réformes qui sont liées aux présupposés de l'école néolibérale de Chicago : ouverture des frontières, amenuisement du rôle de l'État, dérégulation des marchés.

par 3. Cette croissance des échanges se traduit très logiquement par une augmentation du taux d'ouverture [→ CHAPITRE 10]. En Europe occidentale, par exemple, ce taux passe de 7 % en 1948 à 15 % en 1973. En 1973, en revanche, le taux d'ouverture des pays en développement n'est que de 8 %, mais avec des variations considérables : 1 % pour la Chine, 7 % pour le Brésil, plus de 50 % pour les pays exportateurs de pétrole, 80 % pour Hong Kong. Les chiffres soulignent une polarisation croissante des échanges, internationalisés plus que mondialisés : les échanges des PDEM entre eux représentent 41 % et 57 % des échanges mondiaux en 1950 et 1970. Les principales puissances commerciales sont de loin l'Europe occidentale prise dans son ensemble (31 % en 1948, 45 % en 1973) et les États-Unis, dont la part baisse du quart des exportations mondiales en 1948 à 15 % en 1973.

Les échanges Nord-Sud diminuent relativement durant la période : d'un tiers du total en 1950, ils sont tombés à 19 % en 1973. Des stratégies de développement autocentrées (comme en Inde) ou visant à l'industrialisation par substitution aux importations* (comme en Amérique du Sud, notamment) en sont l'une des raisons, **mais la principale réside dans la baisse tendancielle du prix des produits bruts*, qui entraîne une nette détérioration des termes de l'échange***.

Document 3. Répartition du commerce mondial par types de pays (en %)

	1948	1958	1971
Pays industriels occidentaux	61	63	69
Pays communistes	6	11	10
Tiers-monde*	33	26	21
Dont :			
– Amérique latine	*12*	9	6
*– Asie***	*11*	9	8

* Sans la Chine. ** Sans la Chine ni le Japon.

Source : William Rostow, *The World Economy. History and Prospect*, 1978.

C. UN MODÈLE EN CRISE DANS LES ANNÉES 1970

1. La remise en cause des conditions de la croissance

Les sociétés occidentales sont marquées, dans les années 1970, par des ruptures structurelles, tandis que la croissance est remise en cause par un double choc pétrolier.

Les progrès médicaux – contraception chimique dans les années 1950, légalisation de l'avortement à partir des années 1960 – et la poursuite de l'individualisation dans les sociétés occidentales opèrent une rupture historique : la natalité décline, au début des années 1970,

DÉFINITIONS

Détérioration des termes de l'échange : pour un pays, évolution négative des prix de ses exportations par rapport à ses importations. Dans les années 1960, les prix des produits manufacturés que doivent importer les pays du tiers-monde augmentent plus vite que ceux des matières premières qu'ils exportent, ce qui provoque la détérioration des termes de l'échange.

Industrialisation par substitution aux importations : politique industrielle protectionniste qui vise à favoriser l'essor d'une industrie nationale.

Produits bruts : matières premières non encore transformées ou semi-transformées.

le renouvellement des générations n'est plus assuré en Italie, en Suède ou aux États-Unis. Pour la première fois en dehors de circonstances tragiques (guerres, épidémies), la natalité devient même inférieure à la mortalité (en Allemagne dès 1970). Le vieillissement des populations est porteur de remise en cause des équilibres sociaux et économiques mis en place au lendemain de la guerre.

La stabilité monétaire mise en place à Bretton Woods ne résiste pas à la dégradation des comptes des États-Unis, minés par le coût de leur politique étrangère et du *welfare state*. La réserve en or de la Banque fédérale des États-Unis a fondu en dix ans, passant de 23 milliards en 1958 à 10 milliards en 1968 ; elle ne dispose plus alors que d'un tiers des stocks d'or mondiaux, contre les deux tiers en 1945. Une fuite des capitaux expliquée pour partie par les investissements à l'étranger des entreprises, mais aussi par la défiance croissante vis-à-vis du dollar, qui pousse à l'échanger contre de l'or. Une première suspension partielle de la convertibilité en 1968 est insuffisante, tandis que la balance commerciale des États-Unis devient à son tour déficitaire en 1971, pour la première fois depuis 1890. **Le 15 août 1971, le président Nixon suspend la convertibilité du dollar en or, un premier pas avant une dévaluation qui achève le Système monétaire international.**

Deux ans plus tard, les tensions géopolitiques au Moyen-Orient mettent fin à un autre pilier de l'ère de croissance : le pétrole bon marché. En réaction au soutien occidental à Israël lors de la guerre du Kippour, les pays arabes de l'OPEP* décident de restreindre leur production : la hausse des prix qui s'ensuit (de 3 dollars environ début octobre, le baril passe à 12 dollars en décembre) précipite les économies occidentales dans un marasme inconnu depuis la fin de la guerre. Un deuxième choc, en 1979, suit la révolution iranienne et la guerre qui oppose le nouveau pouvoir à son voisin irakien : le baril monte à 36 dollars à la fin de l'année 1980. Les chocs pétroliers ont marqué la fin d'une époque. **Stables et plutôt faibles entre 1911 et 1973, les prix du pétrole entrent dans une nouvelle phase marquée par des oscillations imprévisibles** [→ DOCUMENT 4].

2. La fin du plein-emploi

Pour la première fois depuis la Seconde Guerre mondiale, le PIB des pays développés à économie de marché (PDEM) stagne, voire recule : de 5,7 % en 1973 à 0,9 % en 1974 et – 0,5 % en 1975. Mais la crise est moins spectaculaire que celle des années 1930 : pour les membres de l'OCDE, la récession se limite aux années 1975, 1980 et 1981. **La montée du chômage demeure le signe sensible le plus marquant de la nouvelle phase économique qui débute dans les années 1970, en rupture avec la situation de plein-emploi qui prévalait durant les Trente Glorieuses.** Dans les pays de l'OCDE, la récession de 1974-1975 fait passer le taux moyen de chômage de 4 % de la population active à 6 %. Après la contraction de la croissance en 1981, il passe à 9 %. Dans les deux cas, les récessions ont été suivies par une nette reprise qui n'a eu aucune influence sur le chômage. La dichotomie entre la courbe de la production et celle du chômage constitue une nouveauté de la période, qui tranche, là encore, avec les années 1930. Le chômage de longue durée (supérieur à un an) devient aussi une réalité en Europe occidentale, les jeunes, les femmes et les ouvriers non qualifiés constituant les catégories les plus touchées.

DÉFINITION

OPEP : l'Organisation des pays exportateurs de pétrole, forme de syndicat de défense des pays producteurs, a été fondée en septembre 1960 à Bagdad à l'initiative de cinq grands exportateurs de brut : le Venezuela, l'Iran, l'Irak, l'Arabie saoudite et le Koweït. Ils ont été rejoints par la Libye, l'Indonésie, l'Algérie, le Nigeria, l'Équateur et le Gabon.

3. Une crise d'usure

Le choc pétrolier n'a fait qu'amplifier des déséquilibres préexistants, révélant les limites atteintes par un modèle de croissance exceptionnel. **Dès le milieu des années 1960, le taux de profit*, à la base de l'investissement en économie de marché et qui a été l'un des moteurs de la croissance, s'essouffle, tout comme les gains de productivité.** Sont en cause le niveau élevé des salaires, le coût des innovations technologiques puis la hausse des matières premières. S'enclenche ainsi un cercle vicieux: les entreprises disposent de moins de capitaux pour investir. Elles commencent alors à délocaliser leur production vers des pays à faible coût de main-d'œuvre, au détriment de l'emploi industriel national. Le charbon puis le textile sont ainsi en partie déclassés. **Les perturbations des années 1970 apparaissent comme celles d'une période de transition où l'on passe d'une économie industrielle à une économie tertiaire**, moins à même de générer des gains de productivité. En termes d'emplois, la tertiarisation de l'économie ne prend qu'imparfaitement le relais d'une industrie déclinante. Le modèle fordiste est rejeté progressivement par les ouvriers, qui critiquent le «travail en miettes», tandis que les progrès de la robotisation fragilisent les moins qualifiés. Le Japon expérimente une nouvelle organisation du travail industriel, orientée vers une plus grande flexibilité. Dès les années 1950, le toyotisme, déve-

■ **Document 4. Le prix du pétrole de 1970 à 2006, en dollars courants**

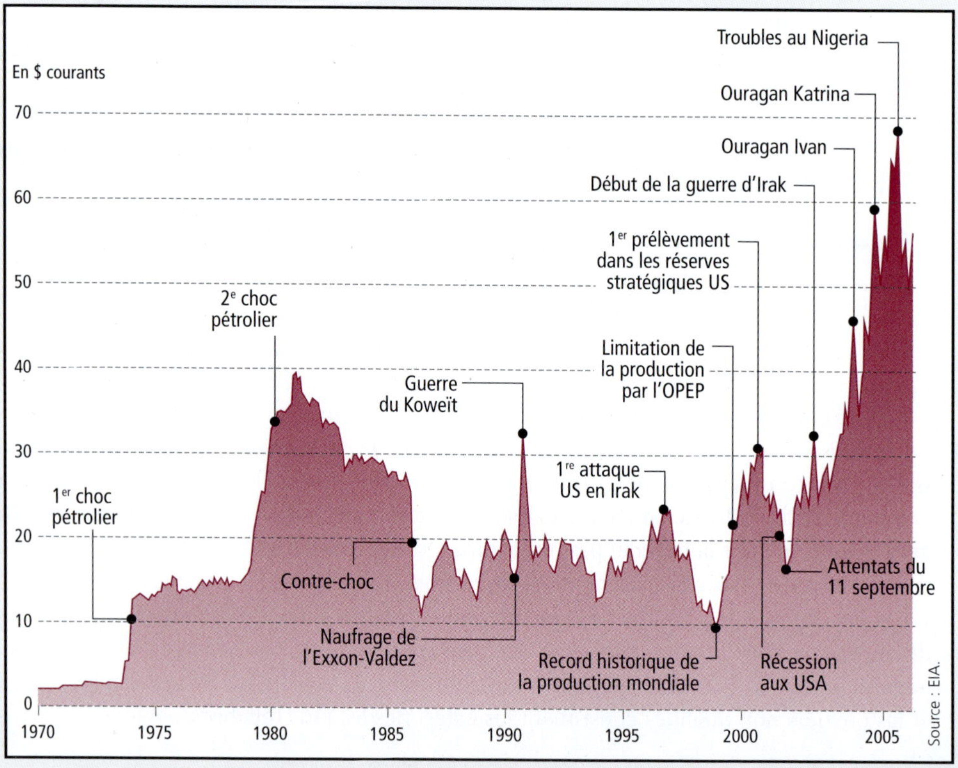

DÉFINITION

Taux de profit: mesure du rapport entre la plus-value et le capital investi.

loppé par l'ingénieur Taiichi Ohno (futur vice-président de Toyota), repose principalement sur le « juste-à-temps », c'est-à-dire la livraison en flux tendus du nombre de véhicules dont a besoin un vendeur. Ainsi, s'ouvre une phase économique inédite, marquée par **la stagflation**, caractérisée par une faible croissance et une hausse des prix. Cette dernière, de l'ordre, en moyenne, de 10 % par an sur la période 1974-1984, pèse sur le pouvoir d'achat, sans remettre en cause la société de consommation.

ZOOM ▶ Le toyotisme

Le « *just in time* » au fondement du toyotisme suppose une grande flexibilité, souvent résumée par les cinq « zéros » : zéro stock, zéro délai, zéro papier, zéro défaut, zéro panne. Les coûts directs et indirects générés par les défauts sont supposés supérieurs aux coûts engendrés par une production de grande qualité. Les activités sont moins compartimentées, le travail en équipes autonomes favorisé, l'effort et l'implication personnels de l'ouvrier davantage sollicités, celui-ci accédant à la mobilité dans l'atelier, l'information circulant rapidement de la base au sommet et réciproquement. Ce système, généralisé chez Toyota à partir de 1965, s'est accompagné de l'organisation de cercles de qualité : des groupes d'ouvriers volontaires (de 5 à 10 personnes), associés dans une même unité de production et cherchant à identifier et résoudre les problèmes rencontrés lors du travail, en vue d'améliorer la qualité des produits. À la différence de la logique d'intégration du fordisme, la firme sollicite des sous-traitants pour fournir en temps réel les pièces détachées. La généralisation du système permet de réduire la masse salariale tout en mettant en concurrence les fournisseurs, au détriment donc des salariés.

II. Les modèles communistes et leur épuisement

A. L'IMPOSITION DU MODÈLE STALINIEN

1. Ambitions et échecs de la planification

Malgré les destructions considérables de la guerre et l'arrêt de l'aide américaine, le modèle économique soviétique bénéficie, au sortir de la guerre, de l'immense prestige politique acquis par l'URSS dans la victoire contre l'Allemagne nazie. Le conflit a aussi permis l'industrialisation de l'est du pays (pour compenser les destructions à l'ouest), tout comme la démobilisation a accéléré l'urbanisation. **Les bases du stalinisme économique (planification, collectivisation, industrialisation) sont maintenues dans le IVe plan, qui débute en 1946.** Il relance la mise au pas des campagnes et le volontarisme industriel. 10 millions d'hectares, que s'étaient appropriés les paysans dans la désorganisation de la guerre, sont recollectivisés entre 1946 et 1949, le bétail est réquisitionné et les marchés kolkhoziens taxés plus lourdement. Les effets en sont catastrophiques : 1946 est la pire année pour les récoltes de toute l'histoire soviétique (la production de céréales n'atteint pas 43 % de celle de 1940). **Au début de 1947, la moitié de la population est touchée par la disette et un million de personnes meurent, victimes, selon Nicolas Werth, de la dernière famine européenne du XXe siècle.** Il a fallu attendre 1954 pour que la consommation alimentaire urbaine retrouve le niveau de 1928.

Jusqu'en 1955, les IVe et Ve plans maintiennent le primat de l'industrie lourde, couplée aux dépenses militaires et à des projets pharaoniques, comme le canal Don-Volga. Grisée par la compétition de la guerre froide, l'URSS procède à 128 explosions nucléaires réalisées pour tester – en vain – différents usages civils de la nouvelle technologie. La production industrielle soviétique dépasse en 1950 son niveau d'avant-guerre, mais les déséquilibres de structure subsistent : l'industrie des biens de consommation piétine, les prélèvements sur les campagnes induisent un exode rural important (8 millions de paysans quittent leur terre entre 1946 et 1953). Dans les villes, la crise de l'immobilier perpétue les logements communautaires. Au début des années 1950, un Soviétique ne dispose que de 5 m^2 en moyenne pour se loger.

2. La satellisation de l'Europe de l'Est

Des réformes agraires, populaires dans des pays aux structures foncières très inégalitaires, sont mises en place dans les pays du bloc de l'Est aux lendemains de la guerre. La confiscation des grandes propriétés permet de créer des fermes d'État mais aussi de distribuer la terre aux petits paysans. Dans un second temps, le parti-État favorise les fermes coopératives sur le modèle des kolkhozes. À part en Pologne, où les trois quarts de la surface agricole utile (SAU) sont restés aux mains de petits agriculteurs, la collectivisation des campagnes s'est achevée à la fin des années 1950, non sans violence, comme en Tchécoslovaquie. Banques, entreprises et commerces sont presque intégralement nationalisés : en 1960, la production industrielle est nationalisée à 89 % en RDA, à 99 % en Pologne. **Partout, comme en URSS, la planification centralisée s'impose avec les mêmes impératifs industriels, indifféremment des situations locales :** en Roumanie, par exemple, où les agriculteurs représentent les deux tiers des actifs, l'agriculture ne capte que 10 % des investissements, contre la moitié pour l'industrie lourde, malgré une insécurité alimentaire persistante.

Réponse institutionnelle au plan Marshall, le Conseil d'assistance économique mutuelle (CAEM, ou Comecon), institué en janvier 1949, permet un contrôle accru de l'URSS sur les démocraties populaires, sous couvert de solidarité économique et de coordination des plans. Il instaure une relation asymétrique de dépendance, les pays satellites devant se spécialiser là où l'URSS est déficiente. Le Comecon maintient aussi une dépendance technologique vis-à-vis du grand frère soviétique : les démocraties populaires sont des sous-traitants prestataires de pièces détachées, la technologie et la maîtrise d'œuvre restant l'apanage de l'URSS. L'interdépendance est croissante, puisqu'en 1960, les trois quarts des échanges des pays du Comecon ont lieu entre eux. À partir de 1964, une monnaie de compte, le « rouble transférable », facilite les opérations de compensation.

3. Les voies yougoslave et chinoise

Échappant à la tutelle stalinienne, la Yougoslavie de Tito engage une politique économique originale. La réforme agraire limite les grandes fermes d'État à 15 % des surfaces exploitées, les petites exploitations familiales restent majoritaires. À partir de 1950 surtout, toutes les entreprises élisent un conseil ouvrier désignant le directeur et définissant la stratégie. Ce principe de l'autogestion ouvrière s'étend bientôt à l'administration. Un plan-cadre général incitatif harmonise les Républiques autonomes, tandis que de 1965 à 1971, une relative libéralisation économique renforce la croissance. **Exclu des échanges du bloc socialiste, le pays s'ouvre aux prêts occidentaux, bénéficie des devises des travailleurs yougoslaves émigrés comme de l'ouverture au tourisme occidental.** Mais les rivalités nationalistes internes freinent l'intégration et renforcent les inégalités : un Slovène dispose d'un PIB par habitant sept fois supérieur à un Kosovar. L'autogestion favorise par ailleurs la redistribution salariale au détriment de l'investissement et de l'emploi, ce qui se traduit, dans les années 1970, par un endettement croissant et une inflation persistante.

La Chine suit, dans un premier temps, l'orthodoxie stalinienne. Ouverte quelques mois après la prise du pouvoir par le PCC en 1949, la guerre de Corée permet une militarisation de la société, facilitant la socialisation d'une économie dévastée par deux décennies de guerre civile et d'occupation japonaise. **La réforme agraire est conduite de façon assez consensuelle par un Parti communiste aux assises villageoises anciennes. Dans l'industrie, l'établissement d'un monopole d'État était déjà avancé lors du lancement, en 1953, du premier plan quinquennal.** L'accent mis sur l'industrie lourde (la moitié des investissements), au détriment de l'agriculture, ne pouvait cependant pas être très concluant dans un pays aussi retardé industriellement.

B. L'IMPOSSIBLE RÉFORME

1. Les ambitions réformatrices de Khrouchtchev et leur échec (1953-1964)

L'agriculture est une priorité pour Khrouchtchev, d'autant que le pays connaît une disette en 1954. La mise en valeur de 25 millions d'hectares de terres au Kazakhstan et en Sibérie augmente d'un tiers la SAU. Les investissements de l'État dans les campagnes augmentent, les taxes sont abaissées, si bien que les revenus agricoles progressent. Pour atteindre les objectifs de dépassement du « niveau économique des pays capitalistes les plus évolués » à l'horizon des années 1980, une réforme de la planification est lancée, le plan de 1959 devenant septennal et non plus quinquennal, avec des objectifs plus réalistes que les précédents. Il est surtout en partie décentralisé par la création de 105 *sovnarkhozes* (conseils économiques régionaux) chargés de relayer les décisions des ministères centraux. Mais cette politique ambitieuse échoue en raison de ses approximations et des obstacles multipliés par une *nomenklatura** conservatrice. La mise en valeur des terres vierges est restée décevante, le développement du maïs s'est heurté à l'insuffisance de l'irrigation, l'érosion provoquée par la monoculture céréalière mécanisée a vite entraîné une baisse des rendements. **En 1963, pour la première fois de son histoire, l'URSS était contrainte d'importer 12 millions de tonnes de céréales** pour 1 milliard de dollars, en provenance des États-Unis et du Canada. Le maintien de la toute-puissance du Gosplan* a eu raison de la réforme de la planification, qui est abandonnée après le remplacement de Khrouchtchev par Brejnev en octobre 1964.

2. L'échec du compromis sous Brejnev

Issu de la *nomenklatura* et soutenu par elle, Leonid Brejnev recherche avant tout la paix sociale et la stabilité politique pour assurer et consolider les privilèges des *apparatchiks**. Du sommet à la base, le consensus sur l'immobilisme politique s'impose, jusqu'à l'abandon de l'idée même de passage au stade ultime du communisme qui, selon Marx, devait couronner et dépasser la phase du tout-État socialiste. **Le discours officiel des années 1960 est désormais celui du « stade du socialisme avancé ».** Des réformes sont mises en œuvre : s'inspirant des travaux de l'économiste Evseï Liberman sur la productivité et la rentabilité en régime socialiste, une réforme des entreprises est adoptée. Ces dernières doivent devenir financièrement autonomes grâce aux profits qu'elles réalisent ; les employés sont motivés par la distribution de primes. L'effort de productivité est aussi étendu à l'agriculture. Le plan est

DÉFINITIONS

Nomenklatura **:** en URSS, ensemble des privilégiés du régime, aussi appelés *apparatchiks*.
Gosplan : organisme soviétique interministériel créé en 1921, tout-puissant dans l'organisation de la planification.
Apparatchiks **:** membres des élites du régime soviétique, ils constituent la *nomenklatura*.

assoupli et réoriente l'investissement vers l'agriculture et les biens de consommation, tandis que l'organisation ministérielle est partiellement décentralisée. À l'achèvement, en 1975, du IXe plan, le constat d'échec est toutefois manifeste. Si l'équipement des ménages en produits électroménagers de base a progressé, leur qualité est médiocre et le secteur du logement reste déficient. Le ralentissement des taux de croissance dès la fin des années 1960 aboutit, en 1971, à la suppression de l'autonomie des entreprises.

3. En Chine, la tragédie du Grand Bond en avant

En 1958, alors que les relations avec l'URSS se sont refroidies depuis la fin du stalinisme et le XXe congrès du PCUS de 1956, Mao estime qu'il est temps de lancer la Chine dans un socialisme qui lui soit propre, une voie chinoise vers l'industrialisation, ce que résume le slogan « Grand Bond en avant ». Les campagnes sont au cœur d'un projet utopique de réorganisation fondamentale et égalitariste de la main-d'œuvre à l'échelle d'un État-continent. L'expérience repose sur la mobilisation intense et quasiment militaire des « masses paysannes » pour améliorer les infrastructures (canaux, digues, barrages) et sur un nouveau noyau administratif, les communes populaires. **Dans une logique de décentralisation et de quête de l'autosuffisance, les communes populaires supervisent la production agricole, mais souvent aussi de petites unités industrielles – des hauts fourneaux, par exemple.** Elles gèrent la santé, les finances et tous les aspects de la vie quotidienne. Les objectifs contradictoires assignés à une paysannerie mal formée, la disparition des statistiques centralisées et la rupture de l'aide soviétique aboutissent, en 1959 et 1960, à une chute de la production, tant industrielle qu'agricole, et à une famine d'ampleur historique aggravée par les réquisitions gouvernementales. **Le Grand Bond en avant se solde par une catastrophe, avec 20 à 30 millions de morts.**

C. LA FAILLITE ÉCONOMIQUE

1. Les rigidités soviétiques

En entretenant les illusions d'une croissance extensive, le réservoir considérable de ressources du sous-sol dessert l'URSS. Le modèle de développement est peu propice aux gains de productivité : l'industrie emploie 15 millions d'actifs industriels de plus qu'aux États-Unis pour une production au moins deux fois inférieure. Le développement soviétique échoue à susciter l'innovation et souffre d'un réseau de transports insuffisant. En outre, le complexe militaro-industriel reçoit une part démesurée des investissements : en 1989, il emploie 20 millions de personnes (soit 14 % des actifs) et confisque 40 % de l'effort de recherche et développement. **Les ambitions géopolitiques accrues des années 1970 débouchent par ailleurs sur une « surexpansion impériale »** (Paul Kennedy), à savoir un impérialisme de moins en moins contrôlable, alourdissant encore les dépenses militaires, qui absorbent jusqu'à un quart du PIB soviétique (soit plus du double de l'effort américain à son apogée). En 1980, l'économiste hongrois János Kornai rédige un livre sévère sur l'économie planifiée, *Economics of Shortage* (traduit sous le titre *Socialisme et économie de la pénurie*). Il y montre comment le marché est évacué dans le régime d'accumulation communiste. La fixation des prix ne dépend pas d'un équilibre de l'offre et la demande : le prix est déterminé en amont par la valeur des biens intermédiaires intégrée à une marchandise : il s'agit d'éviter la « plus-value », signe de l'exploitation du capital sur le travail, selon Marx. Pour Kornai, le socialisme planifié est « contraint par les ressources » et par la « contrainte budgétaire molle », à l'inverse du capitalisme, « contraint par la demande » et où l'absorption des produits par les consommateurs constitue la seule limite. **L'économie soviétique, qui**

a renoncé à la quête du profit et a exigé la soumission aux objectifs du plan, quel qu'en soit le prix, est en échec.

2. Des progrès insuffisants en Europe de l'Est

Comme en URSS, les réformes économiques des années 1960 sont ambitieuses, mais inefficaces. La RDA prône un « nouveau système économique » à partir de 1963, tandis que la Tchécoslovaquie lance un « nouveau système de gestion » à partir de 1967, année où la Bulgarie lance également son programme de réformes. Au-delà des spécificités nationales, le principal point commun réside dans un accès plus libre au commerce extérieur, notamment en direction de l'Occident (automobiles Skoda, matériel d'optique Zeiss). Enfin, la recherche du profit n'est plus un tabou et certains prix sont partiellement libéralisés (l'État continuant d'assigner des prix à un grand nombre de produits). **L'expérience hongroise, menée par János Kádár après l'écrasement de la révolte de Budapest en 1956, est la plus aboutie, aussi bien dans l'agriculture (le pays exporte dès les années 1960) qu'en matière de libéralisation.** À partir de 1968, le « nouveau mécanisme de marché », inspiré des thèses de Liberman, introduit une certaine « vérité des prix » et une rémunération indexée au rendement du travail. Le « socialisme du goulash », un communisme de la consommation, permet une prospérité relative, mais qui reste insuffisante aux yeux des Hongrois de la fin des années 1980.

Signe d'une mauvaise intégration régionale, les accords commerciaux au sein du CAEM demeurent bilatéraux, presque jamais multilatéraux, et lourdement polarisés par l'URSS. La progression des échanges intra-CAEM stagne même à partir du début des années 1970, au profit d'échanges avec les pays capitalistes pour des biens que le bloc communiste est incapable de fournir. La Pologne, qui tente ainsi d'améliorer son déficit en biens de consommation, fait le choix de l'endettement.

3. Des sociétés frustrées

Au-delà des indicateurs de croissance, à prendre avec précaution dans des systèmes opaques et policiers, l'échec du modèle économique communiste se lit dans sa réception populaire. Dès la mort de Staline, des révoltes ouvrières éclatent en Tchécoslovaquie (Pilsen en juin 1953) et surtout en RDA, où les émeutes du 17 juin 1953, à l'initiative des ouvriers du chantier de la *Stalinallee* (la principale avenue de Berlin), sont écrasées par les chars soviétiques. À rebours du discours officiel sur le paradis des travailleurs qu'édifieraient les démocraties populaires, c'est contre le durcissement des normes de travail et la dégradation des conditions de vie que se soulèvent les ouvriers. **Le XXe congrès du PCUS de janvier 1956 laisse espérer, en vain, un assouplissement du contrôle social : le 28 juin 1956, une grève et des manifestations dans les usines métallurgiques de Poznan, en Pologne, sont réprimées par l'armée polonaise. En octobre, en solidarité, Budapest et la Hongrie se soulèvent à leur tour.** Mais la plupart du temps, c'est par une résistance passive que se manifeste l'opposition au régime : l'absentéisme, le retard, la faible productivité au travail en sont les manifestations les plus courantes. Les paysans réservent leur énergie pour leur lopin de terre, et non pour les exploitations collectives. L'alcoolisme, notamment en URSS, est un autre symptôme de ce mal-être. Les tensions sociales réapparaissent à la fin des années 1960, la répression de nouvelles grèves en Pologne (en 1970 à Gdańsk) alimente désormais une contestation profonde d'un régime définitivement coupé des masses populaires qu'il prétend incarner. Le pouvoir de séduction du modèle, qui avait influencé le tiers-monde naissant, fait désormais figure de chimère.

III. Les rêves brisés du tiers-monde

A. LES DIFFÉRENTS MODÈLES

1. Le poids du sous-développement

Les États issus de la décolonisation ou de la domination occidentale sont marqués par une série d'insuffisances, que la période coloniale a parfois accentuées : l'encadrement y est déficient, les cadres politiques, techniques, administratifs ou économiques sont généralement trop peu nombreux et souvent mal formés (un diplômé de l'université pour 1 000 Chinois, par exemple). **L'économie est en retard ou déséquilibrée, faute d'investissements suffisants dans les infrastructures, en vertu aussi du pacte colonial tacite (elles ne devaient pas concurrencer la métropole) et de la pratique de l'exclusif colonial*.** L'économie reste durablement dominée, en conséquence, par le secteur primaire. La forte croissance démographique, pointée du doigt par le démographe Alfred Sauvy dans son article fondateur du 14 août 1952 [→ CHAPITRE 5], est découplée des dynamiques économiques et sociales, ce qui nourrira le sous-développement jusque dans les années 1980. Dans les années 1960 encore, la mortalité infantile est cinq fois plus élevée dans les pays sous-développés que dans ceux de l'OCDE, l'analphabétisme concerne les deux tiers des Africains. Les structures économiques sont dominées par une agriculture marquée par la faiblesse de ses rendements. D'où une forte dépendance vis-à-vis des pays exportateurs de denrées alimentaires (États-Unis, Europe) qui, dans le même temps, contrôlent les filières d'exportations de matières premières.

2. Les tentatives de remise en cause de l'ordre économique

La dépendance aux cours des matières premières se révèle catastrophique lorsque ces derniers se retournent dans les années 1960 : entre 1955 et 1964, la tonne de café ou de cacao perd 20 % de sa valeur, celle de coton un quart, celle de fer un tiers, ce qui affaiblit considérablement les pays exportateurs. La Conférence des Nations unies sur le commerce et le développement (CNUCED)* tente de stabiliser le cours des produits de base tout en assurant au tiers-monde des avantages tarifaires et en incitant les pays industrialisés à transférer 1 % de leur PIB à l'aide au développement. **Les pays en développement de la CNUCED forment, en 1964, un groupe informel à l'ONU, le Groupe des 77 (G77). En 1967, dans la Charte d'Alger, Charte des droits économiques du tiers-monde, ils dénoncent la détérioration des termes de l'échange et appellent des réformes** [→ TEXTE À L'APPUI]. Si le GATT met en œuvre, à partir de 1971, le « système des préférences généralisées* », ces avantages tarifaires en faveur des pays du tiers-monde ne concernent que les produits manufacturés qu'ils ne produisent quasiment pas. Seule l'Asie du Sud-Est

DÉFINITIONS

Exclusif colonial : règle qui réservait le marché des colonies aux productions de la métropole, et qui donnait à cette dernière le monopole ou la priorité sur les productions de sa colonie.

CNUCED : Conférence des Nations unies sur le commerce et le développement. Cet organe subsidiaire de l'Assemblée générale des Nations unies a été créé en 1964 avec pour objectif de mieux intégrer les pays en développement à l'économie mondiale.

Système des préférences généralisées : proposé par la CNUCED en 1968 et mis en place dans le cadre du GATT en 1971, il permet aux pays du tiers-monde d'exporter leurs produits industriels sans payer de droits de douane dans les pays développés, tout en pouvant conserver une protection tarifaire sur leurs propres marchés.

et quelques grands pays, comme le Mexique, y gagnent des délocalisations industrielles, qui profitent aux firmes multinationales. Les accords préférentiels passés par la CEE en 1963 avec 18 pays africains (accords de Yaoundé) puis étendus à 45 pays de la zone ACP (Afrique, Caraïbes et Pacifique), à Lomé en 1975, ne leur permettent pas, malgré l'ouverture du marché commun à leurs produits, de diversifier leur économie.

Texte à l'appui

La situation économique du tiers-monde en 1967, selon le G77
liennathan.fr/2ag3z2

Les revendications se durcissent au début des années 1970. **Les non-alignés, à l'occasion du sommet d'Alger de 1973, réclament un « nouvel ordre économique international », où chaque État contrôlerait ses ressources et où le tiers-monde bénéficierait de tarifs douaniers favorables, d'un relèvement du prix des matières premières et de compensations des préjudices coloniaux.** Même reprises par l'ONU, où le tiers-monde est majoritaire, ces recommandations sont suivies de peu d'effets et débouchent sur un échec lors de la conférence Nord-Sud de Cancún en 1981. Les tentatives de rééquilibrage du rapport de force restent donc ponctuelles. L'OPEP, fondée en 1960, manifeste, avec le choc pétrolier de 1973, une nouvelle détermination, mais elle ne parvient pas à évincer pour autant les majors occidentales. Le second choc pétrolier de 1979 est même suivi d'un contrechoc qui voit s'effondrer le prix du baril. Les autres tentatives de cartels (cuivre notamment, mais aussi coton) ne sont guère efficaces.

3. Les différents modèles

Les historiens de l'économie ont repéré différentes voies de développement qui, pour certaines, ont pu passer pour des modèles. **En Inde, Nehru associe la démocratie libérale et parlementaire au dirigisme économique. L'État intervient fortement, tout en préservant le secteur privé :** à partir de 1951, une planification est mise en place, des licences industrielles (*Licence Raj*) sont nécessaires pour ouvrir une activité industrielle. Dans ce secteur, 40 % de la production sont assurés par l'État. Pour rompre avec l'affaiblissement industriel de la période coloniale, New Delhi suit un modèle protectionniste et autocentré d'industrialisation par substitution aux importations (ISI). De très forts droits de douane (la moitié des recettes de l'État) et la non-convertibilité de la monnaie isolent l'Inde des échanges mondiaux : sa part passe de 2 % du commerce mondial en 1950 à 0,5 % en 1980. Les fortes densités rurales imposent par ailleurs l'augmentation de la productivité agricole : entre l'indépendance et 1970, il faut nourrir 200 millions d'Indiens en plus. **La révolution verte** (variétés à haut rendement, irrigation) **constitue la réponse la plus efficace à un tel défi**. Mais la faible productivité industrielle, l'inefficacité bureaucratique et le renforcement des inégalités dans les campagnes imposent, à partir de 1991, une ouverture progressive et l'abandon d'un modèle inadapté à la mondialisation qui triomphe alors.

À la différence de l'Inde, **le Brésil s'appuie sur une industrialisation déjà lancée dans l'entre-deux-guerres, mais surtout sur un financement assuré par des capitaux extérieurs et des exportations de produits bruts**. Jusqu'aux années 1960, l'accent est mis sur les industries de base et d'équipement (sidérurgie), puis une seconde phase, celle dite « du miracle brésilien » (1968-1973), déplace l'effort vers les biens de consommation durables (implantation de firmes automobiles étrangères). Les gains de productivité exigés par une économie ouverte se font pourtant au détriment de l'emploi. Les inégalités sociales, déjà fortes, se creusent et freinent l'expansion de la consommation, la faiblesse des classes moyennes fragilise la démocratie (coup d'État de 1964). Pour l'économiste tiers-mondiste Celso Furtado, « le Brésil reste le cas exemplaire d'un pays où l'on a sacrifié le développement à la croissance ». Par ailleurs, les biens manufacturés n'atteignent que 10 % des exportations à la fin des années 1960, l'essentiel restant assuré par les exportations de produits de base : 40 % pour le café, 50 % pour le reste (coton, cacao, sucre et fer). La dégradation des termes de l'échange impose au pays un lourd endettement.

En Algérie, le choix de l'« industrie industrialisante » est celui d'un modèle autocentré : le secteur de l'industrie lourde, adossé aux hydrocarbures, doit permettre une industrialisation en aval, par descente des filières. Mais en raison de la faiblesse du secteur privé, cette orientation aboutit à une impasse. La Libye du colonel Kadhafi promeut un modèle original, socialiste et musulman, nationaliste puis panafricain. En Tanzanie, Julius Nyerere, méfiant vis-à-vis de l'industrie, veut appuyer le développement, avec une certaine réussite, sur un socialisme rural fondé sur les solidarités communautaires.

B. LA CRISE DE LA DETTE

1. Le maintien de la dépendance

Courtisés pour leurs matières premières, mais dépendants des capitaux extérieurs, les pays du tiers-monde sont obligés d'emprunter pour financer leur développement. Dans les années 1970, ces prêts augmentent, les banques recyclant ainsi la masse de pétrodollars* accumulée par les pays pétroliers. La dette du tiers-monde s'accentue en conséquence, passant de 7,5 milliards de dollars en 1960 à 66 milliards en 1970 et 650 milliards en 1980. Mais son remboursement devient de plus en plus délicat. D'abord, parce que le dollar se renchérit à partir de 1982, lorsque la Réserve fédérale américaine décide de relever les taux d'intérêt pour lutter contre l'inflation. La dette des pays du Sud étant libellée en dollars, elle augmente mécaniquement. En second lieu, les prix des matières premières baissent, accompagnant le contrechoc pétrolier à partir de 1985, ce qui prive le tiers-monde de sa principale ressource.

Au début des années 1980, les espoirs d'un nouvel ordre économique international semblent enterrés, la mondialisation qui s'accélère renforçant les centres traditionnels.

2. Le creusement de la dette

Pris en tenaille par la baisse de leurs revenus et la hausse du dollar et des taux d'intérêt, les pays du tiers-monde s'enferrent dans le piège d'une dette dont le paiement des intérêts épuise leurs finances. Les 650 milliards de dollars de 1980 deviennent 1 000 en 1985 et doublent dans les dix ans qui suivent (2 000 milliards de dollars en 1995). Les plus petits pays se trouvent dans des situations inextricables : au milieu des années 1990, la Guinée est endettée à hauteur de 350 % de son maigre PIB, la Côte d'Ivoire, longtemps montrée en exemple pour son extraversion agricole, en est à 250 %, le Nicaragua à 589 %. En 1982, le Mexique décide unilatéralement de repousser le remboursement de sa dette. Ce moratoire est le seul moyen d'éviter une banqueroute pour une économie asphyxiée par ses emprunts en dollars. L'année suivante, le transfert de capitaux devient négatif pour les pays en développement : le service des dettes déjà contractées enfle, tandis que se tarissent les prêts. Jusqu'en 1990, ce sont

DÉFINITION

Pétrodollars : résultats des excédents commerciaux des pays exportateurs de pétrole, dont le marché est libellé en dollars.

environ 20 milliards de dollars qui soldent chaque année les échanges Sud-Nord, en faveur de ce dernier. Entre 1982 et 1986, la dette du tiers-monde s'accroît ainsi de 15 % par an. La Zambie, exportatrice de cuivre, doit faire face à un service de la dette qui s'élève à 175 % de ses exportations. Elle ne survit dès lors que grâce à l'aide publique au développement, qui subvient à 15 % de son PIB.

Le poids de la dette africaine (15 % du total mondial) est pourtant presque négligeable au regard de celui des plus gros pays du tiers-monde, qui paient là le dividende de politiques industrielles peu performantes. **Le Mexique pèse à lui seul, en 1982, 10 % de la dette du tiers-monde, l'ensemble de l'Amérique latine en représente la moitié.** Le Brésil ou l'Indonésie sont dans des situations similaires. Le poids économique et politique de ces États est trop important pour que cette situation ne menace pas l'ensemble de l'économie mondiale. Les créanciers publics, réunis dans le Club de Paris, acceptent donc de remettre une partie des dettes, tandis que les créanciers privés (Club de Londres) mettent au point de nouveaux instruments financiers et signent des accords de rééchelonnement, au cas par cas. En 1985, un premier plan (Baker) tente un règlement international. Pour rendre liquide la dette, les financiers inventent la titrisation* (plan Brady de 1989), qui transforme les dettes en obligations.

3. Le consensus de Washington

Pour faire face à la situation, **les pays du Sud doivent accepter les plans d'ajustement structurel décidés par les institutions internationales dominées par les pays du Nord**, essentiellement le FMI et la Banque mondiale. Le consensus de Washington aggrave surtout les déséquilibres sociaux en imposant aux États une réduction drastique de leurs dépenses. **À rebours des anciennes politiques protectionnistes et dirigistes, considérées désormais comme contre-productives, libéralisation, déréglementation* et privatisations sont imposées.** Le sommet Nord-Sud de Cancún, en octobre 1981, donne le ton de la décennie : avec l'ouverture des frontières, les exportations sont vues, du Nord, comme la solution aux retards économiques. La dette des pays du Sud, devenue un actif financier, joue, en ce sens, un rôle majeur dans la globalisation financière au cœur de la nouvelle mondialisation, tandis que les privatisations profitent aux entreprises du Nord. **Le sacrifice des secteurs non directement rentables, pourtant seuls à même de jouer un effet démultiplicateur, comme la santé et l'éducation, renforce éventuellement la croissance, mais éloigne des ambitions du développement.** Dans les années 1990, un programme d'allègement de la dette est mis en place par la Banque mondiale et le FMI en faveur des pays pauvres très endettés (PPTE), à condition de poursuivre les réformes structurelles et de lutter contre la pauvreté.

C. LE PARI DE LA MONDIALISATION ET L'ÉMERGENCE

1. L'exemplarité des NPIA

Singapour, Taïwan, Hong Kong et la Corée du Sud deviennent des nouveaux pays industriels asiatiques (NPIA) dans les années 1960 en se tournant vers les exportations. Au-delà des

DÉFINITIONS

Titrisation : transformation en obligations d'une dette (à l'origine les dettes des pays du tiers-monde), en la mélangeant à d'autres actifs. La dette devient donc un produit financier échangeable sur les marchés.

Déréglementation (*deregulation*) : ouverture à la concurrence d'un marché en supprimant ses barrières et protections.

différences, **plusieurs éléments rapprochent ces pays : l'exiguïté territoriale et les fortes densités, qui imposent une croissance intensive et facilitent l'efficacité des efforts en termes d'équipement dans des territoires très urbanisés ; une forte cohésion sociale, autour des valeurs confucéennes, le primat du groupe sur l'individu et le respect des hiérarchies.** Enfin, ces pays bénéficient d'une situation géopolitique particulière, en première ligne sur un front crucial de la guerre froide, ce qui justifie les transferts de capitaux et de technologies depuis les États-Unis et les rapproche du Japon, dont ils reproduisent peu ou prou le modèle d'expansion économique.

La Corée du Sud illustre spectaculairement le retournement de situation de ces pays d'Asie de l'Est. Sous régime autoritaire de 1948 à 1987, elle fait le choix d'une industrialisation progressive. Pays pauvre au sortir de la guerre de Corée, l'industrie étant située au nord de la péninsule, elle lance sa reconstruction par une réforme agraire qui permet de faire entrer les ménages ruraux dans la consommation. Une première phase d'industrialisation repose sur les industries légères et le logement : la faiblesse en capitaux est contournée par l'intensité du travail, soutenue par la croissance démographique (20 millions d'habitants en 1948, 35 millions en 1975). Cette phase s'appuie alors sur un protectionnisme éducateur* fort. Dans un second temps, à partir des années 1960, une remontée des filières, exigeant des investissements étrangers en capital et technologies, est lancée. Des industries lourdes à forte intensité de capital se déploient dans le cadre de conglomérats (les *chaebols* Samsung, Hyundai ou Daewoo) qui pèsent pour deux tiers de la production. Le pays se lance ainsi dans les exportations (multipliées par 70 entre 1950 et 1973) et invente un modèle original, au sein du tiers-monde, d'extraversion de l'économie. L'industrialisation s'appuie alors sur la promotion des exportations, ce qui suppose une ouverture des frontières, désormais possible par la consolidation des entreprises nationales lors de la première phase. **Le PIB par habitant quadruple entre 1948 et 1975, les indicateurs du développement rapprochant alors la Corée des pays de l'OCDE.** La croissance a été intensive (doublement du PIB par heure de travail en 25 ans, disparition de l'analphabétisme), mais aussi extensive : les Coréens en 1973 travaillent autant que les Britanniques en 1913 (2 683 heures de travail annuel).

2. La nouvelle voie chinoise

Au pouvoir de 1978 à 1997, le successeur de Mao, **Deng Xiaoping, lance des réformes économiques qui transforment en profondeur le pays**, en reprenant un mot d'ordre de Zhou Enlai, celui des « quatre modernisations » (industrie, commerce, science, armée). Le nationalisme, déjà cultivé par Mao, remplace le marxisme comme argument ultime du Parti communiste chinois (PCC) pour conserver un contrôle autoritaire sur la société. Le processus d'intégration à l'économie libérale mondialisée passe par la décollectivisation partielle des campagnes (1984), puis par l'application progressive du capitalisme, au nom du « socialisme de marché » (1993). **L'apprentissage du capitalisme se fait par diffusion géographique et progressives :** en 1980, quatre zones économiques spéciales (ZES) sont ouvertes face à Hong Kong et Taïwan, elles sont près de 4 000 en 2004. Ces nouveaux territoires du développement voient cohabiter capitaux étrangers et entreprises publiques, tandis qu'apparaissent progressivement des entreprises privées nationales. Le PIB triple entre 1978 et 2002, mais ça n'est que la première phase d'une croissance qui se consolide dans la période suivante

DÉFINITION

Protectionnisme éducateur : théorisé au XIXe siècle par l'économiste prussien Friedrich List, il s'agit d'une politique provisoire de protection d'un secteur, par des tarifs douaniers prohibitifs, le temps que ce dernier devienne compétitif.

Document 5. Trente ans de croissance chinoise sans équivalent

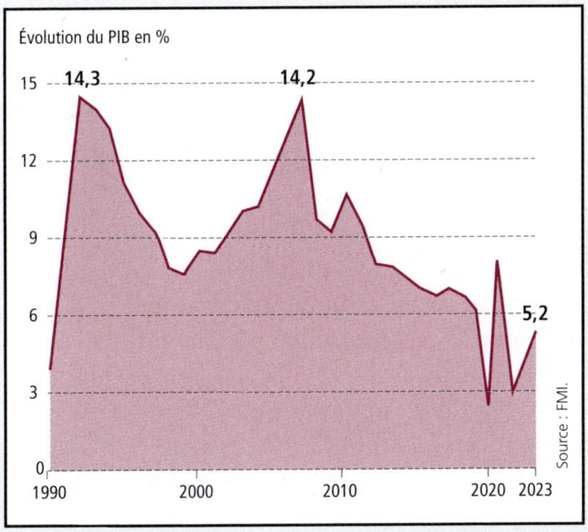

[→ DOCUMENT 5]. **16e exportateur mondial en 1980, la Chine monte au 3e rang en 2003 (8 % du commerce mondial), avant de passer au premier rang en 2009.** À la différence des NPIA, devenus des démocraties pour Taïwan comme pour la Corée du Sud, la forte croissance chinoise n'a pas affaibli la dictature. Dix ans après l'ouverture, l'échec du soulèvement pacifique de la place Tienanmen en juin 1989 (2 500 morts) marque la volonté sans appel du parti-État de conserver le monopole politique, en échange d'une prospérité accrue qui résulte des réformes économiques.

3. L'émergence et ses limites

Alors que la mondialisation s'accélère, la recherche des moindres coûts et l'abaissement du prix des transports poussent les entreprises des pays du Nord à des transferts industriels vers les pays du Sud capables de mobiliser une main-d'œuvre compétente, abondante et peu chère. L'Asie de l'Est en profite, et tire la croissance mondiale à partir de la fin des années 1990. Ce modèle industriel exportateur se retrouve aussi en Turquie, tandis que l'Inde se spécialise dans l'exportation de services (informatique, gestion) et que l'Amérique latine profite, à partir de 2004, de la hausse des cours des matières premières. **Ces pays dits « émergents » remettent en cause le schéma binaire Nord-Sud. Mais leur forte exposition aux aléas extérieurs, amplifiée par l'intense volatilité des capitaux à court terme, constitue une vulnérabilité régulièrement vérifiée :** crise mexicaine de 1994, crise asiatique de 1997, crises mondiales de 2008, de 2020… Traditionnellement impuissants face aux variations du dollar, les émergents deviennent dépendants de la croissance chinoise. Premier partenaire commercial d'un nombre élevé d'exportateurs de matières premières, la Chine en façonne par là le modèle de développement. En dix ans, la part de la Chine dans les exportations brésiliennes est ainsi passée de 3 % à 20 %, participant à la désindustrialisation et à la reprimarisation des économies latino-américaines [→ CHAPITRE 10]. De façon plus structurelle, ces pays émergents à forte croissance n'arrivent pas à dépasser un PIB par habitant intermédiaire, faute de réformes assez audacieuses et de capacités à innover. En Chine, le revenu par habitant ne représente que 15 % de celui des États-Unis, 3 % en Inde.

12 ACCÉLÉRATION DE LA MONDIALISATION ET NOUVEAU CAPITALISME À PARTIR DES ANNÉES 1980

Un mouvement s'opère à partir des années 1980, liant intimement une plus grande ouverture économique des frontières, la reprise de la mondialisation et la montée en puissance d'une finance rendue globale par les révolutions techniques des communications. La dynamique à l'œuvre permet la sortie de la pauvreté de plus de 650 millions de personnes de 1990 à 2015. Une performance sans égale à aucune autre époque, essentiellement imputable aux progrès de la Chine, dont la croissance économique et la nouvelle puissance qui en résulte constituent le fait marquant des trente dernières années. L'extension des échanges internationaux, la mobilité du capital et des travailleurs tout comme la diffusion des technologies sont par ailleurs un accélérateur incontestable pour les pays en difficulté de développement. Ces derniers sont de moins en moins nombreux : selon la Banque mondiale, il existait 34 pays à très bas revenus en 2019 (avec un PIB par habitant inférieur à 995 dollars) contre 64 en 2001, la moitié étant donc devenue des pays à revenu intermédiaire. Mais le renouveau de la mondialisation polarise aussi la pauvreté : avec moins de 10 % de la population au début du nouveau siècle, les PMA concentrent 40 % des pauvres du monde, essentiellement en Afrique, où se trouvent 26 des 27 pays les plus pauvres. Si la mise en réseau du monde a permis une diffusion incontestable des progrès techniques et de la croissance, en mettant en concurrence les territoires, elle a, dans le même temps, exacerbé les inégalités territoriales et sociales.

Comment le nouvel élan de la mondialisation transforme-t-il les économies à partir des années 1980 ?

Notions principales

Libéralisme économique : doctrine selon laquelle le bon fonctionnement de l'économie implique nécessairement une grande liberté d'action pour les divers agents présents sur le marché. Cela suppose la levée de toutes les entraves et une faible intervention de l'État en économie.

Mondialisation : ensemble des processus (socio-économiques, culturels, technologiques) contribuant à accroître et à intensifier les flux (de personnes, de marchandises, de capitaux, d'informations), facilitant la mise en relation des sociétés du monde entier et provoquant des recompositions territoriales.

CHRONOLOGIE

1971 : Les États-Unis mettent fin au système de Bretton Woods.

1976 : Conférence de la Jamaïque instaurant les changes flottants

1978 : La loi de libéralisation du ciel (*Airline Deregulation Act*) aux États-Unis marque le début d'un mouvement de déréglementation généralisé des économies.

1987 : Crise boursière internationale

1992 : Traité de Maastricht instituant l'Union européenne

1994 : Révolte du Chiapas au Mexique

1997-1998 : Crise asiatique

2001 : Crise boursière des nouvelles technologies

2008 : Faillite de Lehman Brothers et crise globale

2013 : Effondrement de l'immeuble industriel du *Rana Plaza* au Bangladesh

2015 : Accord de Paris sur le climat

2020-2021 : La crise sanitaire de la Covid-19 entraîne une crise économique globale.

I. Le nouvel élan de la mondialisation

A. LA GLOBALISATION FINANCIÈRE

1. Le tournant monétaire des années 1970

En août 1971, le président Nixon suspend la parité-or du dollar pour pouvoir dévaluer la monnaie américaine et redresser ainsi une balance commerciale devenue déficitaire. Cette décision, qui met fin unilatéralement au système monétaire né au lendemain de la Seconde Guerre mondiale [→ CHAPITRE 3], est suivie de longues négociations entre pays occidentaux pour lui substituer un cadre plus souple. **Les accords de la Jamaïque, en janvier 1976, entérinent la fin de l'étalon-or au profit du système des changes flottants***, mais uniquement pour les devises des pays occidentaux, les monnaies de nombreux pays du Sud restant encadrées. Les États-Unis y retrouvent une liberté monétaire dont ils n'ont depuis cessé d'user, profitant de leur position de force dans l'économie mondiale pour tenter d'imposer leurs choix à leurs partenaires. En 1985, par exemple, lors des accords du Plaza, ils poussent les Japonais à réévaluer le yen dans l'espoir d'atténuer leurs excédents commerciaux. **Les sorties de capitaux étasuniens s'accélèrent dans le dernier tiers du XXe siècle, passant de quelques dizaines de milliards pendant les années 1970 à quelques centaines à partir de 1984, s'élevant à 1 000 milliards en 2000, à plus du double en 2007.** Ces dollars résultent d'investissements américains à l'étranger, de prêts des banques américaines et, surtout, des déficits commerciaux des États-Unis. Cette accumulation ralentit fortement avec la crise de 2008, avant de redémarrer. La somme totale des dollars détenus à l'extérieur, déjà de 102 milliards en 1970, dépassait les 20 000 milliards en 2011. Elle se présente sous forme de bons du Trésor ou d'actions d'entreprises américaines et rend possible le « déficit sans pleurs » évoqué par l'économiste français Jacques Rueff. Les dollars peuvent aussi aller se loger dans des banques étrangères qui, les recevant en

DÉFINITION

Système des changes flottants (ou régime de changes flexibles) : système monétaire dans lequel les États ne déterminent pas le taux de change de leur monnaie, ce dernier étant variable d'un marché à l'autre. Le cours de la monnaie s'apprécie ou se déprécie en dehors de toute règle internationale, d'autant qu'il n'existe pas d'étalon monétaire dans un tel système.

dépôt, les prêtent à nouveau : ce sont les « eurodollars ». **Faute d'alternative crédible, la domination du dollar reste écrasante dans les transactions internationales comme dans les réserves des banques**, l'euro, introduit en 2002, n'inspirant qu'une confiance limitée et le yuan restant très peu convertible.

2. De l'inflation* au risque de la déflation*

Cette création de monnaie, excédentaire par rapport à la production de biens et de services, pousse aux déficits budgétaires et à l'essor du crédit à la consommation. L'envolée de la dette publique est spectaculaire : pour les sept pays les plus industrialisés (Allemagne, Canada, États-Unis, France, Italie, Japon et Royaume-Uni), la dette nette des administrations publiques, exprimée en pourcentage du PIB, passe de 15 % en 1970 à 21 % en 1980 pour atteindre 33 % en 1986. Contrepartie de ces facilités, l'inflation s'envole tout au long de la décennie (14 % en France en 1981). **L'inflation entraîne la mise en place de politiques de rigueur : hausse des taux d'intérêt, hausse de l'impôt et réduction des déficits budgétaires. La baisse de la dépense publique et le renchérissement du crédit contribuent logiquement à faire baisser l'inflation.** À partir des années 1990, la mondialisation s'accélère, ce qui abaisse les coûts des produits manufacturés et met en concurrence les salaires, avec pour conséquence un net recul de l'inflation dans les pays riches. Dans ce contexte, ce n'est plus l'inflation mais la déflation qui menace.

3. La diversification des flux de capitaux

La crise monétaire des années 1970 trouve ses racines dans une dynamique ancienne, directement liée à la mondialisation financière. L'apparition, en septembre 1957, d'un marché des eurodollars à Londres avait lancé la finance *off-shore*, l'existence d'espaces de transactions financières à l'abri de toute régulation publique. **L'accélération des flux financiers est allée de pair avec le développement des paradis fiscaux et réglementaires, dont le nombre a considérablement augmenté ces cinquante dernières années.** Caractérisés par leur opacité (secret bancaire et possibilité de créer des sociétés-écrans, *trusts*), les paradis fiscaux brassent l'argent qui cherche à échapper au fisc ou à la loi. Facilitée par l'essor de nouvelles technologies, la mobilité internationale des capitaux est quasiment sans limite. Elle correspond, selon l'économiste français Dominique Plihon, à un « processus d'interconnexion des marchés de capitaux aux niveaux national et international, conduisant à l'émergence d'un marché unifié de l'argent à l'échelle planétaire ». **Les investissements directs à l'étranger (IDE)* sont multipliés par douze de 1990 à 2016**, s'élevant à un tiers du PIB mondial, tandis que se multiplient les produits financiers de plus en plus variés et complexes. Les dettes publiques ou privées nourrissent également d'importants flux de capitaux ; en 2016, le montant de la dette mondiale publique et privée était 2,25 fois supérieur à la richesse produite par le monde cette année-là. Un temps freinée par la crise de 2008, la globalisation financière a ensuite repris son cours, à un rythme cependant moins soutenu. Elle est structurée par cinq principaux marchés financiers qui concernent

DÉFINITIONS

Inflation : croissance de la masse monétaire supérieure à celle des biens en circulation, ce qui se traduit par une dépréciation de la monnaie et une hausse des prix.

Déflation : phénomène d'augmentation du pouvoir d'achat de la monnaie se traduisant par une baisse durable des prix.

IDE (investissements directs à l'étranger) : mouvements internationaux de capitaux destinés à développer une filiale à l'étranger ou à exercer le contrôle sur la gestion d'une entreprise étrangère.

les monnaies, la dette et les obligations, les actions, les matières premières et désormais les complexes produits financiers dérivés*.

B. NOUVELLES PRATIQUES ET DÉRÉGULATION*

1. Les limites des politiques keynésiennes

La plupart des gouvernements ont, dans un premier temps, cherché à endiguer la crise des années 1970 par des politiques de relance. C'est le cas aux États-Unis sous les présidences de Ford puis de Carter (1974-1981), au Royaume-Uni gouverné par les travaillistes entre 1976 et 1979, en France sous les gouvernements Chirac en 1975-1976 et Mauroy à partir de 1981. **Les résultats de telles politiques sont mitigés : la croissance reste faible, le chômage et l'inflation progressent tandis que diminuent les profits des entreprises.** Ces politiques keynésiennes de relance se heurtent à deux obstacles de taille. La contrainte extérieure d'abord : en effet, l'augmentation brusque de la demande, en particulier dans les secteurs très concurrentiels des biens de consommation, se traduit mécaniquement par une croissance très forte des importations. Pour payer son excédent d'importations, le pays concerné est alors obligé d'attirer les capitaux étrangers en augmentant ses taux d'intérêt, rendant ainsi le crédit plus coûteux et pénalisant pour la consommation des ménages et l'investissement des entreprises. Deuxième obstacle contre lequel buttent les politiques de relance : la contrainte budgétaire. Le ralentissement de la croissance réduit les rentrées fiscales, ce qui limite les marges de manœuvre. En France, la politique du gouvernement Mauroy s'échoue sur ces écueils : le déficit commercial se creuse, le déficit budgétaire est multiplié par 2,5, le franc se trouve affaibli et doit être dévalué à trois reprises. D'où le tournant de la rigueur en 1982 et 1983, orchestré par le ministre de l'Économie Jacques Delors, en conformité avec les politiques libérales des partenaires européens de la France, l'Allemagne au premier rang.

2. Les politiques de l'offre et le monétarisme

Les années 1980 voient triompher les politiques néolibérales pour lesquelles il faut alléger le plus possible les entraves aux initiatives, atténuer les interventions de l'État. Ces thèses sont notamment soutenues par les théoriciens de l'offre comme Arthur Laffer, conseiller économique de Ronald Reagan, pour qui « trop d'impôt tue l'impôt ». Non seulement les prélèvements encourageraient l'oisiveté des laissés-pour-compte de la croissance, mais en plus, ils dissuaderaient les acteurs économiques de produire davantage. Les néolibéraux acceptent ainsi de voir, au nom de la responsabilité individuelle, s'accroître les inégalités et le chômage. **De leur côté, les monétaristes, comme l'Américain Milton Friedman, estiment que les interventions étatiques keynésiennes, en creusant le déficit budgétaire, sapent le capitalisme.** Toute manipulation monétaire, loin de créer des emplois, engendre de l'inflation, le cœur du problème selon eux. Une ferme politique monétaire, assurant une croissance régulière de la masse monétaire en rapport avec celle du PIB, est considérée comme le meilleur moyen du retour à une croissance saine. Les banques

DÉFINITIONS

Produits financiers dérivés : titres financiers dont la valeur évolue en fonction du prix d'un autre actif dit « sous-jacent » (pétrole, devise, taux d'intérêt, action, matière première). Ils se présentent sous différentes formes, comme les options, utilisées pour se couvrir contre un risque de change, les *swaps*, les *futures*, qui constituent un pari sur le prix qu'atteindra à un certain terme l'un de ces actifs.

Dérégulation (ou déréglementation) : ouverture à la concurrence d'un marché en supprimant ses barrières et protections.

centrales* doivent, selon eux, être absolument autonomes, pilotées uniquement en vue de la recherche des équilibres macroéconomiques.

3. Les « 3 D »

Pour les néolibéraux, dont les thèses dominent alors, sortir de l'inflation exige de rompre avec les déficits : plutôt que recourir à un financement classique par l'intermédiaire des banques, et donc par la dette, les entreprises sont incitées à utiliser les marchés financiers, plus souples mais plus risqués. Trois dimensions principales, les « 3 D », résument cette nouvelle orientation :
– d'abord, la **désintermédiation** : les banques (financement indirect) perdent leur rôle d'intermédiaire privilégié au profit des marchés financiers (financement direct). Plutôt que d'emprunter, avec des taux d'intérêt à rembourser, les entreprises placent actions et obligations sur les marchés financiers, mais utilisent aussi de nouveaux instruments financiers, comme la titrisation [→ CHAPITRE 11]. Inaugurée par le plan Brady en 1989, qui visait à soulager la dette des pays du tiers-monde, cette innovation financière permet aux États de transformer leurs titres de créance en titres financiers, une pratique reprise par les entreprises ;
– ensuite, la **déréglementation** correspond à l'abolition des limites à la circulation des capitaux. Au Royaume-Uni, Margaret Thatcher lance le « Big Bang » en 1986, qui supprime notamment les commissions fixes payables pour tout échange d'actions ou d'obligations et autorise les groupes étrangers à acheter 100 % des actions d'une entreprise britannique. À l'échelle européenne, l'Acte unique (signé en 1986, entré en vigueur en 1993) libéralise les mouvements de capitaux, qu'ils soient intra-européens ou qu'ils entrent dans l'Union. Aux États-Unis, la déréglementation passe, en 1999, par la suppression du Glass-Steagall Act de 1933, qui obligeait à la séparation des banques d'affaires et des banques de dépôt, rendant possible la naissance de banques universelles ;
– enfin, le **décloisonnement** : il s'agit de mettre fin aux cloisonnements entre les marchés, de renoncer à la séparation entre marchés financiers (à long terme) et marchés monétaires (à court terme).

Dans les années 1980, l'économie mondiale bascule ainsi vers un nouveau régime. La flexibilité permise par les changes flottants autorise les banques centrales à créer de la monnaie en abondance (notamment par la baisse des taux d'intérêt, qui devient systématiques à partir de la seconde partie des années 1980), tandis que les gouvernements se permettent des déficits budgétaires structurellement plus élevés, s'installant dans une dynamique économique nourrie à la dette (France, Royaume-Uni, États-Unis). Le glissement industriel vers l'Asie et ses bas salaires permet, dans le même temps, de faire chuter l'inflation importée tout en créant une pression à la baisse sur les salaires domestiques. Ces facteurs contribuent à creuser les inégalités, ce qui marque une autre rupture avec la période des Trente Glorieuses.

C. CAPITAL, TRAVAIL ET INÉGALITÉS

1. Le modèle anglo-saxon

Le Royaume-Uni a constitué le premier laboratoire de ces politiques, à partir de l'élection, en mai 1979, de Margaret Thatcher, portée au pouvoir par des classes moyennes exaspé-

DÉFINITION

Banque centrale : organisme étatique ou institutionnel qui émet la monnaie et la distribue dans un État ou une zone monétaire (c'est le rôle, par exemple, de la BCE dans l'UE).

rées par les hausses d'impôts. **Dans un premier temps, des mesures déflationnistes restaurent la livre, mais au prix d'une aggravation du chômage et des tensions sociales. Une réforme fiscale avantage les hauts revenus en abaissant la progressivité de la fiscalité directe** (le taux maximum d'imposition passe de 83% à 60%), **mais en alourdissant les impôts indirects. Parallèlement, l'inflation est vaincue par la contraction du secteur public** (son poids dans le PIB passe de 12% à 6% entre 1979 et 1987): les privatisations permettent l'achat d'actions par 9 millions de petits porteurs, au nom du capitalisme populaire vanté par Thatcher, qui rêve d'une nation de propriétaires-actionnaires. Cette réorganisation du marché permet de s'attaquer à la forteresse syndicale, notamment en 1984, au cours de la longue grève des mineurs contre la privatisation. La baisse du chômage, dans un second temps, se paie d'une hausse de la précarité et du temps partiel contraint (un salarié sur quatre en 1994), un mouvement poursuivi au XXIe siècle par l'ubérisation* de l'économie de services. La financiarisation de l'économie creuse durablement les inégalités territoriales tandis que les infrastructures se délabrent (chemins de fer), comme le système éducatif, et que le nombre de pauvres double. Les fondamentaux du thatchérisme ne seront pourtant pas remis en cause, y compris lors du retour au pouvoir des travaillistes de Tony Blair (1997-2007).

Les États-Unis de Ronald Reagan expérimentent, eux aussi, une phase de politique néolibérale. Élu en novembre 1980, Reagan place ses deux mandats sous le signe de sa déclaration d'investiture: «l'État est le problème». Il conduit pourtant une politique budgétaire peu rigoureuse (les dépenses militaires s'élèvent et les impôts baissent) grâce, notamment, à une politique monétaire durablement accommodante conduite par la Fed à partir de 1982, et plus encore à partir de 1987 sous la conduite d'Alan Greenspan (les taux d'intérêt passent de 20% encore en 1980 à 6% en 1988). Cette création monétaire laisse s'envoler la dette publique (de 27% à 42% du PIB de 1985 à 1994), mais elle entraîne aussi le détricotage de l'État-providence et, là aussi, la hausse de la pauvreté.

ZOOM ▶ Le credo libéral du président Reagan

Ancien gouverneur de Californie (1966-1974), Ronald Reagan emporte pour le parti républicain l'élection présidentielle de 1980. Son programme, très conservateur sur les questions sociales, impose en économie les thèmes de l'orthodoxie néolibérale, notamment la suspicion envers l'État. Lors de son discours d'investiture, le 20 janvier 1981, le nouveau président déclare: «Dans cette crise actuelle, l'État n'est pas la solution à notre problème; l'État est le problème. De temps en temps, nous avons été tentés de croire que la société est devenue trop complexe pour être contrôlée par la discipline de chacun, que le gouvernement par une élite était supérieur au gouvernement du peuple, par le peuple et pour le peuple. Eh bien, si personne parmi nous n'est capable de se gouverner lui-même, alors qui parmi nous a la capacité d'en gouverner un autre?»
Ses deux mandats (1981-1989) ont, en économie, été marqués par cette volonté d'appliquer un libéralisme dur, axé sur le rejet de l'État-providence, l'hostilité envers les syndicats, la réduction drastique des dépenses publiques et la baisse des impôts. Au terme de ses présidences marquées par une croissance soutenue, le chômage a reculé et 15 millions d'emplois ont été créés. Toutefois, les inégalités sociales se sont creusées. En outre, les déficits publics ont fortement augmenté (passant de 997 milliards de dollars à 2 850 milliards), car le budget militaire a explosé, dans un contexte de rivalité exacerbée avec l'URSS.

DÉFINITION

Ubérisation: selon le modèle de la plateforme Uber, forme précaire de travail où l'autoentrepreneur remplace le salarié, au détriment de sa couverture sociale, au profit de son employeur qui s'abstient de payer des charges sociales.

Un vaste mouvement de déréglementation est dans le même temps systématisé : liberté totale d'ouvrir les commerces 24 heures sur 24, attaque contre toutes les résistances à la flexibilité de l'emploi (limogeage de 12 000 contrôleurs aériens en 1981 après un mouvement de grève), baisses d'impôts (pour les plus hauts revenus, de près de 70 % à 28 %). Le néolibéralisme* semble triompher. Le déficit commercial ne cesse de croître sous l'effet de la demande intérieure, dopée par les incitations à s'endetter, marquant une ère de « déficits jumeaux* ». En outre, si la création d'emplois des années Reagan est indiscutable, la déréglementation amène de plus en plus de travailleurs à devenir des *working poors*. Économiquement, la période Reagan associe donc libéralisme (dérégulation) et keynésianisme (faibles taux d'intérêt et baisse des impôts). Ces mesures accommodantes persistent même pendant les deux phases d'expansion qui ont lieu entre 1991 à 2001 (sous Bill Clinton) et de 2009 à 2020 (sous Barack Obama puis Donald Trump).

2. La mondialisation des inégalités

Si les inégalités entre pays ont commencé à diminuer à partir des années 1980, les inégalités internes aux États ont augmenté à partir de ce moment. Dans les pays riches, l'État-providence des Trente Glorieuses avait considérablement réduit les inégalités, mais le processus est interrompu par l'accélération de la mondialisation qui produit un mouvement d'intériorisation des inégalités. Dans les pays communistes, la fin de l'étatisme économique met fin à l'égalitarisme proclamé et ouvre un mouvement de différenciation sociale. **À l'échelle du monde, les revenus du capital progressent nettement plus vite que ceux du travail, un phénomène accéléré par la globalisation financière à partir des années 1980**

Document 1. Le rapport capital/revenu dans le monde, 1870-2100

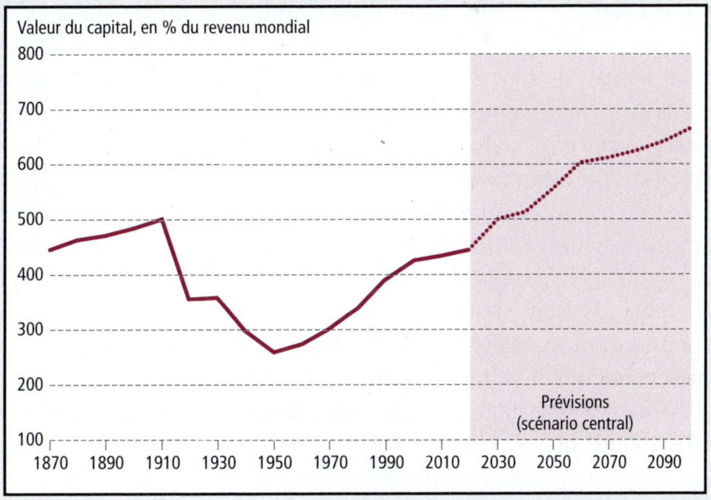

Source : Thomas Piketty, *Le Capital au XXIe siècle*, Paris, Seuil, 2013.

DÉFINITIONS

Néolibéralisme : courant économique prônant un retour aux fondamentaux de la doctrine libérale, notamment un effacement de l'État et de la régulation.

« Déficits jumeaux » : l'expression désigne le double déficit budgétaire et commercial, qui devient la norme aux États-Unis à partir du début des années 1970.

[→ DOCUMENT 1]. En France, l'écart est de 1 à 6 entre les 10 % touchant les plus hauts revenus et les 10 % les moins dotés ; il est de 1 à 5 dans les pays scandinaves, les plus égalitaires. Aux États-Unis, traditionnellement le plus inégalitaire des pays de l'OCDE, il est de 1 à 15. Au Brésil, pays très inégalitaire malgré l'enracinement démocratique, l'écart est de 1 à 40. Sept personnes sur dix vivent dans un pays où l'inégalité économique a augmenté au cours des trente dernières années : la plupart des pays riches, les pays émergents, notamment la Chine où le processus est spectaculaire, mais aussi l'Inde. À l'échelle mondiale, depuis le début du nouveau siècle, 1 % des plus riches ont capté la moitié de l'augmentation des richesses. **Les États-Unis sont exemplaires de ces transformations, avec une envolée des hauts salaires par rapport au salaire médian**, ce que montrent, entre autres, les travaux de Thomas Piketty et d'Emmanuel Saez : entre 1979 et 2006, les 10 % les plus riches se sont attribué les deux tiers de la croissance des revenus. 1 % des Américains les plus fortunés se sont approprié 95 % de la croissance postérieure à la crise financière de 2008. La montée en puissance du capitalisme actionnarial depuis les années 1980 est au cœur du processus. Ainsi, en 2019, les 1 200 plus grandes entreprises ont distribué pour environ 1 500 milliards de dividendes à leurs actionnaires.

Pour aller plus loin

Le Capital au XXIe siècle de Thomas Piketty est consultable gratuitement en ligne, accompagné de ressources documentaires
liennathan.fr/36p7zj

3. Tensions sociales et réactions politiques

Une classe supérieure de revenus, internationalisée, se développe, ce dont témoigne par exemple l'augmentation du nombre de milliardaires dans le monde. Les millionnaires en dollars possèdent près de la moitié de la fortune privée mondiale ; selon le classement *Forbes*, ils sont 2 095 en 2020 et détiennent globalement une fortune de 8 000 milliards de dollars. Parmi eux, le nombre de représentants des pays émergents a fortement progressé. À l'inverse, au bas de la pyramide, la précarité des emplois les moins qualifiés bloque la progression des revenus. Dans les pays riches, la diminution de la demande de main-d'œuvre non qualifiée entraîne la baisse de sa rémunération relative. Cette tendance de fond de l'économie nourrit les mécontentements et est source de tensions. En 1994, alors que le Mexique rejoint les États-Unis et le Canada dans un espace de libre-échange (l'ALENA), le plus pauvre de ses États, le Chiapas, rural et indien, se soulève contre une ouverture économique menaçant ses maigres revenus agricoles. L'insurrection, qui mêle revendications économiques, politiques et culturelles, efficacement médiatisée par l'Internet naissant, reste une référence pour toute la mouvance altermondialiste [→ CHAPITRE 13]. En 2011, en réaction aux politiques d'austérité* qui ont mis fin aux plans de relance post-2008, le mouvement des Indignés se déploie spontanément en Europe, notamment en Espagne. Aux États-Unis, il prend la forme d'*Occupy Wall Street*, s'installant pacifiquement sur les places publiques. La même année, les Printemps arabes s'élèvent contre la corruption, cause aggravante des inégalités. Les campagnes électorales de 2016 et 2020 aux États-Unis sont marquées, lors des primaires démocrates, par l'audience de la candidature de Bernie Sanders, au programme égalitariste

DÉFINITION

Politique d'austérité : politique budgétaire visant à réduire les déficits par une contraction de la dépense publique et une hausse des prélèvements.

(hausse de la progressivité de l'impôt, gratuité des études supérieures). En France, en 2019, le mouvement des Gilets jaunes dénonce, notamment, les inégalités territoriales qui opposent les métropoles, bien intégrées à la mondialisation, aux espaces ruraux et périurbains, perçus comme délaissés. **La crise sanitaire de 2020 a interrompu un vaste mouvement de contestation, de Santiago à Beyrouth, de Bogotá à Bagdad ou Alger, contre l'inégal accès des populations aux richesses créées par la mondialisation.**

En Inde et en Chine, la pauvreté s'est réduite, depuis trente ans, de manière mécanique, grâce à la très forte croissance. Mais ces deux pays émergents n'ont pas mis en place de politiques redistributives. Les tensions sociales qui en découlent sont suffisamment fortes pour que cette question soit désormais une des priorités des pouvoirs publics. Certains pays d'Amérique latine, historiquement très inégalitaires, tentent de mettre en place des politiques de rupture : c'est le cas au Brésil sous les deux mandats du président Lula (2003-2011) ; c'est l'un des enjeux de la présidence d'Andrés Manuel López Obrador au Mexique, élu en 2018 avec un projet de renforcement de l'efficacité de l'impôt.

II. Les nouveaux visages de la grande entreprise

A. L'ÈRE DU CAPITALISME ACTIONNARIAL

1. Le primat du retour sur investissement

L'indice Dow Jones de la Bourse de Wall Street, qui avait oscillé entre 4 000 et 2 000 points de 1960 à 1980, s'envole à partir de 1985 (avec des accidents), atteignant 12 000 points en 2010 et 28 000 en août 2020. Cette croissance spectaculaire des Bourses impose ses exigences aux grandes entreprises, dans lesquelles les décisions sont de moins en moins prises par la technostructure, traditionnellement en charge du management, mais de plus en plus par les principaux actionnaires qui imposent un retour sur investissement rapide et maximum. **Cette tendance marque la fin du compromis fordiste*, les salariés assumant désormais les risques que les actionnaires minimisent pour leur part.**

Le géant américain de la chimie DuPont illustre cette nouvelle logique : en une vingtaine d'années, l'entreprise a divisé par trois ses effectifs, tout en conservant sa valeur financière. General Electric, sous le mandat de Jack Welch, son emblématique PDG entre 1981 et 2001, a suivi une politique de *lean management* (réduction de la masse salariale), imposant à toutes les directions du groupe de licencier les 10 % les moins productifs des employés – 100 000 emplois en moins qui se sont traduits par un cours en Bourse en hausse de 4 000 %. La réduction des emplois et la modération salariale ont restauré, à partir des années 1980, les taux de profit, qui avaient commencé à baisser à partir de 1967 aux États-Unis. La baisse de la part des salaires dans le revenu national aurait pu peser sur la consommation, elle a donc été compensée par des incitations à l'endettement des ménages, ce qui a renforcé le rôle de la finance. La crise des *subprimes* de 2007 a fait éclater les contradictions de cette logique du capitalisme actionnarial.

DÉFINITION

Compromis fordiste : on désigne ainsi une politique de salaires élevés associée à une forte productivité, une association caractéristique notamment de l'industrie automobile durant les Trente Glorieuses.

2. Une mise en concurrence mondialisée

La mondialisation en marche impose l'ouverture des marchés et la recherche des avantages comparatifs, ce qui accroît la concurrence. Les entreprises recherchent dès lors une taille critique, procèdent par fusions-acquisitions*. Elles profitent également du mouvement de privatisation engagé dans les pays développés puis dans ceux en développement à la suite des plans d'ajustement structurel. C'est là l'origine de l'accélération des IDE, qui est une réponse des entreprises à la rentabilité déclinante de leurs marchés traditionnels. Cette nouvelle logique exige plus de souplesse des marchés financiers et pousse en conséquence à la déréglementation évoquée plus haut. Le toyotisme, nouvelle organisation qui s'impose depuis les années 1970, correspond à l'adaptation du marché du travail, de plus en plus internationalisé, à cette logique : la sous-traitance, l'optimisation des coûts par flux tendus favorisent en effet le basculement progressif de l'appareil industriel vers les pays à bas salaires [→ CHAPITRE 11].

3. Le salariat fragilisé

Après la crise des années 1970, la croissance économique reprend au milieu des années 1980, de l'ordre de 3 % par an, mais sans créer autant d'emplois que ceux détruits. À maints égards, les salariés deviennent la variable d'ajustement du profit. Les taux de chômage avoisinent les 10 % au milieu de la décennie 1980 dans les pays à forte protection des salariés, comme la France ; s'ils baissent ailleurs, c'est par l'augmentation de la précarité. **La période qui s'ouvre avec les années 1980 est marquée par un creusement des inégalités de revenus, à rebours des Trente Glorieuses.** Les années 1970 et 1980 marquent le basculement entre une régulation fordiste du capitalisme et un nouveau mode de régulation mondialisé, encore largement instable une quarantaine d'années plus tard. La numérisation et la dématérialisation, qui se développent dans la dernière décennie du siècle, accentuent la dérégulation du marché du travail, en favorisant son atomisation par l'essor des services en ligne, internationalisés et dérégulés. Le marché du transport urbain constitue le laboratoire le plus visible de cette nouvelle efficacité du capitalisme, les plateformes américaines Lyft et Uber, qui prétendent se contenter de mettre en contact offre et demande, incarnant la nouvelle précarisation de l'emploi et l'agilité fiscale maximale permise par la numérisation des services. L'hébergement touristique est, dans la même logique, transformé par l'irruption de Airbnb dans toutes les métropoles.

B. LE NOUVEAU POIDS DES FIRMES TRANSNATIONALES

1. De la multinationale à la transnationale

À partir du milieu des années 1980, le qualificatif « transnational » remplace celui de « multinational » pour rendre compte du basculement de l'organisation des entreprises en lien avec la mondialisation. Les firmes multinationales, dont les filiales s'organisaient verticalement, correspondaient à une logique de marchés indépendants. À l'inverse, la mondialisation rend possible une division internationale des tâches, interne à l'entreprise, qui « s'organise de manière horizontale, sur une base globale et selon une conception globale de leurs opérations, de leurs marchés et donc de leurs stratégies » (François Bost). Cette transnationalisation ne s'inscrit plus dans le postulat ricardien de l'économie classique, qui faisait des États le premier facteur d'explication des logiques économiques. Au contraire, le processus contemporain de

DÉFINITION

Fusion-acquisition: absorption d'une entreprise par une autre en rachetant ses actions.

la mondialisation déconnecte les sphères politique (espace national) et économique (espace des firmes). Si on élargit la définition traditionnelle (au moins cinq filiales à l'étranger, assurant un quart du chiffre d'affaires) aux entreprises détenant au moins une filiale, on arrivait, en 2011, au chiffre de 100 000 firmes transnationales, détenant au moins 10 % du capital de 900 000 firmes en dehors de leur pays d'origine. L'ensemble pèserait 57 % du PIB mondial. La CNUCED estime que les firmes transnationales emploient à l'étranger 69 millions de personnes et réalisent directement un tiers du commerce mondial, deux tiers indirectement. **Si les entreprises des pays émergents ont longtemps représenté un nombre réduit de sociétés transnationales dans le classement des 100 premières, elles rattrapent leur retard au début du XXIe siècle :** en 2019, parmi les 100 premières entreprises selon le chiffre d'affaires réalisé à l'étranger, 22 provenaient de pays en développement, contre seulement 7 en 2012 (parmi lesquelles une majorité de chinoises). Ces FTN opèrent dans des secteurs moins variés que leurs homologues du Nord : matières premières, BTP, téléphonie mobile, banque, agroalimentaire (le Mexicain Bimbo est numéro un de la boulangerie). Leurs motivations ne tiennent pas seulement à l'implantation dans de nouveaux marchés, mais aussi à l'acquisition de marques, de technologies et d'expertises managériales. Les secteurs d'opération de ces firmes expliquent la forte présence de l'État. L'activité pétrolière, notamment avec Petrochina, Pemex, Petrobras, Petronas (Malaisie), a été développée par nationalisation d'actifs étrangers, ou par une action étatique volontariste, les capitaux privés nationaux étant insuffisants. Les plus puissantes de ces entreprises sont chinoises, toutes contrôlées majoritairement par l'État, à l'exception de Huawei et des entreprises de la netéconomie (Alibaba). Elles ont, de ce fait, un accès privilégié au financement, de même qu'elles profitent en priorité des besoins d'équipement. Mais ces facilités ont également favorisé leur endettement : les entreprises chinoises sont endettées à plus de 160 % du PIB, suivies des sociétés turques, brésiliennes, russes et malaises.

2. L'ère des investissements à l'étranger

Les IDE, qui avaient crû annuellement de 22 % de 1985 à 1999, ont suivi depuis un cours moins linéaire : + 5 % de 2001 à 2005, un pic en 2007, puis un effondrement en 2008 et 2009, une stagnation enfin depuis 2010. En 2000, ces flux pesaient 4 % du PIB ; ils tournent, depuis 2009, entre 2 et 2,5 % du PIB mondial. Cette contraction est révélatrice de la maturation des pays émergents, moins ouverts aux capitaux extérieurs, mais aussi, dans le cas de la Chine, de plus en plus tournés vers leur marché intérieur. Les très grosses opérations de fusions-acquisitions illustrent la persistance d'une forte hétérogénéité de la finance mondialisée, à la recherche d'opportunités locales. Celles-ci ont souvent pour origine les différentiels monétaires, les variations fiscales ou les avantages réglementaires.

3. La dérégulation industrielle

Nike dans les années 1990 ou Alcatel en France se sont faits les défenseurs d'un mode d'organisation fondé sur la recherche de rentabilité : l'entreprise industrielle sans usine, la *fabless enterprise*. Puisque le coût principal dans la production repose sur la main-d'œuvre, il suffit de limiter autant que possible celle-ci en mettant en concurrence des prestataires sous-traitants. **La hausse du coût du capital dans les années 1980 et celle des nouveaux équipements dans les années 1990 ont conduit au déplacement des sites de production, dans une nouvelle division internationale des tâches.** L'effondrement, le 24 avril 2013, du bâtiment *Rana Plaza*, près de Dacca au Bangladesh, a fait plus de 1 100 morts et se classe parmi les catastrophes les plus meurtrières de l'histoire industrielle. Au-delà des conditions de travail défavorables aux salariés des nouveaux pays-ateliers, on peut y voir les conséquences extrêmes de cette logique de déconstruction de l'industrie : l'immeuble hébergeait une multitude d'ateliers sous-traitants pour les grandes firmes mondialisées du prêt-à-porter (H&M, Zara, Primark, Mango), qui évitent ainsi de posséder des usines et s'affranchissent des coûts d'entretien et des responsabilités légales afférentes. Dans cette course aux coûts les plus faibles, les États parmi les plus pauvres d'Asie – Bangladesh, Laos, Cambodge – ont progressivement pris le relais du littoral chinois, où la hausse des salaires (d'environ 15 % chaque année) et l'augmentation des exigences des travailleurs ont imposé une montée en gamme. Ces migrations industrielles devraient logiquement se tourner ensuite vers des pays africains à plus bas niveau de vie, pour peu qu'ils soient efficacement reliés aux grands réseaux mondiaux de communication (les investisseurs chinois se projettent notamment sur l'Éthiopie).

C. LA NUMÉRISATION DU MONDE

1. L'avènement d'une société globale de communication

À la fin des années 1980, les États-Unis appuient leur croissance sur une nouvelle économie, portée par la finance, les nouvelles technologies de l'information et de la communication (NTIC), puis la netéconomie. Une économie postindustrielle semble naître de cette transformation majeure. Marshall McLuhan décrivait déjà, en 1967, l'existence d'un *global village*, un village planétaire à l'heure de la télévision. **À l'aube des années 1990, l'ingénieur britannique Tim Berners-Lee, du CERN, invente le *World Wide Web*, qui permet l'accès généralisé au réseau Internet, constitué progressivement entre ordinateurs à partir de la fin des années 1960.** La numérisation dans les années 1980 et 1990, couplée à la transmission par fibre optique, constitue une rupture radicale. Là où un câble en cuivre supportait quelques milliers de communications, les câbles en fibre optique déposés à partir de 1988 en permettent 40 000, plusieurs dizaines de millions en 2015. Les données s'échangent instantanément, dans des volumes inimaginables auparavant, sans distinction de contenus. Depuis 2007, la création de données excède leur capacité de stockage. Les flux internationaux de données (*data flows*) sont ainsi la nouvelle dynamique de la mondialisation : entre 2005 et 2016, ils ont été multipliés par 45 (une hausse de 50 % par an).

Pour aller plus loin

Le podcast du journaliste Xavier de La Porte couvre l'actualité numérique
liennathan.fr/kw35k5

2. Des enjeux géopolitiques de premier plan

Les NTIC sont devenues un enjeu politique et géostratégique majeur. **L'affaire Snowden, en juin 2013, qui révélait la collusion entre les entreprises du numérique et les services secrets américains, est à l'articulation de ces deux dimensions : au nom de la lutte contre les menaces sur la sécurité nationale, les autorités américaines (NSA) ont décidé, après 2001, de surveiller systématiquement les communications à une échelle sans aucun équivalent.** La collaboration des entreprises de la netéconomie, à rebours de leurs valeurs revendiquées, souligne à quel point la société de communication est aussi une société de contrôle. Pour accéder au marché chinois et à ses centaines de millions d'internautes, Facebook et son fondateur Mark Zuckerberg sont ainsi prêts à accepter toutes les conditions de filtrage imposées par l'État-parti. Une politique déjà suivie par LinkedIn, qui a intégré les mécanismes de censure à ses algorithmes. À l'inverse, l'Administration Trump a banni Huawei du marché américain, soupçonnant l'équipementier d'être au service du gouvernement chinois.

À côté du programme de surveillance Prism, qui leur donne accès aux serveurs des géants du secteur, les États-Unis se sont directement branchés aux intersections les plus importantes des 448 câbles sous-marins qui maillent le globe sur 1,2 million de kilomètres, constituant la colonne vertébrale d'Internet et par lesquelles 99 % des télécommunications mondiales transitent. La NSA (*National Security Agency*) disposerait de vingt accès majeurs à ces câbles, dont la plupart transitent par le territoire américain, et les services britanniques comme français collaboreraient probablement. Le Brésil a décidé, en 2014, de se câbler directement à l'Europe via le câble EuraLink : depuis 2018, à l'aide, notamment, de capitaux chinois, il a tiré trois câbles vers l'Angola, le Cameroun et l'Afrique du Sud.

3. Les géants du numérique

Les opérateurs désignés sous l'acronyme GAFAM (Google, Amazon, Facebook, Apple, Microsoft), les cinq premières entreprises au monde pour la capitalisation, pesaient 5 200 milliards de dollars de capitalisation cumulée en mai 2020, soit autant que le PIB allemand. Apple a dépassé à l'été 2018 la barre historique des 1 000 milliards de dollars de capitalisation, puis 2 000 milliards à l'été 2020. Les chiffres d'affaires des GAFAM restent pourtant loin des géants du pétrole, de l'automobile ou de la distribution (Apple n'est que douzième en 2020 suivant ce critère). **Le secteur du numérique au sens large ne dépasse pas 10 % du PIB mondial, mais il s'agit d'un secteur où les rendements sont croissants.** Netflix, qui occuperait ainsi, aux heures de pointe, un tiers de la bande passante aux États-Unis, est devenue en 2018 la plus importante capitalisation de l'industrie culturelle devant Disney.

Les crises économiques (2001, 2008, 2020) n'affectent que superficiellement un univers en recomposition permanente : chacun de ces géants est né à l'occasion d'une nouvelle étape qu'il a mieux vue que ses prédécesseurs. IBM, qui invente le PC en 1981, sous-estime l'importance du logiciel, ce qui va propulser Microsoft au premier plan. Maîtresse des suites bureautiques et des systèmes d'exploitation, la firme de Bill Gates ne voit pas venir les moteurs de recherche (Google), les réseaux sociaux (Facebook, Twitter) ou le *cloud computing* (Amazon). Cette dernière, contre toute attente, passe du stade de distributeur classique de livres à celui de pionnier de la nouvelle architecture des réseaux. Apple rebondit avec iTunes et s'installe durablement en force dans les contenus audio et vidéo. En 2014, Facebook a déboursé 19 milliards de dollars, 10 % de sa capitalisation boursière d'alors, pour mettre la main sur WhatsApp, une cinquantaine d'employés dont 32 ingénieurs et un chiffre d'affaires d'une vingtaine de millions de dollars en 2013, mais surtout 450 millions d'utilisateurs actifs. Cela fait 350 millions de dollars environ déboursés par employé, mais une quarantaine de dollars par utilisateur. Facebook est capitalisée à 80 fois ses bénéfices, Netflix à 129 fois. La polarisation est en conséquence extrême sur les marchés : Google occupe près de 70 % du marché des moteurs de recherche, Facebook les trois quarts de celui des réseaux sociaux, iTunes 80 % des plateformes musicales. Les entreprises américaines concentrent 80 % d'un marché d'Internet utilisé pourtant à 81 % par des non-Américains. Une telle concentration menace de stériliser l'innovation en limitant la concurrence. **Les GAFAM sont installés au cœur de la vie quotidienne, et influent considérablement sur les choix des consommateurs.** La Commission européenne a ainsi été saisie des risques d'abus de position dominante de Microsoft, puis de Google (90 % des requêtes sur les moteurs de recherche en Europe). Pour beaucoup, y compris des élus américains, il faudrait démanteler ces géants devenus beaucoup trop puissants. Une exigence que repoussent les intéressés en rappelant que la Chine a désormais ses propres géants : Huawei, Tencent, Baidu, Alibaba, Xiaomi, Oppo. Dans ce paysage très polarisé, l'Europe fait pâle figure, les émergents et les autres pays du Sud sont marginalisés, tous sont fortement dépendants de ces géants.

III. Crises et ruptures

A. LE RETOUR RÉGULIER DES CRISES FINANCIÈRES

1. Finance internationale, économie réelle et crises économiques

À partir des années 1980, le « nouveau régime d'accumulation capitaliste », pour reprendre l'expression du géographe Laurent Carroué, favorise l'expansion financière qui fait figure de carburant pour l'économie réelle, celle qui fournit des biens et des services. **Mais les rendements sans cesse croissants de l'ingénierie financière aboutissent à dissocier expansion financière et économie réelle.** La multiplicité des produits financiers, leur fluidité et leur mobilité internationale, comme leur capacité à minorer leur contribution fiscale, tout concourt à offrir aux spéculateurs une rente sans équivalent. D'où la captation des capitaux par la finance, au détriment des salaires, des investissements productifs et des innovations. Si l'on suit les évolutions des cours boursiers, on constate que leur volume s'est découplé de celui des richesses produites par les entreprises. Multipliée par huit de 1990 à 2014, la capitalisation mondiale reste très polarisée sur les Bourses nord-américaines, européennes, japonaises (un triple territoire que l'analyste japonais Kenichi Ohmae appelait la Triade en 1983), et désormais chinoises. Surréagissant à court terme aux crises, ces flux de capitaux absorbent pourtant de façon déconcertante les aléas de l'économie mondiale [→ DOCUMENT 2]. **Ainsi, il n'a fallu que quelques mois pour reconstituer les pertes de la crise de 2008, alors que près de la moitié de la capitalisation mondiale s'était évaporée cette année-là.** Plus spectaculaire encore, en août 2020, alors que les États-Unis sont engagés dans leur pire récession depuis 1929, sans perspective rassurante à moyen terme, la capitalisation à Wall Street bat des records, avec une hausse de 50 % depuis le point bas de mars 2020 (pour l'indice S&P 500), au début de la phase de confinement liée à la pandémie de Covid-19. **La domination de la finance sur l'économie n'est pas sans risque : le monde a connu en moyenne, entre 1971 et 2008, une crise économique tous les**

Document 2. Les cours en Bourse à Wall Street, selon l'indice S&P, 1871-2017

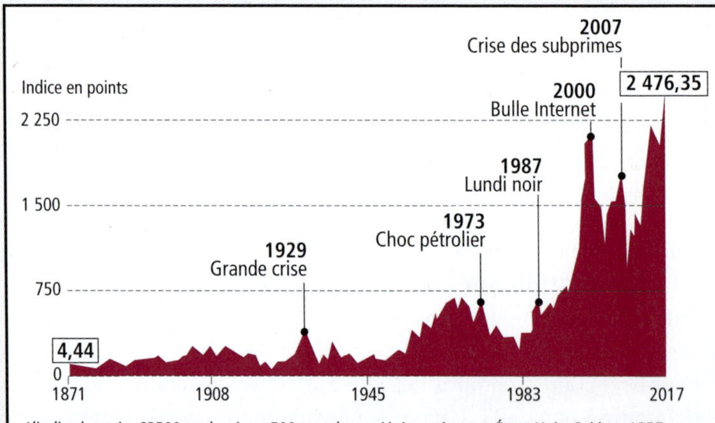

L'indice boursier SP500 est basé sur 500 grandes sociétés cotées aux États-Unis. Créé en 1957, il concurrence le plus vieil indice boursier du monde, le Dow Jones, qui est également utilisé ici pour construire la série.

Source : T. Piketty, *Le capital au XXIe siècle*, Paris, Seuil, 2013.

dix-huit mois. En 1987, un krach boursier à New York se diffuse rapidement dans le reste du monde, en raison des connexions naissantes entre ordinateurs, avant une intervention efficace de la Fed et de la Bundesbank. Dix ans plus tard, la spéculation sur le baht, la monnaie thaïlandaise, entraîne un effondrement des monnaies du Sud-Est asiatique. En 2001, victime d'une bulle spéculative, la Bourse des nouvelles technologies de New York, le NASDAQ, subit une très forte correction. Les pays qui suivent alors les recommandations du FMI et conservent un marché des capitaux ouverts sont ruinés par la fuite des investissements. Observatrice attentive, la Chine est durablement renforcée dans sa conviction que sa monnaie ne doit pas être convertible, afin de se prémunir contre la volatilité des capitaux extérieurs et de la conserver comme un instrument de souveraineté économique. C'est par ses excédents commerciaux qu'elle accumule depuis les capitaux nécessaires à sa croissance.

2. La crise systémique de 2008

Dans des économies ainsi financiarisées, l'excès de capital ne débouche plus sur une hausse salariale, mais nourrit les bulles spéculatives. Celle qui touche les États-Unis en 2007 et 2008 est particulièrement violente. Traditionnellement, aux États-Unis, les ménages s'endettent d'autant plus facilement que la croissance est régulière et le chômage faible. Les prix de l'immobilier grimpent donc et les investisseurs en font un marché privilégié, mettant même au point des produits adaptés à une clientèle fragile et risquée (*subprimes*). La tendance haussière du marché permet de s'abriter derrière une mutualisation des risques : l'emprunteur défaillant est couvert auprès des organismes de crédit hypothécaire par la possibilité de saisie de son bien, dont la valeur a augmenté. Mais en 2007, les mécanismes du marché se grippent, en lien avec la crainte d'un choc énergétique et la prise de conscience d'un trop grand décalage entre la valeur réelle des biens et le prix assigné par la spéculation. L'endettement des ménages en produits à forte valeur négociable devient source d'actifs pourris ou toxiques (*junk bonds*) et les organismes de prêts les plus exposés font faillite. Or, ces prêts risqués ont été mêlés à d'autres actifs pour créer des produits financiers attractifs (titrisation), cautionnés par les agences de notation* (Standard & Poor's, Moody's, Fitch). En 2007-2008, les banques découvrent l'ampleur de leurs pertes. Mises en difficulté, elles n'osent plus prêter, le crédit se raréfie. Les banques centrales sont obligées d'intervenir en injectant des liquidités, tandis que les États mettent sous tutelle les organismes défaillants. **Le 15 septembre 2008, pourtant, le gouvernement américain refuse de renflouer la cinquième banque d'affaires américaine, Lehman Brothers. La crise tourne alors à la panique et se répercute dans tout le système financier mondialisé :** la capitalisation boursière mondiale chute de 48 %, soit une évaporation de l'ordre de 58 % du PIB global. La chute momentanée des cours des matières premières et la rétraction des IDE sont autant de vecteurs de la contagion. Dans les pays développés, le chômage s'accroît de 40 %, il n'a que partiellement reflué en Europe lorsque éclate, en 2020, la crise suivante. Aux États-Unis, les pertes des fonds de pension* renvoient plus de 900 000 retraités au travail. Partout, l'intervention des pouvoirs publics se traduit par une socialisation des pertes, supportées par les ménages sous la forme d'une contraction des revenus et d'une hausse de la pression fiscale. Globalement, les réactions des pouvoirs publics, à l'instigation du FMI,

DÉFINITIONS

Agence de notation : organisme privé classant les États et les entreprises selon les risques qu'ils représentent pour un investisseur.

Fonds de pension : organisme de gestion collective de l'épargne-retraite dans un système de retraite par capitalisation. Les fonds de pension sont particulièrement développés aux États-Unis.

du G20 et du Conseil de stabilité financière, se sont déployées en deux temps : une relance abondante, puis une consolidation financière sous forme de mesures d'austérité.

Le regard d'un politiste

La crise de 2008 mise en perspective par Francis Fukuyama

Professeur d'économie politique internationale à la Johns Hopkins School of Advanced International Studies à Washington, Francis Fukuyama avait évoqué, à la fin des années 1980, « la fin de l'histoire » pour caractériser l'ère post-guerre froide, un concept très discuté et critiqué depuis [→ CHAPITRE 6].

Dans un article paru dans le journal *Le Monde* en octobre 2008, il analyse la crise comme étant le résultat de la généralisation des politiques économiques initiées par l'Administration Reagan dans les années 1980. « Les signes montrant que la révolution reaganienne avait amorcé une dérive dangereuse sont devenus évidents au cours de la dernière décennie », explique le politiste.

Texte à l'appui

L'article complet paru dans le *Monde*
liennathan.fr/i8h8r6

3. Des dysfonctionnements chroniques

Depuis la grave crise de 2007-2008, les thèses de l'efficience des marchés et de leur capacité à se réguler, défendues par les théories néoclassiques, apparaissent comme un mythe. **Les dysfonctionnements de la sphère financière sont la conséquence d'une réglementation insuffisante, ou mal appliquée.** Mais malgré les engagements pris par des chefs d'État qui promettaient de réguler la finance internationale (Nicolas Sarkozy en 2008 et Barack Obama en 2009), en dépit du coût très élevé des plans de relance et du sauvetage des banques, la spéculation financière internationale s'est poursuivie. En août 2014, l'indice S&P 500 était trois fois plus important qu'en 2009, et le NASDAQ dépassait son niveau de 2001. Aux États-Unis, la capitalisation boursière excède le PIB de 150 %, un record qui bat celui de 2000, juste avant l'explosion de la bulle Internet. Le secteur bancaire s'est polarisé, Goldman Sachs, notamment, rachetant une partie des actifs de Lehman Brothers. L'Administration Trump a démantelé une grande partie des mesures prudentielles adoptées après 2008. En Europe, le Royaume-Uni, poussé à améliorer son attractivité financière dans la perspective de sortie de l'UE, n'est pas en reste. Malgré le rapport Vickers, qui réclamait une séparation des activités de marché et de dépôts, la City reste très laxiste : en décembre 2012 éclatait un scandale de manipulation par les *traders** des cours du LIBOR, le taux de référence du marché monétaire. Le pouvoir des marchés déborde largement la sphère économique, comme l'Union européenne en a fait l'expérience en 2011 et 2012. Spéculant sur l'impossibilité des États les plus endettés à rester dans la zone euro, alors que les critères de Maastricht avaient explosé sous le coup des différents plans de relance, les marchés avaient particulièrement ciblé le Portugal, l'Italie, l'Irlande, la Grèce et l'Espagne (les PIIGS, selon la presse anglo-saxonne). Ces États sont alors étranglés par l'envolée des taux d'emprunt, jusqu'à l'intervention de la BCE en juillet 2012 pour les soutenir. Cette

DÉFINITION

Trader : opérateur sur les marchés financiers.

crise de la dette souveraine, si elle n'a finalement pas eu raison de la monnaie commune, a souligné la fragilité de l'UE, faute d'un véritable budget commun et d'une fiscalité européenne, mais a aussi montré l'importance de la BCE.

B. L'ÉPUISEMENT DU LIBÉRALISME GLOBAL ?

1. Le moindre rôle du commerce

Les années 2010 sont marquées par une « maturation des chaînes de valeur globales* » (Jacques Adda) : les entreprises cessent de multiplier les sous-traitants et tentent de simplifier les processus de production. La montée de l'économie numérique favorise la contraction des chaînes de valeur et dessine une nouvelle mondialisation, dans laquelle le commerce pèse proportionnellement moins. Le commerce de biens se divise aujourd'hui en trois blocs à peu près équivalents : les échanges classiques, dominés par les produits de base, les échanges intra-firmes, les échanges de composants et de produits intermédiaires. Ces échanges, tout comme les flux d'IDE, marquent un coup d'arrêt depuis la crise de 2008. **Une fois passée la brève reprise alimentée par les mesures de relance, la croissance du commerce mondial a ralenti à nouveau, passant en dessous de la croissance mondiale (mesurée par le PIB), une rupture historique après vingt ans de croissance deux fois supérieure.** Avant même le choc sans équivalent de l'année 2020, le commerce mondial ne progressait que de 2 % en 2015, soit un point de moins que la croissance du PIB, et régressait même de 0,1 % en 2019.

2. La menace d'une stagnation séculaire

La récurrence des crises depuis l'ouverture de la phase de mondialisation des économies semble remettre en cause le mode d'accumulation qui a porté l'économie globale jusqu'en 2008. Si certaines sont des crises d'explosion de bulles (2001), d'autres des crises de crédit (crise asiatique de 1997), celle de 2007-2008 est systémique, à l'instar de celle de 1929. D'où une interprétation possible, empruntée à celle de 1929 (Alvin Hansen en 1938), celle d'une stagnation séculaire. La révolution Internet induirait de moindres effets sur l'activité que la révolution électrique ou mécanique des siècles précédents. **Le rendement de l'innovation, dans les nouvelles technologies de l'information ou dans les sciences du vivant, est médiocre :** la croissance exponentielle des coûts de développement d'un nouveau composant électronique ou d'un nouveau médicament est telle que les conditions de leur rentabilisation deviennent plus aléatoires, réduisant d'autant l'impact de la recherche et développement sur les gains de productivité. La révolution numérique, avènement d'une nouvelle économie dont la prospérité serait fondée sur la généralisation des NTIC, n'a effectivement pas généré, à rebours de la théorie économique, d'immenses gains de productivité. **Dès 1987, l'économiste et prix Nobel Robert Solow énonçait le paradoxe qui porte son nom : « vous pouvez voir l'ère informatique partout, sauf dans les statistiques de la productivité ». La productivité américaine n'a en effet cessé de décroître, l'investissement étant délaissé, au profit de la rente à très court terme des épargnants.** Ainsi, entre 2000 et 2010, les entreprises ont investi dans l'innovation un tiers seulement de ce qu'elles avaient investi lors de la décennie précédente. Autre caractéristique problématique, le basculement de cette industrie du côté des services, bien plus rémunérateurs mais moins créateurs

DÉFINITION

Chaînes de valeur globales : l'expression désigne l'ensemble du processus de fabrication d'un produit.

d'emplois. Partout, les gains de productivité, moteurs de la croissance des Trente Glorieuses, comme le rappelait Jean Fourastié, marquent le pas.
En définitive, la crise sans équivalent de 2020, puisque l'économie a été volontairement suspendue pour combattre une pandémie, a éclaté dans un paysage économique déjà troublé par le ralentissement de ses moteurs traditionnels, commerce, productivité et innovations.

C. LA BIFURCATION ANTHROPOCÈNE

1. Une rupture irréversible ?

L'accélération de la mondialisation à partir des années 1980 n'a pas ouvert une crise écologique, qui lui est bien antérieure, mais elle a coïncidé avec une prise de conscience de son ampleur, tandis que les nouvelles technologies de l'information ont permis une diffusion universelle de ces problématiques. Depuis les travaux du Club de Rome (1968) sur le prix de la croissance, la mesure des dangers pesant sur l'environnement a intégré leur dimension globale. Le *Goddard Institute for Space Studies* de la NASA, c'est-à-dire son centre d'étude du climat, et son dirigeant James Hansen ont popularisé l'hypothèse du réchauffement climatique, et son origine humaine. **En 2000, le prix Nobel de chimie Paul Crutzen propose d'appeler « Anthropocène » la période géologique actuelle, pour signifier que l'influence des activités anthropiques sur le système terrestre est désormais prépondérante : pour la première fois, les phases de l'histoire géologique et celles de l'histoire humaine, jusqu'ici obéissant à des échelles différentes, convergent.**
Incontestablement, une « grande transformation » s'est mise en place depuis les années 1950 : les grandes tendances sociales et les transformations économiques dessinées depuis le début du XXe siècle sont remises en cause, obligeant les sociétés à reconsidérer leur rapport à la croissance, à la consommation, à la ville ou aux transports. Les effets du réchauffement climatique sont de grande ampleur et menacent l'existence de certaines sociétés : désertification, montée des eaux, acidification des océans, déforestation, érosion de la biodiversité, augmentation des pollutions, risques sanitaires accrus… Des cycles autrefois dits « naturels » (eau, azote, phosphate) sont passés sous l'emprise des activités humaines, en lien notamment avec le développement de l'agriculture productiviste. La présence accrue dans les sédiments des marqueurs artificiels rejetés depuis un siècle et demi (radionucléides, plastiques, pesticides, perturbateurs endocriniens, gaz fluorés) constituent autant de marqueurs de la nouvelle ère qui s'est ouverte.

2. La convergence Nord-Sud

Le transfert de la croissance industrielle vers de nouveaux territoires s'opère, depuis les années 1980, dans un cadre de compétition au plus faible coût. Alors que les opinions publiques occidentales exigent, pour partie, une prise en compte du coût environnemental des politiques économiques, les NPIA gagnent en compétitivité et ne s'encombrent pas de législations ou de dispositions coûteuses. La faible information des populations sur les enjeux environnementaux, la nécessité d'accélérer la croissance, qui conduit au développement, la corruption enfin et le faible respect des législations y entraînent des atteintes lourdes à l'environnement. **Alors qu'une partie des indicateurs liés à l'environnement sont stabilisés ou s'améliorent dans les pays développés, ils se détériorent dans les pays émergents.** Mais ces deux réalités sont liées par le jeu de la mondialisation de la production et des échanges : l'empreinte écologique de la France serait deux fois plus importante si on intégrait la pollution cachée dans nos importations.

Les pays du Sud n'ont pas eu de peine à signer le Protocole de Kyoto en 1997, car au vu de leur retard industriel et de leur faible pollution par habitant, ils étaient alors tous exemptés de contraintes. Ce n'est plus le cas désormais : les émissions cumulées de gaz à effet de serre des pays en développement sont en passe de rattraper celles des pays développés. En 2010, les pays riches émettaient 52 % des émissions totales de gaz à effet de serre, avec en tête les États-Unis (19 %), devant l'Union européenne (17 %), la Russie (7 %) et le Japon (2,8 %). Les pays du Sud en représentaient 48 %, imputables principalement à la Chine (12 %), à l'Indonésie (5 %), à l'Inde (4 %) et au Brésil (4 %). En 2020, les pays du Sud pesaient pour plus de 51 % du total des pollutions. En 2019, la Chine était le premier pollueur, avec 28 % des émissions de CO_2, devant les États-Unis (15 %), l'Europe (10 %) et l'Inde (7 %). Et là où l'empreinte carbone* des États-Unis et de l'Europe diminue, celle de la Chine continue d'augmenter de 3 % par an.

3. Réponses institutionnelles et mobilisations citoyennes

La globalisation des risques environnementaux impose une réponse à l'échelle mondiale [→ CHAPITRE 13]. Sur des problèmes ponctuels, des accords ont été réalisés lorsqu'un consensus scientifique se dégageait et que des solutions économiquement acceptables étaient envisageables. En 1987, le traité de Montréal (ratifié par 196 pays) interdit ainsi la production des gaz CFC (chlorofluorocarbures), utilisés dans la réfrigération et identifiés comme responsables d'un trou dans la couche d'ozone de la haute atmosphère au-dessus de l'Antarctique. Depuis l'application du traité, les CFC ont quasiment disparu et la couche d'ozone a commencé à se reconstituer. **Le rapport Brundtland, commandé par l'ONU en 1987, définit le développement durable comme s'appuyant sur trois piliers : l'économie, le social et l'environnement.** Nombre de militants environnementalistes dénoncent une opération guère différente du *greenwashing* utilisé par les entreprises pour se présenter, abusivement, comme actrices de la défense de l'environnement. Il s'agirait de perfectionner le capitalisme libéral sans remettre en cause son rôle dans les déséquilibres du monde. Depuis 1992, des Sommets de la Terre organisés par l'ONU ont permis de médiatiser l'ensemble des risques environnementaux et de créer une dynamique forte dans les opinions publiques. Le Protocole de Kyoto, signé en 1997 sur une initiative américaine portée par le vice-président démocrate Al Gore, constitue la première application d'une politique mondialisée de réponse à la crise climatique. Sur les 132 signataires, 38 pays développés s'engageaient à réduire de 5 % leurs émissions en 2012 par rapport à 1990. La ratification russe, en 2005, a permis l'entrée en vigueur du Protocole de Kyoto, mais les États-Unis, entre-temps dirigés par les républicains, se sont finalement refusés à le signer. Premier accord d'importance, le Protocole de Kyoto ne règle pas le problème auquel il s'attaque, puisqu'à l'heure de son expiration (le 31 décembre 2012), si les signataires avaient globalement tenu leurs engagements, les émergents étaient devenus des contributeurs bien plus importants à l'émission de gaz à effet de serre. Après l'échec de la conférence de Copenhague en 2009, celle de Paris, en décembre 2015, a scellé le premier accord intégral sur le climat. Entré en vigueur en 2020 avec une révision prévue tous les cinq ans, celui-ci fixe comme objectif de limiter la hausse moyenne de la température mondiale « nettement en dessous de 2 °C », en visant 1,5 °C. Chaque pays choisit les moyens pour y arriver mais, malgré cette absence de contrainte, les États-Unis de Donald

DÉFINITION

Empreinte carbone: critère mesurant la quantité de carbone ou d'équivalent produite par l'activité d'une personne, d'une entreprise ou d'un État.

Trump ont décidé de s'en retirer. Avant la crise de 2020, les objectifs intermédiaires étaient loin d'être atteints.

À la perspective d'une crise environnementale réparable, par exemple, par le développement durable ou par la décroissance, semble succéder la perception d'un changement bien plus profond : l'Anthropocène constituerait une bifurcation qu'il serait illusoire de vouloir repousser, mais à laquelle il faudrait s'adapter.

Pour aller plus loin

Le site de l'historien de sciences et de l'environnement, Jean-Baptiste Fressoz, est riche en articles sur ce thème
liennathan.fr/h8bm88

13 LES REMISES EN CAUSE DE LA MONDIALISATION

Triomphante au lendemain de la guerre froide et le plus souvent présentée comme le moyen permettant à toute l'humanité d'accéder au développement ou au mieux-être, la mondialisation économique est rapidement devenue un phénomène décrié sur les plans politique, social et culturel pour ses conséquences délétères : croissance des inégalités, tensions identitaires, instabilité accrue de l'ordre international. Les critiques de la mondialisation se portent non seulement sur le mouvement d'intégration économique qui provoque des inégalités à toutes les échelles, mais aussi sur la gouvernance globale qui l'accompagne et l'extension des valeurs du capitalisme libéral à l'échelle mondiale. L'émergence de contre-modèles idéologiques et politiques pour une autre mondialisation (altermondialisme), les propositions de réforme, la montée en puissance de mouvements identitaires et populistes traduisent un mélange de critiques intellectuelles, fonctionnelles et sociales qui ne forment pas une opposition unie à la mondialisation, et peuvent même entrer en contradiction. La remise en cause du bien-fondé de la mondialisation, qui a progressivement gagné en ampleur depuis le début du XXIe siècle, résulte moins de l'attraction d'un programme alternatif que des effets incontrôlés de la mondialisation elle-même : crise économique de 2008, explosion des inégalités, remise en cause de la mainmise occidentale par les pays émergents, crise écologique, crise sanitaire de la Covid-19 dont les conséquences économiques continuent de se faire sentir.

Comment les principales idées sur lesquelles s'est bâtie la mondialisation sont-elles critiquées et contestées ?

Notion principale

Altermondialisme : ensemble de mouvements issus de la société civile qui critiquent les inégalités induites par la mondialisation libérale et prônent une gouvernance démocratique et solidaire.

CHRONOLOGIE

1999-2001 : Mobilisations massives en marge du sommet de l'OMC à Seattle (1999) et du G8 de Gênes (2001). Premier Forum social mondial à Porto Alegre (2001)

2005 : Rejet du traité constitutionnel européen en France et aux Pays-Bas

2008-2009 : Crise alimentaire (hausse des prix des produits de base affectant les populations des pays pauvres). Crise financière et économique mondiale

2009-2011 : Crise de la zone euro

2016-2020 : Négociations du Brexit et « guerre commerciale » sino-américaine

2020-2021 : récession et ruptures d'approvisionnement provoquées par la crise de la Covid-19

Depuis 2022 : perturbations du commerce international et de la gouvernance mondiale par la guerre en Ukraine

I. L'effritement du consensus autour de la mondialisation : une dynamique issue des sociétés civiles

A. DU CONSENSUS DE WASHINGTON* À L'ÉMERGENCE DE L'ALTERMONDIALISME

1. Le capitalisme triomphant de l'après-guerre froide

Essor des idées néolibérales, dérégulation financière, renforcement du poids des multinationales, émergence des dragons asiatiques, basculement du centre de gravité de l'Atlantique vers le Pacifique… si l'on examine ses principales caractéristiques, l'accélération de la mondialisation précède d'une décennie la fin de la guerre froide. C'est pourtant ce dernier événement qui marque le point de basculement décisif sur le terrain idéologique : l'effondrement des deux contre-modèles, le communisme et le tiers-mondisme, qui proposaient jusqu'ici un paradigme alternatif à la mondialisation libérale, semble ouvrir un espace et une période d'intégration sans limites, assimilée par certains observateurs à une « fin de l'histoire » (Francis Fukuyama). La disparition de ces contre-récits semble installer la mondialisation marchande comme horizon se suffisant à lui-même, sous-tendu par une dynamique de libéralisation et de dérégulation désormais générale. Les théories de la dépendance –

ZOOM ▶ Le débat sur la réduction de la pauvreté par la mondialisation

Le débat sur la contribution du capitalisme libéral au développement, qui a traversé le XXe siècle avec les analyses marxistes et tiers-mondistes, a rebondi avec les Objectifs du Millénaire pour le développement (OMD) définis par l'ONU en 2000. Le coordinateur du projet, l'économiste libéral Jeffrey Sachs, considère en 2005 que la mondialisation constitue une opportunité historique d'« en finir avec la pauvreté » en intégrant les pays les moins avancés aux circuits économiques mondiaux, comme ont su le faire les pays émergents, à condition que les pays développés consacrent des sommes plus importantes à l'aide au développement. Les économistes favorables à une remise au goût du jour des théories de Keynes (comme Joseph Stiglitz et Paul Krugman) soulignent, au contraire, que la dérégulation des économies et du commerce maintient les pays les plus fragiles dans une situation de vulnérabilité et observent qu'à côté du succès des grands émergents, la pauvreté concerne un nombre croissant de personnes dans le monde, en particulier en Afrique. Un autre débat concerne les indicateurs à utiliser pour mesurer la pauvreté, les héritiers de l'approche de l'économiste indien Amartya Sen considérant que le PIB est une mesure très imparfaite, même complétée par l'IDH (inventé en 1990). Depuis la fin des années 2000, plusieurs travaux, notamment ceux de Branko Milanovic, apportent un nouvel éclairage : le recul de la pauvreté est certes une réalité dans une grande partie du monde – au premier chef, les grands émergents – mais la redistribution des richesses est très inégalitaire, car elle laisse de côté les 5 % les plus pauvres de la population mondiale (essentiellement issus des PMA) et se fait au détriment des classes moyennes des pays du Nord, alors que les 1 % les plus riches sont les grands gagnants de la mondialisation.

DÉFINITION

Consensus de Washington : l'expression a été forgée en 1989 par l'économiste John Williamson pour résumer, autour de dix principes, les demandes de réformes alors exigées tant par les institutions internationales de Washington (FMI et Banque mondiale) que par le gouvernement américain. Elle renvoie aux présupposés de l'école néolibérale de Chicago : ouverture des frontières, amenuisement du rôle de l'État, dérégulation des marchés.

mobilisées dans les décennies précédentes par les pays du tiers-monde pour revendiquer un « nouvel ordre économique international » – sont marginalisées dans les institutions économiques, fortement influencées par le consensus de Washington. **La revendication tiers-mondiste en faveur du commerce équitable (« *Trade not aid* ») est reprise par la nouvelle Organisation mondiale du commerce (créée en 1995).** Le décollage économique du continent asiatique conforte l'idée selon laquelle la sortie de la pauvreté passerait nécessairement par une intégration croissante et dérégulée au marché mondial : « la croissance est bonne pour les pauvres », annonce en 2001 la Banque mondiale. La course à la croissance aiguillant la politique des États, la contestation de la mondialisation vient d'abord de la société civile.

2. La multiplication des initiatives contestataires

Les contestations de la mondialisation sont au départ atomisées et rendues inopérantes par la fragilisation des structures de contestation traditionnelles, partis politiques et syndicats. **La mobilisation se réinvente au cours des années 1990 à deux échelles différentes.** À l'échelle transnationale, les ONG – dont le nombre augmente rapidement – s'organisent en coalitions qui mènent des campagnes à destination des opinions publiques, utilisant pour cela les grandes rencontres internationales, comme le Sommet de la Terre organisé à Rio par l'ONU en 1992. À l'échelle locale, se développent des mobilisations citoyennes émancipées d'une approche électorale et nationale du débat politique : mouvements indigènes en Amérique latine (parfois dans le prolongement d'insurrections armées, comme la révolte zapatiste de 1994), mouvement des paysans sans-terre (né au Brésil en 1984), manifestations contre la privatisation de l'eau en Bolivie et en Afrique du Sud (*Anti-Privatisation Forum*) en 2000. **Ces mouvements convergent sur l'idée que le changement à obtenir ne relève pas du national mais doit être mis en œuvre à l'échelle internationale.** De plus, ils ne visent pas seulement les États, mais également les entreprises multinationales. Des mouvements comme Global Trade Watch (1995) ou ATTAC (Association pour la taxation des transactions financières et l'action citoyenne, 1998) constituent rapidement un réseau citoyen transnational. Des mouvements de petits paysans en Asie et en Amérique latine se réunissent, à partir de 1993, dans le réseau global Via Campesina, qui revendiquera jusqu'à 200 millions de membres. La première « marche mondiale des femmes contre la pauvreté », organisée au Québec en 1995, se transforme cinq ans plus tard en une campagne aux dimensions planétaires.

L'émergence de l'altermondialisme est moins l'invention d'une idéologie que la mise au point d'un mode d'action permettant de fédérer les mobilisations locales en actions globales (la « glocalisation »), au travers d'une démocratie participative qui complète, surveille et corrige les institutions officiellement démocratiques prenant part à la gouvernance globale.

Comme ces contestations puisent dans un « imaginaire mondialisé » (Bertrand Badie) et s'adressent à une opinion publique transnationale, leur émergence se cristallise logiquement au moment et en marge des sommets internationaux, qui offrent une visibilité médiatique maximale. Apparus en 1984, les « contre-sommets » du G7 réunissent ainsi syndicats, ONG et acteurs de la société civile désireux d'offrir une vision alternative de la gouvernance globale. Ils se muent, au cours des années 1990, en mobilisations de masse : un collectif de syndicats rassemble 40 000 personnes en marge du G7 à Lyon en 1996, 70 000 défilent en 1998 à Birmingham pour réclamer l'annulation de la dette du tiers-monde et le G8 de Gênes se solde, en 2001, par des affrontements violents qui éclipsent l'agenda officiel. Entre-temps, le sommet de l'OMC à Seattle, en 1999, n'a pu se tenir normalement en raison de la mobilisation altermondialiste. Bien que l'adhésion à ses idées soit difficilement mesurable, cette nébuleuse remplit son premier objectif : imposer dans l'espace public un débat sur le bien-fondé de la mondialisation et souligner la coupure des structures de gouvernance globale vis-à-vis des citoyens [→ CHAPITRE 9].

3. La pratique des forums sociaux

Le passage de la posture antimondialiste à l'altermondialisme se traduit, dans la foulée de ces succès initiaux, par la tenue du premier Forum social mondial à Porto Alegre, au Brésil, en 2001. **Déclinée à diverses échelles, la formule des forums sociaux permet au mouvement altermondialiste de ne pas plus se définir uniquement en miroir des grandes rencontres internationales.** Les revendications économiques – annulation de la dette des pays pauvres, taxation des transactions financières, remplacement du libre-échange généralisé par le commerce équitable, garantie de la sécurité alimentaire, interdiction de la marchandisation des connaissances et du vivant – esquissent un autre ordre politique mondial, ouvert, centré sur les pays du Sud et misant sur le contrôle citoyen [→ TEXTE À L'APPUI]. Réunissant jusqu'à 170 000 personnes en 2005, le Forum social se positionne, malgré l'hétérogénéité de ses membres, comme un véritable contre-pouvoir idéologique, médiatique et politique.

Texte à l'appui

Manifeste de Porto Alegre (Brésil), « 12 propositions pour un autre monde possible », datant du 29 janvier 2005, un texte fondateur de l'altermondialisme

liennathan.fr/52jac3

B. L'AFFAIBLISSEMENT D'UN CONSENSUS BASÉ SUR LE *LEADERSHIP* OCCIDENTAL

1. L'effritement du *soft power* occidental

Pour les États-Unis et l'Europe, *leaders* historiques de la mondialisation, la diffusion de normes économiques traduit une universalisation de leur modèle politique, si bien que l'expansion jumelle du capitalisme et de la démocratie libérale crée, dans les années 1990, une « illusion d'optique » (Hubert Védrine), qui se dissipe au cours des années 2000. En effet, le 11 septembre 2001, les citoyens américains se rendent brutalement compte de l'animosité que suscite leur pays dans le monde arabo-musulman. **Leur intervention en Irak, en 2003, contestée par certains de leurs alliés comme la France, approfondit la fracture entre les États-Unis et une bonne partie du reste du monde, d'autant qu'en Amérique latine se multiplient les succès de la gauche anti-impérialiste** – échec du coup d'État contre Chávez au Venezuela en 2002, élection de Lula au Brésil la même année, élection d'Evo Morales en Bolivie en 2005. Pour la première fois depuis la fin de la guerre froide, les États-Unis font face à une contestation réellement globale, qui ne se matérialise pas seulement en marge des rencontres internationales, mais essaime à l'échelle transnationale : les manifestations du 15 février 2003, alors que la perspective d'une intervention en Irak se précise, rassemblent simultanément 12 à 15 millions de personnes. **En Europe, le rejet du traité constitutionnel européen par les citoyens français et néerlandais, en 2005, est un succès majeur pour le mouvement altermondialiste :** à travers la dénonciation de l'Europe « néolibérale », c'est de la mondialisation que de nombreux citoyens se défient. S'ajoutant aux résistances issues des pays du Sud, la contestation se propage dans les pays du Nord parmi les perdants de la mondialisation – ou ceux qui se perçoivent comme tels.

2. Les émergents : la conversion à la mondialisation sans la *doxa* libérale

Les pays émergents, s'ils profitent de la mondialisation, mettent aussi en lumière ses effets délétères et modifient donc la perception du phénomène. Membres de l'OMC, bien intégrés aux échanges internationaux, les émergents peuvent se montrer peu désireux d'appliquer à leur marché intérieur l'intégralité des règles libérales. En Russie, Vladimir Poutine met au pas les « oligarques » lors de ses deux premiers mandats (2000-2008), annonçant ainsi sa volonté de rompre avec les excès de la transition capitaliste et figeant la Russie dans la position d'une économie dépendante de la rente pétrolière. Au cours des 15 années suivantes, la Russie accumule les dividendes de cette politique, les grandes entreprises russes travaillant au service des ambitions mondiales du système poutinien, jusqu'à être entrainées dans l'économie de guerre mise en place après 2022. De même, l'essor fulgurant de l'économie chinoise s'accompagne de nombreux freins à la pénétration de son marché pour les acteurs étrangers ; son entrée à l'OMC en 2001 ne met pas fin au capitalisme d'État. La paralysie des négociations commerciales, qui mène à l'échec du cycle de Doha* en 2006, traduit cette situation nouvelle. **Les émergents et l'ensemble des pays du Sud sont partie prenante d'une économie mondialisée mais ils refusent la perspective d'une libéralisation continue dont les conséquences inégalitaires commencent à être clairement perçues à l'échelle mondiale**, par exemple lorsque l'instabilité des marchés agricoles débouche sur une crise alimentaire qui frappe plusieurs dizaines de pays en développement durant l'hiver 2007-2008. Il apparaît dès lors que l'emprise du capitalisme libéral est loin de provoquer un nivellement des structures sociales et politiques : l'horizon économique rassemble des États dont les systèmes de valeur sont distincts et, à bien des égards, conflictuels, loin de la « mondialisation heureuse » (Alain Minc) vantée dans les années 1990[1]. La mondialisation

Le regard d'un économiste

Branko Milanovic et le capitalisme aujourd'hui

Branko Milanovic (né en 1953) est un économiste serbo-américain spécialiste des questions de pauvreté. Dans son livre *Inégalités mondiales. Le destin des classes moyennes, les ultra-riches et l'égalité des chances* (Paris, La Découverte, 2019), il analyse les effets de la mondialisation sur les revenus des différentes classes sociales au niveau mondial. La croissance économique des dernières décennies, qui profite beaucoup à la fraction la plus riche de la population mondiale mais très peu aux plus pauvres, a ainsi des effets opposés sur les classes moyennes : celle des pays émergents voit ses revenus augmenter rapidement, tandis que dans les pays développés les revenus des classes moyennes stagnent. Dans *Le Capitalisme, sans rival. L'avenir du système qui domine le monde* (Paris, La Découverte, 2019), il défend notamment la thèse de la coexistence, au cœur de la mondialisation, de deux systèmes capitalistes.

Pour aller plus loin

Une présentation du livre *Le Capitalisme sans rival* par un universitaire français

liennathan.fr/72e6tq

DÉFINITION

Cycle de Doha : ensemble des négociations menées sous l'égide de l'OMC à partir de 2001, visant à concilier deux principaux objectifs, la libéralisation du commerce international et le développement des pays du tiers-monde. Les négociations sont suspendues en 2006 sans qu'un accord ait été trouvé.

1. Alain Minc, *La Mondialisation heureuse*, Paris, Plon, 1997.

s'inscrit durablement dans une complémentarité entre le capitalisme libéral, occidental, et le capitalisme autoritaire développé dans de nombreux pays émergents d'Asie, notamment la Chine.

3. La crise de 2008 : une non-rupture

La crise économique de 2008 jette le discrédit sur un modèle de croissance basé sur la toute-puissance des marchés, la liberté des multinationales et la dérégulation des échanges. Contrairement aux crises financières précédentes qui partaient des marchés émergents (crises mexicaine en 1994, asiatique en 1997, russe en 1998, argentine et brésilienne en 2001-2002), celle de 2008 éclate au cœur des marchés européens et américain, et les contraint à demander l'aide des émergents, qui se trouvent ainsi investis d'une responsabilité financière, économique et politique nouvelle. Ce renversement est confirmé par la crise de l'euro qui, à partir de 2009, amène les Européens à demander l'assistance du FMI : alors que l'endettement des pays en développement avait été, depuis les années 1980, l'un des facteurs d'instabilité les plus importants du marché financier mondial, c'est désormais l'endettement des régions les plus riches qui concentre l'attention. **Il n'y a pourtant pas de remise en cause de la mondialisation en tant que telle : malgré sa chute spectaculaire en 2009, le commerce international retrouve dès 2011 son niveau antérieur, et connaît une croissance lente mais régulière jusqu'au milieu des années 2010.** Il n'y a pas de « démondialisation » comparable à ce qui s'était produit lors de dépression des années 1930. Les décisions prises par le G20 entre 2009 et 2011 – renforcement de la régulation bancaire, mesures dissuasives envers les paradis fiscaux, réforme de la gouvernance du FMI et augmentation de ses ressources – restent très en deçà des discours réformistes tenus au moment de la crise par des responsables politiques promettant une « refondation du capitalisme », un « nouveau Bretton Woods » ou exigeant la fin des paradis fiscaux [→ CHAPITRE 12]. Le recours répété aux interventions publiques – injections massives de liquidités par la Fed et la BCE, politiques de soutien à la demande, plans de sauvetage bancaires et industriels – ne modifie pas radicalement les politiques économiques des États.

C. UNE CONTESTATION SOCIALE MULTIFORME

1. Des contestations sociales rapprochées et interconnectées

À l'orée des années 2010, le mouvement altermondialiste diversifie les lieux de réunion des Forums sociaux mais ne parvient pas à réunir davantage de citoyens. Cette apparente stagnation masque en réalité la montée en puissance d'une défiance globale et connectée. Dans les pays du Nord, les stratégies évoluent : le mouvement *Occupy Wall Street* cible, en 2011, un lieu emblématique du pouvoir des multinationales, plutôt que des institutions internationales, et le mouvement des *Indignados* en Espagne parie sur la pression permanente plutôt que sur les coups d'éclat. **Dans les pays du Sud, se multiplient des mobilisations sociales dépourvues d'ossature politique et organisationnelle, mais qui n'en dessinent pas moins une contestation transnationale.** Les manifestations contre les politiques néolibérales sont monnaie courante dans les pays en développement : de Buenos Aires en 2001, en passant par Caracas en 1989 ou Jakarta en 1998, les mobilisations émaillent l'histoire des plans d'austérité imposés par le FMI. C'est leur simultanéité, favorisée par le développement des réseaux sociaux, qui leur permet, à partir de 2008, d'entrer de plain-pied dans les relations internationales. Entre février et avril 2008, plus d'une trentaine de pays – principalement en Afrique et en Asie du Sud – sont secoués par de violentes manifestations contre la hausse des prix alimentaires, qui ciblent confusément les mécanismes des marchés agricoles mondialisés nés de la libéralisation commerciale. En 2011, le monde arabe est traversé en quelques mois par une série de révolutions politiques et citoyennes (les Printemps arabes) dont le point de départ a été la situation socio-économique intenable de la jeunesse, prise entre l'austérité économique et l'autoritarisme des régimes dictatoriaux. Dans le même temps, les mouvements de contestation provoqués par la crise de l'euro – en Grèce, en Espagne, au Portugal, en Italie – accentuent la remise en cause de la gouvernance économique et financière qui lie la construction européenne aux marchés mondialisés. Malgré leurs spécificités nationales, les mobilisations en faveur du Brexit au Royaume-Uni (2016) et le mouvement des Gilets jaunes en France (2018-2019) s'inscrivent dans la même dynamique de défiance politique. **Par-delà la dénonciation du néolibéralisme, la plupart des mouvements visent la fracture sociale, politique et même culturelle entre la masse des citoyens et l'élite perçue comme la gagnante exclusive de la mondialisation, et dénoncent pêle-mêle les responsables politiques, les élites économiques liées aux multinationales et les « ultra-riches » bénéficiant à plein de l'optimisation fiscale.** Dans un contexte de ralentissement économique mondial, l'année 2019 est à nouveau marquée par une flambée de contestations. Malgré leur diversité – dénonciation de la corruption (Irak, Liban), des liens de dépendance avec l'étranger (Équateur, Colombie), d'une politique « en faveur des plus riches » (France, Chili, Argentine), du manque d'alternance démocratique (Bolivie, Guinée, Algérie) –, ces contestations ont plusieurs invariants : leur tonalité « dégagiste » traduisant la perte de confiance dans les institutions, la dénonciation d'un « système » aux ramifications internationales dont les gouvernements seraient à la fois les complices et les instruments, la remise en cause de la mondialisation rendue responsable de la dissolution du lien social.

2. La mondialisation, épouvantail des mouvements identitaires

Les contestations de la mondialisation sont largement captées et exacerbées par les mouvements identitaires, qui critiquent moins le néolibéralisme en tant que tel que l'ouverture des frontières, le brassage culturel et l'effacement du national qui l'accompagnent. Démarrées sous des auspices démocrates en 2011, les révolutions arabes sont instrumentalisées par les mouvements islamistes et conservateurs, qui profitent de la rhétorique anti-occidentale associée à la critique de la mondialisation libérale et au désir d'émancipation politique. En Europe, la majorité des mouvements eurosceptiques se reconnaissent dans le projet d'une démocratie « illibérale »* formulé par le chef du gouvernement hongrois Viktor Orbán en 2014 qui inspire le gouvernement ultraconservateur polonais de Jaroslaw Kaczy ski (2015-2023) et depuis 2022 celui de Giorgia Meloni en Italie. Dans la Chine de Xi Jinping, la Russie de Poutine, l'Inde de Modi et le Brésil de Bolsonaro, l'ouverture à la mondialisation ne se dément pas, mais prend une coloration de plus en plus conflictuelle. De la même manière que les mouvements nationalistes et souverainistes captent dans les pays du Nord l'angoisse des classes moyennes dont le niveau de vie stagne, les partis au pouvoir dans les pays émergents mobilisent sur des programmes identitaires volontiers hostiles à l'extérieur, en visant les classes moyennes, dont les effectifs ont considérablement augmenté en raison de l'ouverture des économies, mais qui sont aussi les plus endettées et les plus vulnérables au

DÉFINITION

Démocratie « illibérale » : forme de démocratie autoritaire et populiste, dans laquelle le suffrage universel justifie la mise à distance de l'État de droit, considéré comme une entrave à la volonté populaire. Viktor Orbán en Hongrie ou Giorgia Melonie en Italie incarnent une telle ligne politique.

retournement de la conjoncture mondiale. **La combinaison entre ouverture économique et fermeture politique se retrouve dans les deux pays qui ont le plus contribué à la mondialisation libérale : le Royaume-Uni avec le Brexit (effectif depuis 2020), et les États-Unis avec Donald Trump, qui a continué à peser considérablement dans le débat public malgré la remise en cause ouverte des mécanismes démocratiques lors de sa défaite en 2020.**

3. L'écologie, nouvelle cause transnationale

La montée en puissance des préoccupations environnementales complexifie le panorama contestataire. La conférence de Copenhague (2009), qui doit négocier un accord global prenant la suite du Protocole de Kyoto (1997), est un moment charnière : dans un contexte de crise économique qui met à mal le modèle de croissance du capitalisme libéral, les ONG et les acteurs de la société civile plaident que le moment est venu d'un changement de direction pour la gouvernance globale. Le mouvement altermondialiste organise pour la première fois un Forum social de grande ampleur en marge de la conférence, et les manifestations réunissent 100 000 personnes. Une fracture apparaît cependant entre les organisations s'associant à la « déclaration des peuples » portée par les altermondialistes – qui réclament la reconnaissance, par les pays du Nord, d'une « dette climatique » et refusent l'utilisation des mécanismes de marché pour limiter les émissions de carbone – et la plupart des grandes ONG environnementales (comme Oxfam, Greenpeace ou le WWF), qui souhaitent garder leur capacité d'influence diplomatique. Par la suite, **la question climatique et environnementale devient de plus en plus centrale dans les mobilisations altermondialistes**, au prix de relations tumultueuses avec l'écologie politique et les ONG spécialisées. Ces dernières sont poussées à durcir leur approche de la mondialisation, car les États ont pris des décisions notoirement timides à Copenhague, dans la mesure aussi où l'environnement régresse dans l'agenda international devant l'importance des problèmes économiques dans les années suivantes, alors même que les travaux scientifiques précisent, d'année en année, l'accélération du changement climatique. Ce « schisme avec le réel » (Stefan Aykut) ne fait que s'élargir jusqu'à la COP21*, réunie en 2015 à Paris, dont l'accord final suscite des pressions très fortes sur les gouvernements. Les convergences se multiplient avec les mouvements de contestation sociale, posant plus que jamais le problème des instruments économiques mobilisés, comme lorsque le mouvement des Gilets jaunes apparaît en France en 2018, en réaction à la taxe carbone : le changement climatique n'est plus seulement une question de gouvernance environnementale, mais de changement sociopolitique global. **Les figures de ralliement qui apparaissent sur les réseaux sociaux, comme Greta Thunberg, illustrent à la fois la puissance de la prise de conscience des préoccupations environnementales dans les sociétés (Thunberg est entendue jusqu'à l'ONU et au Forum de Davos) et son caractère idéologiquement confus, alors que l'écologie politique peine à mobiliser efficacement.** Cet apparent paradoxe est confirmé dans la première moitié des années 2020 : alors que se multiplient les signes d'une accélération du changement climatique, les débats internationaux restent dominés par les questions économiques (reprise post-covid) et par la redistribution globale

DÉFINITION

COP21 : 21e conférence de l'ONU portant sur le changement climatique (COP est l'acronyme de « Conférence des parties »), tenue à Paris en 2015. Elle aboutit aux accords de Paris, un engagement des États participants à réduire leurs émissions de gaz à effet de serre. En 2017, la COP23, qui se déroule aux Fidji, dresse un bilan très mitigé quant aux effets de ces engagements.

du pouvoir (guerre en Ukraine, ambitions chinoises), qui entravent les possibilités d'action commune sur le plan climatique. Trente ans après la fin de la guerre froide, l'effritement du consensus autour de la mondialisation est une réalité multiforme et globale, dont la lisibilité et la cohérence posent cependant problème : c'est la *doxa* libérale plus que la mondialisation elle-même qui est remise en cause.

II. Des remises en cause hétérogènes dans leur nature et leur programme

A. LA CRITIQUE DU LIBÉRALISME : ENTRE RÉSISTANCE AU SYSTÈME ET RÉFORME DE LA GOUVERNANCE GLOBALE

1. Critique systémique et action locale : la galaxie altermondialiste

La remise en cause intellectuelle de la mondialisation est d'abord le fait d'héritiers du marxisme et du tiers-mondisme, pour qui le triomphe du capitalisme libéral plonge ses racines dans une domination séculaire (colonialiste puis néocolonialiste), parachevée par l'extension planétaire des politiques néolibérales*. C'est pourquoi la question des peuples indigènes d'Amérique latine, des paysans sans-terre ou celle de la corruption dans les pays les plus pauvres jouent un rôle structurant dans l'émergence de l'altermondialisme au cours années 1990, aux côtés de marqueurs anti-impérialistes classiques. Néolibéralisme et néoconservatisme se confondent dans cette analyse que Naomi Klein a synthétisée dans la « stratégie du choc », soulignant que la majorité des pays convertis au consensus de Washington l'ont été par l'instrumentalisation du chaos résultant de situations de crise (guerre, surendettement, récession économique) plutôt que par un choix démocratique motivé par l'attractivité du modèle libéral. **Le néolibéralisme est dénoncé avant tout comme un système de gouvernance qui, par le biais des médias de masse, « fabrique le consentement » (Noam Chomsky) et discrédite par avance toute alternative radicalement différente des politiques suivies.** Si ce courant intellectuel avance un ensemble de mesures issues du tiers-mondisme et du keynésianisme, plutôt qu'un véritable contre-système économique, c'est également parce que l'échec des expériences communistes conduit à chercher les alternatives ailleurs que dans une organisation étatisée et centralisée. En tant que « mouvement des mouvements », l'altermondialisme se présente comme l'agrégation d'initiatives coopératives et locales organisées en réseau, dans une logique autogestionnaire et libertaire qui réfute la concentration du pouvoir. Les problématiques environnementales y ont pris au cours des décennies une importance de plus en plus grande, l'action engagée au niveau des États et des institutions internationales s'avérant nettement insuffisante face aux défis du changement climatique et des dangers pesant sur la biodiversité.

2. Régulation des marchés et gestion des inégalités : la gouvernance globale en question

Les sciences économiques interrogent également la gouvernance mondiale. Maurice Allais (prix Nobel d'économie 1988) juge qu'en l'absence d'un « protectionnisme raisonné » dénoncé

DÉFINITION

Néolibéralisme : courant économique prônant un retour aux fondamentaux de la doctrine libérale, notamment un effacement de l'État et de la régulation.

par les néolibéraux, l'extension du libre-échange et de la division internationale du travail ne peuvent qu'aggraver les inégalités et les déséquilibres mondiaux. Après avoir assisté, dans les années 1990, au déploiement de la mondialisation libérale au sein de l'équipe de Bill Clinton puis de la direction de la Banque mondiale, un autre prix Nobel d'économie, **Joseph Stiglitz**, prend fermement position contre le « fanatisme du marché » au début des années 2000. Dans le but explicite de « réformer » et de « faire fonctionner » la mondialisation, il **propose que les institutions de Bretton Woods soient investies de pouvoirs de régulation réels et contraignants, de mécanismes finançant la protection des économies fragiles et des « biens publics mondiaux* »**. Le FMI et la Banque mondiale devraient également être dotés de ressources plus importantes, à orienter vers le développement. La création d'une véritable monnaie internationale, proposée par Keynes plus de cinquante ans auparavant, serait la clé de voûte de cet « autre monde » dans la mesure où l'instabilité du système monétaire international, causée par la dépendance au dollar et le flottement des taux de change, est indissociable des excès spéculatifs de la mondialisation financière. Soulevant le paradoxe d'une mondialisation qui crée elle-même les conditions de sa remise en cause, l'économiste Dani Rodrik oriente la réflexion sur la légitimation des institutions mondiales : l'intégration économique et financière, le maintien de la souveraineté des États-nations et le respect de la démocratie ne pouvant être conciliés, l'un de ces trois éléments doit mécaniquement être

ZOOM ▶ Les différentes vies de la « taxe Tobin »

L'idée d'une taxe internationale sur les transactions financières illustre, par son histoire tumultueuse, la diversité des voies que prend la remise en cause de la mondialisation. Son initiateur, l'économiste libéral James Tobin, l'imagine en 1972, dans une optique keynésienne, comme un mécanisme qui dissuaderait la spéculation sur le marché des changes, alors que le système de Bretton Woods est en train d'imploser. Il s'agit donc d'un instrument de régulation pour modérer la rapidité, la masse et les objectifs des transactions boursières, et non d'une critique radicale de ce que l'on ne nomme pas encore la mondialisation financière. Tombée dans l'oubli dans les années 1980, pendant l'âge d'or de la dérégulation néolibérale, l'idée est ressuscitée dans les années 1990 par les mouvements altermondialistes (comme ATTAC), mais a désormais une visée différente : il s'agit de prélever sur la « finance internationale » des ressources qui devraient être réinvesties dans l'économie des pays en développement, dans une optique solidaire et durable (financement de la protection sociale et protection des « biens publics mondiaux »). Tobin s'oppose alors à ces propositions beaucoup plus radicales que les siennes. Des économistes comme Stiglitz proposent, dans les années 2000, la mise en place de ce mécanisme dans le cadre de la gouvernance globale existante (les institutions de Bretton Woods), opérant une synthèse entre les deux approches. Originellement portée par des courants contestataires, cette proposition de taxe est discutée au G20, à l'ONU, dans l'UE après la crise de 2008, et à nouveau avec les difficultés économiques provoquées par la Covid-19. Dès 2014, onze pays de l'UE parviennent à un accord de principe, malgré la farouche opposition de la Grande-Bretagne et du Luxembourg, sans pouvoir finaliser la négociation en raison des critiques sur l'ampleur du mécanisme, ses effets macroéconomiques et l'affectation de ses ressources (par exemple pour les investissements nécessaires à la transition écologique). Une trentaine de pays taxent aujourd'hui d'une manière ou d'une autre les transactions boursières, mais il n'y a toujours pas d'accord au G20 et a fortiori au niveau mondial. Il y a donc, aujourd'hui, pratiquement autant de projets de taxe sur les transactions financières que de points de vue différents sur la mondialisation.

DÉFINITION

Biens publics mondiaux (BPM) : notion popularisée dans les années 1990 pour désigner l'ensemble des biens communs qui possèdent un caractère mondial, pouvant être classés en plusieurs catégories : BPM naturels (la qualité de l'air, la biodiversité…), BPM d'origine humaine (comme les connaissances scientifiques), BPM résultant de politiques globales (par exemple, la stabilité du système financier international).

limité pour sauvegarder les deux autres [→ DOCUMENT].

Dans la décennie 2010, interprétant la montée des inégalités concomitantes à la mondialisation, **Thomas Piketty** déploie des propositions réformistes. Il **propose un impôt mondial sur le capital, « utopie utile » qui orienterait les institutions économiques internationales vers la construction d'instruments de mesure efficaces et transparents** (cadastre international, transmission automatique d'informations, contrôle et taxation des flux). Par-delà leur diversité, ces propositions ont deux points communs : d'une part, elles contestent le caractère inéluctable et unidimensionnel de la mondialisation, en soulignant qu'elle résulte de choix politiques modifiables et réversibles ; d'autre part, elles envisagent une mondialisation encadrée par des institutions qui existent déjà, mais en fonction de principes et d'objectifs différents. Ces approches réformistes se différencient en cela des discours altermondialistes, qui reposent sur un changement radical des structures de gouvernance. **Ainsi, la remise en cause de la mondialisation donne lieu à un spectre très large de propositions**, même quand elles sont fondées sur la même idée de départ.

Document. Le « trilemme » de l'économie mondiale, d'après Dani Rodrik

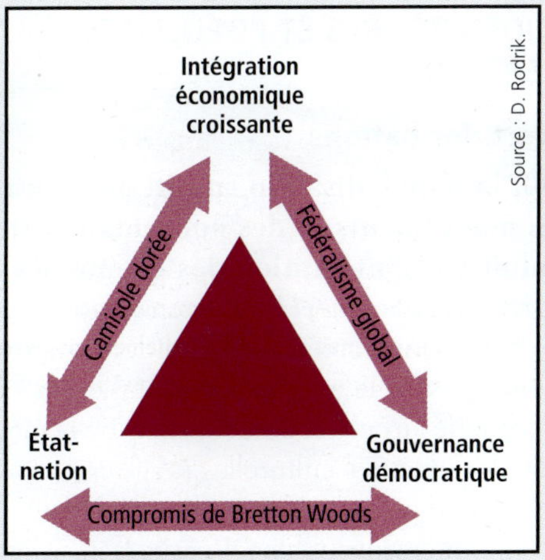

3. Des solutions à différentes échelles

La remise en cause de la mondialisation peut être appréhendée à plusieurs échelles. Alors qu'un réformiste comme Stiglitz[2] la pense avant tout comme la transformation de la gouvernance globale, appuyée sur les organisations multilatérales capables de catalyser l'action internationale, **l'altermondialisme encourage les initiatives locales qui s'appuient sur une solidarité communautaire et peuvent être mises en place dans les pays les plus pauvres. La pratique du microcrédit, expérimentée par Muhammad Yunus et appuyée sur les idées d'Amartya Sen, postule ainsi qu'à cette échelle, les mécanismes de marché peuvent contribuer au développement, car la liberté des échanges s'y accompagne d'une responsabilité sociale.** D'autre part, une série d'observateurs, partisans de l'invention d'une régulation transnationale, font du régionalisme une étape indispensable pour réorganiser dans ce sens la gouvernance

2. John Stiglitz, *Un autre monde : contre le fanatisme du marché*, Paris, Fayard, 2006.

globale : Thomas Piketty envisage ainsi que ses propositions soient d'abord mises en œuvre à l'échelle européenne, où il est possible d'expérimenter un processus de contrôle démocratique à partir des institutions existantes. Dani Rodrik, de son côté, se prononce pour un renforcement de la régulation qui serait exercé à l'échelle nationale avant d'être coordonné à l'échelle internationale, dans un retour à la logique originelle du système de Bretton Woods. Le retour en grâce de la dépense publique, commencé dans les années 2010 et accéléré avec la crise de la Covid-19, semble s'inscrire dans cette logique. Ainsi en va-t-il de la transition écologique, qui nécessite des investissements colossaux : faute d'accord d'ampleur dans les négociations climatiques, cette action passe moins par les institutions internationales que par des « plans de relance » économiques lancés de manière concurrente par la Chine, les États-Unis ou l'Union européenne pour attirer les investissements, laissant entier le problème de l'adaptation pour les nombreux pays pauvres de la planète. La remise en cause de la mondialisation est ainsi traversée par deux optiques distinctes : d'une part, l'invention d'une autre gouvernance globale, qui s'inscrirait dans la construction d'une communauté politique transnationale, et d'autre part, la tentation d'un retour à l'articulation entre États-nations et institutions internationales, telle qu'elle existait avant la dynamique de « retrait de l'État ».

B. LES PROGRAMMES IDENTITAIRES ET POPULISTES FACE À LA MONDIALISATION

1. La nostalgie du concert des nations

Dès les années 1990, la mondialisation suscite une autre remise en cause politique, de la part des mouvements et des courants intellectuels qui craignent le brassage culturel induit par l'intégration des économies et des territoires et par les mouvements migratoires. Samuel Huntington diagnostique ainsi, dès 1993, derrière l'apparente uniformité idéologique créée par la fin de la guerre froide, les prémices d'un « choc des civilisations » opposant le monde occidental et les « entités non occidentales », où le développement, combiné aux effets déstabilisants de la mondialisation, produirait une affirmation conflictuelle des identités culturelles [→ CHAPITRE 6]. Cette grille de lecture, mobilisée pour appréhender la multiplication des conflits régionaux, l'essor de l'islamisme ou la défiance de nombreux pays émergents (Chine, Russie, Iran, Turquie…) vis-à-vis de la démocratie libérale, inspire jusqu'à nos jours les positions des mouvements nationalistes d'Europe et des États-Unis (Rassemblement national, mouvement des *Brexiters*, courant trumpiste, AFD allemande, Parti pour la liberté aux Pays-Bas, partis « illibéraux » d'Europe centrale et orientale…). Ces derniers perçoivent l'immigration issue de pays en développement comme une « invasion », voire un « grand remplacement », et l'essor fulgurant des émergents d'Asie comme une instrumentalisation de la mondialisation contre l'Occident. Sans y être opposés en bloc, ils conçoivent donc la mondialisation comme un processus qui doit être borné à l'intégration économique et fortement régulé par les États-nations, sous peine de désagrégation identitaire. Ils rejoignent ainsi paradoxalement la perception d'une majorité de grands émergents (Chine, Russie, Inde) soucieux de préserver la souveraineté étatique nationale au cœur de la gouvernance globale. L'approche de Huntington se révèle toutefois erronée sur

DÉFINITION

Populisme : discours et pratiques politiques contestataires mobilisant divers groupes de la population autour de l'opposition entre des « élites » mondialisées et jugées corrompues, et le « peuple » supposé uni et investi d'une supériorité souveraine et morale.

un point central au cours des années 2000 et 2010 : les conflits les plus importants relèvent moins d'affrontements entre civilisations que de luttes internes aux sociétés. Des « révolutions de couleur » (sur le pourtour de l'ancienne URSS) aux « révolutions arabes » ; de l'irruption du trumpisme à l'essor des partis nationalistes en Europe ; de l'élection de Narendra Modi (Inde, 2014) à celle de Jair Bolsonaro (Brésil, 2018) et à l'autoritarisme d'Erdogan, les conflits induits par la mondialisation opposent, au sein de toutes ces sociétés, les partisans de l'ouverture culturelle, associée à l'intégration économique, aux tenants d'un repli culturel et national. La guerre en Ukraine offre un exemple d'instrumentalisation de ces conflits au service d'ambitions territoriales et géopolitiques tout à fait classiques : à travers ce conflit, ce ne sont pas deux « civilisations » qui s'affrontent mais des visions différentes de l'ordre mondial, portées par des grandes puissances en concurrence les unes avec les autres.

2. Les paradoxes du national-populisme*

Les mouvements identitaires qui se nourrissent du discours du « choc des civilisations » ont une relation très ambiguë à la mondialisation. **Capitalisant sur les inégalités et le sentiment de dépossession, les mouvements national-populistes mettent en exergue l'opposition entre des élites mondialisées et corrompues, et le « peuple » détenteur à la fois de la souveraineté politique et d'un magistère moral. Les mouvements autour de Donald Trump et du Brexit présentent ce caractère à la fois libéral et nationaliste :** ils rassemblent des électeurs issus des classes populaires et moyennes derrière un discours souverainiste et nostalgique (« *taking back control* »), tout en pratiquant une politique ouvertement favorable aux populations les plus aisées et aux multinationales de leur pays, dans la mesure où elles s'insèrent dans une compétition mondiale pour le *leadership* (« *Make America Great Again* »). Trump mène une politique fiscale favorable aux plus aisés, revient sur la législation bancaire de Barack Obama et vante les succès de Wall Street, tandis que Boris Johnson et les *hard Brexiters* misent sur une intégration encore plus dérégulée à l'international. Malgré sa dénonciation de l'emprise chinoise en 2018 (« La Chine n'achète pas au Brésil, la Chine achète le Brésil »), Jair Bolsonaro s'investit dans le groupe des BRICS. Battus aux élections, ces *leaders* populistes ont tendance, non pas à revoir leur discours mais à le radicaliser, insistant à outrance sur la thématique de l'immigration et du contrôle des frontières, tout en déplorant le recul de leur pays dans la compétition économique mondialisée. Xi Jinping, arrivé au pouvoir en 2012, lance une vaste campagne anti-corruption, maintient les multinationales chinoises sous le contrôle étroit de l'État et entreprend une reprise en main autoritaire (qui culmine dans la lutte pour intégrer pleinement Hong Kong au système chinois), tout en se présentant à l'international comme un partisan de la mondialisation. Le projet de « nouvelles routes de la soie » (2013), la constitution d'une sphère d'influence économique en Afrique (« Chinafrique ») et l'influence mondiale du capitalisme d'État remplissent les objectifs stratégiques de Pékin et affirment l'ambition d'une mondialisation chinoise qui s'opposerait à la mondialisation occidentale et libérale.

C. LA MONTÉE DES TENSIONS, LE TEMPS DES DOUTES

1. Le bras de fer Chine-États-Unis, une remise en cause de la mondialisation ?

À partir de 2015, la croissance de l'économie mondiale, qui reposait depuis plusieurs années sur la dynamique chinoise, ralentit. Après deux décennies de sous-évaluation chronique, l'appréciation du yuan – réclamée de longue date par les partenaires de la Chine, et qui permettrait à sa monnaie de devenir un des piliers du système monétaire international – menace de faire éclater une bulle spéculative dopée par les liquidités internationales et l'investissement dans le secteur financier de l'épargne chinoise. Pékin dévalue alors pour reprendre le contrôle de sa monnaie, et éviter une crise comparable à celle de 2008 et à celle de l'euro. Cet épisode rappelle que la Chine, malgré ses excédents commerciaux (qui lui permettent de financer l'endettement américain et ainsi de détenir un moyen de pression sur Washington), reste cruellement dépendante du dollar et donc de la politique monétaire menée aux États-Unis. De cette situation précaire et confuse ressort une certitude : les États-Unis sont aussi dépendants de la Chine que la Chine l'est des États-Unis, et cette conclusion peut s'étendre aux relations entre le monde occidental et les pays émergents. C'est dans ce contexte que **l'arrivée au pouvoir de Donald Trump exacerbe les tensions** : dès sa prise de fonction en janvier 2017, Trump remet en cause les accords régionaux de libre-échange sur lesquels repose la stratégie commerciale des États-Unis (ALENA, TTP et TTIP), soutient à outrance l'industrie pétrolière américaine, fait pression sur la Réserve fédérale pour qu'elle adopte une politique monétaire exclusivement soucieuse des intérêts américains. Les quatre années suivantes sont ponctuées de mesures unilatérales (hausses ciblées des droits de douane américains), d'accusations visant les entreprises chinoises et de concessions calculées pour reprendre les négociations. Cette « guerre commerciale » intervient dans un contexte de stagnation du commerce mondial, puis de contraction et de réorganisation des échanges lors de la crise de la Covid-19. Elle accélère les recompositions en cours, car la Chine s'oriente vers d'autres marchés, devenant par exemple le premier partenaire commercial de l'UE devant les États-Unis. Mais les incertitudes ainsi créées sont lourdes de conséquences pour la gouvernance économique mondiale, qui repose, depuis 2008, sur un fragile équilibre. **L'OMC n'est plus seulement paralysée, mais ouvertement dénoncée par le gouvernement américain ; le G20 est tétanisé par le bras de fer sino-américain, auquel s'ajoutent les incertitudes du Brexit et la « guerre des prix » entamée par la Russie et l'Arabie saoudite contre le secteur pétrolier américain.** Les institutions financières alarment régulièrement sur la forte instabilité des marchés financiers des pays émergents, au vu des incertitudes de la conjoncture économique. La combinaison entre l'ouverture économique et la fermeture politico-culturelle se traduit par une mondialisation conflictuelle : à la fin des années 2010, le scénario d'une grande dépression comparable à celle des années 1930 s'est estompé, mais la situation rappelle en revanche le début du XXe siècle, lorsque l'essor de la première mondialisation s'était traduit par des tensions de plus en plus dangereuses entre des nations qui étaient à la fois des partenaires commerciaux et des ennemis résolus [→ CHAPITRE 1].

2. De la Covid-19 à la guerre en Ukraine : une rupture dans les perceptions de l'ordre mondial

Les crises récentes confirment les fragilités et les risques induits par la structure de la gouvernance mondiale. La pandémie des années 2020-2021, dont l'effet récessif a été supérieur à la crise de 2008, a rendu encore plus tangible dans de nombreux pays le degré d'interdépendance planétaire, dans la mesure où elle est partie de Chine, maillon central des chaînes de valeur à l'échelle mondiale. Dans les pays du Nord, elle a provoqué des réactions convergentes et justifié des mesures exceptionnelles, des restrictions à la circulation à la mise en place de politiques de relance financées par des emprunts massifs, comme dans l'UE. Dans les pays du Sud, l'asphyxie financière et les tensions pour l'approvisionnement en biens de première nécessité (matériel médical et vaccins, mais aussi denrées alimentaires touchées par l'inflation) ont exacerbé l'opposition avec les pays riches, accusés d'imposer un ralentissement des échanges sans prendre en compte les besoins structurels des pays en développement. Au Nord comme au Sud, cet épisode a nourri la défiance envers les institutions internationales (OMS, FMI, ONU).

Sur un autre plan, cette fracture et cette défiance sont révélées dans toute leur ampleur par la guerre en Ukraine : alors que les États-Unis (qui ont renoué avec leur politique traditionnelle sous Joe Biden) et les Occidentaux escomptent un soutien massif à leur défense de l'Ukraine, de nombreux pays du Sud, sans soutenir explicitement la Russie, adoptent une position de neutralité. Les pays émergents freinent au G20 la mise en place de restrictions économiques visant Moscou, et pour certains lui offrent un soutien matériel face aux mesures occidentales. Malgré les violations du droit international mises en évidence par l'ONU et la CPI, de nombreux États d'Afrique, d'Asie ou d'Amérique latine voient dans le défi russe à l'Occident, tacitement soutenu par les BRICS, la remise en cause justifiée d'une gouvernance mondiale biaisée à l'avantage des pays du Nord.

3. Les remises en cause de la mondialisation font-elles le jeu de la mondialisation ?

Tout en menaçant de fragmentation le tissu de relations économiques, politiques, sociales et institutionnelles bâti par la mondialisation, les crises internationales récentes n'en soulignent que davantage l'interconnexion globale de l'ensemble des discours, des contestations, des problèmes et des intérêts. L'Ukraine et le conflit israélo-palestinien élargi au Proche-Orient, rendent compte de cet enchevêtrement : bien qu'il s'agisse de conflits localisés dont l'enjeu est explicitement territorial, ils se jouent en partie dans un espace informationnel mondial où les opinions publiques sont des acteurs importants des rapports de force entre États. Depuis que la notion de mondialisation a été adoubée par le discours médiatique pour désigner à la fois une infrastructure (l'intégration mondiale des économies) et une superstructure (les institutions de la gouvernance mondiale), elle a été régulièrement transposée dans le champ social, la constitution d'un « espace public » (Jürgen Habermas) et d'une société civile mondiale ou transnationale apparaissant comme la conséquence logique du phénomène. **Le sociologue Ulrich Beck[3] a ainsi interprété la naissance de l'altermondialisme comme celle d'un contre-pouvoir nécessaire au déploiement de la mondialisation :** la résistance à la mondialisation ne fait, selon lui, que l'accélérer et la légitimer, car « la mondialisation progresse aussi par une fraternisation paradoxale de ses opposants ». L'essor des mobilisations de la société civile, l'audience croissante des mouvements national-populistes et la flambée des révoltes ont, à leur manière, confirmé cette approche. Pris dans leur globalité, ces phénomènes dessinent une dialectique entre l'intégration socio-économique du monde et sa fragmentation identitaire et politique. Ils remettent en cause les certitudes libérales liées à la mondialisation, mais pas la mondialisation elle-même. **En somme, la remise en cause de la mondialisation résulte moins de l'attraction d'un programme alternatif que des effets incontrôlés de la mondialisation elle-même, et de la manière dont les acteurs politiques se saisissent des nouveaux champs d'action qu'elle leur ouvre.**

3. Ulrich Beck, *Pouvoir et contre-pouvoir à l'ère de la mondialisation*, Paris, Aubier, 2003.

Bibliographie

INTRODUCTION THÈME 1

– Bertrand Badie, *Inter-socialités. Le monde n'est plus géopolitique*, Paris, CNRS Éditions, 2020.
– Guillaume Devin, *Sociologie des relations internationales*, Paris, La Découverte, 2018.
– Robert Frank (dir.), *Pour l'histoire des relations internationales*, Paris, PUF, 2012.
– Pierre Grosser (dir.), *Histoire mondiale des relations internationales de 1900 à nos jours*, Paris, Bouquins Editions, 2023.
– « La géopolitique, des géopolitiques », *Hérodote*, n° 146-147, 2012/3-4.
– Cédric Tellenne, *Introduction à la géopolitique*, Paris, La Découverte, 2019.

CHAPITRE 1

– Paul Bairoch, *Victoires et déboires. Histoire économique et sociale du monde du XVIe siècle à nos jours*, tome 2, Paris, Gallimard, 1997.
– Jean-Jacques Becker, *La Grande Guerre*, Paris, PUF, 2004.
– Jean-Jacques Becker, Gerd Krumeich, *La Grande guerre : une histoire franco-allemande*, Paris, Tallandier, 2012.
– Christopher Clark, *Les Somnambules : Été 1914 : Comment l'Europe a marché vers la guerre,* Paris, Flammarion, 2013.
– Ernest Gellner, *Nations et nationalismes*, Paris, Payot, 1989.
– Hervé Inglebert, *Histoire universelle ou histoire globale ?*, Paris, PUF, 2018
– Pierre Singaravelou et Sylvain Venayre, *Histoire du monde au XIXe siècle*, Paris, Fayard, 2017
– Henri, Wesseling, *Les Empires coloniaux européens, 1815-1919*, Paris, Gallimard, 2009.

CHAPITRE 2

– Johann Chapoutot, *Fascisme, nazisme et régimes autoritaires en Europe. 1918-1945*, Paris, PUF, 2013.
– Alya Aglan et Robert Frank (dir.), *1937-1947. La guerre-monde*, 2 volumes, Paris, Folio Gallimard, 2015.
– René Girault et Robert Frank, *Turbulente Europe et nouveaux mondes, 1914-1941*, Paris, Payot, 2004.
– Pierre Grosser, *L'histoire du monde se fait en Asie. Une autre vision du XXe siècle*, Paris, Odile Jacob, 2017.
– Ian Kershaw, *L'Europe en enfer. 1914-1949*, Paris, Seuil, 2016.
– Mark Mazower, *Le Continent des ténèbres. Une histoire de l'Europe au XXe siècle*, Paris, Complexe, 2005.

CHAPITRE 3

– Alya Aglan et Robert Frank (dir.), *1937-1947. La guerre-monde*, 2 volumes, Paris, Folio Gallimard, 2015.
– Pierre Grosser, *L'histoire du monde se fait en Asie. Une autre vision du XXe siècle*, Paris, Odile Jacob, 2017.
– Tony Judt, *Après-guerre. Une histoire de l'Europe depuis 1945*, Paris, Armand Colin, 2007.
– John Keegan, *La Deuxième Guerre mondiale*, Paris, Perrin, 2010.
– Michel Wieviorka, *Histoire totale de la Seconde Guerre mondiale*, Paris, Perrin, 2023.

CHAPITRE 4

– Sabine Dullin, Stanislas Jeannesson, *Atlas de la guerre froide*, Paris, Éditions Autrement, 2020.
– Pierre Grosser, *L'histoire du monde se fait en Asie. Une autre vision du XXe siècle*, Paris, Odile Jacob, 2017.
– Stanislas Jeannesson, *La Guerre froide*, Paris, La Découverte, 2014.
– Tony Judt, *Après-guerre. Une histoire de l'Europe depuis 1945*, Paris, Armand Colin, 2007.
– Georges-Henri Soutou, *La Guerre de Cinquante Ans*, Paris, Fayard, 2001.

CHAPITRE 5

– Marc Ball, Karim Miské, Pierre Singaravélou, *Décolonisations*, Paris, Seuil, 2020.
– Sylvie Brunel, *L'Afrique. Un continent en réserve de développement*, Rosny-sous-Bois, Bréal, 2004.
– Marc Michel, *Décolonisations et émergence du tiers-monde*, Paris, Hachette, 2005.
– Hugues Tertrais, *L'Asie pacifique au XXe* siècle, Paris, Armand Colin, 2015.

INTRODUCTION THÈME 2

– Delphine Allès, Frédéric Ramel, Pierre Grosser, *Relations internationales*, Paris, Armand Colin, 2023.
– Bertrand Badie, Michel Foucher, *Vers un monde néo-national ?*, Paris, CNRS Éditions, 2017.
– Bertrand Badie, *Nous ne sommes plus seuls au monde. Un autre regard sur l'« ordre international »*, Paris, La Découverte, 2016.
– Thomas Gomart, *L'Affolement du monde. 10 enjeux géopolitiques*, Paris, Tallandier, 2019.
– Pierre Grosser (dir.), *Histoire mondiale des relations internationales de 1900 à nos jours*, Paris, Bouquins Editions, 2023.
– Ghassan Salamé, *La tentation de Mars*, Paris, Fayard, 2024.
– Hubert Védrine, *Continuer l'Histoire*, Paris, Fayard, 2007.
– Fareed Zakaria, *Le Monde post-américain*, Paris, Perrin, 2009.

CHAPITRE 6

– Zbigniew Brzezinski, *Le Grand Échiquier*, Paris, Paris, Pluriel, 1997.
– Pierre Grosser, *1989, L'Année où le monde a basculé*, Paris, Perrin, 2009.
– Pierre Hassner, Justin Vaïsse, *Washington et le monde. Dilemmes d'une superpuissance*, Paris, Autrement, 2003.
– Ghassan Salamé, *Quand l'Amérique refait le monde*, Paris, Fayard, 2005.
– Hubert Védrine, *Face à l'hyperpuissance*, Paris, Fayard, 2003.

CHAPITRE 7

– Graham Allison, *Vers la guerre. L'Amérique et la Chine dans le Piège de Thucydide ?*, Paris, Odile Jacob, 2019.
– Bertrand Badie, *Nous ne sommes plus seuls au monde. Un autre regard sur l'« ordre international »*, Paris, La Découverte, 2016.
– Sophie Boisseau du Rocher et Emmanuel Dubois de Prisque, *La Chine e(s)t le monde. Essai sur la sino-mondialisation*, Paris, Odile Jacob, 2019.
– Aurélien Duchêne, *La Russie de Poutine contre l'Occident*, Paris, éditions Eyrolles, 2022.
– Georges-Henri Soutou, *La grande rupture 1989-2024*, Paris, Tallandier, 2024.

CHAPITRE 8

– Bertrand Badie, Dominique Vidal, *Nouvelles guerres. L'état du monde 2015*, Paris, La Découverte, 2014.
– Amaël Cattaruzza, *Géopolitique des données numériques. Pouvoir et conflits à l'heure du Big Data*, Paris, Le Cavalier Bleu, 2019.
– Frédéric Charillon, *Guerres d'influence*, Paris, Odile Jacob, 2021.
– Charles-Philippe David, *La Guerre et la paix. Approches et enjeux de la sécurité et de la stratégie*, Paris, Presses de SciencesPo, 2013.
– Benoît Durieux, Jean-Baptiste Jeangène Vilmer, Frédéric Ramel, *Dictionnaire de la guerre et de la paix*, Paris, PUF, 2017.
– Béatrice Giblin, *Les Grands Conflits contemporains*, Paris, A. Colin, 2024.
– Thomas Gomart, *Guerres invisibles*, Paris, Tallandier, 2021.
– Jean-Baptiste Jeangène Vilmer, *Le Réveil stratégique.s Essai sur la guerre permanente*, Paris, Seuil, 2024.
– Sundeep Waslekar, *Entre Guerre et paix*, Paris, CNRS Editions, 2022.
– Benoît Pélopidas, Frédéric Ramel, *Guerres et conflits armés au xxie siècle*, Paris, Presses de SciencesPo, 2018.

CHAPITRE 9

– Bertrand Badie, *Inter-socialités. Le monde n'est plus géopolitique*, Paris, CNRS, 2020.
– Bertrand Badie, *Quand le Sud réinvente le monde. Essai sur la puissance de la faiblesse*, Paris, La Découverte, 2018.
– Emanuel Castellarin, *Gouvernance mondiale et multilatéralisme*, Paris, Association de droit international, 2022.
– Guillaume Devin et Marie-Claude Smouts, *Les Organisations internationales*, Paris, Armand Colin, 2011.
– Jean-Marc de la Sablière, *Indispensable ONU*, Paris, Plon, 2017.
– Adam Tooze, *Crashed. Comment une décennie de crise financière a changé le monde*, Paris, Belles Lettres, 2018.

INTRODUCTION THÈME 3

– Paul Bairoch, *Victoires et déboires. Histoire économique et sociale du monde du xvie siècle à nos jours*, 3 tomes, Paris, Gallimard, 1997.
– Jean Fourastié, *Les Trente Glorieuses*, Paris, Hachette, 2004 (1979).
– Angus Maddison, *L'Économie mondiale. Une perspective millénaire*, Centre de développement de l'OCDE, 2001.
– Philippe Norel, *L'Invention du marché. Une histoire économique de la mondialisation*, Paris, Seuil, 2004.
– Thomas Piketty, *Le Capital au XXIe siècle*, Paris, Seuil, 2013.

CHAPITRE 10

– Paul Bairoch, *Victoires et déboires. Histoire économique et sociale du monde du xvie siècle à nos jours*, tome 3, Paris, Gallimard, 1997.
– Michel Drancourt, *Leçon d'histoire sur l'entreprise de l'Antiquité à nos jours*, Paris, PUF, 1998, chapitres 10 et 11.
– Ian Kershaw, *L'Europe en enfer. 1914-1949*, Paris, Seuil, 2016.

– Philippe Norel, *L'Invention du marché. Une histoire économique de la mondialisation*, Paris, Seuil, 2004, chapitres 11 et 12.

CHAPITRE 11

– Samir Amin, *L'Impérialisme et le développement inégal*, Paris, *Éditions de Minuit, 1976.*
– Jean-Charles Asselain, *Histoire économique du xxe siècle. La réouverture des économies nationales, 1939-années 1980*, Paris, Presses de Sciences Po et Dalloz, 1995.
– Suzanne Berger, *Made in monde*, Paris, Seuil, 2006.
– Philippe Chalmin, *Une brève histoire économique d'un long xxe siècle. D'une mondialisation à l'autre, 1913-2018*, Paris, Éd. François Bourin, 2019.
– Alfred Chandler, *La Main visible des managers*, Paris, Economica, 1988.
– Jean Fourastié, *Les Trente Glorieuses ou la révolution invisible*, Paris, Fayard, 1979.
– Angus Maddison, *L'Économie chinoise. Une perspective historique*, Paris, OCDE, 2007.
– Arnaud Orain, *Le monde confisqué*, Paris, Flammarion, 2025.
– Nicolas Werth, *Histoire de l'Union soviétique*, Paris, PUF, 1990.

CHAPITRE 12

– Christophe Bonneuil, Jean-Baptiste Fressoz, *L'Événement Anthropocène. La Terre, l'histoire et nous*, Paris, Seuil, 2016.
– Laurent Carroué, *La Planète financière. Capital, pouvoirs, espace et territoires*, Paris, Armand Colin, 2015.
– David Graeber, *Dette, 5 000 ans d'histoire*, Paris, Les Liens qui libèrent, 2013.
– John R. McNeill, *Du nouveau sous le soleil. Une histoire de l'environnement mondial au xxe siècle*, Paris, Champ Vallon, 2010.
– Paul Krugman, *Sortez-nous de cette crise… maintenant !*, Paris, Flammarion, 2012.
– Thomas Piketty, *Le Capital au xxie siècle*, Paris, Seuil, 2013.

CHAPITRE 13

– Arjun Appadurai, *Géographie de la colère. La violence à l'âge de la globalisation*, Paris, Payot, 2009
– Bertrand Badie, *Quand le Sud réinvente le monde. Essai sur la puissance de la faiblesse*, Paris, La Découverte, 2018
– Benjamin Bürbaumer, *Chine/États-Unis, le capitalisme contre la mondialisation*, Paris, La Découverte, 2024.
– Joël Ruet, *Des capitalismes non alignés ; les pays émergents, ou la nouvelle relation industrielle du monde*, Paris, Raisons d'Agir, 2016
– Joseph Stiglitz, *Le triomphe de la cupidité*, Paris, Actes Sud, 2011
– Adam Tooze, *Crashed. Comment une décennie de crise financière a changé le monde, Paris, Les Belles Lettres, 2018*

Liste des ressources numériques

CHAPITRE 1

Pour aller plus loin

CHAPITRE 2

Pour aller plus loin

Texte à l'appui

CHAPITRE 3

Pour aller plus loin

Texte à l'appui

CHAPITRE 4

Pour aller plus loin

Texte à l'appui

CHAPITRE 5

Pour aller plus loin

Texte à l'appui

CHAPITRE 11

Pour aller plus loin

Texte à l'appui

CHAPITRE 12

Pour aller plus loin

Texte à l'appui

CHAPITRE 13

Pour aller plus loin

Texte à l'appui

Liste des notions principales

Liste des Zooms

Liste des cartes et schémas

CHAPITRE 9

CHAPITRE 10

CHAPITRE 11

CHAPITRE 12

CHAPITRE 13

Liste des « Le regard de… »

N° de projet : 10306444 - Dépôt légal : mai 2025
Imprimé en mai 2025 en Italie par L.E.G.O. S.p. A., Lavis (TN)